Cormeau/Störmer
Hartmann von Aue

Hartmann von Aue
Epoche – Werk – Wirkung

Von
Christoph Cormeau
und
Wilhelm Störmer

Zweite, überarbeitete Auflage

Verlag C. H. Beck München

Arbeitsbücher zur Literaturgeschichte
Herausgegeben von Wilfried Barner und Gunter E. Grimm
unter Mitwirkung von
Hans-Werner Ludwig (Anglistik) und
Siegfried Jüttner (Romanistik)

Mit 4 Abbildungen im Text

Die Deutsche Bibliothek – CIP-Einheitsaufnahme

Cormeau, Christoph:
Hartmann von Aue : Epoche – Werk – Wirkung / von
Christoph Cormeau und Wilhelm Störmer. –
2., überarb. Aufl. - München : Beck, 1993
(Arbeitsbücher zur Literaturgeschichte)
ISBN 3 406 37629 0
NE: Störmer, Wilhelm:

ISBN 3 406 37629 0

Nachdruck der zweiten, überarbeiteten Auflage (1993). 1998
Umschlagentwurf: Bruno Schachtner, Dachau
Umschlagbild: Iwein. Ausschnitt aus den Fresken-Zyklus auf Burg Rodenegg
(Foto: Wolfgang Walliczek)
© C. H. Beck'sche Verlagsbuchhandlung (Oscar Beck), München 1985
Gesamtherstellung: C. H. Beck'sche Buchdruckerei, Nördlingen
Gedruckt auf alterungsbeständigem, aus chlorfrei gebleichtem
Zellstoff hergestelltem Papier
Printed in Germany

Inhalt

ARBEITSBEREICH I

Historische Phänomenologie:
Die Quellen zu Person und Werk Hartmanns von Aue

ARBEITSBEREICH II

Adel und Ministerialität zur Zeit Hartmanns von Aue

ARBEITSBEREICH III

Minnesang und Minnedidaktik
Die Lieder und ,Die Klage'

ARBEITSBEREICH IV
,Gregorius'

ARBEITSBEREICH V

‚Der arme Heinrich‘

ARBEITSBEREICH VI

Artusroman I – ‚Erec‘

ARBEITSBEREICH VII

Artusroman II – ‚Iwein'

10   *Inhalt*

ARBEITSBEREICH VIII

Formen der Rezeption Hartmanns

Einführung

1. Zu den epochenspezifischen Bedingungen

Der vorliegende Band will wie die anderen Bände der Reihe dem Leser in erster Linie die literarischen Texte in ihrer Geschichtlichkeit nahebringen. Das ist für einen mittelalterlichen Autor schwerer und leichter zugleich. Denn die durch den großen historischen Abstand bedingte Fremdheit des Gegenstands verlangt offensichtlich hermeneutische Vermittlung. Schon der originale Wortlaut wird zum Hindernis für jeden, der nicht bereit ist, sich die Grundkenntnisse des mittelhochdeutschen Sprachstands anzueignen. Schwerer noch aber ist es, die Geschichtlichkeit der Texte aufzuschließen, weil sich von ihren literarischen Voraussetzungen und ihrer Einbindung in eine konkrete geschichtliche Konstellation aus verschiedenen Gründen nur ein unscharfes und bruchstückhaftes Bild geben läßt.

Eine Ursache dafür liegt in dem epochenspezifischen Mangel an Material. Schon die Zahl der literarischen Texte ist – gemessen an den Verhältnissen der neueren Zeit – bescheiden. Jeder Text wird dadurch als historisches Zeugnis kostbarer und um so weniger durch literarische Konventionen erklärbar; bei Hartmann von Aue wird mehrfach von Neuansätzen und Gattungsexperimenten zu handeln sein. Das reiche Maß geschriebenen Materials privaten und öffentlichen Charakters, aus dem sich das geschichtliche und kulturelle Profil einer neueren Epoche dokumentieren läßt, fehlt hier völlig, zumal wenn man in der deutschen Sprache bleibt. Private Aufzeichnungen oder Briefe spielten ohnehin noch so gut wie keine Rolle, das kostbare und dauerhafte Schreibmaterial Pergament schloß solchen Gebrauch aus. Kirche, Wissenschaft, Recht und Verwaltung aber schreiben zu Hartmanns Zeit noch ausschließlich Latein, und die begrenzte Zahl derer, die an dieser kulturellen Tradition teilnehmen können, die *litterati*, haben ihre lateinische Poesie.

Die Literatur in der Volkssprache hat erst einen schmalen Randbereich dauerhafter schriftlicher Texttradition für sich gewonnen. Das, was wir heute deutsche Literatur nennen, existiert an der Wende des 12. zum 13. Jahrhundert in einem Zwischenbereich: teils im rein mündlichen Gebrauch wie das vorgesungene Minnelied (was uns erhalten ist, gelangte erst Jahrzehnte später aufs Pergament), teils als zwar schriftlich konzipierter, aber in erster Linie noch zum Vorlesen vor meist nicht lesekundigen Zuhörern bestimmter Text, wie der höfische Roman. Ihr Publikum –

zunächst auf den Adel und seine Herrschaftszentren beschränkt – steht, als weltliche Führungsschicht selbstbewußt, im allgemeinen außerhalb der durch die Kirche getragenen lateinischen Bildung, ihre Autoren stilisieren sich, sofern für sie nicht das gleiche gilt, betont als Träger dieser volkssprachlichen Laienkultur.

Volkssprachliche Literatur lebt also noch nicht autonom in einem Buch- und Zeitschriftenangebot, als kulturelle Institution, sondern ist an ihren Gebrauch im Vorlesen, Erzählen, Singen und Abschreiben gebunden, und dieser Gebrauch ist von den Aufführungsgelegenheiten, dem geselligen Fest, der adeligen Repräsentation, noch kaum abzutrennen. Literarisches Leben ist Teil allgemeiner Lebensvollzüge (und deshalb aus ihnen zu deuten) wie heute nur noch selten. So viele Indizien aber dieses Verständnis stützen – was auf uns gekommen ist, sind nur die literarischen Texte (sogar das Minnelied wurde schließlich ohne Melodie aufgeschrieben), die Lebensvollzüge selbst haben kaum einen Niederschlag in den historischen Quellen gefunden. Aufgabe literarischer Hermeneutik ist also weithin die Rückgewinnung der Geschichtlichkeit aus den Texten selbst und einem meist sehr allgemeinen Rahmen historischer Kenntnisse.

2. Zur Methode

Diese Eigenart der Epoche war für das Arbeitsbuch zu berücksichtigen, das Konzept mußte – bei gleicher Zielsetzung – dem Gegenstand angepaßt werden. Das Buch wendet sich in erster Linie an Studenten im Hauptstudium, setzt also die Einführung in die Grundlagen literaturwissenschaftlichen Arbeitens und die Fähigkeit, mittelhochdeutsche Texte (wenigstens mit Hilfe einer Übersetzung) zu lesen, voraus. Daß die sprachliche Schwelle den Kreis derer begrenzt – schon an der Universität, vollends aber außerhalb –, die sich mit den Dichtungen Hartmanns auseinandersetzen, ist den Verfassern bewußt – selbst wenn im letzten Jahrzehnt Autoren und Stoffe des Mittelalters unvermutet literarische Aktualität wiedergewonnen haben. Um so mehr sollten am Werk dieses Autors exemplarisch die spezifischen Probleme mittelalterlicher Literatur und ihrer Erforschung sowie das aktuelle literaturgeschichtliche Interesse verdeutlicht werden.

So sehr sich die Darstellung theoretischen und methodischen Reflexionen verpflichtet weiß, verzichtet sie darauf, diese vom behandelten Gegenstand abzulösen. In dem Wechselverhältnis von theoretischem Entwurf und konkreter Anwendung hat letztere in einem Arbeitsbuch den Vorrang, die darin gebotene Kenntnis konkreter literarischer Erscheinungen kann und soll wieder Anstoß für verallgemeinernde theoretische und methodische Überlegungen sein.

Die Geschichtlichkeit literarischer Texte wird hier sehr umfassend verstanden. Wenn dennoch vorwiegend von Texten und ihren innerliterarischen Bedingtheiten die Rede ist, ist das nicht eine heimliche Restauration eines literaturwissenschaftlichen Immanentismus, sondern Folge der nüchternen Einsicht, daß die Texte weithin das einzige historische Material sind, über das wir verfügen. Das Netz sonstiger historischer Daten ist meist viel zu weitmaschig und lückenhaft, um den Weg zu konkreten kulturellen Erscheinungen zu weisen. Nur in seltenen Fällen gelingt es, die Entstehung eines Textes in einer bestimmten Situation sicher nachzuweisen. Aufgabe des Literaturwissenschaftlers ist es daher, methodisch kontrolliert aus den Texten möglichst alle Dimensionen ihrer Geschichtlichkeit zurückzugewinnen. Deshalb muß auch ausführlich von der ästhetischen Formung gehandelt werden, weil nur da, wo sie adäquat erkannt ist, Schlüsse auf die außerästhetischen Bedingungen und Intentionen tragfähig sind. Viele der so erarbeiteten Erklärungen müssen Hypothese bleiben, doch das gehört zu den Problemen, auf die sich Literaturwissenschaft einlassen muß, wenn sie nicht darauf verzichten will, Dichtung als partielles Sinnangebot in einer konkreten geschichtlichen Situation zu verstehen.

Neben den volkssprachlichen Texten und Literaturtraditionen geht das Arbeitsbuch nur soweit nötig auf allgemein geistesgeschichtliche Faktoren ein, weniger jedenfalls, als frühere Forschung gerade auch zu Hartmann es für angebracht hielt. Sie sind sicher relevant für das Bewußtsein der Epoche, aber, durch die lateinische Sprache von der volkssprachlichen Dichtung und ihrem Publikum getrennt, doch nur sehr allgemein und indirekt wirksam.

Die Vielfalt des Œuvres, in der sich nur wenige Autoren Hartmann an die Seite stellen lassen, die kontinuierliche Beschäftigung der Forschung mit diesem Autor und der Platz, den Hartmann aus verschiedenen Gründen im akademischen Unterricht einnimmt, scheint den Gegenstand des Arbeitsbuchs hinreichend als exemplarisch für das Hochmittelalter auszuweisen. Doch ist hier ein methodisches Problem zu bedenken. Das Werk eines Autors als Ausschnitt aus dem Kontinuum der Literatur- und Geistesgeschichte zu wählen, ist zunächst deshalb unproblematisch, weil – ganz unabhängig davon, welchen literaturwissenschaftlichen Erklärungsansatz man vertritt – jeder denkbare Einfluß über das schreibende Subjekt mit seinem Text vermittelt ist. Ihren genuinen Zusammenhang erhält eine solche Reihe unterschiedlicher Texte also durch die Person ihres Autors. Erkennbar ist er insoweit, als die Kenntnis der Biographie von der Kenntnis des Werks abhebbar ist. Dazu fehlen allerdings bei Hartmann die Voraussetzungen, weil das Wenige, das uns vom Autor bekannt ist, aus seinen Dichtungen stammt.

Ein überlieferter Autorname verbindet literarische Texte, ihr Zusammenhang, der in der Person liegen könnte, bleibt uns verborgen. Bei

dieser Quellenlage müssen die Einzelwerke zunächst aus ihrem literarischen Kontext von Gattung, Quellen und Formmustern verstanden werden. Das Gesamtbild ihres Zusammenhangs bleibt Rekonstruktion. Von
Interesse ist es deshalb, weil die Vielfalt der literarischen Äußerungen
doch ihren Schnittpunkt in der uns verborgen bleibenden Person hat. Es
ist eine Herausforderung für unser Textverständnis, wenn derselbe Autor
ein von einem Schicksalsschlag betroffenes Sänger-Ich zum Kreuzzug
auffordern läßt und danach einen Artusroman mit heiter-ironischen Ak-
zenten erzählt. Doch es geht nicht um psychologische Rückschlüsse auf
den Autor; sie haben in der Hartmann-Forschung mehr verdeckt als
geklärt. Wichtiger ist die Kontrolle, die die zusammenfassende Auslegung einzelner Texte – was z. B. der Heilsoptimismus des Kreuzlied-
Sängers mit dem Erlösungs-Optimismus im ‚Armen Heinrich‘ und mit
dem Märchenoptimismus des ‚Iwein‘ zu tun hat – für die Auslegungs-
schritte selbst bedeutet. Das Gesamtbild bleibt ohnehin ein Netz von
Hypothesen; doch es muß so eng wie möglich geknüpft werden, um die
Abhängigkeit jeder Aussage von einer Vielzahl anderer offenbar zu machen und ein Höchstmaß methodischer Absicherung zu erreichen.

3. Zum Aufbau des Buches

Das Arbeitsbuch behandelt das gesamte Werk Hartmanns von Aue; nur
bei den Minneliedern schien es angebracht, für die ausführliche Behandlung eine Auswahl zu treffen und die übrigen Lieder unter entsprechenden Gesichtspunkten nur kurz zu erwähnen. Die Verschiedenartigkeit
der Texte legte es nahe, in einem Arbeitsbereich jeweils einen Text zu
behandeln, Ausnahme ist nur die Zusammenfassung von Minneliedern
und ‚Klage‘ unter thematischem Gesichtspunkt. Letztlich gaben Gründe
der Proportion den Ausschlag, auch für die Artusromane zwei Arbeitsbereiche vorzusehen; diese bauen aber aufeinander auf, indem sie schwer-
punktartig verschiedene gemeinsame Fragen der Gattung aufgreifen; deshalb sind sie auch als Artusroman I und II betitelt. Ein quellenkundlicher
Überblick über den historischen Zugang zu Werk und Person Hartmanns
legt den Grund für die Behandlung der Texte.
    Wilhelm Störmer hat den Arbeitsbereich II, Adel und Ministerialität
zur Zeit Hartmanns von Aue, beigesteuert (mit Ausnahme des verbindenden Abschnitts 6). Da in Adel und Ministerialität Hartmanns primä-
res Publikum, seine Auftraggeber und Mäzene und der Autor selbst zu
suchen sind, ist hier der erforderliche historisch-soziale Aufriß der Epoche entwickelt.
    Der Arbeitsbereich VIII skizziert die unterschiedlichen Formen der mit-
telalterlichen Hartmann-Rezeption, soweit sie greifbar ist; die neuzeitliche Hartmann-Rezeption gehört – seit Beginn des 19. Jahrhunderts – in

den Horizont der wissenschaftlich vermittelten Mittelalterentdeckung und bleibt deshalb ausgeschlossen; lediglich die poetischen Aktualisierungen Hartmannscher Werke aufzugreifen schien angebracht. Der Aufbau der einzelnen Arbeitsbereiche mußte auf die beschriebene Eigenart des Gegenstands Rücksicht nehmen. Es können nicht in gleicher Weise Voraussetzungen und Entstehung eines Werkes vor der Textanalyse dargestellt werden, wie das bei einem neuzeitlichen Autor möglich ist. Die meisten Arbeitsbereiche stellen daher zunächst Beobachtungen am Text, wie sie einem heutigen Leser auffallen können, als ‚Phänomenologische Annäherung‘ an die Spitze, dann werden die Informationen zum literarischen Kontext – Quelle, Bearbeitungsweise, Gattungsbezüge – vermittelt. Der abschließende Abschnitt nach der Textanalyse versucht, mit den Thesen zur Textinterpretation die verschiedenen Schlüsse zur geschichtlichen Position und damit auch zu Voraussetzungen und Entstehung zu integrieren, also im beschriebenen Sinn die Textanalyse zur Rekonstruktion der Geschichtlichkeit der Texte weiterzuführen. Die Literaturhinweise können bei einer so weit ausgebreiteten Forschung nur eine Auswahl bieten. Sie sind also zwangsläufig subjektiv. Neben den Titeln, die die Darstellung begründen, wurden vor allem jene bevorzugt, die dem Leser den weiteren Weg in die Forschung eröffnen.

4. Zur Neuauflage

Die vielfältige Forschung hat seit dem ersten Erscheinen Akzentuierungen vorgenommen und neue Beobachtungen gesammelt. Wir sahen jedoch noch keine Notwendigkeit, den Text grundlegend zu überarbeiten. Außer einer sachlichen Korrektur (S. 229) wurden lediglich kleine Versehen berichtigt. Zu erinnern ist allerdings an die Zielsetzung des Arbeitsbuchs: Es will die Grundlagenkenntnisse vermitteln, in die Forschung einführen und zur selbständigen Auseinandersetzung mit den Texten anregen. Weder darf es als vollständiges Kompendium der Forschung noch als umfassende Hartmann-Monographie gelesen werden; einem solchen Anspruch will und kann es nicht gerecht werden.

Für die Neuauflage wurden die bibliographischen Angaben in einem Nachtrag ergänzt. Die Ergänzungen sind aus der umfangreichen Forschungsdiskussion ausgewählt, vor allem unter dem Gesichtspunkt, wo der Leser über das bisher Gebotene hinaus neue Beobachtungen und Anregungen erhalten kann, unabhängig davon, ob die vertretenen Thesen das hier entworfene Bild stützen oder es in Frage stellen. Die bibliographischen Hinweise folgen der Kapitelgliederung, so daß rasch zu übersehen ist, was zu den einzelnen Abschnitten an Nachträgen berücksichtigt werden sollte.

Arbeitsbereich I

Historische Phänomenologie:
Die Quellen zu Person und Werk Hartmanns von Aue

0. *Vorbemerkung*

Das historische Verstehen eines hochmittelalterlichen Autors ist nicht nur durch die große Distanz, sondern auch durch die Quellenlage besonders erschwert. Handschriften in nur geringer Zahl überliefern seine Werke, wenige Anhaltspunkte verbinden diese Texte mit dem historischen Kontext, die meisten davon wieder nur mit dem Bereich der schönen Literatur; kein Dokument bezeugt die Person des Autors. Wo eine vergleichbare Darstellung bei einem neuzeitlichen Autor von einem Bestand an Fakten ausgehen kann, die die historische Stelle des Werks fixieren und die problemlos zu referieren oder in einschlägigen Handbüchern nachzuschlagen sind, muß hier vieles, nahezu alles rekonstruiert werden, und diese Rekonstruktion muß die Analyse der literarischen Texte selbst schon zu Hilfe nehmen.

Fakten und Deutungen bleiben deshalb unauflösbar verschränkt: Fakten sind Voraussetzungen des Verständnisses, die Deutung aber gibt erst die Möglichkeit, Vermutungen über fehlende historische Fakten wahrscheinlich zu machen. Das gilt hier bis hin zu einfachsten Feststellungen der Reihenfolge und Datierung der Werke. Dieses Beziehungsverhältnis bewußt zu halten, ist eine Grundvoraussetzung für die historische Erschließung.

Eine Einführung in Hartmanns Werk muß deshalb zuerst Rechenschaft ablegen, wo in primären Quellen der behandelte Gegenstand für uns greifbar wird. Das sind die Handschriften seiner Werke und die Bezeugung von Person und Werk in anderen literarischen Quellen; weitere Anhaltspunkte, etwa eine urkundliche Bezeugung der Person, haben sich bis heute nicht finden lassen. Beide Arten von Quellen geben mehr an Kenntnis als hier den Text oder dort den Namen des Autors oder eines Werks. Denn in der literarischen Bezeugung spiegeln sich Kenntnis und Wertschätzung Hartmanns, also Literaturbewußtsein seiner Zeit, und auch die Handschrift eines Werks ist immer schon Dokument des Interesses, des Gebrauchs, der Rezeption. Denn anders als am heutigen Buch ist an der Handschrift das literarische Publikum sehr wesentlich beteiligt; sie entsteht im allgemeinen im Auftrag des Interessenten. Deshalb sind die Handschriften nicht nur Grundlage für die kritische Herstellung der Texte, sondern liefern auch die wenigen erreichbaren Daten zur regionalen Verbreitung, zur Verbreitungsdauer, zum Gebrauch in Form von Schreiber- und Besitzervermerken, und sie geben durch Form, Ausstattung und die Zusammenordnung mit anderen Texten Hinweise auf den literarischen Horizont der Auftraggeber und ihren Umgang mit dem Text.

1. Überlieferung und Gebrauch

Es ist hier nicht der Ort, detailliert Rechenschaft über jeden Überlieferungszeugen zu geben; dazu ist auf die kritischen Ausgaben und entsprechende Literatur zu verweisen. Es werden nur die Fakten herausgegriffen, die für eine historische Phänomenologie von Autor und Werk wichtig scheinen.

Die Zuweisung der Texte – auch das für das Mittelalter nicht selten ein Problem – macht bei Hartmann von Aue wenig Schwierigkeiten. Die Lieder sind unter dem Autorennamen gesammelt, und bei der überwiegenden Mehrheit gibt es keinen Grund, die Autorschaft anzuzweifeln. In den übrigen Texten nennt sich der Autor selbst in den Prologen

> ...*von Ouwe Hartman*
> (,Klage' v. 29; ,Gregorius' v. 173)

> *der was Hartman genant,*
> *dienstman was er zOuwe*
> (,Der arme Heinrich' v. 4f.)

> *er was genant Hartman*
> *und was ein Ouwære*
> (,Iwein' v. 28f.)

Lediglich im ,Erec' fehlt wegen der defekten Überlieferung diese (auch anzunehmende) Angabe, andere literarische Quellen lassen aber auch hier keinen Zweifel zu. Die ältere Forschungsmeinung, die ausschließlich auf der Überlieferung im Zusammenhang mit der ,Klage' (,1. Büchlein') beruhte, auch das sogenannte ,2. Büchlein' gehöre Hartmann, wurde mit philologischen Argumenten überzeugend widerlegt.

1.1. Lieder

Die 60 Strophen in 18 verschiedenen Tönen (d.h. Strophenformen, zu denen eine je eigene Melodie zu vermuten ist) sind in den drei großen alemannischen Sammelhandschriften – der Großen Heidelberger oder Manessischen Liederhandschrift (C [die Siglen entsprechen den in der jeweiligen Ausgabe, hier ,Des Minnesangs Frühling', verwendeten], Heidelberg cpg 848), der Kleinen Heidelberger (A, Heidelberg cpg 357, 10 Strophen) und der Weingartner Liederhandschrift (B, Stuttgart cod. HB XIII 1, 28 Strophen) – überliefert, auf denen in erster Linie unsere Kenntnis der Liedproduktion des 12. und 13. Jahrhunderts beruht. In die repräsentativen Sammlungen B und C ist Hartmann mit vorangestelltem Namen und Autorenbild – als gewappnet dahersprengender Ritter mit geschlossenem Helm, weiße Adlerköpfe auf schwarzem oder blauen Grund im Schild, auf der Schabracke und als Helmzier – in die teilweise ständisch geordnete Reihe der Lieddichter eingegliedert. Alle drei Handschriften stammen aus dem oberrheinischen Raum (Konstanz – Zürich – Straßburg) und sind in den Jahrzehnten um 1300 entstanden.

Als Liedautor ist Hartmann völlig in die Minnesang-Überlieferung integriert; das entspricht auch der literarischen Stellung seiner Lieder. Indirekt bestätigt das der Befund, daß sieben ihm zugeschriebene Strophen auch unter dem Namen Walthers von der Vogelweide (E, Würzburger Liederhandschrift, UB München Cod. ms. 731; m, Staatsbibl. Preuß. Kulturbesitz Berlin) oder Reinmars (E) überliefert sind. Er teilt mit dem ganzen Genre das Schicksal, erst gut 100 Jahre nach der Entstehung der Texte für uns buchliterarisch greifbar zu werden. Daß die großen Liedersammlungen gerade im südwestdeutschen Raum entstanden, den man auch als Hartmanns Lebensumkreis annimmt, ist sicher ein günstiger Umstand für die Erhaltung seiner Lieder.

1.2. Artusromane

,Erec': Annähernd vollständig (mehrere Lücken, darunter der Anfang) nur im ,Ambraser Heldenbuch' (Wien, cod. Vind. ser. nov. 2663), einer Prachthandschrift, geschrieben von Hans Ried 1504–1515/16 im Auftrag Kaiser Maximilians; eine späte Sammlung von Texten des 12. und 13. Jahrhunderts, 15 der 25 Texte sind als Unika nur dadurch auf uns gekommen. Hans Ried schrieb die Texte in seinem südbairischen Frühneuhochdeutsch ab. Dem ,Erec' voraus gehen Hartmanns ,Iwein', Hartmanns ,Klage' und das ihm früher fälschlich zugeschriebene ,2. Büchlein' sowie Heinrichs von dem Türlin ,Mantel', der abbricht und nahtlos in die ersten erhaltenen ,Erec'-Verse übergeht, wohl weil Hans Ried wegen Blattverlusts in seiner Vorlage die Bruchstelle und Nichtidentität der Texte übersah.

Daneben sind bisher nur Fragmente dreier zerstörter Handschriften bekannt, aus dem 13. Jahrhundert Fragmente in Wolfenbüttel, die Sprache thüringisch gefärbt, und in Koblenz, mit deutlich mitteldeutschem, (süd)rhein-fränkischem Einfluß, aus dem 14. Jahrhundert ein Fragment in Wien, aus dem bairisch-österreichischen Raum stammend. Zwei weitere, heute verlorene Handschriften sind nachrichtlich bezeugt.

Probleme werfen die Fragmente in Wolfenbüttel auf. Während die früher (Heinemann) aus einem Einband abgelösten Bruchstücke (III–VI) sich mit kaum auffälliger Varianz zum Ambraser Text fügen, überliefern die neuerdings freigelegten Bruchstücke aus derselben Handschrift (I–II) Teile einer völlig abweichenden Fassung zweier Episoden. Die Handschrift enthielt allen Anzeichen nach eine Mischredaktion. Der Ambraser Text – daß dieser mit dem Hartmanns identisch ist, machen die anderen Quellen wahrscheinlich – ist mit mehr oder minder großen Stücken einer anderen Version kombiniert. Umfang und Herkunft lassen sich nur vermuten: Ergänzungen eines begabten Schreibers zu einer lückenhaften Vorlage, abweichende Teile von Hartmann selbst oder Teile eines mit ihm konkurrierenden mitteldeutschen ‚Erec‘, der als ganzer verloren ist? Die jetzt bekannten Teile der abweichenden Version bleiben näher an Chrétiens Darstellung (zur Quellenlage s. unten AB VI) und betreffen gerade Episoden, in denen Hartmann am stärksten änderte.

‚Iwein‘: Der Text ist in 15 Handschriften vollständig, in weiteren 17 fragmentarisch erhalten, die Überlieferung reicht vom Anfang des 13. bis zum Anfang des 16. Jahrhunderts. Etwa 40% der Handschriften stammen aus dem 13., knapp 30% aus dem 14. Jahrhundert, dann wird der ‚Iwein‘ immer noch abgeschrieben, während gleichzeitig, wie Fragmente und ihre Fundstellen belegen, schon alte Handschriften zu Buchbindermaterial zerschnitten werden. Ihre Lautung weist neben dem Alemannischen das Bairisch-Österreichische, Ost- und Westmitteldeutsche und das mitteldeutsch schreibende Niederdeutschland als Schreiblandschaften aus. In der Überlieferung findet sich sowohl die kleinformatige Einzelhandschrift (B, A, a, b) wie die Verbindung mit anderen Texten; hervorzuheben ist die Eingliederung in einen Typ von Sammelhandschriften aus österreichischer Adelstradition, denen ein literarisches Sammelprogramm zugrundeliegt. Hartmanns ‚Iwein‘ steht dabei als Exempel für den höfischen Artusroman vor Heldenepik und Mären (Stricker). Dazu gehören die Handschriften J, die Windhagensche Handschrift Wien, E, die Riedegger Handschrift Berlin, und, mit aufgeschwelltem Programm, das ‚Ambraser Heldenbuch‘ (H. Kuhn, Minnesangs Wende, Tübingen ^{2}1967, S. 185 f.).

Die ‚Iwein‘-Überlieferung ist gut und entspricht der erwarteten Bedeutung des Texts (zum Vergleich Wolframs ‚Parzival‘: 15 Hss., 71 Frgm.; Gottfrieds ‚Tristan‘: 11 Hss., 16 Frgm.; Wirnts ‚Wigalois‘: 13 Hss., 27 Frgm.). Sie hält das ganze Mittelalter an und überdeckt das ganze hochdeutsche Sprachgebiet. Vielleicht verraten auch die Sammelhandschriften, daß dem Roman ein Akzent von Exempelhaftigkeit anhaftete. Die ‚Erec‘-Überlieferung gibt dagegen Rätsel auf. Die geringe Anzahl von Überlieferungsträgern entspricht nicht der zu erwartenden und – wie der Reflex in späteren Romanen zeigt – auch tatsächlichen Bedeutung. Im-

merhin belegen die Zeugen eine räumliche Verbreitung annähernd gleicher Ausdehnung (wenn der Zufall nicht verzerrend wirksam war). Woher Hans Ried so spät eine Vorlage bekam, läßt sich ebensowenig klären
wie bei den anderen Unika der Ambraser Handschrift. Die Zahl der
Handschriften scheint hier nicht der tatsächlichen Rezeption zu entsprechen, denn die spätere Gattungsgeschichte spiegelt zu deutlich den Bezug
auf das erste Gattungsexempel wider. Über Erklärungen läßt sich nur
spekulieren.

1.3. ,Die Klage‘

Sie ist nur im ,Ambraser Heldenbuch‘ überliefert. Es gilt, was darüber
beim ,Erec‘ gesagt wurde. Allerdings ist dieser Text in seiner Zeit nicht
traditionsbildend gewesen, sondern blieb isoliert; deshalb kann hier die
Überlieferung einer tatsächlich geringen Verbreitung entsprechen.

1.4. ,Gregorius‘

Der ,Gregorius‘ ist in 6 Handschriften und 5 Fragmenten überliefert.
5 Textzeugen gehören ins 13., je 3 ins 14. und 15. Jahrhundert bis an die
Wende zum 16.; die Herkunft der Handschriften dokumentiert die Verbreitung im alemannischen, bairisch-österreichischen und mitteldeutschen Raum. Die Weitertradierung im Spätmittelalter ist unter der Voraussetzung zu beurteilen, daß die ,Gregorius‘-Legende gleichzeitig in
mehreren Prosa-Versionen verbreitet wurde (s. unten AB VIII).
    Die Handschriften zeigen hier ein deutlich anderes Verhältnis zur Text-
authentizität als beim höfischen Roman. Nur zwei Zeugen überliefern
den Prolog (I Marburg, K Konstanz); die (ehemals) Erlauer Handschrift G (heute Genf) kürzt durchgängig. Die Textnachbarschaft in Sammelhandschriften verrät verschiedene Perspektiven. Neben der nicht
überraschenden Zuordnung zu geistlichen Texten (I; K) fällt die Verbindung mit Historischem, Juristischem (A mit Strickers ,Karl‘; E mit
Schwabenspiegel, Seifrieds ,Alexander‘, Wirnts ,Wigalois‘) und mit Di-
daktischem auf (D mit Freidank; L mit Winsbecke).

1.5. ,Der arme Heinrich‘

Die Überlieferung ist schlechter, als die Zahlen vermuten lassen: 3 Handschriften, 3 Fragmente und ein Dutzend in eine lateinische Handschrift
eingetragene Verse (K. Kunze, ZfdA 108, 1979, S. 31 ff.). Zwei Handschriften (Ba Heidelberg cpg 341, Bb Kálocsa, heute Genf) gehören als
Vorlage und Abschrift unmittelbar zusammen – eine seltene Ausnahme
im heute vorhandenen Handschriftenbestand; die dritte bietet einen

stark abweichenden Text, so daß sich beinahe zwei Versionen gegenüberstehen. Solche Varianz ist für Kleinepik weithin typisch. Zwei Fragmente gehören ins 13., die übrigen Handschriften ins 14. Jahrhundert; die räumliche Verbreitung war begrenzt. Die Handschriften Ba und Bb gliedern den ,Armen Heinrich' in den Gebrauchszusammenhang der kleinepischen Formen Märe und Bispel ein, in dem neben der dom
ierenden weltlichen auch religiöse Thematik ihren Platz hat. Einziges eindeutiges Kriterium dieser Sammlungen ist die Begrenztheit des Textumfangs.

1.6. Überblick

Für ein Hartmannbild vermittelt der Überblick einige wichtige Einsichten in den mittelalterlichen Literaturbetrieb. Seine Texte sind mit verschiedener Intensität verbreitet, und allen Anzeichen nach bestimmt der Gattungs- und Gebrauchshorizont am stärksten die Verbreitung. Ein Œuvrebewußtsein fehlt völlig. Es gibt keine Hartmann-Sammlung, der Autor bleibt dem Gebrauchshorizont nachgeordnet. Allenfalls im ,Ambraser Heldenbuch' mag ein Autorinteresse mitgewirkt haben, das traditionelle Sammelprogramm auszuweiten, und nur dort werden ,Erec' und ,Iwein' einmal zusammen überliefert.

Die räumliche Verbreitung erstreckt sich über das ganze hochdeutsche Sprachgebiet. Eine Ausnahme bilden nur die Lieder, was hier aber mehr von der Überlieferungsgegebenheit beim Minnelied als vom Autor bedingt ist. Aus der Dauer der Überlieferung läßt sich schließen, daß Hartmanns Texte an der fortschreitenden Verbreiterung der Rezipientenschicht für die hochmittelalterlich-höfische Literatur teilhatten. Eine weitergehende lesersoziologische Auswertung lassen die wenigen Daten kaum zu. Daß neben das Adelspublikum von anfänglich wohl wenigen größeren Höfen Landadel und städtisches Patriziat tritt, entspricht den kontinuierlichen sozialen und kulturellen Verschiebungen im Spätmittelalter. Erwähnenswert ist allenfalls, daß den ,Iwein' (a Dresden) um 1400 ein jüdischer Schreiber wohl für jüdische Kaufmannskreise abschreibt (Fechter).

1.7. Textherstellung

Die handschriftliche Überlieferung bedingt die Sicherung des Textes als erste Vorarbeit für die literaturwissenschaftliche Erschließung. Zwar kennt auch die neuzeitliche Verbreitung das Problem der fortschreitenden Textverderbnis im Verlauf der Drucklegung und weiterer oft glättender Auflagen, die mittelalterliche Abschreibpraxis ist aber sehr viel anfälliger für Verderbnisse jeder Art, und der Weg von Einzelabschrift zu

Einzelabschrift ist ja fast immer nur an wenigen Punkten belegt, viele Zwischenglieder der Überlieferung sind verloren. Handschriften, die erkennbar von der Hand des Autors geschrieben oder korrigiert sind, sind im lateinischen und deutschen Mittelalter ganz seltene Ausnahme. Hinzu kommt, daß die Norm wortgetreuer Textreproduktion im Mittelalter nur mit bedeutenden Einschränkungen gilt. Von den landschaftlichen Differenzen der nicht standardisierten Literatursprache abgesehen, gilt das Prinzip der Authentizität am ehesten noch für den höfischen Roman (doch gibt es inhaltlich abweichende ‚Iwein‘-Schlüsse), andere Gattungen werden als Gebrauchstexte eingeschätzt, die der Abschreiber sich variierend aneignen kann (Kurzerzählung, Märe), oder haben traditionell eine gattungstypische Lizenz zu einer bestimmten Variabilität (etwa die Heldenepik).

Die Herstellung zuverlässiger Texte gibt, entsprechend der Überlieferungslage, unterschiedliche Probleme auf. Beim ‚Iwein‘ mit seiner breiten und früh einsetzenden Überlieferung läßt sich auf der Grundlage der anerkannten Regeln der Textkritik ein hinreichend zuverlässiger Text rekonstruieren. Ähnliches gilt für die Lieder, auch wenn die Handschriften nicht so zahlreich (und nicht ganz unabhängig voneinander) sowie lange nach den Texten entstanden sind. Der dem Autor und den Handschriften gemeinsame alemannische Sprachraum macht im allgemeinen keine besonderen Eingriffe nötig.

Der ‚Gregorius‘ verlangt größere Anstrengungen. Auch wenn die älteste Handschrift A eine gute Basis gibt, muß ihr Wortlaut an den anderen Zeugen überprüft und der Versbestand kontrolliert und ergänzt werden.

Bei den übrigen Texten ist die Basis fragwürdiger. ‚Klage‘ und ‚Erec‘ liegen im wesentlichen nur im bairischen Frühneuhochdeutsch des ‚Ambraser Heldenbuchs‘ vor. Die Ausgaben rekonstruieren aus Kenntnis der Literatursprache des 12./13. Jahrhunderts und der Stilistik Hartmanns einen Text durch Rückübertragung. Beim ‚Erec‘ erlauben die Fragmente immerhin eine stichprobenartige Kontrolle der Methode. Sie bestätigen, daß Hans Ried eine überdurchschnittlich gute Vorlage hatte, also keine allzu große Verderbnis in Kauf genommen werden muß.

Größer noch sind die Schwierigkeiten beim ‚Armen Heinrich‘, da die Textzeugen so weit voneinander abweichen, daß nicht ohne Bedenken auf einen gemeinsamen authentischen Ausgangspunkt zurückgeschlossen werden kann.

In einem gewissen Maß muß sich der Leser damit abfinden, diese Texte – weit mehr als die anderen, denn auch diese haben nicht die Authentizität des Autographs – nur in der Brechung der Rezeption vor sich zu haben. Die kritischen Bemühungen der Herausgeber können diesen Abstand vermindern, aber nicht aufheben; sie sollten ihn aber auch nicht mit einer trügerischen Sicherheit verdecken.

2. Literarische Bezeugung

Primärquellen einer zweiten Kategorie sind Erwähnungen Hartmanns durch andere Literaten. Dem höfischen Roman ist von Anfang an eine hohe Bewußtheit des Erzählens eigen; das schließt ein, daß in Zwischenreden des Erzählers sich auch ein Gattungsbewußtsein artikuliert. Dieser Eigenart verdanken wir Nachrichten über Hartmann bei anderen Autoren, die nicht nur innerliterarische Relationen klären, sondern auch einiges von der Wertschätzung Hartmanns erkennen lassen. Die Bezeugung dieser Art beginnt schon unmittelbar nach Hartmann mit Wolframs ‚Parzival‘ und Gottfrieds ‚Tristan‘. Die beiden Autoren begründen zwei Typen von Erwähnung, den Literaturkatalog und die Einzelberufung, die für die Gattung traditionsbildend werden. (Das Material gesammelt bei Schweikle.)

2.1. Literaturkataloge

Gottfried von Straßburg fügt aus Anlaß der Schwertleite seines Helden eine ausführliche Literaturumschau ein (‚Tristan‘ v. 4589–4852), in der er eine Reihe von Epikern und Minnesängern bewertend vorstellt. Hartmann wird als erster genannt, nicht wegen der Gattungsbegründung, dieser Ruhm fällt Heinrich von Veldeke zu (v. 4738 f.), sondern wegen seines Ranges. Ihm wird *schapel* und *lorzwi* (v. 4637; 4655) zugesprochen. In Abgrenzung gegen einen nicht genannten Konkurrenten, der meist mit Wolfram identifiziert wird, ist Hartmanns Ästhetik programmatisch hervorgehoben:

ahi, wie der diu mære
beid uzen unde innen
mit worten und mit sinnen
durchverwet und durchzieret!
wie er mit rede figieret
der aventiure meine! (v. 4622–4627)

Damit ist nicht nur ein Stilideal der ungekünstelten Klarheit (*cristallinen wortelin* v. 4629) hervorgehoben, dem sich Gottfried anschließt und das als eine Tradition neben dem schweren Stil Wolframs weiterwirkt, sondern auch die gattungstypische Erzählhaltung artikuliert, mit der ein souveräner Erzähler einen vorgegebenen Erzählzusammenhang sinnsetzend aktualisiert, und die erwünschte Rezeption durch ein aufnahmebereites Publikum ([*diu wortelin*] *si tuont sich nahen zuo dem man / und liebent rehtem muote.* v. 4632 f.).

Literaturkataloge dieser Art finden sich in der Folge in Rudolfs von Ems ‚Alexander‘ (nach 1230) und ‚Willehalm von Orlens‘ (um 1240 –

mit Erwähnung der Romane ,Erec' und ,Iwein'); beide Male mit uneinge-
schränktem Lob für Hartmann, wenn ihm auch schon Wolfram und
Gottfried an die Seite gesetzt werden.

Einen etwas anderen Akzent setzt Heinrich von dem Türlin in seiner
,Crône' (nach 1220); er reiht Dichternamen (v. 2357–2455), Hartmann
und einige Liederdichter wie Reinmar und Friedrich von Hausen, in
einem Nachruf auf verstorbene Berufskollegen. Hartmann ist Ausgangs-
und Mittelpunkt; vom Artushof, dessen Personal Hartmann im ,Erec'
bekannt gemacht habe, geht Heinrich auf den Autor über und widmet
ihm eine bewegte Totenklage. Bemerkenswert daran ist, daß nicht nur
eine literarische Normativität Hartmanns in Türlins Augen fraglos ist,
die den Nachfahren geradezu befangen macht (v. 2406–2411), sondern
daß Hartmanns Erzählen (wie Reinmars Lieder) als Inbegriff höfischer
Lebensform erscheint (*werltvröuden* v. 2417; *tugentbilde und werde lêre*
v. 2421). Auch die Wertschätzung des Literaten ist in einen ethischen
Blickwinkel gerückt (*sîn tugent* v. 2410; *des was er alles vollekomen* v.
2372). Direkt verwiesen wird auf den ,Erec'; die Art des Verweises
scheint nicht nur die Kenntnis Türlins widerzuspiegeln, sondern auch
eine Bekanntheit bei seinem Publikum vorauszusetzen.

Weitere Bezeugungen dieses Typs finden sich später noch im ,Mele-
ranz' des Pleier und in Konrads von Stoffeln ,Gauriel'.

2.2. Einzelberufung

Die Einzelberufung erfolgt nicht aus einer literaturkritischen Außenper-
spektive, sondern zitiert innerhalb der fiktiven Welt. Das erleichtert die
Gattung ,Artusroman' insofern, als sie ohnehin von der Identität von bei
verschiedenen Autoren auftretenden Figuren wie Artus, Keie, Erec ausgeht.

Wolfram unterbricht im ,Parzival' die Handlung in dem Augenblick,
als der junge Parzival zur letzten Wegetappe an den Artushof aufbricht,
und der Erzähler wendet sich an Hartmann:

> *mîn hêr Hartmann von Ouwe*
> *frou Ginovêr iwer frouwe*
> *und iwer hêrre der künc Artûs,*
> *den kumt ein mîn gast ze hûs.*   (v. 143, 21–24)

Die Aufforderung, Hartmann möge Parzival vor Spott am Artushof be-
wahren, unterstreicht er mit der Drohung, sich andernfalls an Enîte und
ihrer Mutter Karsnafîde zu rächen.

Weniger direkt, doch eindeutig wird der Autor Hartmann an anderen
Stellen zitiert. Zweimal verweist Wolfram im Zusammenhang mit der
trauernden Sigune auf *froun Lûneten rât* als Kontrastbeispiel (,Parzival'

v. 253, 10–14; 436, 7–22). Das belegt Wolframs Kenntnis des ‚Iwein‘ wie auch in Grenzen Bekanntheit beim vorausgesetzten Publikum, obwohl bei diesem Rückschluß Vorsicht geboten ist, vor allem wenn, wie in einem ‚Erec‘-Zitat (v. 401, 7–22), der Bezug durch ein Resümee der zitierten Handlung konkretisiert wird. Doch zeigen solche Zitate über die bloße Fabelkenntnis hinaus auch eine Gemeinsamkeit der Basis, Elemente eines Gattungsbewußtseins auf. Mit der Möglichkeit, Figuren Hartmanns sofort in eine, wenn vielleicht auch ironisierte, Exemplarhaftigkeit rücken, Laudine zur sprichwörtlich leicht getrösteten Witwe stempeln zu können, verrät sich eine Geltung Hartmanns, die nicht ohne wirksame Rezeption seiner Romane denkbar wäre. Vollends die Brechung der Fiktion, in der spielerisch Autoren und ihre Figuren sich auf einer Ebene treffen, dokumentiert, daß Hartmann mit seinem ersten deutschen Artusroman eine Norm gesetzt hat, die schon nach kurzer Zeit zum Richtpunkt des Erzählens geworden ist. Das Zitieren Hartmannscher Figuren als Exempel, die positiv oder negativ in irgendeinem Punkt überboten werden, wird von Wolfram an gebräuchlich; weitere Beispiele sind in Wirnts von Grafenberg ‚Wigalois‘, Reinbots von Durne ‚Hl. Georg‘, im ‚Garel‘ des Pleier und im ‚Jüngeren Titurel‘ zu finden.

Als Fazit für eine historische Situierung Hartmanns wenigstens in der Literatur ist festzuhalten: Seine eine neue Gattung übernehmenden Artusromane – und nur diese sind in den Belegen sicher faßbar – werden in literaturinteressierten Kreisen erstaunlich rasch rezipiert. (In Frankreich beziehen sich spätere Artusromane in gleicher Weise auf das Vorbild Chrétien de Troyes zurück.) Das Selbstbewußtsein der Autoren im Gefolge Chrétiens und die neu geformte Rolle des fiktiven Erzählers im Text begünstigten die Erwähnung der Hartmannschen Romane in späteren Texten. Dabei spiegelt sich immer, auch in den ironischen Bezügen, die hohe Wertschätzung Hartmanns und seine Normativität für die Gattung. Schon in der folgenden Autorengeneration, bei Heinrich von dem Türlin, haftet dem Urteil über Hartmann ein Aspekt von geradezu ‚klassischer‘ Geltung an (*meister Hartman*, ‚Crône‘ v. 2360).

3. Datierungsprobleme

Die zeitliche Einordnung von Hartmanns Texten blieb in gewissem Maß bis heute kontrovers. Das liegt daran, daß sie nur aufgrund innerliterarischer Relationen möglich ist, diese Relationen aber gewöhnlich mit Hilfe von Textdeutungen und Vermutungen in chronologische ‚Fakten‘ umgesetzt werden.

3.1. Relative Chronologie

Schon die relative Chronologie des Werks trifft wegen der Gattungsgrenzen auf Schwierigkeiten. Die Reihung der Erzähltexte in der Abfolge ‚Erec‘ – ‚Gregorius‘ – ‚Armer Heinrich‘ – ‚Iwein‘ wurde in der Forschung früh vorgeschlagen und gilt heute als bewiesen. Sie läßt sich mit philologischen Mitteln des Vergleichens sichern. So rücken Wortwahl, Reimtechnik, Versfüllung wie das Verhältnis von Sprachfluß und Versrhythmus den ‚Erec‘ in bedeutenden Abstand vor den ‚Iwein‘. Gleiches unterstreicht die größere Souveränität und Leichtigkeit des Erzählens im ‚Iwein‘, die geringere Notwendigkeit, dem Publikum den neuen kulturellen Anspruch durch Kommentare zu verdeutlichen, wie schließlich auch der inhaltliche Verweis auf die Erec-Fabel (‚Iw.‘ v. 2791 ff.). Dazwischen lassen sich nach denselben Kriterien die beiden religiösen Erzählungen einordnen. Der ‚Gregorius‘ gehört zwischen die beiden Artusromane und zwar näher an den ‚Erec‘ als an den ‚Iwein‘. Den ‚Armen Heinrich‘ rücken diese Argumente nahe an den ‚Iwein‘ heran. Gemeinhin wird angenommen, er sei vor dem ‚Iwein‘ entstanden; die Kriterien sind angesichts der thematischen Verschiedenheit jedoch nicht fein genug, die Möglichkeit einer umgekehrten Reihenfolge oder gleichzeitiger Entstehung auszuschließen. Ein Vergleich dessen, wie Hartmann jeweils der Figur eines Erzählers Kontur gibt, bestätigt dieses Ergebnis (Arndt).

Frühere Überlegungen, die ebenfalls mit stilistischen Argumenten die ersten tausend Verse des ‚Iwein‘ abspalten und dann im Abstand vor dem ‚Armen Heinrich‘ und dem ‚Gregorius‘ einordnen wollten, erwiesen sich nicht als tragfähig (Mertens, Laudine, S. 90–96). Die Wortstatistik, die mit dem Auftreten oder Fehlen bestimmter Wörter argumentierte, berücksichtigte nicht, daß der Inhalt Wörter bestimmter Bedeutung fordert oder überflüssig macht. Nicht zuverlässig genug ist das Mittel der Stilkritik auch zur Entscheidung der Frage, welches der Verspaare *ein ritter sô gelêret was / daz er an den buochen las* (‚A. H.‘ v. 1 f.) oder *ein rîter, der gelêret was / unde ez an den buochen las* (‚Iw.‘ v. 21 f.) ursprünglicher und welches abwandelndes Selbstzitat sei, zumal das Phänomen der Formulierungsparallelen im eigenen Werk noch wenig erforscht ist.

Wo in der Forschung von der genannten Reihenfolge der Erzähltexte abgewichen wurde, geschah dies vorwiegend unter dem Eindruck einer unterstellten Autorpsychologie. Die Opposition zwischen weltlicher Artusthematik und religiöser Thematik ließ sich glatt auf eine biographische Zäsur, eine Weltabwendung beziehen. Zusätzliche Anhaltspunkte und biographisch-chronologische Konkretisation schienen zwei Liedstrophen (MF I, 3 – 206,10; V, 4 – 210,23), in denen Hartmann sich durch den Tod eines Dienstherrn erschüttert zeigt, und die aus seinen Kreuzliedern geschlossene Teilnahme an einem Kreuzzug zu liefern, sowie vor allem die *revocatio* des früheren weltlichen Dichtens im Prolog des ‚Gregorius' (v. 1–5; 25–42). Das ist ein bedenkenswertes Beispiel für die Suggestionskraft scheinbarer psychologischer Plausibilität. Keines dieser Argumente kann für sich historische Faktizität begründen, in ihrem Zusammenwirken aber scheinen sie doch auf eine historische ‚Wahrheit' zu weisen.

Doch ist dabei ein romantisierendes Dichterbild unterstellt, das Schaffen wird vor allem aus der individuellen psychischen Verfassung und dem Artikulationswillen erklärt. Diese Vorstellung trifft nach allem, was wir wissen, nicht Situation und Selbstverständnis eines mittelalterlichen Dichters. Dessen Themen – weithin ja in französischen Quellen vorgeprägt – sind zum wenigsten seine privat motivierte Wahl, sondern Auftrag eines literaturinteressierten Gönners oder wenigstens durch die Rezeptionsmöglichkeiten eines literarischen Kreises bedingt. Literatur hat darüber hinaus noch unmittelbar praktische Funktion als Selbstrepräsentation einer ständischen Gesellschaft. Die Wahl von Gattung und Thema ist deshalb mehr Wahl eines gemeinsamen Verständigungsrahmens als persönliche Erlebnisreaktion. (Deren *Mit*wirkung braucht nun wieder gar nicht bestritten zu werden, nur ist sie nicht das dominante Motiv, das tatsächlich biographische Rückschlüsse erlauben würde.) So gehört als Topos zu Texten religiöser Thematik traditionell die *revocatio* weltlichen Dichtens, und der Topos ist sicher Signal des Ernstes und der Einstellung zum Thema, aber nicht ‚Faktum', aus dem eine biographische Wendung – und das ein für allemal – geschlossen werden kann. Diese Überlegungen konnten sich auch nie so weit durchsetzen, daß die Befunde aus der Stilkritik negiert worden wären, doch sind sie verantwortlich für zwei Besonderheiten der Hartmann-Kritik: einmal das auffallend lang anhaltende Desinteresse der Forschung am ‚Iwein' und zum anderen eine Ausweichkonstruktion, die stilistische Entwicklung und vermutete psychische Biographie harmonisieren sollte. Hartmann hätte den ‚Iwein' mit innerer Distanz und Unbeteiligtheit verfaßt (mehr oder minder ungern den nach 1000 Versen abgebrochenen Roman vollendend), während er beim ‚Erec' mit ganzem Herzen dabei gewesen sei. Die erzählerische und stilistische Meisterschaft Hartmanns im ‚Iwein' läßt jedem unbefangenen Blick diese Überlegung als absurd erscheinen.

Die Reihung der epischen Texte ist die Basis einer chronologischen Fixierung. Schwierig ist die Zuordnung der anderen Texte. Die ‚Klage' rückt der stilistische Befund in die Nähe des ‚Erec', dazu stimmt die Bezeichnung des Rollen-Ich als *jungelinc* (v. 7), mit dem sich Hartmann dann selbst identifiziert (v. 29 f.). Nicht ausreichend sind die Anhaltspunkte dafür, die ‚Klage' eindeutig als erstes Werk vor den ‚Erec' zu stellen, sie kann genauso neben ihm entstanden sein.

Die Einreihung der Lieder ist in doppelter Hinsicht ein Problem, sowohl ihr eigenes chronologisches Nacheinander wie ihre Zuordnung zu den Erzähltexten ist schwer zu bestimmen. Das Mittel der Stilkritik versagt hier fast völlig. Das liegt daran, daß wir schon nicht wissen, ob die Liederhandschriften die Lieder Hartmanns annähernd vollständig oder nur in Auswahl bewahrt haben. (Bei den Erzähltexten gibt es keinen Anhaltspunkt, der mit Verlorenem zu rechnen nahelegt.) Und die Lieder gehören ja zu einer etablierten Gattung mit einem schon vorher entwikkelten sprachlichen Repertoire, so daß sich nicht wie in der Epik die Konsolidierung eines neues Gattungsstils als Maßstab einsetzen läßt. Zwar gibt es unter den Liedern anspruchslosere, die das Minnethema hoffnungsvoller behandeln. Aber bezeichnenderweise wird ein und dasselbe Lied (MF XIII – 215,14) von einem Kritiker in die erste Phase gesetzt (Wapnewski), von einem anderen für das letzte Lied überhaupt gehalten (H. Kuhn), weil in diesem artistischen Genre ein ,einfaches' Lied doppelt gelesen werden kann, als naive Liebesseligkeit des Anfängers und als wiedergewonnene Vereinfachung aus artistischer Bewußtheit.

Da die Minnesang-Kritik sich davon entfernt hat, aus den Liedern erlebte oder fingierte Romanzen herauszulesen, versagt auch eine thematische Ordnung, die Liebeshoffnung an den Anfang und Resignation vor der Unerreichbarkeit der umworbenen Dame an das Ende stellen will. Die Versuche, Hartmanns Lieder in Zyklen zusammenzufassen, sind zu hypothetisch, als daß sie für eine historische Fixierung herangezogen werden könnten.

Gemeinhin werden die Kreuzlieder an das Ende der Lieddichtung gestellt und als endgültige Absage an den Minnesang gelesen. Mit der zusätzlichen Annahme einer persönlichen Teilnahme Hartmanns an einem bestimmten Kreuzzug, die aus diesen Liedern begründet wird, scheint sogar ein (wenn auch umstrittener) *terminus ante quem* für die Lieder gewonnen. Doch die Sicherheit, mit der sich dieser Zusammenhang in der Hartmann-Literatur festgesetzt hat, ist trügerisch. Gegen beide biographischen Annahmen sprechen gewichtige Einwände.

Zwar gehören die Kreuzlieder und gerade das bekannte dritte, MF XVII – 218,5, zu den individuellen Texten des Lyrikers Hartmann, und auch die Abwendung von Minne und Minnesang ist deutlich, im dritten mit einer neuen Minnedefinition geradezu endgültig formuliert. Doch das Kreuzlied ist von den Anfängen bei Friedrich von Hausen an ein Typ innerhalb des Minnesangs, und das Thema der Verpflichtung zur Kreuznahme wird traditionell in Auseinandersetzung mit der Minnebindung und Begriffen der Minnepsychologie reflektiert. Hartmann mag hier noch einen Schritt weitergehen (Haubrichs), dennoch lassen die von der Liedtradition vorgegebenen Koordinaten *nicht* den Schluß zu, das 3. Kreuzlied sei sicher Hartmanns letztes Lied, und er könne danach nicht (eventuell nach einer Kreuzzugsteilnahme) noch das eine oder andere

Minnelied verfaßt haben. Seine Plausibilität bezieht dieser Schluß doch nur aus einer subjektiv-biographischen Ausdeutung des Liedtextes. Die Kreuznahme Hartmanns bleibt eine ungesicherte Hypothese. Denn die Kreuzfahrt ist auch nicht Ergebnis subjektiv-biographischer Erschütterung, sondern lebensweltlich vorgegebenes Thema aus dem Raum politischer, religiöser und sozialer Verpflichtung. Zwar wird das Thema Kreuznahme traditionell aus der ethischen Perspektive des Individuums reflektiert, dieses Ich ist aber das Rollen-Ich des Minnesangs und nicht einfach mit dem biographischen Ich des Sängers gleichzusetzen. Ist Minnesang schon generell Rollenlied mit gesellschaftlicher Funktion, so kommt dem Kreuzlied eine wohl nicht gerade propagandistische, aber doch bewußtseinsbildende Aufgabe in der Selbstvergewisserung einem aktuellen Thema gegenüber zu. Deshalb müssen Kreuzlieder in erster Linie auf objektive Gegebenheiten wie politische Pläne zu einem solchen Unternehmen und auf den Empfängerkreis, den solche Pläne tangierten, bezogen werden. Wegen ihrer Argumentation werden neuerdings die Kreuzlieder Hartmanns sogar auf zwei verschiedene Kreuzzüge (1189/90 *und* 1197/98) aufgeteilt (Haubrichs). Die reale Teilnahme eines Autors in abhängiger Stellung war mehr durch seine Dienstpflicht als durch seine subjektive Betroffenheit bestimmt. Auch hier müssen die übersubjektiven Bedingungen mittelalterlicher Literatur höher eingeschätzt werden als die subjektiven, und deshalb ist ein sicherer Rückschluß auf eine Kreuzzugsteilnahme problematisch. Folge davon ist, daß der umstrittenen Ausdeutung der Erwähnung Sultan Saladins († 1193) für die historische Fixierung von Hartmanns Werk nur eine gänzlich periphere Bedeutung zukommen kann.

In zwei Liedstrophen erwähnt Hartmann den Tod eines Dienstherrn (eine vermutete dritte Erwähnung, MF XVII – 218,19, ist nur Ergebnis einer sehr fragwürdigen Konjektur); da dieser Herr nicht zuverlässig zu identifizieren ist, hilft auch dieser Verweis nicht zur Datierung. Das Lied MF XVI – 217,14, die sogenannte ‚Witwenklage‘, steht in einer kontrovers beurteilten Relation zu dem Lied MF XVI – 167,31 von Reinmar; da die Kritik sogar die Zuschreibung des Textes an Hartmann in Frage stellte, kann auch hier kein Anhaltspunkt gewonnen werden.

Bleibt für die relative Chronologie eine Alternative als Ergebnis: Die Lyrik kann, wie die traditionelle These annimmt, vor und neben den frühen Erzähltexten (‚Erec‘ und noch ‚Gregorius‘) entstanden sein und dann enden, sie kann sich aber auch durch das ganze Schaffen hindurchziehen. Sichere Entscheidungskriterien gibt es nicht. Je kürzer man den Zeitraum der literarischen Tätigkeit annimmt und je früher diese endet, um so mehr Gewicht wird auf der zweiten Möglichkeit liegen.

3.2. Absolute Chronologie

Im 7. Buch des ‚Parzival‘ illustriert Wolfram die Folgen eines Turnierge-
tümmels durch einen Vergleich aus der Erfahrungsrealität:

> Erffurter wîngarte giht
> von treten noch der selben nôt:
> maneg orses fuoz die slâge bôt.   (v. 379,18–20)

Diese zufällige Anspielung allein ist der Punkt, über den sich eine Reihe
innerliterarischer Relationen mit der Zeitgeschichte verknüpfen lassen.
Die Verwüstungen um Erfurt werden mit der Belagerung der Stadt 1203
im Verlauf des Thronstreits zwischen Philipp von Schwaben und Otto
IV. in Zusammenhang gebracht. Wie immer man sich die Arbeitsweise
Wolframs vorstellt: er formulierte wahrscheinlich die Anspielung in einem Zeitraum um 1205. Da dieser Stelle nun eine ‚Iwein‘-Erwähnung im
5. Buch schon vorausgeht (‚Parzival‘ v. 253,10–14), ist für Hartmann ein
terminus ante quem gewonnen.

Die Möglichkeiten, aus weiteren Fakten Daten zu gewinnen, sind begrenzt. Die auf Schloß Rodenegg bei Brixen aufgedeckten Fresken mit
Bildern zu Hartmanns ‚Iwein‘ (vgl. AB VIII) wurden von ihrem Entdek-
ker N. Rasmo aus kunsthistorischen Gründen in das erste Jahrzehnt des
13. Jahrhunderts datiert; eine neue Arbeit (V. Schupp) schließt aber mit
guten Gründen auf spätere Entstehung. Gemeinsam ist diesen Anhaltspunkten, daß sie die Rezeption des Werkes voraussetzen. Wie schnell
aber wird ein Roman so bekannt, daß er für die Dekoration eines Fest-
raums herangezogen oder als Exempel zitiert wird?

Für den Beginn von Hartmanns Dichten sind die Indizien noch spärli-
cher. Die Quellentexte für Hartmanns Artusromane, Chrétiens de Troyes
‚Erec et Enide‘ und ‚Yvain‘, sind selbst in ihrer Datierung unsicher. Die
angenommenen Daten um 1165 bzw. um 1177 passen zu Hartmann,
lassen aber für dessen Tätigkeit noch zu weiten Raum. Genauer läßt sich
sein erster Roman mit Hilfe einer Textaussage fixieren. Bei Erecs Hochzeit werden Könige mit Zobelpelz aus *Connelant* ausgestattet (‚Erec‘ v.
2000–2011). Die Herkunft solcher Pelze aus dem kleinasiatischen Sul-
tanat Ikonium ist naturkundlich ein Unsinn, doch verrät die Zufallsfor-
mulierung ein Interesse an dem geographisch richtig situierten Land. Die
Frage ist jedoch, was die positiven Konnotationen, die die Verwendung
des Namens motivierten, verursacht haben könnte. War es die Eroberung Ikoniums am 18. 5. 1190 durch Barbarossas Kreuzheer (Sparnaay),
ein Sieg, den man wegen Absprachen über freien Durchzug gar nicht
erringen zu müssen glaubte, und über den der kurz darauf folgende Tod
Barbarossas Schatten warf, oder waren es die diplomatischen Kontakte
vor dem Kreuzzug (Gesandtschaften 1179/80 und in Nürnberg 1188),

als man friedlichen Interessenausgleich suchte (Neumann)? Plausibler
scheint letzteres, doch ist es kaum beweisbar.
Gottfrieds von Straßburg Erwähnung (vgl. 2.1.) setzt wohl Hartmann
noch als lebend voraus, doch ist die Datierung des ,Tristan' ebenfalls
vom Weingärten-Datum und der Relation zu Wolfram abhängig; Heinrich von dem Türlin beklagt (nach 1220) den Toten.
Aus diesen Argumenten werden der ,Iwein' meist in die ersten Jahre
des 13. Jahrhunderts, der ,Erec' entweder in die Jahre nach 1180 (um
1185) oder ab 1190 gerückt, die übrigen Werke entsprechend ihrer innerliterarischen Relation dazwischen. Dabei hat vor allem der *terminus
ante quem,* Wolframs Anspielung wenige Jahre nach 1203, eine suggesti-
ve Rolle gespielt (unterstützt von Gottfrieds Erwähnung), als ob sicher
sein könnte, daß der ,Iwein' *unmittelbar* in den Jahren vor Wolframs
Formulierung entstanden sein muß. Nichts spricht aber dagegen, den
,Iwein' in größerem zeitlichen Abstand von diesem Verweis anzusetzen
und vor die Jahrhundertwende zu rücken (Bertau: „bald nach 1191").
Das könnten die Rodenegger Fresken stützen, wenn ihre frühe Datierung
zutreffend wäre.
Die verwertbaren Anhaltspunkte sichern nur einen Datierungsrahmen.
Hartmanns literarische Aktivität gehört in die letzten beiden Jahrzehnte
des 12. Jahrhunderts; ob sie das vorletzte Jahrzehnt ganz oder nur zum
Ende hin ausfüllte und auch noch in das erste Jahrzehnt des 13. Jahrhunderts reichte, ist nicht sicher auszumachen. Allenfalls die deutliche stilistische Zäsur zwischen ,Gregorius' und ,Armer Heinrich' ließe sich mit
einer längeren Schreibpause in Zusammenhang bringen. Alle weiteren,
präziseren Datierungen bleiben hypothetisch, da sie mit Annahmen über
die Schreibgeschwindigkeit, die Kreuzzugsteilnahme oder anderen Vermutungen argumentieren müssen.
Die Erwähnung Saladins (MF XVII, 2 – 218,19) hilft kaum zur Ergänzung der Chronologie. Zwar ist Saladins Tod 1193 ein gesichertes Datum, doch ist umstritten, ob die nur in einer Handschrift überlieferte
Formulierung *und lebte mîn her Salatîn und al sîn her,* die Saladins Tod
voraussetzt und damit einen Kreuzzug danach (1197/98) meint, nicht
aus verschiedenen Gründen gebessert werden muß. Zwar findet die alte
Konjektur J. Grimms und H. Pauls, die einen Bezug zum verstorbenen
Dienstherrn *(und lebt' mîn herre, S.)* herstellte, kaum noch Verteidiger,
doch andere Besserungsversuche haben die ganze Argumentation des
Lieds im Auge (vgl. AB III), ersetzen das Verb *leben* und beenden den
Bedingungssatz vor *her Salatîn.* Aus einem solchen Wortlaut aber ist
nicht zwingend zu schließen, daß Saladin noch lebt (also Kreuzzug 1189/
90), denn selbst der verstorbene Saladin bliebe als *der* exemplarische
Gegner zitierbar. Die Deutung, weitere Formulierungen *(von Vranken,
über mer)* ließen sich zusätzlich als Realitätsverweise auf den Aufbruchs-

ort oder den gewählten Weg eines Kreuzzugs lesen (1189/90 Kreuznahme und Aufgebot in Mainz und Nürnberg, aber Aufbruch von Regensburg auf dem Landweg; 1197/98 Seeweg, Aufbruch von Franken), blieb nicht unwidersprochen; beide Formulierungen sind ebensogut, wenn nicht besser, als Anpassung an die Perspektive des Orients zu verstehen und damit ohne historische Konkretheit. Jedes Datum aber kann nur über die Annahme einer persönlichen Kreuzzugsteilnahme Hartmanns und eine unterstellte Zäsur in der Entstehung der Erzähltexte zur Chronologie des Œuvres beitragen, deshalb bleibt die Beweiskraft äußerst fragwürdig.

Die Annahmen biographischer Art sind in die vorgeschlagenen Datierungsmodelle eingegangen. Der Vollständigkeit halber seien sie erwähnt, über eine vertretbare historische Phänomenologie gehen sie fast schon hinaus.

	Neumann	Wapnewski	Sparnaay (Polsakiewicz)	Bertau
,Klage'				
Minnelieder	1179/80	1180–90	1190	1180/85
,Erec'				
,Gregorius'		1190–97		vor 1187
Kreuzlieder				
	Kreuzzug 1189/90		Kreuzzug 1197	
,Armer Heinrich'				nach 1191
		Kreuzzug 1197		
,Iwein'	bis um 1203	um 1203	1203	nach 1191

4. Nachrichten und Vermutungen zur Person

4.1. Heimat und Wirkungsstätte

Die Lokalisierung von Hartmanns Wirkungsumkreis ist ebenso schwierig wie eine genaue Datierung seiner Werke. Eine erste Eingrenzung geben sprachliche Kriterien: Hartmann strebt zwar eine überregional oberdeutsche Literatursprache an, doch verraten geringfügige Spuren in der Reimbindung seine alemannische Herkunft. Diese regionale Lautung meidet er zunehmend in den späteren Werken. Das Belegmaterial ist schmal, und es muß fraglich erscheinen, ob es ausreicht, ein engeres Gebiet um Bodensee und Oberrhein einzugrenzen.

Die Zuordnung zum alemannischen Sprachraum wird durch Heinrichs von dem Türlin Zeugnis, dem zu mißtrauen kein Anlaß besteht, in politische Geographie übertragen: *von der Swâbe lande.* Gemeint ist damit das alte Stammesherzogtum, das zu Hartmanns Zeit noch eine nominelle, aber keine reale politische Einheit mehr war. Es umfaßte das heutige Südbaden, Württemberg ohne die nördlichen Teile, das bayerische Schwaben, Vorarlberg und die Ostschweiz einschließlich Thurgau und Zürichgau und reichte über den Rhein in das heute französische Elsaß hinein.

Nächster Anhaltspunkt bei Adels- und – mit Einschränkungen – Ministerialengeschlechtern im Mittelalter ist die Suche nach dem namengebenden Familienbesitz. Doch *von Ouwe* ist ein Allerweltsname, der Dutzende von Möglichkeiten offenläßt. So werden mehrere Ortsnamen mit (-)Au(e) in der umrissenen Region als Heimatorte genannt. Zwei Kriterien spielen für die Lokalisierung eine ergänzende Rolle: die Wappenüberlieferung in den Liederhandschriften B und C und ein verschlüsselter literarischer Autorbezug.

Der Held des ‚Armen Heinrich‘ ist *Heinrich von Ouwe* (v. 49), *den vürsten gelîch* (v. 43), von reichsfürstlichem Adel, *ze Swâben gesezzen* (v. 31). Der Einklang mit Hartmann, der sich kurz vorher selbst genannt hat (v. 4f.), ist ebenso augenfällig wie der Unterschied, denn der Autor selbst rechnet sich zum unfreien Dienstadel der Ministerialen (v. 5). Wie sind Realität und Fiktion voneinander abzugrenzen?

Die Übereinstimmung ist zu auffällig gesetzt, als daß man ihr jeden Realitätsbezug absprechen könnte. Zwei Auslegungen bieten sich an: Entweder hat Hartmann damit dem Dienstherrengeschlecht mit einer in dessen Familiengeschichte angesiedelten Erzählung gehuldigt (er selbst würde sich dann nach dem Dienstort nennen), oder er verlegt die Geschichte in die eigene Familie und schreibt ihr damit eine freiadlige Vergangenheit zu. Die Entscheidung stützt sich auf rechtshistorische Überlegungen, die allerdings nicht restlos zwingend sind. Die Erzählung endet ja mit der Hochzeit zwischen dem Herrn Heinrich und dem freibäuerlichen Mädchen. Wenn man diesen Schluß nicht als religiös-utopisches Wunschbild, sondern wieder als reale Anspielung versteht, müßte bei den Nachkommen dieser Verbindung nach dem Dienstherrn oder dem Autor gesucht werden. Die ältere Forschung hat die Anspielung als Huldigung auf das Dienstherrengeschlecht bezogen. Die Ehe mit dem nichtadligen Mädchen bedingte aber – real genommen – für die Nachkommen im allgemeinen eine Standesminderung nach dem Prinzip der ‚ärgeren Hand‘ (F. Beyerle). Das könnte nun auf das Dienstherrengeschlecht nicht zutreffen oder doch eine unliebsame Erinnerung an die Vergangenheit sein, die herauszustellen sich für einen abhängigen Dichter eher verbot. Auf den Dichter selbst bezogen könnte aber gerade die Erzählung den Abstieg in die unfreie Ministerialität verklären, der in der Familie möglicherweise real stattgefunden hatte. Dieser Argumentation hat sich die neuere Forschung überwiegend angeschlossen. Zu fragen bleibt allerdings, ob die ständerechtlichen Folgen einer Eheschließung zur fraglichen Zeit im Südwesten so schematisch gegolten haben, zumal bei der ausdrücklichen Zustimmung der *familia*.

Entsprechend dieser Alternative suchte die ältere Forschung nach einem freiherrlichen Geschlecht von Aue, in dem möglichst auch der Name Heinrich belegt ist – die meisten Sippen neigten zu einem kontinuierlichen Gebrauch weniger Taufnamen; die jüngere Forschung sucht dagegen eine Ministerialenfamilie gleichen Namens, für die möglichst noch eine freiadelige Vergangenheit wahrscheinlich sein soll.

Die Liederhandschriften porträtieren Hartmann als gewappnet dahersprengenden Ritter, entsprechend dem Bildtyp des Reitersiegels, das damals hochadelige Herren wie u. a. auch Welfen und Zähringer gerne verwendeten. Als Wappenzeichen trägt er weiße Adlerköpfe auf blauem oder schwarzem Grund. Zwei Einschränkungen mindern dieses Zeugnis. An der Wende vom 12. zum 13. Jahrhundert sind Wappen noch nicht in gleicher Weise individuelles und fortgeerbtes Zeichen eines Geschlechts oder einer Stammburg wie später, und die Wappenkenntnis der Liedersammler ist keineswegs immer zuverlässig (J. Bumke, Ministerialität und Ritterdichtung, München 1976). Das gleiche Wappen ist in der St. Galler Wappenrolle für die seit 1238 urkundlich belegte Familie der Wespersbühler (Burg Westerspüll) im Thurgau, Ministeriale der Grafen von Kiburg bezeugt. Der Name von Aue ist aber für keinen Angehörigen dieser Familie nachweisbar, und daß sie Lehensträger der Reichenau waren, ist erst ab 1317 belegbar.

Eine andere Deutung bringt nun das Wappen mit dem roten Adlerwappen der Zähringer in Verbindung. Städte und abhängige Familien wie Freiburg/Br. oder die Ministerialen von Reinach und Luternau (Mertens, Gregorius, S. 159 f.) haben nach französischem Vorbild einen Teil des Wappens des Fürstengeschlechts, mit dem sie verbunden waren, unter Abänderung der Farbgebung für ihr eigenes Zeichen verwendet. Die hypothetische Wappenverbindung unterstellt dann zugleich eine reale Verbindung, in unserem Fall der Aues mit den Zähringern.

Die Verbindung dieser wenigen Anhaltspunkte mit konkreten Orten bleibt notwendig auf Wahrscheinlichkeiten beschränkt. Sechs Ortsnamen haben die Diskussion in erster Linie auf sich bezogen: Obernau (Niedernau) bei Rottenburg/Neckar, Owen/Teck, Reichenau, Weißenau bei Ravensburg, Eglisau/Rhein, Au bei Freiburg. Für oder gegen sie sprechen jeweils die Argumente:

Obernau. Ein Geschlecht von Owe ist seit 1688 freiherrlich, die mittelalterlichen Vorfahren waren Ministeriale der Grafen von Hohenberg. Eine Verbindung zur Wappentradition ist nicht gegeben. Die mundartlichen Kriterien passen wohl besser zu weiter südwestlich gelegenen Orten.

Owen/Teck (K. F. Müller). Es ist Besitz einer Nebenlinie der Zähringer (ab 1186 Herzöge von Teck). Eine Ministerialenfamilie von Owe in deren Dienst ist möglich, aber nirgends belegt. Zum Wappen könnte nur wieder die oben genannte Ableitungstheorie herangezogen werden; bezüglich der Mundart gilt das gleiche wie bei Obernau.

Reichenau. Zwar die namhafteste Au (*augia maior*) im Südwesten und im von der Sprache her wahrscheinlichen Gebiet gelegen, aber das Lehensverhältnis der Wespersbühler (durch die Grafen von Kiburg) kann nicht unbesehen auf die Zeit vor 1317 ausgedehnt werden. Unsicher bliebe die Benennung, da nicht nachweisbar ist, daß sich Ministeriale der Klosterinsel nach dem Ort der Dienstherrschaft nannten.

Weißenau bei Ravensburg (B. Thum; H. Bayer). Auch eine namhafte Au (*augia minor*) im oberschwäbischen Machtbereich der Welfen, zu deren Dienstmannschaft Hartmann dann direkt oder indirekt gehört hätte. Kein Einwand von der Sprache her, aber es fehlt eine bezeugte Familie und eine Verbindung zur Wappentradition.

Eglisau/Rhein. Kein Einwand von der Sprache her und ein *Heinricus de Ouwe* ist 1238 urkundlich bezeugt, doch dieser gehört zur Familie der Freiherren von Tengen (mit einem Einhorn im Wappen), und die Benennung nach dieser Burg ist nur einmal belegt. Die Verbindung zur Wappentradition (und zu Hartmanns Familie) stellt nur die Konstruktion her, ein Ministerialer aus der in der Nähe beheimateten Wespersbühler Familie habe bei diesem Freiherrn von Tengen und Aue Dienst genommen und sich dann nach dem Dienstort benannt, aber sein Familienwappen beibehalten. Benennung nach dem Dienstort ist nicht selten, wohl aber ist ein Namenswechsel problematisch.

Au bei Freiburg. Ebenfalls im zutreffenden Mundartraum gelegen und Sitz eines Ministerialengeschlechts der Zähringer. Ab 1112 ist mehrfach ein *Heinricus de Owen/Owon* urkundlich belegt, und die Vergabe von Schenkungen aus dem Eigenbesitz der Familie macht eine vorausgehende freiadlige Stellung denkbar. Der Anschluß an die Wappentradition muß über die Ableitung vom Zähringerwappen konstruiert werden.

Der Herkunftsort allein freilich ist von geringer Bedeutung, wenn er sich nicht auf den Wirkungskreis beziehen läßt. Ein Hof, der Interesse an Hartmanns Werken nehmen und sie fördern konnte, ist die wichtigste Bedingung für sein Dichten. Daß die Grafen von Hohenberg oder Kiburg oder gar die Freiherren von Tengen in dieser Zeit ein solches Zentrum bildeten, ist wenig wahrscheinlich. Diese Möglichkeit und das Interesse dafür ist erst bei den mächtigsten und aktivsten Geschlechtern der Region anzunehmen. (Dafür, daß Hartmann außerhalb seiner Herkunftsregion tätig gewesen wäre, wie nach ihm Wolfram oder Walther von der Vogelweide, gibt es keinen Anhaltspunkt.)

Die Aufmerksamkeit fällt damit auf die wichtigsten Geschlechter der Region, die Staufer, die Welfen, die Zähringer. Zu jedem wurde neuerdings eine Verbindung vermutet, jede bleibt hypothetisch. Als mögliches staufisches Interesse ließen sich in erster Linie die Lieder, vor allem die

Kreuzlieder (Jungbluth, Schweikle) bezeichnen, aber im Bodensee-Rhein-Gebiet sind die Staufer wenig präsent, bis sie Welf VI. († 1191) beerben. Das welfische Zentrum in Oberschwaben gäbe einen denkbaren Hintergrund für Hartmanns Wirken ab, es verliert aber mit Welfs VI. Tod seine Bedeutung. Ob dort Hartmanns späte Texte entstanden sein könnten, bleibt fragwürdig. Die Zähringer bilden in diesen Jahrzehnten kontinuierlich ein mächtiges Zentrum und sind erfolgreich um den Ausbau ihrer Landesherrschaft bemüht. Verbindungen zum französischen Adel, durch die neue literarische Ansprüche und Vorlagen vermittelt werden konnten, haben alle drei Geschlechter, die der Zähringer aber reichen direkt in den Gönnerkreis Chrétiens de Troyes. Damit rücken die zähringischen Ministerialen von Au bei Freiburg in den Mittelpunkt. Hartmann könnte aus dieser Familie stammen und für den zähringischen Hof geschrieben haben. Zuverlässig bewiesen ist es nicht.

4.2. Stand und Bildung

Wenige Aussagen zur eigenen Person lassen sich noch aus Hartmanns Texten sammeln. Einmal nennt er seinen sozialen Stand so eindeutig wie nur wünschenswert: *dienstman* (,A.H.' v. 5), d.h. Ministeriale, der von Diensten in Krieg und Verwaltung für einen adeligen Herren lebt. Die konkrete soziale Position von Ministerialen aber konnte sehr verschieden sein. Zwar unterlagen sie der gleichen minderen Rechtsstellung der persönlichen Unfreiheit (die erst später mit der Etablierung als unterste Adelsschicht überwunden wird), die Existenzmöglichkeiten aber reichen vom Gutsverwalter oder Hauptmann einer entlegenen Burg bis zum Verwalter einer Münzstätte, zum kaiserlichen Diplomaten oder Spitzenbeamten mit großem eigenen Vermögen. Hartmann gehörte kaum zu den hervorgehobenen Vertretern dieser Schicht, aber das ermöglicht es noch nicht, seine tatsächlichen Lebensumstände abzuschätzen.

Der Tod eines Dienstherrn scheint ihn sehr betroffen zu haben (MF I,3 – 206,14; V, 4 – 210,23 f.), und diese Aussage ist um so glaubwürdiger, als sie außerhalb von Minnesang- und Kreuzliedtopik steht. Aber dieser Herr bleibt uns unbekannt. (Vermutet wurden Berthold IV. von Zähringen, † 1186, Welf VI. von Altdorf-Ravensburg, † 1191).

Daß Hartmann sich selbst als Ritter mit gelehrter Schulbildung bezeichnet (,A.H.' v. 1f.; ,Iw.' v. 21f.), scheint für einen Literaten wenig verwunderlich. Vor 1200 aber ist die Verbindung beider Attribute auffallend, ja paradox. Lebensweise und Selbstbewußtsein des Ritters bedurften keiner Buchgelehrsamkeit. Wenn Hartmann sich mit einigem Stolz darauf beruft, verbindet er ausdrücklich den Horizont seines Standes mit dem literarischer, und das heißt in erster Linie lateinischer Bildung. Die psychologischen Kategorien in der ,Klage' und der theologische Hintergrund im ‚Gregorius‘ stützen den Anspruch, daß ihm mehr als die elementaren Grundbegriffe zeitgenössischer Bildung bekannt sind. Wo er sich solche Bildung erworben hat, ist nur zu vermuten. Für einen Ministerialen kommen eher Reformklöster oder städtische Domschulen in Betracht als die alten klösterlichen Zentren (Mertens, Gregorius, S. 163 ff.). Vor allem die Reichenau, an die man des Inselklosters im ‚Gregorius‘ wegen denken wollte, ist ganz unwahrscheinlich, ihre Adelsexklusivität schloß unfreie Schüler aus, und sie befindet sich in einer Phase des Niedergangs. Hartmanns Ausbildung kann schon von den Interessen eines fürstlichen Dienstherrn veranlaßt sein.

Hartmanns Kenntnis der französischen Sprache und Literatur ist nur zu erschließen. Zwar ist es durchaus denkbar, daß Verbindungen seines Dienstherrn zum französischen Adel und zu benachbarten Regionen einen Aufenthalt im französischen Sprachgebiet und den Erwerb von Sprachkenntnissen nach sich zogen, doch die Behauptung, den allegorischen Kräuterzauber der ‚Klage‘ aus Kärlingen gebracht zu haben (v. 1280), sichert einen solchen Aufenthalt in Frankreich nicht; die Formulierung ist auch durch eine dem Dichter zugekommene französische (Teil-)Quelle genügend motiviert. Die inzwischen sehr genaue Kenntnis von Hartmanns Bearbeitung französischer Erzähltexte aber belegt noch in den Änderungen ein so präzises Erfassen seiner Vorlage im Großen und im Detail, wie es nur möglich ist, wenn sich Hartmann selbst die Vorlagen in länger dauerndem Umgang unmittelbar hat aneignen können. Für die zeitweise Vermittlung französischer Handschriften sind Verbindungen seiner Gönner zu französischen Adelskreisen um so wichtiger.

Die Fakten, die bei der Erklärung des Werks zu berücksichtigen sind, sind wenige. Nur die Einreihung in die literarischen Erscheinungen ist einigermaßen gesichert. Das Profil einer Person und ihrer Lebensumstände bleibt im dunkeln. Was sich aussagen läßt, hängt von unseren Kenntnissen über die Rahmenbedingungen des literarischen Lebens ab und von wenigen Hinweisen, die Hartmann selbst gelegentlich gibt. Selbst die klare ständische Einordnung läßt eine große Spannweite von Möglichkeiten für seine persönlichen Lebensumstände und seinen Horizont.

Bibliographie zu AB I

Die Angaben zu den Handschriften und Fragmenten und weiterführende bibliographische Hinweise dazu sind den Textausgaben (s. Grundlageninformation in den entsprechenden AB) zu entnehmen. Zu wichtigen Sammelhandschriften (z.B. ‚Ambraser Heldenbuch‘, ‚Große Heidelber-

ger Liederhandschrift') ist darüber hinaus auf die entsprechenden Artikel
in: Ruh, K. u. a. (Hrsg.): Die deutsche Literatur des Mittelalters. Verfas-
serlexikon, Berlin ² 1978 ff., zu verweisen.

Arndt: s. Gesamtbibl. [Folgerungen zur Reihenfolge der Erzähltexte aus der Formung der Erzählerrolle.]

Bayer: s. Gesamtbibl. [Versucht ausführlich, eine Verbindung zu Weißenau zu
begründen.]

Becker, Peter Jörg: Handschriften und Frühdrucke mittelhochdeutscher Epen.
Eneide, Tristrant, Erec, Iwein, Parzival, Willehalm, Jüngerer Titurel, Nibelungenlied und ihre Reproduktion und Rezeption im späten Mittelalter und in der
frühen Neuzeit, Wiesbaden 1977

Bertau: s. Gesamtbibl. 4.

Beyerle, Franz: Der ‚Arme Heinrich‘ Hartmanns von Aue als Zeugnis mittelalterlichen Ständerechts, in: Kunst und Recht, Festgabe f. Hans Fehr, Karlsruhe
1948, 28–46 [Begründet die rechtsmindernde Wirkung der Heirat des armen
Heinrich.]

Bumke, Joachim: Mäzene im Mittelalter. Die Gönner und Auftraggeber der höfischen Literatur in Deutschland 1150–1300, München 1979

Fechter, Werner: Das Publikum der mittelhochdeutschen Dichtung, Frankfurt
1935; Nachdruck Darmstadt 1966 [Wertet die Nachrichten über Besteller und
Besitzer von Handschriften aus.]

Haubrichs: s. Bibl. AB III – 1.1.2

Jungbluth: s. Bibl. AB III – 1.1.2

Koppitz, Hans Joachim: Studien zur Tradierung der weltlichen mittelhochdeutschen Epik im 15. und 16. Jahrhundert, München 1980

Linke: s. Gesamtbibl. [Verzeichnis der Handschriften der Erzähltexte; nicht mehr
auf dem letzten Stand.]

Mertens, Gregorius: s. Gesamtbibl. [Wichtige Exkurse zu Heimatfrage, Wappen
und Bildungsgang.]

Mertens, Laudine: s. Gesamtbibl. [Kritische Überprüfung der unzureichenden
Argumente für eine Abtrennung der ersten tausend ‚Iwein‘-Verse.]

Mertens, Kritik: s. Bibl. AB III – 1.1.2

Müller, Karl Friedrich: Hartmann von Aue und die Herzöge von Zähringen, Lahr
1974 [Für Hartmanns Herkunft aus Owen.]

Neumann, Friedrich: Wann dichtete Hartmann von Aue, in: Studien zur deutschen Philologie des Mittelalters, Festschrift F. Panzer, Heidelberg 1950,
59–72; wieder in: F. N.: Kleinere Schriften zur deutschen Philologie des Mittelalters, Berlin 1969, 42–56

Neumann, Friedrich: Connelant in Hartmanns Erec, ZfdA 83, 1951/52,
271–287 [Diskutiert die Bedeutung der Erwähnung Iconiums im ‚Erec‘ für die
Chronologie.]

Polsakiewicz, Roman: Zur Chronologie der epischen Werke Hartmanns von Aue,
Euph. 71, 1977, 82–91 [Neuer Versuch, wie Sparnaay eine Spätdatierung zu
begründen, mit fragwürdigen biographischen Argumenten.]

Schröder, Werner: Zur Chronologie der drei großen mittelhochdeutschen Epiker,
DVjs 31, 1957, 264–302 [Diskutiert die literarische Chronologie über Hart-

mann hinaus, schließt aber für Hartmann auf eine fragwürdige biographische Entwicklung.]

Schweikle, Günther (Hrsg.): Dichter über Dichter in mittelhochdeutscher Zeit, Tübingen 1970 (Deutsche Texte 12) [Materialsammlung von Literaturkatalogen und literarischen Verweisen.]

Schweikle, Günther: Der Stauferhof und die mittelhochdeutsche Lyrik, im besonderen zur Reinmar-Walther-Fehde und zu Hartmanns *herre*, in: Krohn, R. u. a. (Hrsg.): Stauferzeit, Stuttgart 1979, 245–259 [Bringt Hartmanns Lyrik hypothetisch mit dem Stauferhof in Verbindung.]

Sparnaay: s. Gesamtbibl.

Sparnaay, Hendricus: Brauchen wir ein neues Hartmannbild?, DVjs 39, 1965, 639–649 [Verteidigt seinen chronologischen Ansatz gegen neuere Einwände Neumanns u. a.]

Thum: s. Gesamtbibl. [Für Weißenau und Verbindung Hartmanns zu den Welfen.]

Wapnewski: s. Gesamtbibl.

Arbeitsbereich II

Adel und Ministerialität zur Zeit Hartmanns von Aue

0. Vorbemerkung

Der eigentlich historische Quellenbereich schweigt völlig über Hartmann, den Ministerialen und stilbildenden Dichter der hochhöfischen Epoche. Obgleich wir über Ministerialengruppen relativ gut Bescheid wissen, setzt geradezu in der Regel unsere Kenntnis bei jenen Personen dieses ‚Standes‘ aus, die sich als Dichter und Sänger betätigen. Dies trifft übrigens auch für Personen anderer Stände zu, soweit sie als ‚Künstler‘ auftreten. Freilich gilt bis ins 13. Jahrhundert noch allgemein, daß das „portraitlose Jahrtausend" (Gerd Tellenbach) noch nicht zu Ende ist, wenn wir von relativ wenigen hochpolitischen Persönlichkeiten absehen. Aber auch wenn diese sich literarisch betätigen, findet dies höchstens ausnahmsweise seinen Niederschlag in der Lebensbeschreibung. Eine entsprechende Beobachtung läßt sich machen bei der Rolle der gräflichen und fürstlichen ‚Höfe‘ als Gönner und Auftraggeber der Dichter jener Zeit. Es ist geradezu erstaunlich, wie wenig die zeitgenössischen Geschichtsschreiber das Phänomen des ‚Hofes‘, des ‚Höfischen‘ und des Mäzenatentums der Herrschaftsträger beleuchten. Und dies, obgleich zumindest eine Seite dieses höfischen Kulturbetriebs auf der Hand liegt, nämlich der gesellschaftliche Zwang zum Prestige und zur herrschaftlichen ‚Propaganda‘.

Dieser Quellenmangel ist natürlich eine wichtige historische Aussage, die allerdings nicht eindeutig erklärbar ist. Ist die Öffentlichkeit jener Zeit so desinteressiert, daß sie keine Notiz von höfischer Kultur und literarischem Engagement der Fürsten nimmt, oder ist höfischer Kulturbetrieb eine verpflichtende Selbstverständlichkeit für die großen Herren, von dem man gar nicht eigens Notiz zu nehmen braucht? Gerade die Untersuchung Joachim Bumkes über die Gönner und Auftraggeber der höfischen Literatur in Deutschland zwischen 1150 und 1300 hat deutlich gemacht, daß alles, was wir über ‚Mäzenatenhöfe‘ jener Zeit wissen, fast ausschließlich auf Aussagen der zeitgenössischen Dichter beruht.

Die höfische Literatur bereitet den Historikern noch ein weiteres Dilemma. War man in der ersten Phase der kulturgeschichtlichen Forschung geneigt, in jener Literatur wenigstens ein gewisses Spiegelbild des höfischen und adeligen Lebens zu sehen, so wird die jüngere Forschung immer skeptischer, ja sie unterstreicht besonders die Distanz zwischen dichterischer Fiktion und adeliger oder höfisch-fürstlicher Realität. Geht man zudem mit den gewohnten verfassungs- und rechtsgeschichtlichen Begriffen an die einzelnen Dichtungen heran, die ja Gesellschaftsdichtung sind, so stellt man rasch eine beachtliche Unschärfe in diesen literarischen ‚Quellen' fest.

Gerade weil die höfische Literatur der Stauferzeit in höchstem Maße Gesellschaftsdichtung ist, in der das Individuum des Dichters erheblich zurücktritt, ist das Spannungsverhältnis zwischen dichterischer Fiktion und Realität des gesellschaftlichen Lebens vor allem der kulturtragenden Oberschicht ein wichtiges Forschungsproblem, das allerdings nur dann bewältigt werden kann, wenn eben diese gesellschaftlichen Realitäten der Stauferzeit erkannt sind.

1. Adel, Freie, Ministerialen. *Zur zeitgenössischen Begriffssprache*

1.1. Soziale Schichtung des Adels

Die höfische Dichtung der Stauferzeit scheint durch ihre starke Betonung des Rittertums und des ritterlichen Tugendsystems hinzuweisen auf eine in sich geschlossene höfisch-ritterliche Gesellschaft. Dieser aus der höfischen Literatur gewonnene Begriff verdeckt aber mehr die gesellschaftliche Wirklichkeit, als daß er sie erhellt. Denn in eben der höfisch-ritterlichen Gesellschaft zeigen sich im 12./13. Jahrhundert ungeheure Gegensätze. In dieser Zeitspanne wird in Deutschland das Gros des alten Adels weitgehend funktionslos und verdrängt, zumal sich durch die Institutionalisierung des Reichsfürstenstands eine neue Staatlichkeit größeren Stils durchsetzen kann auf Kosten vieler alter Adelsgeschlechter. Hauptwerkzeuge der genannten neuen Staatlichkeit waren bekanntlich die weitgehend aus Unfreiheit aufsteigenden Dienstmannen (Ministerialen), die sich bald in ihrer Funktion als Ritter aristokratisch gaben und für den landsässig werdenden Adel in der Regel als Todfeinde galten, soweit es sich nicht um die eigenen Dienstmannen der jeweiligen Adelsfamilie handelte.

Es gilt daher zunächst, eine begriffliche Klärung zu finden. ‚Fürst' bezeichnet allgemein den Vordersten, den Ersten. Der Fürst (lat. *princeps*) ist nicht nur dem Wortsinn, sondern auch dem früh- und hochmittelalterlichen Wortgebrauch nach der Erste einer Gruppe oder Schicht bzw. Gemeinschaft oder auch in einem geographischen Raum. Die Bezeichnung *princeps* im Sinne von Fürst bleibt keineswegs auf den Ersten eines Kaiser- oder Königreiches beschränkt, neben den *principes regni* läßt sich der *princeps provinciae*, der *princeps terrae*, ja der *princeps civitatis* belegen. Der Fürst bzw. *princeps* erweist sich also als ‚Herrscher‘ über einen bestimmten Verband oder über einen bestimmten Raum. Die Art der Herrschaft, die die einzelnen Fürsten im Früh- und Hochmittelalter über einen bestimmten Personenverband oder in einem bestimmten Raum ausüben, ebenso der Realitätsgrad dieser Herrschaft bleibt vielfach im Ungewissen. Fest steht allerdings, daß sie *die* Großen des Reichs und des Königs sind. Aus dem politischen Verband dieser *principes regni* (oder *principes imperii*) ragt lediglich der König als *princeps inter principes* sowie als *primus inter pares* hervor. Somit sind die Fürsten die eigentlichen Teilhaber am Reich. Gleichzeitig aber üben sie auch regionale Herrschaft aus.

Es versteht sich, daß auch diese Schicht der Fürsten stets in sich gegliedert war. Während zur ‚Oberschicht‘ die Herzöge gehörten, gehörten zur ‚Unterschicht‘ diejenigen Adeligen, die zumindest über eine Grafschaft verfügten. Die Grenze nach unten wurde erst deutlicher, als im 12. Jahrhundert die vornehme und mächtige Gruppe der etwa Herzogsgleichen zu den *principes* im engeren Sinne wurde und sich als den eigentlichen Reichsfürstenstand ansah. Im frühen 13. Jahrhundert kam es dann noch einmal zur Spaltung der Schicht der Reichsfürsten, als sich die Hauptkönigswähler (Kurfürsten) aus dem übrigen Reichsfürstenstand hervorhoben.

Die Herrenschicht des hochmittelalterlichen Reichs im weiteren Sinne bezeichnete sich als Adel. Sie qualifizierte sich selbst durch besonders elitäre Epitheta. Das bekannteste Epitheton, das sich rasch als Topos des ganzen ‚Standes‘ durchgesetzt hat, ist ‚edel‘; ihm entspricht der Begriff ‚Adel‘. Eine frühmittelalterliche Glosse drückt zunächst eine wesentliche Eigenschaft der *nobiles* (der Adeligen) durch Abschichtung von der unfreien Bevölkerung aus: *Nobiles sunt, quorum maiorum parentum suorum nemo servituti subiectus sit.* Dies ist ein Argument, das gerade im 12. Jahrhundert immer wach bleibt, wenn es gilt, sich von den ‚anmaßenden‘ Ministerialen abzugrenzen. Aus vermutlich eben diesem Grunde wählten die Nachkommen der alten adeligen Traditionsverbände seit dem 11. Jahrhundert mehr und mehr den Begriff *liber* statt des seit dem 9. Jahrhundert in der Regel verwendeten Begriffs *nobilis*. Wenn sich schon Dienstmannen aristokratisch gaben, mußte die alte Herrenschicht ihre rechtliche Freiheit betonen, soweit nicht die einzelnen Personen ihren Amtstitel hervorheben konnten.

Dieser Funktionstitel (‚Graf‘ usw.) des Adeligen wurde allmählich zum Ehrentitel und diente im 12. Jahrhundert im starken Maße der Familienidentifikation, ja er wurde zum deutlichen Rangkennzeichen. In der Zeit Hartmanns kann man daher *de facto* unterhalb des Standes der Reichsfürsten zwei bzw. unter Umständen schon drei Adelskategorien unterscheiden: 1. die Grafen *(comites)*, 2. die Edelfreien ohne Rangkennzeichen (*nobiles* = *liberi,* auch Hochfreie und freie Herren, ‚Freiherren' genannt) und 3. die gewöhnlichen Ritter ministerialer Herkunft (*milites,* Ministerialen, Dienstmannen, die sich in manchen Herrschaften schon anschicken, sich als *nobiles* zu bezeichnen, aber als Niederadel in jener Zeit noch nicht anerkannt sind).

1.2. Adelige und nicht-adelige Freiheit

Wie schon betont, sind in den urkundlichen Quellen der meisten Räume Mitteleuropas *nobiles* und *liberi* identische Standesbezeichnungen für den Edelfreien (altfreien Adel). Im westfälisch-sächsischen Raum allerdings werden die *liberi* von den *nobiles* unterschieden. Doch auch dort haben die *liberi* und die *nobiles* ein gemeinsames Kennzeichen, nämlich den Besitz von Allod, von freiem Eigen. Dieses Eigen muß vom Inhaber selbst geschützt werden. Der Inhaber des Allods muß also wehr- und fehdefähig sein. In diesem Allod, und wenn es sich nur um ein winziges Handgemal handelt, wurzelt die autochthone Herrschaft des mittelalterlichen Adels.

Auch die westfälischen und sächsischen *liberi,* die Allod besitzen, sich aber, weil sie *minus potentes* sind, in den Schutz anderer Herren begeben haben, erfahren durch diesen Schutz von seiten Mächtigerer keine Standesminderung, sondern behalten ihre alte Freiheit und die Herrschaft über ihren Besitz. Daß sie zu bestimmten Abgaben verpflichtet sind, wird keineswegs als Zeichen der Unfreiheit betrachtet.

Es ist zu fragen, welche Rolle nicht-adelige *libertas* im hochmittelalterlichen Süddeutschland spielt. Auch hier ist sie nicht fremd, obgleich Süddeutschland nicht die Trennung von *nobilitas* und *libertas* kennt. Im hochmittelalterlichen Schwaben finden wir diese *liberi* weitgehend im agrarischen Bereich. Im Schweizer Alpenvorland scheinen sie stark dem Trend des ‚Flächenstaats' zur Durchsetzung einer relativ homogenen Untertanenschaft unterworfen zu sein, wie die durchaus sozialkritischen Bemerkungen der ‚Acta Murensia' (Klostergeschichte der Benediktinerabtei Muri im Schweizer Aargau, um 1150) zeigen. Das 12./13. Jahrhundert kennt freilich nicht nur das politische Überrollen derart freier Bauern, wie sie auffälligerweise durch Hartmanns ‚Armen Heinrich' in die höfische Literatur eingegangen sind. In den Rodungsgebieten vornehmlich des staufischen Herzogtums Schwaben ist Freiheit offensichtlich ein wirkungsvolles Lockwort für die siedelnden Bauern, die den Verhältnissen des Altsiedellandes entfliehen und eine bessere Zukunft suchen wollen.

Am stärksten ausgeprägt waren die nicht-adeligen Freiheiten in den Alpentälern wohl im sogenannten Walserrecht. Erstmals 1181 wird dieses Recht der *homines liberi* greifbar im neuen Orte Lauinen über Brig am Anstieg zur Simplonstraße. Dort gibt es persönlich freie Inhaber von Erbleihegütern. Der Bischof von Sitten als Landesherr der bäuerlichen Ansiedler unterstützte diese großzügige bäuerliche Leiheform in schwer besiedelbaren Tälern, die aber verkehrswirtschaftlich wichtig waren, gegen die Ansprüche des Adels, der hier häufig die Meierämter besetzte.

Diese Entwicklungstendenzen, die vor allem auf genossenschaftlich organisierte Freiheit und genossenschaftliche Verantwortung hinausliefen, setzten sich in den folgenden Jahrzehnten im Wallis, dann aber auch weit darüber hinaus fort und wurden zum Walserrecht der Kolonisten schlechthin. Starke Abwanderung aus diesen Gegenden brachte dieses Recht schließlich in zahlreiche Rodungsgebiete der Schweiz und Vorarlbergs. Ein Vergleich zwischen diesen süddeutschen und den westfälisch-sächsischen *liberi* steht noch aus. Inwieweit bei den schwäbischen freien Bauern auch das Allod ursprünglich eine Rolle spielte, läßt sich bei den relativ späten Quellen nicht sagen; auffallend großzügiges Bodenrecht ist jedenfalls gegeben. Die Freien auf der Leutkircher Heide bilden im Spätmittelalter sogar mit dem Adel gemeinsam eine Gerichtsgemeinde.

Seit dem ausgehenden 12. Jahrhundert häufen sich die Fälle, daß altfreie Herren große Teile ihres Eigens (Allods) – offensichtlich unter dem Druck und Zwang der immer mächtiger werdenden Landesherren der Umgebung – an einen Fürsten bzw. Landesherren auftragen. Dieser Landesherr gab dem Adeligen den Besitz als Lehen wieder zurück. Beispielsweise kennen wir eine ganze Serie von Auftragungen adeligen Besitzes und Umwandlungen in Lehen im Hochstift des Bischofs von Würzburg. Da zur gleichen Zeit zahlreiche Adelsfamilien aussterben – wie noch zu zeigen sein wird –, kann auf diese Art und Weise nicht nur der Adelige zu Vasallenpflichten herangezogen werden, der Landesherr rechnet vielmehr auch mit großen Heimfallchancen durch die genannte Lehenauftragungspraxis. Wenn durch dieses neue Lehensverhältnis keine persönliche Unfreiheit der altfreien Herren begründet wurde, wurde auch die landrechtliche Freiheit des betreffenden Lehensmanns nicht beeinträchtigt. Dieser Gefahr scheinen freilich die bäuerlichen Freien nicht immer entgangen zu sein.

Angesichts der Tatsache, daß es auch Freie unterhalb des Adels gab, daß sich aber trotzdem zahlreiche Adelige gerade des 12. Jahrhunderts als *liberi* bezeichnen, ohne dabei den kennzeichnenden Begriff *nobilis* hinzuzufügen, sehen wir uns heute in der Frage nach den Kriterien des alten edelfreien Adels einer heillosen Unklarheit ausgesetzt. Das zeigt, daß die Realität der mittelalterlichen Welt immer wieder der Systematik widerstrebt und daß die Funktionen und Entwicklungen innerhalb der mittelalterlichen Gesellschaft oft nur über Hilfskonstruktionen zu erfassen sind. Bei der begrifflichen Systematisierung des mittelalterlichen Adels übersieht man aber gar zu gerne die einfachen, in den Rechtsquel-

len nicht aufscheinenden, weil selbstverständlichen Sachverhalte. An erster Stelle sind hier nicht nur die hohe, berühmte Herkunft zu nennen,
sondern gemeinsam mit dieser die persönlichen Bande der Blutsver-
wandtschaft und die sich daraus ergebenden komplexen Verbindungen.
Diese Abstammungsgruppen betrachten sich als innerhalb eines großen
genealogischen Rahmens stehend, der geprägt ist durch ein Netzwerk
von Verwandtschaftsbeziehungen. Karl Schmid betont daher mit Recht:
„Adel verwirklichte sich als ‚adeliges Geschlecht‘, d.h. in der Gemeinschaft adeliger Sippen und Familien" (K. Schmid, Person und Gemeinschaft, S. 248, s. Bibl. AB II 3 a).

Der mittelalterliche Mensch dachte nicht abstrakt-begrifflich (dies
blieb offenbar der hohen theologischen Wissenschaft der Scholastik vorbehalten), sondern primär konkret-anschaulich. Und wo die unmittelbare Anschaulichkeit fehlte, faßte er das Problem in bildliche Allegorese.
Man denke hier auch an das Verwandtschaftsgeflecht in Wolframs ‚Parzival‘. Für die damaligen Zeitgenossen war klar, was ein adeliges Geschlecht ist und was gewissermaßen die Summe des Adels ausmacht,
wobei sie freilich kaum begrifflich abstrahierten. Umschreibungen dessen, was man in dieser Schicht sein wollte, sind ja eben die höfischen
Dichtungen.

1.3. Ministerialische Unfreiheit und Dienstfunktion

Rechtlich unterscheiden sich von den genannten *nobiles* und *liberi* die
Ministerialen (Dienstmannen) zunächst noch sehr stark. Sie entstammen
weitgehend der hofrechtlichen Gebundenheit der *familia* eines Herrn und
gehören bzw. gehörten zum überwiegenden Teil unfreien Bevölkerungs-
schichten an. Die Anfänge dieser Dienstmannschaften liegen zeitlich bereits weit zurück, nämlich im 10. Jahrhundert, und finden sich vornehmlich in der Reichskirche, während die Reichsministerialität erst im 11.,
die Adelsministerialität weitgehend gar erst im beginnenden 12. Jahrhundert faßbar wird. Innerhalb dieser für mittelalterliche Verhältnisse kurzen Zeit bis zum ausgehenden 12. Jahrhundert haben zwar nicht alle,
aber immerhin große Teile der Ministerialität einen erstaunlichen sozialen und auch partiellen rechtlichen Aufstieg erlebt, der schließlich zum
Eintritt in den nivellierten Landadel führte. Die Gründe für diesen Aufstieg der Ministerialität liegen in ihren als ehrend empfundenen Dienst-
pflichten, zu denen vornehmlich Verwaltung und Kriegsdienst gehörten.
Man wird sagen können, daß zumindest die höhere Dienstmannschaft in
alle Funktionen des bislang edelfreien Vasallenadels hineinwuchs.

Im Gegensatz zum Adel, der zumindest theoretisch-rechtlich einen in
sich geschlossenen ‚Stand‘ bildet, ist dies bei der Ministerialität nicht der
Fall. Es gab weder einen einheitlichen Ministerialenstand noch ein ein-

heitliches Dienstrecht der Ministerialen. Daher betont der ‚Schwaben-spiegel' (S. 269 § 158; im Anschluß an den ‚Sachsenspiegel', Landrecht III, 42, § 2), daß er so wenig über *der dinstman recht* berichte, weil ihr *recht so manigvaltig ist.* Und er fährt – sehr stark vereinfachend – fort: *dy pfaffen fursten habent dinstman die habent ain recht. die abtissin, die gefurstend sind der dinstman habent ain ander recht. der laien fursten dinstman die habent auch sunderlich recht.* Der daran anschließende Satz *da uon chunnen wir nicht wol peschaidenn ir aller recht* wird erst dann richtig verständlich, wenn wir uns vor Augen halten, daß nicht etwa *die* Reichskirche, *der* Adel ein spezifisches Dienstmannenrecht hat-te, sondern jede Institution, jede der vielen Reichskirchen, jede Adelsfa-milie usw. ein eigenes Dienstrecht schaffen konnten. Trotz der vielfälti-gen Dienstrechte lassen sich gesellschaftlich zumindest vier Rangtypen der Ministerialität im Reichsgebiet grob unterscheiden, wobei freilich das Unterscheidungsmerkmal beim Stand des Herrn liegt:

1. Reichsministerialität
2. Ministerialität der Reichskirchen
3. Ministerialität des altfreien Adels (wobei wiederum der Rang des be-treffenden Herrn eine Rolle spielte)
4. Ministerialität von Ministerialen.

Auch Ministerialen besitzen in manchen Herrschaften schon seit der Mitte des 11. Jahrhunderts Erbrecht oder gar Allod, wobei es sich freilich nicht um freies Eigen, sondern um Inwärtseigen handelt, das nur im Kreise der Dienstgenossen verkauft und vererbt werden konnte, nicht über den Kreis der *familia* hinaus. Im 13. Jahrhundert scheint bei man-chen Übertragungen von Ministerialengut nach ‚außen' von der rechtlich nötigen Zustimmung des Herrn kaum mehr die Rede gewesen zu sein. In diesem Jahrhundert erlangten zahlreiche Ministerialenverbände auch die volle Lehensfähigkeit. Aus den Dienstlehen sind somit echte Lehen ge-worden. Doch diese Entwicklung hängt oft von der faktischen Macht oder Ohnmacht des jeweiligen Dienstherrn ab.

2. Die politischen Veränderungen

2.1. Territorialisierung der Landesherrschaften und Altadel

Mit Ausnahme des ‚Iwein' werden sämtliche Werke Hartmanns von der germanistischen Forschung einhellig in die Zeit bis 1197 datiert, auch jene Dichtungen, die durchaus Krisenbewußtsein deutlich machen, wie der ‚Gregorius' und ‚Der arme Heinrich'. Der politische Erdrutsch im Reich liegt freilich erst unmittelbar nach dieser Zeit: Die Doppelwahl von 1198, die Deutschland und Italien in ein zwanzigjähriges Ringen, in das Chaos des staufisch-welfischen Thronstreits, stürzte, kam mit so elementarer Wucht, daß Herbert Grundmann diese zwei Jahrzehnte als die eigentliche „Wende des Mittelalters" bezeichnete. Trotzdem darf man unter keinen Umständen die frühstaufische Epoche und schon gar nicht das 12. Jahrhundert nur unter dem Aspekt politischer Stabilität sehen. Politische Stabilisierung ist tatsächlich gerade unter Friedrich Barbarossa erreicht worden. Aber eine solche politische Entwicklung hat selbstverständlich auch eine Negativbilanz für bestimmte Gruppen, die gewissermaßen die ‚Rechnung' für die Stabilisierung zu begleichen hatten. Wenn man die Entwicklung des 12. Jahrhunderts so umschreibt, daß sie hin zum ‚Fürstenstaat' tendiert (siehe dazu auch den Prozeß gegen Heinrich den Löwen), so ist damit schon eine Gefährdung des nichtfürstlichen edelfreien Adels ausgedrückt. Dies mag sich zunächst noch nicht so deutlich abgezeichnet haben, da gerade die kaiserliche Expansions- und Konsolidierungspolitik Friedrich Barbarossas und Heinrichs VI. dieses edelfreie Kräftereservoir in Italien und anderswo (etwa in Ostfranken besonders zur Eindämmung der reichsbischöflichen Territorialpolitik) gut verwenden konnte. In Einzelfällen freilich zeigte sich schon deutlich das Dilemma für jene Edelfreienfamilien, die nicht mit Vogtei- und Grafschaftsrechten begabt waren.

Das ausgehende 12. Jahrhundert steht unter dem Zeichen der zunehmenden Territorialisierung der Herzogsgewalt, die gerade durch den Prozeß gegen Heinrich den Löwen zwar nicht ausgelöst, wohl aber gefördert wurde. Seit dem Investiturstreit zeichnete sich bereits ab, daß die Herzogtümer (ganz im Gegensatz zur politischen Entwicklung seit Otto dem Großen bzw. der spätottonischen Zeit) *de facto* in einer Familie erblich waren. Der Wechsel in Bayern zwischen Welfen und Babenbergern ist eine Anomalie, die durch den politischen Gegensatz zwischen Staufern und Welfen in der Zeit König Konrads III. hervorgerufen wurde. Eine stärkere Unterordnung des edelfreien Adels und speziell auch der Grafen unter die Befehlsgewalt des Herzogtums ist gerade in der zweiten Hälfte des 12. Jahrhunderts unverkennbar; sie lag auch im Interesse des König- bzw. Kaisertums, sonst hätten die Herzogsprivilegien Barbarossas – selbst wenn sie noch so vorsichtig formuliert waren und im einzelnen schwer interpretierbar sind – nicht immer wieder das Grafschafts- und Gerichtsproblem angesprochen.

Die zweite Hälfte des 12. Jahrhunderts ist darüber hinaus die Epoche der letzten großen Zerschneidung der meisten Herzogtümer. Diese Entwicklung begann in Schwaben, und zwar schon im ausgehenden 11. Jahrhundert. 1079 war Friedrich von Staufen von seinem Schwiegervater König Heinrich IV. zum schwäbischen Herzog ernannt worden, aber *de facto* beherrschten die antiköniglichen (Gegen-)Herzöge Rudolf (von Rheinfelden) und nach 1090 Berthold (von Zähringen) das Feld in weiten Teilen Schwabens. Erst 1098 kam eine Einigung über Schwaben zustande, die aber das Ende der alten Form des Herzogtums Schwaben bedeutete, denn Kaiser Heinrich IV. teilte die *provincia* Schwaben in zwei gleichberechtigte Herzogsherrschaften, die des Staufers und die des Zähringers. Die zähringischen Vasallen fühlten sich seitdem nur mehr an den Herzog von Zähringen gebunden. Der staufische Herzog vermochte sie weder zu seinen Landtagen noch zu des Reiches Heerfahrten aufzubieten. Der Adel des alten Herzogtums Schwaben wurde seit 1098 in zwei Lehensmannschaften aufgeteilt. Und in der Zeit Welfs VI. entstand zudem mit Oberschwaben gleichsam ein drittes Fürstentum, nämlich des Welfen, auf dem Boden des alten Herzogtums Schwaben, das freilich dann die Staufer durch Kauf erwerben konnten. Das Land ‚Schwaben‘, das Hartmann von Aue selbst nennt, existiert im rechtlichen Sinne von *provincia* zu seiner Zeit gar nicht mehr.

Ähnliche Entwicklungen zeigen sich in Ostfranken, wo in der ersten Hälfte des 12. Jahrhunderts – wenn auch nur kurzzeitig – ein Herzogtum ‚Rothenburg‘ entstand, in Bayern, aus dessen Herzogtum 1156 das Herzogtum Österreich und 1180 das Herzogtum Steiermark herausgeschnitten wurden, ferner in Sachsen, dessen Herzogtum 1180 ebenfalls zweigeteilt wurde.

Die Polarisierung und wohl auch Vergiftung der politischen Landschaft durch den staufisch-welfischen Gegensatz zwischen 1125 und 1152 hat sich offenbar erheblich auf die inneraristokratischen Verhältnisse des Reiches ausgewirkt. Die Weltuntergangsstimmung in der Chronik Ottos von Freising ist ein beredtes Zeugnis dafür. Falsche Parteinahmen waren für die einzelnen Adelsfamilien schon immer gefährlich. Besonders folgenschwer dürfte eine falsche Parteinahme geworden sein, seitdem man Vasallen durch Ministerialen ersetzen konnte. Einschneidend wurde für eine Adelsfamilie der Verlust von Kirchenvogteien (der verschiedenste Ursachen haben konnte) vornehmlich seit dem 11. Jahrhundert, da die Kirchenvogtei nun ein vorzügliches Mittel des Herrschaftsausbaus wurde. Derartige Rückschläge konnten besonders in führenden Adelsfamilien eine ganze Kette von Folgereaktionen hervorrufen. Zunächst scheint beim Verlust großer Ämter und Lehen oft eine spürbare Armut um sich gegriffen zu haben, die einen weiteren Herrschaftsausbau nur schwer ermöglichte. Ein durch Verlust von Reichsämtern verursachter Verlust der Königsnähe bedeutete in der Regel einen politischen und in der Folge meist auch sozialen Abstieg aus den höchsten Chargen des Reiches. Denn die Beschränkung der politischen Möglichkeiten hatte meist Beschränkung der Heiratsmöglichkeiten zur Folge. Die mächtigsten und angesehensten Geschlechter standen den Ehebewerbern nun nicht mehr zur Verfügung. Falls ein Familienmitglied gar in die Ministerialenschicht heiratete, bedeutete dies für dessen Kinder, die in ihrem

Rechtsstand der ‚ärgeren Hand' folgten, bereits das Ende der Adelsfreiheit.

2.2. Drastische Verringerung der Zahl altadeliger Familien

Das 12. und frühe 13. Jahrhundert sind noch durch einen weiteren sozialgeschichtlichen Sachverhalt geprägt, der für das aristokratische Mitteleuropa alarmierend sein mußte. Haben wir eben Zwangsentwicklungen hin zum sozialen Abstieg skizziert, der zum Schrumpfen des Bestandes an Edelfreien führte, so wurde das Aussterben zahlreicher Adelsgeschlechter von den Zeitgenossen offenbar als etwas Unheimliches, ja als Gottesurteil aufgefaßt. Am deutlichsten wird dieser Sachverhalt wohl im bayerischen Raum. Nehmen wir die genealogischen Tafeln Franz Tyrollers zu Hilfe, so läßt sich feststellen, daß von jenen bayerischen Adelsfamilien, die Tyroller untersucht hat, im 12. Jahrhundert nicht weniger als 152 Familien erlöschen. In der ersten Hälfte des Jahrhunderts sind es 48; dies zeigt, daß wir mit einem zunehmenden Aussterben von Adelsgeschlechtern zu rechnen haben. Zwar bergen die genannten Zahlen eine Reihe von Fehlerquellen, die hier nicht weiter diskutiert werden können. Das ändert aber nichts an der sichtbaren Gesamttendenz, die geprägt ist durch das Absinken in die unfreie Dienstmannschaft und das Aussterben vorwiegend vornehmer Geschlechter.

Eine sehr wesentliche Ursache für das Aussterben ganzer Geschlechter liegt zweifellos im ‚Kriegshandwerk', das ja selbst integrierender Bestandteil adeligen Lebens war. Gerade die Stauferzeit brachte nicht nur schwere, sondern auch lange Feldzüge. Die zahlreichen Italienzüge und die Kreuzzüge in das Heilige Land, von denen viele Adelige nicht mehr zurückkehrten, manche unheilbar erkrankt die Heimat wieder erblickten, bedeuteten einen erheblichen Blutzoll des Adels. Zwar kämpfte der Adelige auch früher nicht selten mit dem Schwerte, aus eigener Ehrsucht und im Dienste für den *dux* oder *rex,* aber besonders bezüglich des 12. und 13. Jahrhunderts kann S. von Riezler, von den großen Verlusten während dieser Zeit ausgehend, mit Recht von „mörderischen Wirkungen der Kreuzzüge und Feldzüge" sprechen. Die einzelnen Geschlechter verlieren nicht nur hoffnungsvolle Vertreter; es kommt nicht selten vor, daß der letzte eines mächtigen Dynastenhauses auf den Schlachtfeldern der Lombardei oder des Nahen Orients sein Leben lassen muß.

Begleiter dieser großen Feldzüge nach dem Süden waren oft Seuchen, die das aristokratische Heer erheblich dezimierten. Vor allem der vierte Italienzug Friedrichs I. 1167 wurde für das deutsche Heer eine Katastrophe ohnegleichen, da in der glühenden Augusthitze vor den Toren Roms große Teile von einer Malariaseuche ergriffen wurden, die mehr als 2000 Rittern, darunter zahlreichen Vertretern der Führungsschicht, zum tödlichen Verderben wurde. Auch Opfer luxuriösen Wohllebens in Palästina sind offenbar nicht selten, wie sich am Fall des fränkischen Grafen Otto von Botenlauben exemplarisch zeigen läßt.

Die langen Kriegszüge waren noch in anderer Hinsicht für den Bestand der adeligen Familie gefährlich. Denn so wurden die adeligen Herren vielfach jahrelang von ihren Ansitzen und Familien ferngehalten, so daß wir ein Schwinden der biologischen Kraft dieser Familien bedenken müssen. Es ist zu fragen, ob bei so langer und häufiger Trennung überhaupt noch ein stärkerer menschlicher Kontakt in der Familie vorhanden war. Niedrige Geburtenziffern waren eine unausweichliche Folge, ganz im Gegensatz zu den seßhaften Bauern, deren zahlreiche Nachkommenschaft jetzt in Kolonisationsgebiete drängte.

Die Ursachen dieses gewaltigen Adelssterbens sind vielfältig; hier sei aber nochmals auf die Folgen der Katastrophe von 1167 vor den Toren Roms hingewiesen. Aus den Chroniken Ottos von St. Blasien und Burkhards von Ursberg wissen wir, daß Friedrich Barbarossa nach dieser Katastrophe eine Reihe schwäbischer Adeliger, deren Söhne 1167 nicht mehr zurückgekehrt waren, bewegen konnte, ihre Rechte durch Schenkung oder gegen Kauf dem Kaiser zu überlassen. Wir wissen, daß Friedrich Barbarossa die Nachfolge der Grafen und Herren von Donauwörth, Biberach, Herrlingen, Schweinhausen, Warthausen, Schwabegg, Kaufbeuren, Lenzburg, Pfullendorf und schließlich – freilich offensichtlich teuer erkauft – Herzog Welfs VI. antreten konnte. Dieser sicherlich nicht ganz ohne vielfältige diplomatische Finessen gelungene Massenerwerb machte dem Stauferkaiser den Weg frei für eine großangelegte Reichslandplanung hin zu den großen Alpenpässen in Richtung Italien. Daß diese Einziehung alten Adelsguts und Umwandlung in Reichsgut, das vermutlich weitgehend von Reichsministerialen verwaltet werden sollte, von einer Reihe von überlebenden Adelsfamilien als gefährliche Entwicklung angesehen wurde, beweist wohl eine Verschwörung schwäbischer Grafen gegen den Kaiser, kurz nachdem dieser seine Söhne mit bedeutendem Besitz schwäbischer Adeliger ausgestattet hatte. Auch wenn dieses Komplott keineswegs die Mehrzahl schwäbischer Grafen umfaßte, sondern nur eine kleine Gruppe, die offenbar in Welfennähe stand, so ist es doch ein wichtiger Indikator für die Tendenzen des späten 12. Jahrhunderts.

3. Verfassungsgeschichtlicher Wandel

3.1. Wandel der adeligen Familienstruktur und Lehensbesitz

Zu der erwähnten Auflösung zahlreicher Adelsbesitzungen sowie zum Aussterben so vieler Familien hätte es nicht kommen können, wenn sich nicht seit dem 11. Jahrhundert ein erheblicher Wandel im Gefüge der adligen Familien vollzogen hätte. Bis zu dieser Zeit hatte sich der Adel weitgehend in horizontal strukturierten Adelssippen dargestellt, die sich stets wandelten, aber eigentlich kaum ausstarben. Seit der Mitte des 11. Jahrhunderts kommt es offensichtlich zu einem relativ raschen Strukturwandel, der den Sippenzusammenhang in der Regel weitgehend lockerte und zum agnatischen Geschlecht (mit primär nur männlicher Erbfolge) führte. Ein paar Beispiele mögen den Wandel demonstrieren. Noch zu Beginn des 11. Jahrhunderts waren bedeutende Grafenfamilien Bayerns durch ein so starkes Netzwerk von Schwagerschaftsbeziehungen zusammengebunden, daß H. Jakobs ein und dieselbe Person gleichzeitig als ‚Ebersberger‘, ‚Dießener‘, Vertreter der Regensburger ‚Domvogtfamilie‘ usw. ansprechen konnte. Noch am fernen Ahnengrab im schwäbischen Kloster St. Blasien zeigt sich lange dieser kognatisch-politische Zusammenhalt.

Daß dieses genealogische Sippensystem von rechtskonstitutiver Bedeutung war, zeigt das Beispiel der Welfen in der Mitte des 11. Jahrhunderts. Nach dem Tod Welfs III. (1055) wäre – nach den Vorstellungen des 12. und 13. Jahrhunderts allerdings – das Welfengeschlecht ausgestorben gewesen. Auch bei Welf III. hatte sich dieses Bewußtsein abgezeichnet, daher hatte er in seinem Testament seinen gesamten Erbbesitz dem welfischen Hauskloster Altdorf-Weingarten vermacht. Seine Mutter Irmentrud freilich – und hinter ihr doch offensichtlich auch der größere Teil der Sippe – verhinderte die Durchführung des Testaments ihres Sohnes. Ihr Gewicht in der Welfensippe erklärt sich wohl auch daraus, daß sie aus ihrem reichen salisch-lützelburgischen Erbbesitz wichtige Güter an die Welfen gebracht hatte. Irmentrud berief sich darauf, daß sie als Erbberechtigte nicht ihr Einverständnis zu dieser Schenkung erklärt habe, und übertrug den Besitz ihres Sohnes Welf III. ihrem Enkel Welf (IV.), der aber väterlicherseits dem Hause der Markgrafen von Este/Oberitalien entstammte und nur kognatisch (durch das Blut seiner Mutter Kunigunde) ein Welfe war. Durch diesen Eingriff verhinderte Irmentrud nicht nur die Auflösung des Welfenbesitzes, sondern designierte gleichsam eine neue Welfenlinie, die bis heute existiert.

Beim Tode Adalberos, des letzten männlichen Grafen von Ebersberg/Oberbayern, 1045 war von dessen Gemahlin Richlind ein ähnlicher Versuch gemacht worden, der aber bereits gescheitert war. In der Zeit Hartmanns von Aue ist eine solche Erbpraxis dann ohnehin undenkbar. Die Folge ist, daß durch Aussterben derartiger Einzelfamilien massenhaft Adelsgut zur Disposition steht, aber in der Regel nicht für die verwandten Familien, sondern für den König oder Herzog, wie die Beispiele in den Herzogtümern Schwaben und Bayern im frühen 13. Jahrhundert eindringlich zeigen.

In diesem seit dem 11. Jahrhundert so stark werdenden patrilinearen System treten die Frauen erheblich zurück; sie werden vor allem aus dem Erbe weitgehend ausgeschlossen, wie der Ehevertrag eines hohen bayerischen Amtsträgers um 1073 deutlich zeigt. Die Ursachen dieses rigiden patrilinearen Systems dürften vielfältig gewesen sein. Da ist zunächst die aus dem erwähnten Ehevertrag ersichtliche Tendenz zur stärkeren Zusammenhaltung des Familienbesitzes zu erwähnen. G. Duby hat für verschiedene französische Räume feststellen können, daß dort die Tendenz zur Nichtaufteilung des Familienbesitzes bereits um die Jahrtausendwende vorhanden war. Für die deutschen Räume sind Erbverträge aus dem Hochmittelalter höchst selten. Wie die Aufsplitterung deutscher Adelsgeschlechter in eine Reihe von Teillinien zeigt, dürfte sich dieses Prinzip auch nicht so rasch und stark wie in Frankreich durchgesetzt haben. Das für Süddeutschland im 12. Jahrhundert nur an einem Beispiel bezeugte *predium libertatis* (Handgemal) weist m. E. auf diese zumindest in Südostdeutschland sich recht schleppend verändernde Erbschaftspraxis hin. Zwar ist im Codex Falkensteinensis (um 1180 entstanden) Graf Siboto von Falkenstein als Inhaber des Seniorats auch Inhaber des *predium libertatis* zu Geiselbach bei Erding/Oberbayern, doch ist dieses gemeinsame *predium* dreier Familien (von Falkenstein, von Bruckberg, von Haunsberg) nur klein und weit abgelegen von den namengebenden Ansitzen, ja auch von der Hauptmasse der Grundherrschaften der drei Adelsfamilien. Man kann sagen, daß das alte gemeinsame adelsqualifizierende Allod (Handgemal) dieser Familien völlig isoliert liegt von den Familienstandorten des 12. Jahrhunderts. Dazu kommt ein Weiteres: Außer der genannten Handgemalstelle gibt es kaum ein Indiz dafür, daß die drei Familien der Falkensteiner, Bruckberger und Haunsberger gemeinsamen Ursprungs sind. Unsere genealogischen Kenntnisse versagen. Die *einer* Wurzel entstammenden Familien hatten sich bereits völlig auseinandergelebt. Der Codex Falkensteinensis zeigt ferner, daß um 1180 die Nichtaufteilung des gesamten Familienbesitzes in Bayern noch nicht völlig durchsetzbar war und daß sich auch die Frauen und Töchter der Beschränkung auf die Mitgift noch widersetzten.

Dies sind Beispiele für retardierende Tendenzen innerhalb einer Gesamtentwicklung. Sie können freilich nicht darüber hinwegtäuschen, daß sich seit etwa der Mitte des 11. Jahrhunderts in verstärktem Maße ein Wandel in der Adelsstruktur vollzieht. Welche Rolle für die jetzt zunehmend einsetzende „Formierung" des Adelsgeschlechts (K. Schmid) das sich stabilisierende und verfeinernde Lehenswesen gespielt hat, läßt sich noch nicht klar abschätzen. Fest steht aber, daß die zunehmende Erblichkeit von Lehen, und zwar offensichtlich besonders der königlichen Fahnlehen, auf die patrilinearen Tendenzen der Adelsfamilien großen Einfluß hatte.

3.2. Regionalisierung des Adelsbesitzes und Burgenbau

Nicht zuletzt wirken sich Bevölkerungsanstieg und wirtschaftlicher Umbruch vom extensiven Fronhofsystem hin zum Zinsleihesystem auf den Wandel innerhalb der Adelsstruktur aus. In den älteren Ordnungen sind die adeligen Herrenhöfe (Fronhöfe) stark in die agrarischen Produktions- und Organisationsformen eingebunden. Die adelige Familie steht noch in einem unmittelbaren Kontakt mit ihren bodenbebauenden unfreien Knechten. Das allmählich sich durchsetzende Zinsleihesystem, das mit einer stärkeren Intensivierung der Wirtschaft (Nah- und Fernhandel, Märkte- und Städtebildung), aber auch mit dem Bevölkerungszuwachs zusammenhängt, schuf eine stärkere Distanz zwischen Herren und Bauern, eine Distanz, die freilich in der Regel nicht Ausdruck einer Krise, sondern eher Ausdruck einer Versachlichung der Rechtsverhältnisse war. Waren die alten, sehr verstreut liegenden Fronhöfe der Adelsfamilien nicht mehr rentabel – dafür haben wir ja zahlreiche Beispiele aus dem kirchlichen Bereich des 12. Jahrhunderts –, so mußte ein besonderes Anliegen der Herren die Zentrierung ihrer Grundherrschaft sein. Dazu kam im Zeitalter der Bevölkerungszunahme die Möglichkeit, durch Rodung und Binnensiedlung ein relativ geschlossenes ‚Territorium‘ im Rodungsland aufzubauen. Die Anlage von Städten gelang dem Adel freilich erst nach 1200; Ausnahmen bilden lediglich die Herzöge.

Im Zusammenhang mit der Regionalisierung des Adelsbesitzes und der ‚Formierung‘ des Adels-‚Geschlechtes‘ ist ferner die Entstehung der Adelsburg zu sehen, für die kraftvolle Mauern, Türme und Steinarchitektur, Dauerbewohnung sowie Höhenlage (wo dies möglich) charakteristisch sind. War im frühen Mittelalter der König weitgehend alleiniger Inhaber der (Flieh-, Landes- und Stammes-)Burgen, zumindest aber Inhaber des Befestigungsregals, so tritt seit der zweiten Hälfte des 11. Jahrhunderts der Adel mehr und mehr als Erbauer und Inhaber von Burgen hervor. In einer ersten großen Burgenbauwelle (um 1050–1120) läßt sich in Süddeutschland neben Reichsbischöfen nur der Adel als Burgenbauer greifen.

Sämtliche Burgen jener Zeit im Neckargebiet beispielsweise wurden von Herzögen, Pfalzgrafen, Grafen und grafengleichen Hochadeligen erbaut, also von der oberen Adelsschicht. Sie dienten den Erbauern als Wohnsitz, bildeten also eine Art Adelsresidenz, nach denen sich die Familien allmählich auch nannten. Der übrige Adel scheint damals noch weitgehend auf (z. T. befestigten?) Herrenhöfen gesessen zu haben.

Eine zweite Periode des Burgenbaus reicht von 1120 bis 1200, wobei am Anfang dieser Phase der Burgenbau (zumindest im Neckarraum) auffallenderweise sogar zurückging. Der eigentliche neue Aufschwung ist in der zweiten Hälfte des 12. Jahrhunderts feststellbar. Auch in dieser

Zeit erbauten im Neckargebiet noch Fürsten, Grafen, d.h. allgemein der Hochadel, die Hälfte der neuen Burgen, Zeichen für seine politische Dominanz als Führungsschicht. Doch beteiligten sich nun auch schon untere Adelsschichten – einfache Edelfreie – am Burgenbau. Freilich sind bis 1200 Edelfreienfamilien (unter dem Grafenstand) ohne nachgewiesene Burg zahlreicher als die bezeugten Burgen jener Zeit. Die Dienstmannen scheinen ohnehin in der Regel bis dahin noch keine Burg erbaut zu haben; sie saßen höchstens auf den Burgen ihrer Herren.

Die Hauptperiode des Burgenbaus liegt erst im 13. Jahrhundert. Nun beteiligte sich daran auch vehement der Ministerialenadel. Die größeren und z.T. auch kleineren Landesherren bzw. jene, die sich auf dem Weg zur Landesherrschaft befanden, erbauten nun ganze Burgensysteme als Territorialstützpunkte, die mit Ministerialen besetzt wurden, so daß regelrechte Burgenlandschaften (besonders in strategisch wichtigen Gebieten) entstanden.

Die Tatsache, daß die befestigte Wohnburg zum Zentrum der einzelnen Adelsherrschaft wird und – wenn auch bisweilen in äußerlich bescheidenem Maße – integrale Repräsentationsfunktionen für die Adelsfamilien gewinnt, ist nicht nur ein Problem der Architektur- und Festungsgeschichte. Sie signalisiert Aufstieg und zumindest Emanzipation des Adels vom Königtum, aber auch dessen zunehmende Isolierung von den eigentlichen Hintersassen, obgleich diese offensichtlich zu stärkerer Burgwerksverpflichtung herangezogen werden.

Seit den fünfziger Jahren haben Karl Schmid und sein Schülerkreis ihr besonderes Augenmerk gerichtet auf die adelige Sitte, sich nach Örtlichkeiten zu benennen, wobei sie gerade von dem schon erwähnten südwestdeutschen Raum ausgingen und das Phänomen im Zusammenhang mit strukturellen Veränderungen innerhalb des Adels im 11. und 12. Jahrhundert sahen. Dieser Arbeitskreis kommt zu dem Ergebnis, daß ein unmittelbarer Zusammenhang bestehe zwischen der Benennung einer Adelsfamilie nach ihrer Burg, also ihrem ‚Stammsitz‘, und der ‚Gründung‘ oder ‚Formierung‘ eines Adelsgeschlechts, wobei der zweiten Hälfte des 11. Jahrhunderts eine entscheidende Bedeutung zugemessen wird. Nun lassen sich diese Ergebnisse, die im Herrschaftsbereich des schwäbischen Adels gewonnen wurden, nicht ohne weiteres auf andere Räume übertragen, wo zwar für die weniger bedeutenden Adelsfamilien dieser unmittelbare Zusammenhang deutlich wird, aber der Hochadel vor allem in der Namengebung zeitlich noch seinen Burgen gewissermaßen hinterherhinkt. Im ganzen gesehen freilich läßt sich die These Karl Schmids zumindest für die zweite Hälfte des 12. Jahrhunderts weitgehend verallgemeinern. Der Burgenbau muß also im Rahmen eines gravierenden verfassungsgeschichtlichen Wandels des Adels gesehen werden.

3.3. Grafschaft und Vogtei als Mittel zur Territorialisierung

Ein weiterer entscheidender Wandel adeliger Verfassungsstrukturen re-
sultiert aus der Neugewichtung von Grafschaft und Vogtei. Der Graf war
seit der Karolingerzeit einer der wichtigsten Amtsträger und Interessen-
vertreter des Königtums. Schon im beginnenden 11. Jahrhundert zeigte
sich freilich eine beträchtliche Akkumulation von Grafschaften in der
Hand einer Person oder einer Grafenfamilie. Einige wenige mächtige
Familien schickten sich nun an, einen Großraum mit Grafschaftsrechten
zu beherrschen, aber zweifellos auch mit einer Reihe von anderen Rechten. Mit diesen meist erblich gewordenen Grafschaften haben sie eine
Position errungen, von der andere, weniger mächtige Familien oder Sippen ausgeschaltet werden, so daß innerhalb des Adels schon jetzt – quel-
lenmäßig noch wenig faßbar – ein Kampf um die Priorität und letztlich
um die Herrschaft im Lande entsteht. Dieser Ausscheidungswettkampf
setzte möglicherweise schon früher ein; im Laufe des 11. Jahrhunderts
aber wird er politisch tragend, weil sich neue Mittel der Beherrschung
des Landes ausbilden, besonders die Ministerialität. Eine neue, relativ
strenge Schichtung innerhalb des Adels setzt ein – man könnte von einer
Zweiteilung des Adels sprechen, da der Graf eine wichtige Rolle im
‚Standesgericht der Führungsschichten‘ spielt. Diese Funktion hebt den
Grafen zweifellos über die anderen Adeligen der *provincia* hinaus, erhöht
sein Prestige und seine Macht; sie ist Vorbedingung für frühe Herrschaftsbildung gerade der grafengleichen Familien oder Sippen. Andererseits darf man sicher den Schluß ziehen, daß Macht und Besitz überhaupt
die Voraussetzung für das Grafenamt sind, da sich der *comes* sonst nicht
gegenüber den ihm standesmäßig gleichberechtigten anderen Adeligen
durchsetzen könnte. Mit der Tendenz, dieses Amt in bestimmten Familien erblich zu machen, ist auch schon die Tendenz der Nivellierung der
übrigen Standesgenossen in einem bestimmten politischen Einflußraum
gegeben. Sie fand ihren Abschluß im 12. und 13. Jahrhundert, als die
großen grafenbaren Geschlechter mit Hilfe von Ministerialen die übrigen
adeligen *liberi* des Herrschaftsumkreises mehr oder weniger planmäßig
vertrieben und beseitigten.

Mit der zunehmenden Bedeutung der Reichskirche für das Königtum
wurde aber die Schutzherrschaft über das Kirchengut, die mit dem mili-
tärischen Aufgebot der Reichskirchen verbunden war, immer wichtiger.
Diese Vogtei sowohl über Bistümer als auch über Reichsklöster wurde in
der Ottonenzeit stärker institutionalisiert, was offensichtlich im Interesse
des Königs lag. Die ‚neue‘ Vogtei scheint die Voraussetzung gewesen zu
sein für eine intensivere Heranziehung der geistlichen Institutionen zu
Reichsaufgaben. Es versteht sich, daß der Herrscher Männern seines
besonderen Vertrauens die Vogtei über seine Reichsklöster übertrug; es

versteht sich auch, daß sich eine einigermaßen kontinuierliche Besetzung dieser Vogteien als notwendig erwies. Vielleicht wird man sagen dürfen, daß im Wesen der ottonisch-salischen Reichskirche bereits die Tendenzen zur Erbvogtei angelegt waren.

Die Aufgaben der neuen Hochvogtei waren vielfältig; sie mußte daher auch mehr als die Grafschaft zur Integrierung des ‚staatlichen‘ Lebens führen. Damit wurde diese jüngere Vogtei zum wirksamsten Mittel der Ausweitung und Territorialisierung adeliger Herrschaften, die wohl auch im 11. und 12. Jahrhundert so lange vom König geduldet wurden, wie sie ihm zum Vorteil gereichten. Auch eine Kumulierung von Vogteien in den Händen weniger königstreuer Herren scheint nicht grundsätzlich der Königspolitik zuwidergelaufen zu sein, solange das lehenrechtliche Band wirksam war. Erst die zur Unabhängigkeit vom Reich strebenden Vogteien des ‚Reformadels‘ im Investiturstreit führten in den Augen des Königtums zu gefährlichen unabhängigen Dynastenklöstern und Adelsherrschaften. Wie entscheidend die Vogteien als territorialpolitische Bausteine waren, zeigt vielleicht am besten das Beispiel der Wittelsbacher; diese hatten es im 12. und 13. Jahrhundert verstanden, fast sämtliche Klostervogteien in ihrem Herzogtum an sich zu reißen.

Theoretisch sieht das Bild des Wandels von Grafschaft und Vogtei so aus, daß die Grafschaft zugunsten der Vogtei völlig verblaßte, ja aufgesogen wurde. In der Praxis waren es allerdings hauptsächlich Grafengeschlechter, die derartige Vogteien, zumindest die bedeutsamen Hochstiftvogteien, gewannen. Im Zuge der Emanzipation der Vogtei von Reich und Reichskirche seit dem späteren 11. Jahrhundert verschmolzen geradezu Grafschaft und Vogtei, wobei das Grafenamt gewissermaßen das Aushängeschild, die Vogtei aber – zum Leidwesen der Kirchen – das eigentliche ‚Verstaatungselement‘ wurde.

Wenn wir die Realität adeliger Schichtung im 12. Jahrhundert greifen wollen, dann haben wir zu unterscheiden zwischen Grafen und nichtgrafenbaren Familien, Vogteibesitzern und solchen Herren, die keine Vogtei besitzen (beide Kategorien, Grafen und Vogteibesitzer, entsprechen einander im wesentlichen), Burgbesitzern und solchen, die über keine Burg verfügen. Seit dem 12. Jahrhundert wird man aber an die Spitze der Adelspyramide die Fürsten stellen müssen, die bereits zu den Grafen erhebliche Distanz hatten, obgleich sie nicht nur aus der Grafenschicht hervorgegangen waren, sondern in der Regel noch eine Reihe von Grafschaften unmittelbar hatten. Daß in einer derartigen Schichtung auch die Größe des Besitzes eine gewichtige Rolle spielte, versteht sich von selbst. In der Regel entsprechen sich aber Ämter und Besitzgröße wenigstens annähernd. Diese erwähnten Schichtungen sind nicht nur Phänomene der Sozialstruktur des Adels; sie haben durchaus verfassungsgeschichtliches Gewicht. Im ausgehenden 12. Jahrhundert setzte zudem in starken

Herzogsherrschaften, also Fürstentümern, ein regelrechter ‚Erdrutsch‘ ein: die Mediatisierung der Grafschaften und Vogteien durch die Fürsten.

3.4. Landfrieden und Änderungen der Rechtspflege

Und auch ein Weiteres wird man für die verfassungsrechtliche Einengung des alten Adels in Rechnung stellen müssen: die intensive Friedensbewegung seit dem 11. Jahrhundert, die sich zunächst in Gottesfrieden und Reichsfrieden artikulierte und die Fehde zuerst zeitlich, dann aber auch in ihren Tatbeständen einschränkte. Im Gefolge dieser Friedensbewegung vollzog sich im 12. und frühen 13. Jahrhundert die Umwandlung des Bußengerichtsverfahrens in das Blutgerichtsverfahren (Ablösung der Geldbußen durch Leibes- und Lebensstrafen), ein Wandel, der nicht nur die Entstehung des modernen Strafrechts initiierte, sondern auch charakteristisch ist dafür, daß der straffällige Besitzende sich nicht mehr loskaufen kann. Dazu kommt, daß neue Hochgerichte im Prinzip für alle Schichten und Stände zuständig sein sollten. Die starke Berufung der staufischen Kaiser auf das römische Recht seit Friedrich I. Barbarossa tat ein übriges, um adelige Sonderrechte einzudämmen, auch wenn die Fehde nicht grundsätzlich beseitigt wurde.

4. Zu Verhaltensnormen, Selbstbewußtsein und Selbstverständnis des edelfreien Adels im 12. Jahrhundert

4.1. Adelige Ehre, elitärer Anspruch und ihre Folgen für die Staatlichkeit

Unsere Kenntnis von der Entwicklung des adeligen Selbstverständnisses ist sehr stark quellenbedingt. Dabei ist es auffallend, daß die eigentliche Historiographie des Hochmittelalters denkbar wenig zu diesem Problemkreis aussagt. Immerhin läßt sich auch aus dieser Quellengattung einiges herauslesen. Für die stärker werdende Macht des Adels ist signifikant, daß in der Annalistik wie in den Chroniken bis zur Mitte des 11. Jahrhunderts der Standpunkt des Königs dominiert und erst in der Folgezeit „der Standpunkt des Adels entscheidend" (Ulrich Hoffmann), oder besser: mitentscheidend wird. Doch auch in dieser königsorientierten offiziösen Geschichtsschreibung wird bisweilen eine plastische, wenn auch tendenziöse Vorstellung von den Verhaltensnormen zumindest des Hochadels sichtbar.

Hatto Kallfelz und Ulrich Hoffmann haben aus dem erwähnten Quellenmaterial zur Reichsgeschichte adeliges Standesethos und Verhaltensnormen des Adels jener Zeit herauspräpariert. Abgesehen von dem selbstverständlichen Wert der *nobilitas,* des adeligen Geblüts, wird ein vielschichtiger Ehrbegriff als Zentralproblem des adeligen Standesideals und Verhaltens immer wieder in den Quellen sichtbar. Der Adelige reagiert auf jegliche Verletzung der Ehre besonders empfindlich. Da eine solche Ehrverletzung ‚standesgemäß‘ mit Waffen gerächt wird und mit der Ehre des einzelnen auch die Ehre der Familie verbunden ist, wird das aristokratische Ehrproblem zu einem außerordentlichen Unsicherheitsfaktor im Gesamtgefüge des Reiches.

Im Zentrum adeligen Denkens steht die *nobilitas carnis,* das Bewußtsein der Sonderstellung im Gesellschaftsgefüge, die herkunftsmäßig und religiös begründet wird, und zwar mit einem heilskräftigen, außergewöhnlichen Verhältnis zu Gott. Damit verbunden ist die besondere Pflege des Ahnenbewußtseins und der Tradition jener Ahnen, deren Elitequalität sich durch Glück und Heil öffentlich erwies. Neben der vornehmen Abstammung ist die *virtus,* die persönliche Bewährung, ein integrierender Bestandteil des Adelsethos. Dementsprechend strebt der einzelne nach höchstem Ruhm im politischen Bereich und im besonderen auf dem Schlachtfeld durch Kraft- und Siegesleistungen mit den Waffen. Ruhm und Ansehen werden ferner gesteigert durch die *largitas* des adeligen Herrn, die ihm die Möglichkeit gibt, ein großes Gefolge an sich zu binden. Voraussetzung einer solchen *largitas* ist freilich ein umfangreicher Besitz. Seine Freiheit will der Adelige als Vasall auch in der Treuebindung zu seinem Herrn gewahrt wissen. Pflicht, aber auch Recht dieses adeligen Vasallen sind Rat und Zustimmung im politischen Bereich. Sobald er sich in seiner Freiheit bedroht sieht, kann er sich auf das Widerstandsrecht berufen.

Es ist verständlich, daß dieses Adelsethos in der Sicht des Herrschers nicht immer positive Züge annimmt. Das eifersüchtige Pochen auf die Erhaltung des eigenen Ansehens, aber auch der eigenen Freiheit, der verschwenderische Haushalt, die Empfindlichkeit in Ehrensachen, überhaupt die starren Zwänge von Ehre und Rache machten den Adel, der vor dem Aufkommen der Ministerialität schlechthin die Führungsschicht des Reiches war, zu einem beunruhigenden Element der Gesamtherrschaft. Diese Faktoren mußten unter Umständen ein Großreich geradezu erschüttern. Daher oft die kritischen Bemerkungen der königstreuen Autoren zur *aemulatio* des Adels, zu seiner permanenten Forderung nach *aequalitas,* die keinen einzelnen über die anderen wirklich Herr werden ließ.

4.2. *Tugendkatalog und neuer Ausdruck des Selbstbewußtseins*

Man sieht, daß im 10. und 11. Jahrhundert bereits wesentliche Züge des sogenannten ritterlichen Tugendsystems des 12. und 13. Jahrhunderts als Grundlagen vorhanden sind. Hartmann von Aue hat diese Leitbilder und höfischen Tugenden des adeligen Herrn im ‚Armen Heinrich' (v. 32–74) in großartiger Weise zusammengefaßt. Man wird dieses Gesamtbild des leitbildhaften Herrn Heinrich sicherlich nicht so wörtlich nehmen dürfen. Metapher und Allegorese spielen hier eine nicht zu unterschätzende Rolle. Gleichwohl kommen wesentliche Elemente adeliger Ruhmvorstellung zutage: An der Spitze steht der Ruhm (*gloria* und *fama*); hohe Geburt und Reichtum werden geradezu als Einheit aufgefaßt; höher freilich als die *nobilitas carnis* und sein Besitzreichtum wird eine *nobilitas mentis (der êren und des muotes)* bewertet. Er lehnt Falschheit und *dörperheit* (Ungeschliffenheit der Dörfler) ab. Es wird ausdrücklich betont, daß Ehre und Leben dieses Herrn *âne alle missewende* sind. Vermehrung der *werltlîchen êren* ist vielmehr sein Ziel. Die weiteren zentralen Topoi für höfische Tugenden sind: *bluome der jugent* (Identität von Adel und Schönheit; vgl. dazu auch die Heiligenviten), / *der werltvreude ein spiegelglas,* / *stæter triuwe ein adamas,* / *ein ganziu krône der zuht,* eine Waage der *milte,* Zuflucht der Bedrängten und Schild seiner Verwandten (hier scheint die schon frühmittelalterliche Aufgabe der Herrschenden, Witwen und Waisen zu schützen, nachzuklingen).

Die tatsächliche Verpflichtung dieser Adelsgesellschaft zur Freigebigkeit – G. Duby spricht geradezu von einer „Verschwendungsgesellschaft" – wird besonders deutlich bei der Schwertleite der Kaisersöhne in Mainz am Pfingstfest 1184. Zwar wurden die beiden Söhne nur als *novi milites* bezeichnet, genau wie zu Rittern geschlagene Ministerialen, doch wurde dieser Akt gleichzeitig Demonstration und Ausdruck kaiserlicher und adeliger Überlegenheit und Repräsentation. Denn sofort erwiesen die beiden *novi milites* ihre Freigebigkeit mit überreichen Geschenken, die an das umliegende Volk verteilt wurden. Ihnen schlossen sich der Kaiser und die Großen des Reiches an. Wie sehr diese Freigebigkeit als Erweis edler Gesinnung und eigenen Reichtums gewertet wurde, zeigt eine zeitgenössische Quelle, die eigens betont, daß diese Geschenke „zur Ehre des Kaisers und seiner Söhne sowie zum Ruhm ihres eigenen Namens dem Volk dargebracht wurden". Die Propagandakraft derartiger höfischer Begriffsschemata wird besonders deutlich in einem fränkischen Kleinraum. In diesem Raum des südlichen Mainvierecks stießen um 1200 mehrere territoriale Interessengruppen aufeinander. Diesem Kräftefeld entspricht in jener Zeit ein intensiver Burgenbau. Jeder der großen Kontrahenten wählte für den jeweiligen Burgennamen auffallenderweise ein höfisches Leitbild: Der Würzburger Bischof errichtete Freudenberg, der Mainzer Erzbischof etwa zehn Kilometer davon entfernt den festen Sitz Miltenberg und der Graf von Rieneck inmitten des Spessarts die programmatische Burg ‚Landesehre'. *êre, frôude, milte:* drei höfische Zentralbegriffe wurden hier also für die drei Burgen gewählt, die im Konkurrenzfeld dreier Territorialmächte je eine vorgeschobene Position bildeten. Man wird davon ausgehen dürfen, daß diese höfisch-aristokratischen Burgennamen auch bereits als ‚Reklame' für die jeweiligen Dienstmannschaften gedacht waren.

Hier darf noch einmal zurückverwiesen werden auf die Feststellung Hartmanns von Aue, der Adel der Gesinnung und der Tugend stehe über der *nobilitas carnis,* über der erlauchten aristokratischen Herkunft des Herrn Heinrich. Man hat diese Höherbewertung der *nobilitas mentis,* die in den Dichtungen der Zeit öfter begegnet, in Zusammenhang mit dem Aufstieg der Ministerialen gebracht, die auf ihre Leistung, auf ihre *virtus* pochten. Dies ist sicherlich nicht ganz falsch. Aber es kann andererseits nicht übersehen werden, daß diese Höherbewertung des ‚Tugendadels' in engem Zusammenhang mit den kirchlichen Reformtendenzen des 11. Jahrhunderts stand, daß sie aber auch nicht ein grundsätzlich neues ‚Programm' dieser Zeit war, sondern bereits auf spätantike Adelsvorstellungen zurückgeht und auch in frühmittelalterlichen Heiligenviten durchaus bisweilen ihren Niederschlag fand.

Der sich im 12. Jahrhundert vollziehende literarische Wandel aus deutschsprachiger Mündlichkeit in deutschsprachige Schriftlichkeit ist auch für den Sozialhistoriker ein wichtiges Zeichen. Gerade in den frühen deutschsprachigen Epen dieses Jahrhunderts werden Herrschertum und Adel in ihrer Geschichte meist aktualisiert. Die führende Laienschicht verdrängt in der Geschichtsdichtung das kirchliche Latein, Zeichen der Bewußtwerdung der eigenen Geschichtlichkeit. Karl Schmid hat den Vorgang der ersten großangelegten Verschriftlichung adeliger Hausüberlieferung im 12. Jahrhundert, nämlich der welfischen, richtungweisend dargestellt. Dieser Verschriftlichung ging jeweils die Entstehung adeligen Haus- und Geschlechtsbewußtseins voraus, auf die im Zusammenhang mit den Burgen schon hingewiesen wurde. Schmid betont, daß eine Adelsfamilie ihre Geschichtlichkeit nur dann erfahren konnte, „wenn sich Angehörige derselben über Generationen hinweg ihrer Zugehörigkeit und gemeinsamen Herkunft bewußt gewesen sind" (K. Schmid, Welfisches Selbstverständnis, S. 397, s. Bibl. AB II 3 a). Im Epos ‚König Rother' treten eine Reihe bayerischer Adelsfamilien auf, allen voran als die Tapfersten die Grafen von Tengling. Wenn sich im ‚König Rother' das Ahnen- und Ursprungsbewußtsein dieser Tenglinger auch nur nebelhaft artikuliert, so darf man doch den Einbau der Tenglinger Familiengeschichte in die Reichsgeschichte des ‚König Rother' als einen entscheidenden Akt der Selbstbewußtwerdung und der Propagierung des Ruhmes des Tenglinger Geschlechts sehen.

Es versteht sich, daß die Geschichte adeliger Geschlechter am frühesten ihren Niederschlag fand in der Klosterüberlieferung, wo die *fundatio* des Klosters aus rechtssichernden Gründen, aber auch zum Lobe der adeligen Stifter seit der zweiten Hälfte des 11. Jahrhunderts relativ ausführlich dargelegt wurde. Die Stifter-Memoria führt somit zur adeligen Hausgeschichte, wie vor allem Hans Patze an zahlreichen klösterlichen Traditionsbüchern und Chroniken aufgezeigt hat.

Die Zeit vom ausgehenden 11. bis zum 13. Jahrhundert ist nicht nur die Zeit des adeligen Burgenbaus, nicht nur die Zeit der Namengebung nach ‚Stammburgen‘ und der Verfestigung des adeligen Familiennamens, sondern auch die Zeit der Gründung adeliger ‚Haus‘-Klöster – dies sind Klöster, in denen sich die Tradition und das Bewußtsein eines adeligen ‚Hauses‘ in der Regel zunächst als Stiftergedenken niedergeschlagen hat. Eine Untersuchung der Hausklöster der frühen Wittelsbacher beispielsweise hat ergeben, daß dieses Geschlecht entweder die Gründung selbst vorgenommen oder entscheidend am Ausbau der Stiftung teilhatte, so daß dessen Vertreter als *fundator* betrachtet wurden. Ein weiteres Kennzeichen war das Stiftergrab in der Klosterkirche, in der Regel aber darüber hinaus noch die Familiengrablege im Kloster. Wenn auch wenig erforscht, so darf man das Gebet und die Messe für die Stifter allgemein als konstitutiv ansehen; oft wurde auch das ganze Geschlecht in das Gebet mit eingeschlossen. Viertes Kriterium ist in der Regel die Stiftervogtei, die zumindest bei den Wittelsbachern in keinem Fall von der Familie bzw. vom herrschenden Repräsentanten aus der Hand gegeben wurde. Diese ausgeprägt territorialpolitische Seite ‚religiös-politischer Vermögensbildung‘ hat sich immer bewährt. Darüber hinaus wird man noch weitere Funktionen dieser adeligen Hausklöster annehmen dürfen, denn die Klöster waren nicht nur Kommunitäten der Mönche, ‚Versorgungsstation‘ der Stifterfamilie und ihres Anhangs, sondern auch wichtige religiöse Anziehungspunkte für das gesamte Umland, vor allem wenn sie über ein wirkkräftiges Heiltum verfügten.

Da derartige Hausklöster auch vielfach die Geschichte der Stifterfamilie in Wort, Schrift und Bild wachhielten, wurden sie auch zu wichtigen Kommunikationszentren adeliger Herrschaft. Diese Klöster und Stiftungen als gottgefällige Werke der Stifter garantieren in der Vorstellung des Mittelalters den Erfolg der Familie und der Familienpolitik. Sie stellen gerade auch deshalb den unmittelbaren Zusammenhang der lebenden Familienvertreter mit den Toten der Adelsfamilie dar und sind insgesamt entscheidende Dokumente des Gedankens der familiären Einheit und des Selbstverständnisses eines Geschlechts.

Für die Zeit Hartmanns von Aue ist die Manifestation adeligen Familienbewußtseins signifikant. Offenbar mit den Hausklöstern zusammenhängend, jedenfalls mit der Verfügbarkeit geistlicher Schreiber, beginnt überhaupt erst das Urkundenwesen adeliger Provenienz; etwa gleichzeitig vollzieht sich der Wechsel von den Urkundenzeugen zur Besiegelung der Urkunden. Dies ist nicht nur ein Wechsel im Rechtsleben; er verdeutlicht auch erstmals das Zeichen des Geschlechts, das Wappen im Siegel, in dessen Veränderung sich auch die Geschichte einer Adelsfamilie spiegeln kann.

Es verwundert nicht, daß nun erst auch Genealogien des eigenen Hauses überhaupt in nennenswertem Umfang dargestellt werden. Trotz rechtlicher Konzeption des agnatischen Prinzips legt man im genealogischen Selbstverständnis freilich wieder größten Wert auf die kognatischen Zusammenhänge gerade dann, wenn Frauen durch ihre Einheirat besonders erlauchtes Blut in die Familie bringen. Auch die Genealogie wird zu einem wichtigen Mittel der Familienpropaganda.

Zusammenfassend läßt sich sagen: Trotz glänzender Selbstdarstellung im Rahmen politischer Manifestation und höfischen Mäzenatentums, trotz eines beachtlichen Aufstiegs mancher Edelfreien- und Grafenfamilien im 12. Jahrhundert ist nicht zu übersehen, daß eine tiefgreifende Strukturkrise die alte politische Führungsschicht des Adels erfaßt hatte, die einen ersten Höhepunkt in der Zeit Hartmanns fand. Schon standen aufstrebende Gruppen bereit, um den alten Geburtsadel weitgehend abzulösen: die Ministerialen und Ministerialenverbände, deren vergleichsweise rascher gesellschaftlicher und politischer Aufstieg im folgenden noch zu zeigen sein wird. Darüber hinaus hat es ganz den Anschein, daß die feudal-aristokratischen Prinzipien an Glaubwürdigkeit eingebüßt haben, was erstmals in Ansätzen sichtbar wird während des Investiturstreits, auch danach aber nicht völlig abklingt, sondern in der Konversen- und Wanderpredigerbewegung des 12. und 13. Jahrhunderts erneut Ausdruck findet. Heinrich von Melk etwa, dessen Dichtung sicherlich über die Klostermauern hinausdrang, sieht das kriegerische und kämpferische Leitbild, im Grunde aber den höfischen Tugendkanon generell, völlig desillusioniert. Von Treue, *mâze, milte* ist hier nichts zu spüren. Auch bei Gerhoch von Reichersberg sind *superbia* und *avaritia* die vorherrschenden Grundtendenzen in der Zeit des 12. Jahrhunderts. Eine kritische Öffentlichkeit, die sich mit der Entstehung von Städten und den intellektuellen Bewegungen der Zeit – Rationalismus, Verwissenschaftlichung und Säkularisierung – zu entwickeln begann, beurteilte den Adel weniger nach seiner Herkunft als nach seiner Leistung: *Virtute, non sanguine decet niti* (,Carmina Burana').

Dem entspricht, daß offensichtlich gerade junge, begeisterungsfähige Menschen aus jener feudalen Herrengesellschaft gleichsam ,ausstiegen', wobei Frauen, die den harten hauspolitischen Ehe- und Klosterzwängen ganz besonders ausgeliefert waren, verständlicherweise eine größere Rolle spielten, wie uns ja auch Heiligenviten deutlich zeigen. Freilich, die großen Beispiele, wo sich Vertreter der hohen Gesellschaft vom politischen, wirtschaftlichen und gesellschaftlichen Leben zurückzogen in die Askese der Einsamkeit, um im radikalen Sinne die Nachfolge Christi zu leben, entstammen erst dem frühen 13. Jahrhundert. Genannt seien Elisabeth von Thüringen (1207–1231), Tochter des Königs Andreas II. von Ungarn und seiner Gemahlin Gertrud aus dem Geschlecht der Andechser, Franziskus aus einer reichen Kaufmannsfamilie in Assisi und Klara aus einer ritterlichen Familie dieser Stadt. Der Widerhall in der Bevölkerung und die ungeheuere Spontanverehrung, die sie nach ihrem Tode fanden, zeigen wohl am besten, wie eindrucksvoll das Leben dieser neuen Vorbilder war.

5. Die Entwicklung der Ministerialität

Stärker als die Erforschung der verfassungsgeschichtlichen Entwicklung des hochmittelalterlichen Adels, der vornehmlich genealogisches Interesse gefunden hat, ist seit einem Jahrhundert die Ministerialenforschung betrieben worden, wobei schon die ältere Forschungsrichtung drei wichtige Fragenkomplexe erörterte: das Problem der unfreien Herkunft der Ministerialen, die ‚ständische Ungleichheit‘ der einzelnen Dienstmannengruppen sowie die Motive für ihren sozialen Aufstieg. In der jüngeren Ministerialenforschung überwiegen sozial- und besitzgeschichtliche Betrachtungen sowie landesgeschichtliche Modelluntersuchungen. Karl Bosl hat 1950/51 eine Zusammenschau aller regionalen Einzeluntersuchungen der Reichsministerialität geboten.

5.1. Formierung von Dienstmannschaften

Der Emanzipationsprozeß der Ministerialität, die ja, wie schon im ersten Kapitel betont wurde, keine soziale oder gar politische Einheit darstellt, sondern zahlreichen – fast möchte man sagen: zahllosen – Dienstherren und Dienstrechten unterworfen ist, hat bis heute seine Faszinationskraft im Bereich der Mittelalterforschung nicht verloren. Die Frühformen der Dienstmannschaften reichen bis weit vor die Jahrtausendwende; sie finden sich primär in den Hochstiften, wo unfreie Diener erfolgreich im grundherrschaftlich agrarischen Bereich (als Meier u. dgl.) und am Bischofshof (für Hofämter u. dgl.) eingesetzt wurden. Diese hochstiftischen Diener zeichnen sich früh durch relativen Besitzwohlstand aus. Ministerialenrecht wird freilich erst im 11. Jahrhundert greifbar, wobei wir in der Regel nicht wissen, was es beinhaltet. Das sogenannte Bamberger Dienstrecht von ca. 1061 freilich, das vorher Hofrecht der Adelsfamilie des Bischofs Gunther in Niederösterreich war, zeigt bereits weitgehende Rechte der an Bamberg geschenkten Ministerialen: (P 1:) Gerichtsstand vor dem Herrn, Möglichkeit des Reinigungseides. (P 2:) Bei Tod eines Ministerialen steht das Bußgeld nicht dem Herrn, sondern den Angehörigen oder Verwandten zu. (P 3:) Wer sich dem Bischof zum Dienst stellte, aber kein Lehen von ihm erlangen konnte, mag Kriegsdienste nehmen, bei wem er will. (P 4:) Erblichkeit des Dienstlehens. (P 5, 6:) Genaue Festlegung der Kriegsdienstverpflichtungen bzw. der Kriegsdienstkosten. (P 7:) Diese *veri ministeriales* dürfen nur zu fünf gehobenen Hofämtern *(ministeria)* herangezogen werden (Truchseß, Mundschenk, Kämmerer, Marschalk, Jägermeister). Der letzte Punkt macht deutlich, daß das Bamberger Ministerialenrecht von etwa 1061 offensichtlich nur die Spitzengruppe der Bamberger Dienstmannschaft anspricht; aber immerhin entsteht für diese erstmals das Bild einer „berufsständisch und rechtlich geschlossenen Ministerialität mit geburtsständischen Elementen und ritterlichem Gepränge" (K. Bosl, Reichsministerialität, Bd. I. S. 42, s. Bibl. AB II 5 a).

Diese Bamberger Dienstmannschaft steht noch recht isoliert; im Hochstift Worms beispielsweise hat sich die bischöfliche Ministerialität erst zwischen 1070 und 1130 rechtlich konsolidiert, während im Hochstift Freising das *ius ministerialium* offensichtlich schon in der Mitte des 11. Jahrhunderts vererbbar war.

Wie die Reichskirche, so hat sich auch das Königtum bald einer eigenen Dienstmannschaft bedient, um die Reichsinteressen zu wahren. Erstmals wird die ökonomische und strategische Einsetzung eigener königlicher Unfreien als Dienstmannen unter den früheren Saliern sichtbar. König Heinrich IV. hat besonders seine schwäbischen Königsministerialen zur Niederringung der Sonderinteressen des Sachsenstammes verwendet, was dort besondere Verbitterung hervorrief. Und der zeitgenössische Geschichtsschreiber Lampert von Hersfeld schreibt, daß der deutsche Hochadel dem König 1076 vorwarf, er habe Verfassungsbruch begangen, da er nicht die Fürsten als Ratgeber herangezogen, sondern „die niedrigsten Menschen ohne Ahnen zu höchsten Ehren emporgehoben habe und mit ihnen Nächte wie Tage in Beratungen verbringe und darauf sinne, den hohen Adel womöglich gänzlich auszurotten" (Ausgew. Quellen z. deutschen Gesch. d. Mittelalters, Darmstadt 1973 [Frh. von Stein-Gedächtnisausgabe Bd. XIII], S. 385). Von dieser Zeit an muß also die Reichsministerialität als treue Sachwalterin des Königtums weitgehend in Aufgaben der alten Adelsschicht hineingewachsen sein (Kriegsdienst, Burghut, Verwaltung, *officia* usw.), und es ist bezeichnend, daß gerade so bedeutsame Ministerialenfamilien im Dienst Friedrich Barbarossas wie die Herren von Münzenberg (Hessen) bereits unter Heinrich IV. zu fassen sind. Ihre stauferzeitliche Burg gehört denn auch zu den großartigsten künstlerischen Burganlagen des 12. und 13. Jahrhunderts.

Der weltliche Hochadel bediente sich kurze Zeit später ebenfalls einer Dienstmannschaft, die für die fürstlichen und gräflichen Familien die gleiche Bedeutung hatte wie die Reichsministerialen für den König. Auch diese Dienstmannen waren aus der Hofherrschaft hervorgegangen. Auf breiterer Basis scheinen die Ministerialen erst seit dem beginnenden

12. Jahrhundert zu den Kriegsaufgaben des Adels herangezogen worden zu sein; seither nennen sie sich nicht nur *ministeriales,* sondern auch *milites.*

Vor dem 12. Jahrhundert bezeichnete dagegen *miles* zumindest in den urkundlichen Quellen den adeligen Krieger, anfangs offensichtlich sogar die kriegerische Führungspersönlichkeit. Der Titel war also bis zur Übernahme durch die Ministerialen nicht nur ein Funktionstitel, sondern auch Ausdruck des kriegerischen Selbstverständnisses des Adels. Hier wie übrigens auch in der Namengebung wird der Aufstiegs- und Anpassungstrend der unfreien Dienstmannen am deutlichsten greifbar. Dieser insgesamt doch recht rapide soziale Aufstieg der Ministerialitäten – trotz ihrer Heterogenität in bezug auf die Herrschaften – sollte einmal mit den Methoden der Akkulturationsforschung einer eingehenden Analyse unterzogen werden. Wir haben bisher keinerlei Hinweise, daß diese unfreien Dienstmannen und Dienstmannschaften sich seit dem ausgehenden 11. Jahrhundert noch irgendwie an den kulturell-ethischen Wertmaßstäben ihres Herkunftsmilieus orientierten. Sie suchten sich vielmehr rasch als *miles*-Schicht zu identifizieren, ohne sich freilich vom Adel abgrenzen zu wollen. Diese Identifikation verlief einmal über gleichartige Aufgaben, aber auch über gemeinsame, ursprünglich rein altadelige expressive Symbole (typische Kleidung, Waffenschmuck, Wappen, ‚Standessprache‘ usw.) und Attitüden, die die Funktion hatten, die Distanz zur übrigen unfreien Bevölkerung anzuzeigen und die eigenen Aufstiegserwartungen zu unterstützen. Da die Dienstmannschaft für den werdenden Landesherren wie für den König unentbehrlich wurde und innerhalb der Ministerialität sich eine starke – offenbar auch politische – Gruppierung wie beim alten Adel entwickelte, wurde sie zu einer politischen Kraft ersten Ranges.

Das neugewonnene Prestige und der Reichtum dieser „classe sociale" (J. M. van Winter) veranlaßte auch – zumindest in verschiedenen Räumen Deutschlands – verarmte Altadelige, in die Ministerialität benachbarter, territorial ausgreifender Herrschaften entweder einzuheiraten oder gar mit der gesamten Familie überzutreten. Gerade der Sachverhalt der allmählichen – wenn auch nicht starken – Mischung altfreien und unfreien Blutes scheint die Anpassungstendenzen der Ministerialität an den Adel wiederum gefördert zu haben – freilich zum Leidwesen des Adels und vornehmlich jener altadeligen Familien, die sich nicht einer Dienstmannschaft bedienen konnten.

5.2. Der Aufstieg einzelner Reichsministerialen

Neuere Untersuchungen J. Fleckensteins haben gezeigt, daß Kaiser Friedrich Barbarossa gezwungen war, der so wichtigen Reichsministerialität

Zug um Zug mehr politisches und somit auch gesellschaftliches Gewicht zu verleihen, was in der von Barbarossa propagierten *unio* von Kaisertum und ‚Ritterschaft‘ ihren deutlichen Ausdruck findet.

So versteht sich, daß Vertreter der Ministerialität des Reiches den größten Aufstieg im 12. und 13. Jahrhundert erlebt haben, und zwar in erster Linie solche, die Träger königlicher bzw. kaiserlicher Hofämter waren. Der Reichsmarschall Heinrich von Kalendin-Pappenheim führte bereits 1189 das Kreuzfahrerheer unter Friedrich Barbarossa an und eroberte die Festung Ikonium. 1194 vernichtete er unter Heinrich VI. die Feinde des Kaisers in Sizilien und unterwarf Palermo. 1196 erreichte dieser Marschall durch sein entschlossenes Auftreten am byzantinischen Hof, daß sich der oströmische Kaiser den Frieden durch einen jährlichen Zins in der Höhe von 5000 Pfund Gold erkaufte. Nachdem er im folgenden Jahr einen neuerlichen Aufstand des sizilianischen Adels niedergeschlagen und Messina erobert hatte, wurde er vom Kaiser mit einem umfänglichen echten Reichslehen im schwäbisch-bayerischen Grenzgebiet belohnt. Das Urbar der Reichsmarschälle von Pappenheim aus der Zeit um 1214 zeigt den umfangreichen Besitz dieser tüchtigen Ministerialenfamilie, zu dem allein drei Herrschaften gehörten. Unter ‚Herrschaft‘ verstand man damals in der Regel keineswegs mehr nur die Verfügungsgewalt über Land und Leute (Grundherrschaft), vielmehr war die Burg (oft mit Markt oder gar Stadt) Zentrum einer Herrschaft, die mit wichtigen Gerichtsrechten ausgestattet war. In 61 Orten saßen allein 70 Lehensträger des Marschalls, der wiederum Lehen von fünf Fürsten und Grafen hatte. Eine zeitgenössische Illumination zeigt vielleicht am anschaulichsten, daß unter Kaiser Heinrich VI. die führenden Reichsministerialen den Hochadel im engeren Umkreis des Herrschers bereits überrundet hatten: Der Kaiser wird flankiert von seinem Kanzler, dem Bischof Konrad von Würzburg, und von einem seiner berühmtesten Ministerialen, dem kaiserlichen Seneschall und Heerführer Markwart von Annweiler. Vor dem Thron aber steht der Marschall Heinrich von Kalendin-Pappenheim.

Der genannte Seneschall (Reichstruchseß) Markwart von Annweiler zählte zu den hervorragendsten Vertretern der Reichsministerialität. Seit 1184 Truchseß am Hofe König Heinrichs VI., wurde er 1186 königlicher Legat in Italien, später enger Berater Heinrichs VI., für den er 1194 Sizilien eroberte. 1195 entließ ihn der Kaiser aus der Unfreiheit und belehnte ihn mit dem Herzogtum Ravenna und verschiedenen Grafschaften. Freilassung (Vollfreimachung durch den Kaiser) und Verfügungsgewalt über die genannten bedeutenden Reichslehen waren nötig, damit er seine Amtsfunktionen überhaupt realisieren konnte. Markwart genoß denn auch hohes Ansehen in der internationalen Politik. Ein anderer Reichsministeriale des Pfälzer Raumes, Werner von Bolanden, gewann ebenfalls unter Friedrich Barbarossa maßgebenden Einfluß auf die Reichspolitik; aus Reichsdienstlehen und anderem Lehengut (er war Vasall von 45 Lehensherren) schuf er eine eigene Territorialherrschaft in der Rheinpfalz. Das Lehensbuch seiner Nachkommen (Mitte 13. Jahrhundert) nennt rund 200 Vasallen. Welche Macht dies bedeutete, zeigt der Vergleich mit anderen adeligen Lehensbüchern: Die Markgrafen von Baden hatten in ihrem ältesten Lehensbuch (1381) nur 81 Lehensmannen, die Grafen von Eberstein 1386 63 Vasallen.

Um etwa 1250 zeigt sich also ein hoher Grad von Eigenständigkeit besonders der Spitzengruppe der Reichsministerialität, gekennzeichnet durch Eheverbindungen mit gräflichen Geschlechtern (d. h. gesellschaftliche Anerkennung und Emanzipation), ferner durch Aufbaumöglichkeiten eigener Herrschaften in der Zeit des Rückganges der Königsmacht, durch finanzielle Mobilität und besonders durch die Fähigkeit, von anderen Herren als den Dienstherren echte Lehen zu erlangen und schließlich selbst einen großen Lehenshof aufzubauen.

Trotzdem freilich ging die spätere Entwicklung rasch dahin, daß die meisten Ministerialenfamilien sich dem übermächtigen Druck der fürstlichen Territorialherren, in deren Einflußbereich sie sich befanden, beugen mußten. Immerhin konnten auch innerhalb der Territorien zahlreiche Familien in den nivellierten Territorialadel hineinwachsen und ‚standesgemäße' Amtsfunktionen im Rahmen der Territorialstaaten übernehmen. In manchen Territorien freilich ist noch im 15. Jahrhundert eine breite untere Schicht von Dienstmannen unfrei.

6. Lateinische Bildung und volkssprachliche Literatur. Mutmaßungen über das Publikum höfischer Literatur

Trotz des wachsenden Geschichtsbewußtseins der Adelsgeschlechter und des schriftlichen Niederschlags, den es gefunden hat, läßt sich nur wenig über den Bildungsstand und – soweit davon bedingt – die Literaturfähigkeit von Adel und Ministerialität aussagen, die ja, nach Thematik und Verbreitungsdaten zu schließen, zunächst das Publikum Hartmanns bildeten. Das liegt an der Kluft zwischen der lateinischen Bildung und der volkssprachlichen Literatur.

Die Aufgabe, die Lesefähigkeit und die elementaren Kenntnisse der Bildungstradition zu vermitteln, liegt seit der Karolingerzeit in den Händen der kirchlichen Schulen. Zunächst nehmen ausschließlich die großen Klöster diese Aufgabe wahr, im Zuge der verschiedenen Reformbestrebungen verringerten sie diese Tätigkeit aber gerade im 12. Jahrhundert. Das Schwergewicht verlagert sich in dieser Zeit auf die Domschulen, die den Bischofskathedralen und ihren Kapiteln angegliedert sind, also in die urbanen Zentren. Die Bildungspflege in den Kathedralschulen erreicht vor allem in Frankreich in diesem Jahrhundert ein hohes Niveau, aus ihnen geht in Paris die Universität hervor. In Anlehnung an kirchliche Institutionen entstehen auch in Städten, die nicht Bischofssitz sind, vergleichbare Einrichtungen.

Da diese Schulen aber die lateinische Bildung vermitteln, ziehen sie einen Schülerkreis an, der eine Laufbahn im Funktionsumkreis dieser Tradition, also im weitesten Sinne klerikale Positionen anstrebt, was damals neben seelsorgerlichen auch wissenschaftliche und literarische, kurz alle Aufgaben, die auf Schriftlichkeit gegründet sind, einschließt. Die Klöster vor allem, aber auch die Kathedralschulen bildeten also in erster Linie den Nachwuchs für geistliche Aufgaben, im engsten Fall den Nachwuchs für den eigenen Konvent aus. In welchem Maß diese Bildung Personen erfaßte, die später das Ziel einer geistlichen Laufbahn aufgaben, oder auch von denen gesucht wurde, die von vornherein nur eine laikale Lebensform vor Augen hatten, darüber läßt sich nichts Sicheres aussagen.

Der Adel ist sicher an der lateinischen Bildung beteiligt, insofern ja viele seiner Angehörigen eine geistliche Laufbahn wählen und kirchliche Ämter besetzen. Manche Klöster wie z.B. die Reichenau können bis weit über Hartmanns Zeit hinaus als Adelsklöster bezeichnet werden. Andererseits werden offensichtlich hohe geistliche Ämter wie das Bischofsamt (bis über das Mittelalter hinaus) als feudale Führungspositionen aufgefaßt, die ohnehin nur dem hohen Adel offenstanden. Infolgedessen sind zahllose Fälle belegt, wo die Kandidaten für solche Ämter nur die niederen Weihen empfangen hatten. Entsprechend gering wird oft ihre Bildung gewesen sein; es kann also nicht generell von einem geistlichen Amt auf den Bildungsgrad zurückgeschlossen werden. Unter dem Laienadel werden in den historischen Quellen einzelne als hochgebildet gerühmt, das sind aber durchgängig Personen, die eine geistliche Karriere begonnen hatten, dann aber aus dynastischen Gründen in das laikale Leben zurückgewechselt sind. Wieweit Bildungsansprüche sonst auf einen Stand wirkten, zu dessen Selbstverständnis sie traditionell nicht gehörten, bleibt ungewiß.

Gleiches muß von den Ministerialen gesagt werden. Unklar ist schon, wieweit ihnen adelige Klöster aus ständischen Gründen verschlossen blieben, Reformklöster und Domschulen standen ihnen offen. Bildungserwerb außerhalb einer geistlichen Laufbahn war hier aber wohl nicht nur Folge eigenen Bildungswillens – den man sich im Rahmen des sozialen Aufstiegs dieser Gruppe durchaus vorstellen kann –, sondern auch Folge von Förderung durch einen Dienstherrn, der etwa die Vorteile von Bildung für die Verwaltung seiner Interessen erkannt hatte. Hartmann jedenfalls verfügte nach eigenem Zeugnis über ein beachtliches und für seinen Stand weit überdurchschnittliches Maß an Bildung. Allgemein wird in den einschlägigen Untersuchungen angenommen, daß der Bildungsgrad adeliger Frauen im Durchschnitt deutlich über dem der Männer lag, auch weil ein größerer Teil ihrer Erziehung in den Händen der Klöster lag.

Die von der Schule vermittelten Kenntnisse waren zunächst elementare Fertigkeiten: Das Lesen, das vorwiegend am lateinischen Psalter gelernt wurde, dann die Grundbegriffe des Lateinischen. Der Schreibunterricht war vom Leseunterricht getrennt und wurde erst auf fortgeschrittener Stufe betrieben. Der weitere Unterricht war in Anlehnung an antike Tradition durch die ‚freien Künste‘ (*septem artes liberales*) bestimmt, deren erste drei (*trivium*) – Grammatik, Rhetorik, Dialektik (Logik) – die Grundstufe, die vier weiteren (*quadrivium*) – Arithmetik, Geometrie, Musik, Astronomie – fortgeschrittene Unterweisung bildeten. Auf dieser Grundlage bauten die philosophischen, theologischen und juristischen Studien auf. Neben den biblischen Büchern und den im Mittelalter tradierten Elementarschriften zu den verschiedenen Disziplinen wurde die sprachliche und literarische Bildung an einem im Grundbestand gleichbleibenden Kanon antiker (auch heidnischer) Schriftsteller vermittelt. Den vollen Gang absolvierte natürlich nur die begrenzte Zahl der *litterati* im engeren Sinn, Lese- und bescheidene Lateinkenntnisse erreichte sicher eine relativ breitere Schicht. Anhaltspunkte, aufgrund derer sich die Verbreitung schriftlicher Bildung beim Adel abschätzen ließe, fehlen aber völlig.

Zu den historisch bezeugten Inhalten des Schulunterrichts gehören aber weder das Erlernen ‚lebender‘ Fremdsprachen noch Lesen und Schreiben volkssprachlicher Texte. Die hochadeligen politischen und vor allem die ehelichen Verbindungen lassen aber für eine Minderheit dennoch z.B. auf ein Mindestmaß an Französischkenntnis schließen; sie wurde wohl in mündlicher Praxis vermittelt.

Wichtiger ist die Ausbildung der Schreibtradition in der eigenen Sprache. Die Aufzeichnung deutscher Texte blieb bis zum Ende des 12. Jahrhunderts im Umkreis der Schreibtradition so sehr Randphänomen, daß sich gerade für die weltlichen Texte keine institutionelle Tradierungspraxis festmachen läßt. Die linguistische Untersuchung der wenigen deutschen Handschriften aus diesem Zeitraum, die sich erhalten haben, ergibt zwar, daß in gewissen Regionen eine Vereinheitlichung der kleinflächig gegliederten gesprochenen Sprache in ‚Schreibsprachen‘ stattgefunden hat, Abgrenzung und Geschichte dieser Schreibsprache sind aber noch zu wenig erforscht, und die der Vereinheitlichung zugrundeliegende Schreibpraxis läßt sich aus dem bruchstückhaften Material nicht erschließen. Erst im 13. Jahrhundert lassen sich Zentren und Traditionen für die schriftliche Tradierung deutscher Texte ausmachen.

Schule und Bildung sind zwar in einem gewissen Maß Voraussetzung für einen Autor wie Hartmann, sein Publikumsumkreis läßt sich aber von daher nicht bestimmen. Das heißt nicht, daß der Laienadel außerhalb jeder literarischen Tradition steht, nur ist diese mündlich: das Lied, der Spruch, das Erzählen, das nur im Vortrag vom Spielmann realisiert wird, oder der Minnesang, der als Kunstübung adeliger Dilettanten Mode geworden ist. Es ist deutlich erkennbar, daß die schriftlich werdende höfische Erzählliteratur stilistisch, erzähltechnisch und stofflich an solche Traditionen anschließt. Über die allgemeine Verbreitung oder über besondere Zentren dieser literarischen Praxis aber schweigen die historischen Quellen.

Das Publikum für Hartmann läßt sich nur über allgemeine soziologische Erwägungen vage eingrenzen. In erster Linie kann man einen Zusammenhang von Förderung und Verbreitung mit der adeligen Repräsentation annehmen. Die Initiative für die Übernahme neuer literarischer Formen lag zur Zeit Hartmanns wohl ganz überwiegend noch bei den großen Höfen, bei Fürsten und bedeutenden Grafen. Sie hatten die nötigen Mittel, und bei ihnen war über die ständige oder zu bestimmten Gelegenheiten wie Hoftagen erreichte Größe des Hofes die nötige Öffentlichkeit hergestellt. Nur aus literarischen Quellen selbst wissen wir, an welchen Höfen die neue Literatur geschätzt und gefördert wurde, etwa am staufischen Kaiserhof, dem thüringischen Landgrafenhof, dem babenbergischen Hof in Wien. Hartmanns Werke aber nennen keinen identifizierbaren Gönner.

Der Hof als gesellschaftliche Gruppierung ist wohl der nötige Boden für einen Austausch, in dem neue literarische Themen ihre Resonanz finden. Er gibt die Gelegenheiten, bei denen das Minne- und Kreuzlied zur Aufführung gelangen kann. Man hat sich ihn auch als Zuhörerkreis für den vortragenden Dichter oder den Vorleser des höfischen Romans gedacht. Das ist vermutlich zum einen Teil richtig, zum anderen Teil hat die idealisierende Fiktion vom Dichter-Erzähler in den Romanen selbst zu lange von den Indizien in Texten und Handschriften abgelenkt, die auf Vorlesen auch für eine kleinere Gruppe oder private Lektüre schließen lassen. Statistisches über die Verbreitung der Lesefähigkeit läßt sich nicht ausmachen. Immerhin ist an Höfen, die einen Kaplan oder andere Gebildete beschäftigten, auch an die Verbreitung elementarer Bildung außerhalb des institutionalisierten Schulbetriebs zu denken. Solche mit dem Laienmilieu vertraute, gebildete Kleriker sind auch vor und neben den ‚Laien‘-Dichtern als Autoren deutscher Texte hervorgetreten (z.B. Pfaffe Konrad, Pfaffe Lambrecht, Herbort von Fritzlar). Erwähnung verdient in diesem Zusammenhang, daß zu dieser Zeit neben der kaiserlichen Kanzlei auch an den großen Höfen Kanzleien für die schriftliche (lateinische) Territorialverwaltung entstehen (bezeugt Heinrich der Löwe ab 1144, die Landgrafen von Thüringen ab 1168, die Herzöge von Österreich ab 1193, die Markgrafen von Meißen ab 1196).

Über die Mentalität an solchen Höfen, auf die die literarischen Texte reagierten, lassen sich aus historischen Quellen keine so genauen Aussagen machen, wie der Literaturhistoriker es sich wünscht. Unbeantwortet sind Fragen, wie sie anhand der Artusromane gestellt wurden: Ob eine Hofgesellschaft sich trotz der Abstufungen eher als *eine* aristokratische Gruppe verstand, die Fürst, Vasallen und Ministerialen der *familia* gleichermaßen umfaßte, oder ob innerhalb des Hofs (und in einer Gruppenmentalität über ihn auf die an anderen Höfen formell Gleichgestellten ausgreifend) die Interessenperspektive einer Gruppe literarisch Ausdruck finden konnte (vgl. AB VII, 6.).

Bibliographie zu AB II

Vorbemerkung

a) Zur allgemeinen Orientierung und Forschungsproblematik:
Borst, Arno (Hrsg.): Das Rittertum im Mittelalter, Darmstadt 1976 (Wege der Forschung 349)
Bumke, Joachim: Mäzene im Mittelalter. Die Gönner und Auftraggeber der höfischen Literatur in Deutschland 1150–1300, München 1979
Schmid, Karl: Gebetsgedenken und adliges Selbstverständnis im Mittelalter. Ausgewählte Beiträge, Sigmaringen 1983
Störmer, Wilhelm: König Artus als aristokratisches Leitbild während des späteren Mittelalters, Zs. f. bayer. Landesgeschichte 35, 1972, 946–971

b) Ein Versuch, Literatur und Geschichte in engem Zusammenhang zu sehen:
Thum, Bernd: Aufbruch und Verweigerung. Literatur und Geschichte am Oberrhein im hohen Mittelalter. Aspekte eines geschichtlichen Kulturraumes, Karlsruhe 1980 [Mit zweifellos interessanten Einzelbeobachtungen, doch wird der sozialhistorische Kontext oft recht verkürzt wiedergegeben.]

1. Adel, Freie, Ministerialen. Zur zeitgenössischen Begriffssprache

Auf den schwierigen und umstrittenen Problemkreis des Rittertums, das sich in den historischen Quellen im engeren Sinn sehr wenig niederschlägt, wurde bewußt nicht näher eingegangen. Vgl. den oben genannten Sammelband von A. Borst. Weiterführend und gerade für das Verständnis des Rittertums in der höfischen Dichtung wichtig:
Althoff, Gerd: *Nunc fiant Christi milites, qui dudum extiterunt raptores.* Zur Entstehung von Rittertum und Ritterethos, Saeculum 32, 1981, 317–333
Keller, Hagen: Adel, Rittertum und Ritterstand nach italienischen Quellen, in: Fenske, L. u.a. (Hrsg.): Institutionen, Kultur und Gesellschaft im Mittelalter. Festschrift f. J. Fleckenstein, Sigmaringen 1984, 581–608

a) Zu den einzelnen Begriffen verwendet man zunächst mit Gewinn die neueren Fachlexika:

Reallexikon der germanischen Altertumskunde. Begründet v. Johannes Hoops. 2., völlig neu bearbeitete und stark erweiterte Auflage unter Mitwirkung zahlreicher Fachgelehrter, hrsg. von Herbert Jahnkuhn, Hans Kuhn [u.a.], Berlin 1973 ff.

Lexikon des Mittelalters, Hrsg. v. Robert Anty, Robert-Henri Bautier [u.a.], München, Zürich 1977 ff.

Handwörterbuch zur deutschen Rechtsgeschichte. Unter Mitarbeit v. Wolfgang Stammler, hrsg. v. Adalbert Erler und Ekkehard Kaufmann, Berlin 1971 ff.

Deutsches Rechtswörterbuch. Hrsg. von der Preuß. Akademie der Wissenschaften, Weimar 1912 ff.

Sachwörterbuch zur deutschen Geschichte. Von Hellmuth Rößler und Günther Franz, unter Mitarbeit v. Willy Hoppe u.a. Fachgelehrten, München 1958

b) Bezüglich der Anfänge des Adels und der gesellschaftlichen Abschließung des ‚Adelsstandes' sind die Positionen der Forschung bis heute kontrovers. Vornehmlich von maßgeblichen westeuropäischen Forschern, allen voran von Marc Bloch (La société féodale, Paris 1939/40) wird betont, daß es im westlichen Europa seit der Karolingerzeit zwar eine Elite von berittenen Kriegsleuten, eine Ritterschaft, gab, aber bis zum 12./13. Jahrhundert keinen eigentlichen Adelsstand. Diese These geht zurück auf Paul Guilhiermoz (Essai sur l'origine de la noblesse en France au moyen âge, Paris 1902). Über Jan Dhondt und Joachim Bumke (s.u. 5c) kam die These von Guilhiermoz und Bloch auch in die deutsche Fachliteratur. Dhondt (Das frühe Mittelalter. Fischer Weltgeschichte Bd. 10, 1968) versucht zwar, sich nicht auf eine Lehre festzulegen, doch umschreibt er den frühmittelalterlichen Adel immerhin als „die Reichen".

c) Zum Adel im mitteleuropäischen Hochmittelalter:

Fenske, Lutz: Adelsopposition und kirchliche Reformbewegung im östlichen Sachsen, Göttingen 1977

Fleckenstein, Josef (Hrsg.): Herrschaft und Stand. Untersuchungen zur Sozialgeschichte des 13. Jahrhundert, Göttingen ²1979 (Veröff. d. Max-Planck-Inst. f. Gesch. 51)

Fleckenstein, Josef (Hrsg.): Investiturstreit und Reichsverfassung, Sigmaringen 1973 (Vorträge und Forschungen 17) [Bes. die Beiträge von W. Goez, H. Jakobs, K. Schmid, J. Wollasch.]

Krüger, Hans-Jürgen: Der lothringische Adel im Hochmittelalter. Zum Buch von Michel Parisse, Jb. f. westdt. Landesgesch. 6, 1980, 25–42

Parisse, Michel: La noblesse lorraine. XIᵉ–XIIIᵉ siècle, Lille – Paris 1976

Probleme des 12. Jahrhunderts, Konstanz – Stuttgart 1968 (Vorträge und Forschungen 12)

Sablonier, Roger: Adel im Wandel. Eine Untersuchung zur sozialen Situation des ostschweizerischen Adels um 1300, Göttingen 1979 (Veröff. des Max-Planck-Inst. f. Gesch. 66)

Störmer, Wilhelm: Früher Adel. Studien zur politischen Führungsschicht im fränkisch deutschen Reich vom 8. bis 11. Jahrhundert, Stuttgart 1973 (Monographien zur Geschichte des Mittelalters 6)

Wenskus, Reinhard: Sächsischer Stammesadel und fränkischer Reichsadel, Göttingen 1976

d) Zum Problem *liber, libertas,* Freiheit und Adel im Mittelalter:
Bosl, Karl: Die Grundlagen der modernen Gesellschaft im Mittelalter, Stuttgart 1972 [Bes. 67–145]
Clavadetscher, Otto P.: *Nobilis, edel, fry,* in: Festschrift für W. Schlesinger, hrsg. v. H. Beumann, Köln – Wien 1974, 242–251 [Für das spätere Mittelalter.]
Dungern, Otto v.: *Comes, liber, nobilis* in Urkunden des 11. bis 13. Jahrhunderts, Archiv für Urkundenforschung 12, 1932, 181–205
Irsigler, Franz: Freiheit und Unfreiheit im Mittelalter. Formen und Wege sozialer Mobilität, Westfälische Forschungen 28, 1976/77, 1–15

e) Zum Problem der bäuerlichen Freien Südwestdeutschlands und der Schweiz:
Büttner, Heinrich: Schwaben und Schweiz im frühen und hohen Mittelalter, hrsg. v. Hans Patze, Sigmaringen 1972 (Vorträge und Forschungen 15) [Bes. 191 ff., 303 ff., 334 ff., 518 ff.]
Carlen, Louis: Freigerichte im Oberwallis, in: Rechtsgeschichte, Rechtssprache, Rechtsarchäologie, rechtliche Volkskunde. Festschrift Karl Siegfried Bader, hrsg. v. F. Elsener und W. H. Ruoff, Zürich 1965, 82–110
Diehl, Adolf: Die Freien auf Leutkircher Heide, Zs. f. Württembergische Landesgesch. 4, 1940, 257–341
Faussner, H.C.: Die Acta Murensia als Quelle für die rechtliche Volkskunde, in: Forschungen zur Rechtsarchäologie und Rechtlichen Volkskunde 2, Zürich 1980, 105–121
Rösener, Werner: Bauer und Ritter im Hochmittelalter. Aspekte ihrer Lebensform, Standesbildung und sozialen Differenzierung im 12. und 13. Jahrhundert, in: Fenske, L. u.a. (Hrsg.): Institutionen, Kultur und Gesellschaft im Mittelalter. Festschrift f. J. Fleckenstein, Sigmaringen 1984, 665–692

2. *Die politischen Veränderungen*

a) Zur allgemeinen politischen Entwicklung der Zeit:
Gebhardt, Bruno: Handbuch der deutschen Geschichte, Bd. 1, Stuttgart [9]1970 [Hier bes. die Beiträge v. Karl Jordan: Investiturstreit und frühe Stauferzeit, 323–426; Herbert Grundmann: Wahlkönigtum, Territorialpolitik und Ostbewegung im 13. und 14. Jahrhundert, 427–476.]
Engels, Odilo: Die Staufer, Stuttgart [2]1977
Jordan, Karl: Heinrich der Löwe. Eine Biographie, München 1979
Mitteis, Heinrich: Der Staat des hohen Mittelalters, Weimar [6]1959
Mohrmann, Wolf-Dieter (Hrsg.): Heinrich der Löwe, Göttingen 1980
Probleme des 12. Jahrhunderts: s. o. 1 c

b) Zur Entwicklung der Herzogtümer:
Giese, Wolfgang: Der Stamm der Sachsen und das Reich in ottonischer und salischer Zeit. Studien zum Einfluß des Sachsenstammes auf die politische Geschichte des deutschen Reichs im 10. und 11. Jahrhundert und zu ihrer

Stellung im Reichsgefüge mit einem Ausblick auf das 12. und 13. Jahrhundert, Wiesbaden 1979

Fichtenau, Heinrich: Von der Mark zum Herzogtum. Grundlage und Sinn des ‚Privilegium minus‘ für Österreich, München ²1965

Maurer, Helmut: Der Herzog von Schwaben. Grundlagen, Wirkungen und Wesen seiner Herrschaft in ottonischer, salischer und staufischer Zeit, Sigmaringen 1978 [Mustergültig, anregend für den Vergleich mit anderen Herzogtümern, gleichzeitig wichtig für den Raum Hartmanns von Aue ist die neue Monographie über das schwäbische Herzogtum.]

Mayer, Theodor: Der Staat der Herzöge von Zähringen, Freiburg 1935

Mayer, Theodor (Hrsg.): Kaisertum und Herzogsgewalt im Zeitalter Friedrichs I., Leipzig 1944

Mohrmann: s. o. 2 a [Zu Bayern und Sachsen s. die betr. Beiträge]

Werle, Hans: Titelherzogtum und Herzogsherrschaft, ZRG GA 73, 1956, 225–299

c) Zu den politischen Folgen für den Adel:

Aubin, Hermann: Die Entstehung der Landeshoheit nach niederdeutschen Quellen. Studien über Grafschaft, Immunität und Vogtei. Bonn 1961 (Veröff. d. Instituts f. Gesch. Landeskunde d. Rheinlande an der Univ. Bonn) [Nachdruck der 1. Aufl. v. 1920]

Büttner: s. o. 1 e

Kerkhoff, Joseph: Die Grafen von Altshausen-Veringen. Die Ausbildung der Familie zum Adelsgeschlecht und der Aufbau ihrer Herrschaft im 11. und 12. Jahrhundert, (Diss. Freiburg 1962) Gammertingen 1964

Patze, Hans: Friedrich Barbarossa und die deutschen Fürsten, in: Die Zeit der Staufer, Bd. V, hrsg. v. Württ. Landesmuseum, Stuttgart 1979, 35–75

Schmid, Karl: Graf Rudolf von Pfullendorf und Kaiser Friedrich I., Freiburg i. Br. 1954 (Forschungen zur oberrheinischen Landesgeschichte, Bd. 1)

Schwarzmaier, Hans Martin: Königtum, Adel und Klöster im Gebiet zwischen oberer Iller und Lech, Augsburg 1961 (Veröffentlichungen der Schwäbischen Forschungsgemeinschaft bei der Kommission für Bayerische Landesgeschichte, R. 1, Bd. 7)

Smidt, Wilhelm: Deutsches Königtum und deutscher Staat des Hochmittelalters während und unter dem Einfluß der italienischen Heerfahrten, Wiesbaden 1964

Weikmann, Meinrad: Königsdienst und Königsgastung in der Stauferzeit, Zs. f. bayer. Landesgesch. 30, 1967, 314–332

Für den engeren Lebensraum Hartmanns von Aue vgl. ferner die regionalen historischen Atlanten:

Historischer Atlas der Schweiz, hrsg. von Hektor Amman und Karl Schib, Aarau 1958 [Karten: S. 21 Zähringer, S. 23 Feudalherrschaften, S. 24 Kyburger, Habsburger u. Savoyen 1264]

Historischer Atlas von Baden-Württemberg, hrsg. von der Kommission f. Geschichtliche Landeskunde in Bad.-Württ. unter Mitwirkung zahlreicher Fachgelehrter, Stuttgart 1972 ff. [Karten V, 3 Hochadelsbesitz im 12. Jh. – Zähringer, Welfen, V, 4 Besitz der Staufer bis 1250, V, 5–6 Burgen]

d) Zur politischen Situation des Adels in anderen Räumen:

Haverkamp, Alfred: Friedrich I. und der hohe italienische Adel, in: Beiträge zur Geschichte Italiens im 12. Jahrhundert, Sigmaringen 1971 (Vorträge und Forschungen, Sonderbd. 9), 53–92

Mitterauer, Michael: Formen adeliger Herrschaftsbildung im hochmittelalterlichen Österreich. Zur Frage „autogener Hoheitsrechte", Mitt. d. Instituts f. österr. Gesch. 80, 1972, 265–338

Prinz, Friedrich: Bayerns Adel im Hochmittelalter, Zs. f. bayer. Landesgesch. 30, 1967, 53–117

Störmer, Früher Adel: s. o. 1 c [Bes. 253–310, 392–461]

Tyroller, Franz: Genealogie des altbayerischen Adels im Hochmittelalter in 51 Tafeln mit Quellennachweisen und einer Karte, in: Genealogische Tafeln zur mitteleuropäischen Geschichte, hrsg. v. Wilhelm Wegener, Göttingen 1962–69, 45–524

e) Zu Ehepolitik und Heiratsverhalten des Adels:

Duby, Georges: Structures familiales dans le moyen âge occidental (XIIIᵉ Congrès international des sciences historiques, Moskau 16.–23. August 1970), Moskau 1970

Duby, Georges: Medieval Marriage. Two Models from the Twelfth-century France, Baltimore – London 1978

Mitterauer, Michael: Zur Frage des Heiratsverhaltens im österreichischen Adel, in: Fichtenau, H., Zöllner, E. (Hrsg.): Beiträge zur neueren Geschichte Österreichs, Wien – Köln – Graz 1974 [Im wesentlichen die frühe Neuzeit betreffend, aber auch für das Mittelalter sehr anregend.]

Schmid, Karl: Zur Problematik von Familie, Sippe und Geschlecht, Haus und Dynastie beim mittelalterlichen Adel, Zs. f. Gesch. d. Oberrheins 105, 1957, 1–62

Störmer, Früher Adel: s. o. 1 c [Bes. Kap. 3]

3. Verfassungsgeschichtlicher Wandel

a) Über den Wandel der Familienstruktur des Adels unterrichtet vornehmlich Karl Schmid in zahlreichen Aufsätzen:

Schmid, Zur Problematik: s. o. 2 e

Schmid, Karl: Welfisches Selbstverständnis, in: Adel und Kirche. Festschrift G. Tellenbach, hrsg. von J. Fleckenstein und K. Schmid, Freiburg – Basel – Wien 1968, 389–416

Schmid, Karl: Über das Verhältnis von Person und Gemeinschaft im früheren Mittelalter, Frühmittelalterliche Studien 1, 1967, 225–249

Störmer, Wilhelm: Adel und Ministerialität im Spiegel der bayerischen Namengebung (bis zum 13. Jahrhundert), Deutsches Archiv 33, 1977, 84–152

b) Zum allgemeinen Wandel des Adels in Deutschland:

Leyser, K.: The German Aristocracy from the ninth to the early twelfth century, Past and Present 41, 1968, 25–53

Mitteis, Heinrich: Formen der Adelsherrschaft im Mittelalter, in: H. M.: Die Rechtsidee in der Geschichte, Weimar 1957, 636–668

Perrin, Charles Edmond: La société féodale allemande et ses institutions du Xe au XIIe siècle, Paris 1957

c) Zum Handgemal zuletzt:
Störmer, Früher Adel: s.o. 1c, 98–117

d) Zur Bevölkerungs- und Sozialentwicklung im 12. Jahrhundert:
Aubin, Hermann, Zorn, Wolfgang (Hrsg.): Handbuch der deutschen Wirtschafts- und Sozialgeschichte, Bd. 1, Stuttgart 1971 [Bes. die Artikel von W. Abel, 169–204; R. Sprandel, 202–225; K. Bosl, 226–273.]
Mitterauer, Michael: Die soziale Entwicklung im babenbergischen Österreich, in: 1000 Jahre Babenberger in Österreich. Ausstellungskatalog Stift Lilienfeld 1976, 72–89 [Hier werden die Wechselwirkungen in verschiedenartigen Bereichen besonders deutlich.]

e) Zu Entwicklung und Bedeutung der Adelsburg:
Maurer, Hans-Martin: Die Entstehung der hochmittelalterlichen Adelsburg in Südwestdeutschland, Zs. f. Gesch. d. Oberrheins 117, 1969, 295–332 [Eine grundlegende Arbeit.]
Patze, Hans (Hrsg.): Die Burgen im deutschen Sprachraum. Ihre rechts- und verfassungsgeschichtliche Bedeutung, 2 Bde, Sigmaringen 1976 (Vorträge und Forschungen 19) [Neues Sammelwerk.]

f) Zur Rolle der Vogtei für die Formierung adeliger Dynastien:
Hirsch, Hans: Die hohe Gerichtsbarkeit im deutschen Mittelalter, Graz – Köln ^{2}1958 [Zum Wandel in der Gerichtsbarkeit heute noch grundlegend.]
Mitterauer, Michael (Hrsg.): Herrschaftsstruktur und Ständebildung. Beiträge zur Typologie der österreichischen Länder aus ihren mittelalterlichen Grundlagen, 3 Bde, München 1973
Störmer, Früher Adel: s.o. 1c, 424–456

g) Zur Entwicklung des Reichsfürstenstandes:
Ficker, Julius: Vom Reichsfürstenstande. Forschungen zur Geschichte der Reichsverfassung zunächst im 12. und 13. Jahrhundert, (1. Aufl. Innsbruck 1861) Aalen ^{2}1961 (Neudruck)
Ficker, Julius: Vom Heerschilde. Ein Beitrag zur deutschen Reichs- und Rechtsgeschichte, Aalen ^{2}1964 (Neudruck d. Ausgabe 1862)
Mayer, Theodor: Fürsten und Staat. Studien zur Verfassungsgeschichte des deutschen Mittelalters, Weimar 1950

h) Eine wichtige Quelle für die Verfassungsverhältnisse des 12./13. Jahrhunderts sind die ,Spiegler' des 13. Jahrhunderts:
Eckhardt, Karl August (Hrsg.): Sachsenspiegel Landrecht (Germanenrechte. N.F.: Land- und Lehnrechtsbücher, 1–4.5.), Göttingen – Berlin – Frankfurt 1955
Eckhardt, Karl August (Hrsg.): Sachsenspiegel Lehnrecht (Germanenrechte. N.F.: Land- und Lehnrechtsbücher, 1–4.5.), Göttingen – Berlin – Frankfurt 1956
Eckhardt, Karl August (Hrsg.): Schwabenspiegel Kurzform (Germanenrechte. N.F.: Land- und Lehnrechtsbücher, Bd. 4), Göttingen 1960/61

i) Zur Bedeutung des Lehnswesens im 12./13. Jahrhundert:
Droege, Georg: Landrecht und Lehnrecht im hohen Mittelalter, Bonn 1969 (Veröff. d. Instituts f. Gesch. Landeskunde d. Rheinlande an der Univ. Bonn)
Ganshof, François Louis: Was ist das Lehnswesen, Darmstadt 1961
Mitteis, Heinrich: Lehnrecht und Staatsgewalt. Untersuchungen zur mittelalterlichen Verfassungsgeschichte, Weimar 1933 (Nachdruck: Darmstadt 1958)
Rödel, Volker: Reichslehnswesen, Ministerialität, Burgmannschaft und Niederadel, Darmstadt 1979 (Quellen u. Forsch. z. hess. Gesch. 38)

4. Zu Verhaltensnormen, Selbstbewußtsein und Selbstverständnis des edelfreien Adels

a) Zum Selbstverständnis des Adels im 11. Jahrhundert:
Hoffmann, Ulrich: König, Adel und Reich im Urteil fränkischer und deutscher Historiker des 9.–11. Jahrhunderts, Diss. Freiburg 1968
Kallfelz, Hatto: Das Standesethos des Adels im 10. und 11. Jahrhundert, Diss. Würzburg 1960
Störmer, Früher Adel: s. o. 1 c, Kap. 10

b) Zum Adelsethos im 12. und 13. Jahrhundert:
Eifler, Günter (Hrsg.): Ritterliches Tugendsystem, Darmstadt 1970 (Wege der Forschung 56)
Knappe, Karl-Bernhard: Repräsentation und Herrschaftszeichen. Zur Herrscherdarstellung in der vorhöfischen Epik, München 1974
Müller, Achatz Frh. v.: Gloria Bona Fama Bonorum. Studien zur sittlichen Bedeutung des Ruhmes in der frühchristlichen und mittelalterlichen Welt, Husum 1977 (Histor. Studien 428)

c) Zur Bedeutung der Mainzer Hoftage Friedrich Barbarossas:
Fleckenstein, Josef: Friedrich Barbarossa und das Rittertum. Zur Bedeutung der großen Mainzer Hoftage von 1184 und 1188, in: Festschrift f. Hermann Heimpel, Bd. 2, Göttingen 1972, 1023–1041; wieder in: Borst, Rittertum: s. o. Vorbemerkung a, 392–418

d) Zur ‚höfischen‘ Burgenbenennung:
Störmer, Wilhelm: Die Rolle der höfischen Tugendbegriffe *fröude, milte, êre* im politischen Spannungsfeld zwischen dem Hochstift Würzburg und dem Erzstift Mainz, Würzburger Diözesangeschichtsblätter 42, 1980, 1–10

e) Zu adeligen ‚Hausklöstern‘ und zur Verschriftlichung adeliger Haustradition und Geschichte:
Johanek, Peter: Zur rechtlichen Funktion von Traditionsnotiz, Traditionsbuch und früher Siegelurkunde, in: Recht und Schrift im Mittelalter, hrsg. v. P. Classen, Sigmaringen 1977 (Vorträge u. Forschungen 23), 131–162
Patze, Hans: Adel und Stifterchronik. Frühformen territorialer Geschichtsschreibung im hochmittelalterlichen Reich, Blätter f. dt. Landesgesch. 100, 1964, 8–81 und 101, 1965, 67–128
Schmid, Welfisches Selbstverständnis: s. o. 3 a
Störmer, Wilhelm: Die Hausklöster der Wittelsbacher, in: Glaser, H. (Hrsg.):

Wittelsbach und Bayern. Bd. I/1: Die Zeit der frühen Herzöge, München 1980, 139–150

Störmer, Wilhelm: Spielmannsdichtung und Geschichte. Die Beispiele ,Herzog Ernst' und ,König Rother', Zs. f. bayer. Landesgesch. 43, 1980, 551–574

f) Neue Einsichten zur Bedeutung der Schriftlichkeit in der Zeit Hartmanns bieten folgende Untersuchungen:

Fichtenau, Heinrich: Die Kanzlei der letzten Babenberger, Mitt. des Instituts f. österr. Geschichtsforschung 56, 1948, 239–286, wieder in: H.F.: Beiträge zur Mediaevistik, Bd. 2: Urkundenforschung, Stuttgart 1977, 212–257

Fichtenau, Heinrich: Bemerkungen zur rezitativischen Prosa des Hochmittelalters, in: Festschr. Karl Pivec, hrsg. v. A. Haidacher und H. E. Mayer, Innsbruck 1966 (Innsbrucker Beiträge zur Kulturwissenschaft, Bd. 12), 21–31

Schaller, Hans Martin: Dichtungslehren und Briefsteller, in: Die Renaissance der Wissenschaften im 12. Jahrhundert, hrsg. v. P. Weimar, Zürich – München 1981 (Zürcher Hochschulforum 2), 249–271

5. Die Entwicklung der Ministerialität

Im Bereich der Ministerialenforschung ist fast nur die Reichsministerialität einer großen Gesamtuntersuchung unterzogen worden, von den übrigen Dienstmannschaften sind vornehmlich diejenigen kirchlicher Institutionen untersucht worden. Die Ministerialenforschung im Bereich weltlicher Herrschaften (Reichsfürsten, Adel) liegt noch sehr im argen.

a) Zur Reichsministerialität:
Bosl, Karl: Die Reichsministerialität der Salier und Staufer. Ein Beitrag zur Geschichte des hochmittelalterlichen deutschen Volkes, Staates und Reiches, 2 Bde, Stuttgart 1950/51 (Schriften der Mon. Germ. Hist. 10) [Standardwerk.]

b) Zu Grundzügen der Ministerialität ferner:
Bosl, Karl: Frühformen der Gesellschaft im mittelalterlichen Europa, München – Wien 1964

Bosl, Karl: Macht und Arbeit als bestimmende Kräfte in der mittelalterlichen Gesellschaft, in: Festschr. f. Ludwig Petry I., Wiesbaden 1968 (Geschichtliche Landeskunde 5) 46–64

Parisse, Michel: Les ministériaux en Empire: *ab omni jugo servili absoluti*, Jb. f. westdt. Landesgesch. 6, 1980, 1–24

c) Zum Problemkreis Rittertum und zur Weiterentwicklung der Ministerialität:
Borst, Rittertum: s.o. Vorbemerkung a [Bes. die Beiträge v. Borst, Erdmann, Duby, Ganshof, Fasoli, Fleckenstein, Johrendt, van Winter.]

Bumke, Joachim: Studien zum Ritterbegriff im 12. und 13. Jahrhundert, Heidelberg [2]1977

Fleckenstein, Herrschaft und Stand: s.o. 1c

Mitterauer, Herrschaftsstruktur: s.o. 3f

Sablonier: s.o. 1c [Grundlegend für Adel und ehem. Ministerialität im 13. Jh. im Schweizer Raum und allgemein weiterführend.]

Winter, Johanna Maria van: Rittertum. Ideal und Wirklichkeit, München 1969

d) Einzeluntersuchungen zur Ministerialität einzelner Herrschaften oder Landschaften, die weiterführen:

Bradler, Günther: Studien zur Geschichte der Ministerialität im Allgäu und in Oberschwaben, Göppingen 1973

Feldbauer, Peter: Der Herrenstand in Oberösterreich, München 1972

Flohrschütz, Günther: Die Freisinger Dienstmannen im 12. Jahrhundert, Oberbayer. Archiv 97, 1973, 32–339

Flohrschütz, Günther: Der Adel des Wartenberger Raumes, Zs. f. bayer. Landesgesch. 34, 1971, 85–164, 462–511, 909–911

Die Kuenringer. Das Werden des Landes Niederösterreich. Katalog des Niederösterreichischen Landesmuseums N.F. 110, Wien 1981 [Bes. die Beiträge v. H. Birkhan, K. Brunner und H. Wolfram.]

Ministerialitäten im Mittelrheinraum, Wiesbaden 1978 (Geschichtliche Landeskunde 17)

Pötter, Wilhelm: Die Ministerialität der Erzbischöfe von Köln vom Ende des 11. bis zum Ausgang des 13. Jahrhunderts, Düsseldorf 1967

Reimann, Johanna: Die Ministerialen des Hochstifts Würzburg in rechts- und verfassungsgeschichtlicher Sicht, Mainfränk. Jb. 16, 1964, 1–266

Schaab, Meinrad: Die Ministerialität der Kirchen, des Pfalzgrafen, des Reiches und des Adels am unteren Neckar und Kraichgau, in: Wagner, F. L. (Hrsg.): Ministerialität im Pfälzer Raum, Speyer 1975, 95–121

6. Lateinische Bildung und volkssprachliche Literatur

Bumke, Joachim: s. o. Vorbemerkung a

Grundmann, Herbert: Die Frauen und die Literatur im Mittelalter, AfK 26, 1936, 129–161; wieder in: H. G.: Ausgewählte Aufsätze, Bd. 3, Stuttgart 1978, 67–95

Grundmann, Herbert: Litteratus – illitteratus. Der Wandel einer Bildungsnorm vom Altertum zum Mittelalter, AfK 40, 1958, 1–65; wieder in: H. G.: Ausgewählte Aufsätze, Bd. 3, Stuttgart 1978, 1–66

Haverkamp, Alfred: Tenxwind von Andernach und Hildegard von Bingen. Zwei ,Weltanschauungen' in der Mitte des 12. Jahrhunderts, in: Fenske, L. u. a. (Hrsg.): Institutionen, Kultur und Gesellschaft im Mittelalter. Festschrift f. J. Fleckenstein, Sigmaringen 1984, 515–548

Scholz, Manfred Günter: Hören und Lesen. Studien zur primären Rezeption der Literatur im 12. und 13. Jahrhundert, Wiesbaden 1980

Sprandel, Rolf: Gesellschaft und Literatur im Mittelalter, Paderborn 1982 (UTB 1218)

Thompson, James W.: The literacy of the laity in the middle ages, Berkeley 1939 (Neudruck New York 1960)

Arbeitsbereich III

Minnesang und Minnedidaktik
Die Lieder und ‚Die Klage‘

1. Die Lieder

1.1. Grundlageninformation

1.1.1. Texte

Moser, Hugo, Tervooren, Helmut (Hrsg.): Des Minnesangs Frühling. Unter Benutzung der Ausgaben von K. Lachmann, M. Haupt, F. Vogt und C. von Kraus, 36. neugest. u. erweit. Auflage, Stuttgart 1977 ([37]1982) [Zitiert wird der neubearbeitete Text der traditionsreichen Ausgabe: neben den neuen Lied- und Strophennummern ist auch die alte Seiten- und Zeilenzählung verzeichnet.]

1.1.2. Forschungsliteratur

Blattmann, Ekkehard: Die Lieder Hartmanns von Aue, Berlin 1968 (Philol. Stud. u. Quellen 44) [Detaillierte Studie zu allen Liedern Hartmanns im Rahmen einer problematischen Zyklustheorie.]

Brackert, Helmut: Hartmann von Aue. *Mich hât beswæret mînes herren tôt.* Zu MF 205,1, in: Jungbluth, G. (Hrsg.): Interpretationen mhd. Lyrik, Bad Homburg 1969, 169–184 [Vor allem strukturell argumentierende Interpretation und Plädoyer für die überlieferte Strophenreihenfolge.]

Deuser, Hermann, Rybka, Knut: Kreuzzugs- und Minnelyrik. Interpretationen zu Friedrich von Hausen und Hartmann von Aue, WW 21, 1971, 402–440 [Zu V – 209,25; beobachtet die schrittweisen Begriffsverschiebungen und die Einheit des transzendentalen Minnebegriffs.]

Haubrichs, Wolfgang: *reiner muot* und *kiusche site*. Argumentationsmuster und situative Differenzen in der staufischen Kreuzzugslyrik zwischen 1188/89 und 1227/28, in: Krohn, R. u.a. (Hrsg.): Stauferzeit, Stuttgart 1978, 295–324 [Analyse der literarischen Entwicklung des *conversio*-Motivs vor dem Hintergrund der politischen Kreuzzugsvorbereitung; mit vorsichtigen Schlüssen zur Datierung.]

Jungbluth, Günther: Das 3. Kreuzlied Hartmanns. Ein Baustein zu einem neuen Hartmannbild, Euph. 49, 1955, 145–162; wieder in: Hartmann: s. Gesamtbibl., 108–134 [Interpretation als Rollenlied für Friedrich Barbarossa mit Konjekturvorschlag für die Saladin-Zeile.]

Kienast, Richard: Das Hartmann-Liederbuch C², Berlin 1963 (SB Berlin) [Versuch, aus der Überlieferung die Strophen C 33–60 als Einheit auszuweisen und inhaltlich als Liederzyklus zu verstehen.]

Kraus, Carl v.: Des Minnesangs Frühling. Untersuchungen, Leipzig 1939; Nachdruck hrsg. v. H. Tervooren u. H. Moser, Stuttgart 1981 [Kommentar von Kraus' zu seiner Textbearbeitung mit zusammenfassender Diskussion der früheren Forschung.]

Kuhn, Hugo: Minnesang als Aufführungsform, in: H. K.: Text und Theorie, Stuttgart 1969, 182–190; wieder in: Hartmann: s. Gesamtbibl., 478–490 [Zu XVII – 218,5; beobachtet das Spiel mit dem Minnebegriff im Rahmen allgemeiner Erwägungen zur Aufführungsgebundenheit des Lieds und mit einem Konjekturvorschlag für die Saladin-Zeile.]

Mertens, Volker: Kritik am Kreuzzug Kaiser Heinrichs? Zu Hartmanns 3. Kreuzlied, in: Krohn, R. u. a. (Hrsg.): Stauferzeit, Stuttgart 1979, 325–333 [Interpretiert die Minnekritik des Lieds im Vergleich mit Argumenten aus der öffentlichen Auseinandersetzung um den Kreuzzug zwischen Heinrich VI. und den Reichsfürsten.]

Salmon, Paul: The underrated lyrics of Hartmann von Aue, MLR 66, 1971, 810–825 [Analysiert die rhetorischen Strukturen in Aufbau und Argumentationsweise der Lieder.]

Seiffert, Leslie: Hartmann von Aue and his lyric poetry, Oxford German Studies 3, 1968, 1–29 [Überblick, in dem vor allem Formulierungen und Motive hervorgehoben werden, die Lieder und Erzählungen Hartmanns verbinden.]

Stolte, Heinz: Hartmanns sogenannte Witwenklage und sein 3. Kreuzlied, DVjs 25, 1951, 184–198; wieder in: Hartmann: s. Gesamtbibl., 49–67 [Diskutiert das Verhältnis von XVI – 217,14 zu Reimar XVI – 167, 31 und die Minneargumentation des Kreuzlieds.]

Literaturhinweise zur historischen Funktion des Minnesangs (1. 8.) sind der Gesamtbibliographie zu entnehmen.

1.1.3. Vorbemerkung

Die Lieder Hartmanns hier in einer Reihenfolge darzustellen mit dem Anspruch, dem Nacheinander ihrer Entstehung nahezukommen, hieße, die Ergebnisse der Kritik schon vorwegzunehmen. Ebensowenig eignet sich die These als Ausgangsbasis, sie bildeten zusammen einen ineinander verfugten Zyklus. Deshalb werden hier nur Gruppen nach Thematik und Tonlage gebildet, die jede andere Ordnung möglichst offenlassen. Die Lieder gehören zur ‚hohen Minne‘, wie sie in der Gattung mit der Neuorientierung unter provenzalischem Einfluß seit Friedrich von Hausen und seinem Umkreis herrschend ist und gerade in den Jahrzehnten, in die Hartmanns Dichten fällt, ihre markanteste Ausprägung findet. Zur Orientierung dienen neben Hartmann die Namen: Albrecht von Johansdorf, Heinrich von Morungen, Reinmar und (der junge) Walther von der Vogelweide.

1.2. Die Klage um unerfülltes Werben

Das Lied, das über den mangelnden Erfolg des Werbens klagt, ist der vorherrschende Liedtyp der hohen Minne. Er ist auch bei Hartmann zentral und individuell ausgeprägt.

I – 205,1 *Sît ich den sumer truoc*
Ein fünfstrophiges Lied in Kanzonenform, die gleichlangen fünfhebigen Verse sind durch das Reimschema ab|ab||bcccc gegliedert. Die Einreihung der Strophe 3 – 206,10 ist umstritten.

Thematisch ist das Lied durch die Liebesbindung zu einer Frau bestimmt, die aber nicht direkt Adressatin ist. Das Sänger-Ich reflektiert vielmehr das Thema in einem nicht näher bestimmten Rahmen, jedoch handelt es sich – wie die objektiven Kategorien ausweisen – nicht um eine intime Selbstreflexion; die Adressaten oder Zuhörer sind nicht durch Bezugnahme im Text bezeichnet, sondern müssen aus der allgemeinen Kenntnis der Gattung als die höfische Gesellschaft, vor der gewöhnlich das Minnelied vorgetragen wird, interpoliert werden.

Grundlage des ganzen Reflexionsprozesses sind die Wertsetzungen und Kategorien der hohen Minne. Umworben wird vom Sänger eine anonym bleibende, nicht individuell bezeichnete Frau von gesellschaftlichem Rang (*vrowe*). Sie ist weniger Objekt persönlicher Sympathie als Trägerin eines objektiven Werts (*werder lîp*). Diese Qualität spiegelt sich in ihrer öffentlichen Anerkennung, umgekehrt aber schreibt ihr diese Stellung Verhaltensweisen vor, gegen die sie nicht verstoßen darf – vor allem im Hinblick auf ihre Reaktion dem Werbenden gegenüber (*lop, êre*). Dieses Befolgen gesellschaftlicher Konvention wird jedoch als Akt ihrer Urteilskraft ausgegeben (*wîsheit*). Der Werbende ist seiner Dame völlig ausgeliefert, jegliche Glückserfüllung hängt von ihr ab. Das Ausbleiben der Zuwendung ist *leit, ungelücke* und hält den Werbenden im *senenden muot* fest. Seine einzige Möglichkeit, ihre Aufmerksamkeit für sich zu gewinnen, ist *dienst,* das Verharren in Werbung; er muß bereit sein, ihr jederzeit jedes Zeichen seiner Verehrung zuteil werden zu lassen. Wichtigste Anforderung an diesen Dienst ist die *stæte,* das unwandelbare Festhalten an seiner Verehrung, in der Hoffnung, ihre Sympathie zu erringen (*herze*) und einmal das zu finden, was außerhalb der Minnebindung, in der feudalen Realität, als Anspruch zum Dienst gehört: den Lohn. Die anhaltende Dienstbereitschaft äußert sich im Klagen über das erfolglose Werben, in der Minnereflexion des Singens selbst (*sanc*). Liebesklage und erhoffte Erfüllung sind idealtypisch zwei Jahreszeiten zugeordnet, Winter und Sommer.

Das Netz dieser Motive und Wertsetzungen ist Hartmann vorgegeben, er ruft es eher ab, als daß er es eigentlich begründet oder ausführt. Der

Vorgang und die individuelle Aussage des Gedichts konstituieren sich erst durch das In-Bezug-Setzen der Motive und Argumente auf der Suche nach einer Lösung aus dem Paradox der Minnesituation: um eine Erfüllung zu werben, die unerreichbar bleiben muß. Erst in dieser Konkretion enthüllt sich Hartmanns eigene Intention. Seine Lösung – soviel kann im voraus gesagt werden – findet er nicht im sich ändernden Verhalten der Dame oder einer Neubestimmung des Minneverhältnisses, sondern in einer Rückwendung auf das Sänger-Ich.

1 (205,1).   Mit der Jahreszeitenmetaphorik wird das Thema, die Liebesklage, angesagt. Freude ist unmöglich, nachdem der ganze Sommer gegen seine Bestimmung nur von Sehnsuchtsschmerz angefüllt war. Der Abgesang stellt die Erfolglosigkeit seiner *stæte* fest, doch der vergebliche Aufwand kann ihn nur zu einer sehr moderaten Aussage über die Umworbene veranlassen.

2 (205,10).   Die folgende Strophe sucht nun die Ursache des Mißerfolgs zu ergründen. Er findet sie – eigentlich überraschend – bei sich selbst; doch wie er dazu kommt, bleibt fraglich. Die (betonte) Mittelzeile stellt zwei Feststellungen nebeneinander, das mangelnde Interesse der umworbenen Dame, die Schuld seinerseits; aber ist das eine eindeutige Kausalbeziehung? Der erste Stollen nennt schon thematisch seine Schuld, der zweite scheint den Grund nun näher zu bestimmen: Sein *wandel*, das Gegenteil des ausschlaggebenden Wertes *stæte*, die habituelle Unbeständigkeit, disqualifiziert das Sänger-Ich – das dokumentiert der Mißerfolg. Diese Formulierung aber ist aufschlußreich: Nicht die Beobachtung läßt ihn sein Fehlverhalten wahrnehmen, er erfährt es vielmehr nur aus seinem Mißerfolg – durch Rückschluß vom Offensichtlichen auf die vermeintliche Ursache. Der Syllogismus, der die Strophe abschließt, variiert diesen Zusammenhang: Von seinem Unverstand weiß er allein aufgrund seines Unglücks. Doch dieser Schluß wäre zwingend nur bei der Prämisse, daß Verstand (auch im Minnedienst) sicher zur harmonischen Bestätigung führe. Das ist jedoch Fiktion. Nirgends bestätigt der Minnesang die Erwartung, daß die richtige Werbung zwangsläufig zum Erfolg führe; denn das Paradox, daß die Werbung nicht zur Einheit mit der verehrten Frau führen kann, weil sie mit der Erhörung den Wert verlöre, der für die Werbung motivierend ist, ist konstitutiv. Die utopische Erwartung, daß dem Dienst Lohn folgen müsse, kehrt Hartmanns Sänger in einem rigorosen Kausalschluß um: Wenn der Lohn nicht erfolgt, kann nur der Dienende selbst schuld sein. Er definiert dadurch das Paradox der hohen Minne und ‚löst‘ es auf eine eigene Weise, durch die Rückwendung auf die eigene Person. Der Wert der umworbenen Dame und der Sinn des Dienens werden damit jeder Spannung, jeder Fraglichkeit entrückt, um

den Preis eines selbstquälerischen Konflikts, der in das Sänger-Ich proji-
ziert wird.

3 (206,10). Die Einreihung dieser Strophe im Lied ist umstritten.
Stärkstes Argument dafür ist, daß sie in der Handschrift C an dieser
Stelle steht. Bestritten wurden auch ihre ursprüngliche Zugehörigkeit
(spätere Zusatzstrophe) und ihre Echtheit. Sie soll hier ohne Diskussion
dieser Thesen im einzelnen an dieser Stelle behandelt werden, auch wenn
sie in mancher Hinsicht nicht an den Argumentationsgang der übrigen
Strophen anschließt. Sie variiert das bereits angeschlagene Thema der
Freudlosigkeit mit zwei begründenden Aussagen. Den Sänger bedrückt
der Tod eines Herrn (zentrale Zeile) und das Minneleid. Die Totenklage
ist in dem Zusammenhang ein fremdes Motiv, kann gerade deshalb au-
thentische Erfahrung sein, aber daß sie als Parameter neben das minder
gewichtige, die Reflexion bestimmende Minneleid gerückt wird, befrem-
det. Über den Minnedienst seit frühester Kindheit zu klagen, ist dagegen
topisch. Die Unzugänglichkeit der Dame erscheint hier (im Zusammenhang mit dem Tod des Herrn) als erlittener Akt der Zurückweisung trotz
bewiesener *stæte*. Insofern der Sänger sein Verhalten wieder positiv bewertet und der Dame damit eine unmotivierte Absage zuschreibt, wider-
spricht er der vorausgehenden Strophe. Wenn man keinen Bruch in der
Struktur annehmen will, muß man fragen, ob sich der Sänger in Strophe
2 der *unstæte* geziehen hat, weil er dadurch die Dame entlasten wollte,
deren Zurückweisung sonst willkürlich erschiene, oder ob die Absage
ebenso ein Rückschluß ist wie die *unstæte* des Selbstvorwurfs, erzeugt
nur durch den real gegenwärtigen Mißerfolg, um dem Minneleid gleiche
Schicksalhaftigkeit zuzuschreiben wie dem Tod des Herrn.

4 (205,19). Die ausbleibende Zuwendung der Dame wird mit der
mangelnden Wirkung seines Dienstes begründet. Im Beifall für ihr ver-
ständiges Urteil (gegen ihn) spiegelt sich ihre Rolle als Wertinstanz. Eine
Gegenreaktion von ihm ist fruchtlos. Der Abgesang schließt an den Befund von Strophe 2 an. Sein Dienst wird als *wandel* bewertet, was ihre
Distanz motiviert. Deutlich werden hier die Koordinaten: Nicht persönliche Antipathie, sondern die gesellschaftlichen Wertmuster geben den
Ausschlag für ihre Reaktion; *wandel* ist objektives Fehlverhalten, nicht
vom Partner empfundene Unzuverlässigkeit.

5 (206,1). Die Strophe faßt die Reflexion in einem beinahe erzählenden Ablauf zusammen. Der Dienst auf einen Vertrauensvorschuß hin
gerät durch seinen *wandel* in die Krise, ihr Urteil kehrt sich gegen ihn.
Doch gerade bei dieser ‚Geschichte' setzt der Zweifel ein, denn das Minnelied erzählt nicht. Fest steht sein gegenwärtiger Mißerfolg und seine
Klage darüber. Sein Rückblick hängt an dem Urteil, der gegenwärtige

Zustand entspreche dem, was er verdiente; denn darin steckt die Prämisse, daß der richtige Dienst sicheren Lohn erwarten kann, die der Minnesang immer postuliert und deren Geltung sich nie bewahrheitet. Wenn der Sänger auch hier den Lohn entbehrt, muß er entweder die Prämisse aufgeben (und den Rahmen des Genres verlassen) oder aus der Prämisse eine Ursächlichkeit ableiten, die diese – und natürlich auch die Dame – schont und alle Last dem Ich als Verdikt über den geleisteten Dienst aufbürdet. Diese Lösung propagiert das Lied mit aller Rigorosität. Da der Ablauf der Reflexion also weithin durch die vorgegebenen Positionen der hohen Minne bestimmt ist, ist aller Zweifel berechtigt, daß dahinter Tatsächlichkeit des Verhaltens, Gunstwechsel der Dame, steht. Die ‚Geschichte‘ ist eher Hartmanns individuelle Variante der Logik der hohen Minne.

IV – 209,5 *Mîn dienst der ist alze lanc*
Das zweistrophige Lied beklagt ebenso die bedrückte Lage des lange ohne Gunsterweis Werbenden. Doch bleibt es hier bei der Reflexion des Zustands, ohne daß eine Begründung versucht wird. Mit einem kühnen Vergleich stellt der Sänger in der zweiten Strophe das Los des Geächteten über das des so Minnenden, weil sich der Vollstreckung der Reichsacht durch Flucht entziehen kann, das Minneleid aber nicht vom Betroffenen weicht und aller Freude Abbruch tut.

VII – 211,27 *Der mit gelücke trûric ist*
Das Lied führt in einer logisch sich zuspitzenden Argumentation auf die Schlußpointe, die unübertreffliche *stæte* des Sängers hin. Die 1. Strophe reflektiert von einer allgemeinen Sentenz ausgehend über Glück und Unglück und empfiehlt als Lebensweisheit, sich mit dem Unglück abzufinden und auf besseres Glück zu hoffen. Erst die 2. Strophe konkretisiert das Schicksal nun als Minnegeschick und wiederholt nach der einleitenden Maxime von dem einzigen Erfolgsrezept, *stætez wîp mit stætekeit* zu gewinnen, den Selbstvorwurf, durch mangelnde Beständigkeit ihre Gunst verscherzt zu haben. Die *unstætekeit*, der er sich bezichtigt, folgert er wieder nach einem abgekürzten syllogistischen Verfahren und benennt keine falsche Handlung genauer. Das Urteil der umworbenen Dame bleibt letztlich undurchschaubar. Er empfing ihren *schœnen gruoz* (den ersten und zugleich einzig öffentlich legitimierten Gunsterweis für den Minnesänger), wiegt sich danach in einer Hoffnung, die sich nicht erfüllt, und zieht aus dieser Erfahrung einen Schluß auf die Qualität des eigenen Verhaltens. Darauf formuliert die 3. Strophe in Korrespondenz zur Eingangssentenz über Unglück und Glück seinen festen Entschluß zur *stæte* im Dienst einer unwandelbaren Dame (sicher derselben wie vorher, nicht einer anderen), der mit Glück ihm aus seiner Lage helfen *muß*. Der

Anspruch der Schlußzeile meint, nach dem Selbstvorwurf der *unstætekeit*, wohl mehr ein Sich-Verpflichten als sicheres Selbstbewußtsein: *stæte* muß länger andauern als jede Erfolglosigkeit ohne *gruoz* und Hoffnung.

III – 207,11   *Ich sprach, ich wolte ir iemer leben*

Das sechsstrophige Lied scheint einen ganz anderen Sänger vorzustellen. Selbstbewußt widerruft er zunächst ein Dienst-Versprechen wegen der fehlenden Resonanz und empfiehlt, in gleicher Lage wie er, die Adressatin des Dienstes zu wechseln. Doch schon in der 2. Strophe verkehrt sich die Situation, denn das Ich ist gar nicht so souverän, wie es vorgibt. Seine (nun abgespaltene) *triuwe*, die Bindung an die einmal gewählte Minnedame beherrscht so das Ich, daß in paradoxer Umkehrung der Negativwert Untreue vorteilhafter erscheinen kann. Der Sänger kann klagen über die mangelnde Zuwendung, muß aber dennoch nur Gutes über sie sagen. Hier steht der Satz, der die mehrfach beobachtete Inversion zur Selbstanklage geradezu programmatisch definiert: *sô wil ich ê / die schulde zuo dem schaden hân* (2, 11 f.). An ihrem Wert und dem Lob für sie darf so wenig gerüttelt werden, daß alles Negative, und sei es als Vorwurf des Versagens, auf den Sänger zurückfallen muß. Die 3. Strophe steckt den Diskussionsraum für den Sänger ab: Er darf nichts Negatives über sie sagen, kann nur klagen über die Vergeblichkeit des jahrelangen Dienstes. Und hier schiebt er wieder die Prämisse vom Lohn ein, aus der sein in ihren Augen fehlender Wert zu folgern ist; eine im Vergleich zu den anderen Beispielen sehr viel zurückhaltendere Selbstbezichtigung. Seine ,Rache' (4.) für die ausbleibende Zuwendung ist nur, sie zu preisen, mit ihr mitzufühlen und ihr Gutes zu wünschen. Die 5. Strophe nimmt nun ganz im Stil der hohen Minne die Erwartung zurück: Bleibt auch der Lohn einer näheren Zuwendung aus, genügt ihm doch wie vielen anderen die Hoffnung darauf als Motiv für fortdauernde Dienstbereitschaft. Diese paradoxe Spannung der hohen Minne verdeutlicht die abschließende Strophe. Die erhoffte Zuwendung der Umworbenen wird verhindert durch die *êre* der Frau, und der Sänger wünscht gar nicht, daß sie gegen diese Ehre verstößt, denn diese Lösung wäre falsche Minne einem falschen Mann zu Gefallen. Nur die Bindung in der Distanz wird dem Anspruch gerecht, den der Sänger an die Dame und seine Beziehung zu ihr stellt – er verurteilt sich zur *stæte* ohne Aussicht auf Erfolg.

   Die in diesem Lied programmatisch entfaltete Paradoxie der hohen Minne legt nahe, auch die anderen Minneklagen aus der Logik des Programms und nicht etwa aus einem wechselnden Verhalten des Sängers zu verstehen.

II – 206,19 *Swes vröide an guoten wîben stât*
Dieses Lied begründet die Minneprogrammatik im Medium ihrer Artikulation. Die einleitende Strophe wiederholt ganz ähnlich dem Lied III (207,11) die Minnemaximen als allgemeine Regeln und stellt für den Sänger die Erfolglosigkeit seiner bisherigen Werbung fest. Die aufgenötigte Distanz aber gibt dem Minnesang überhaupt erst sein Recht. Denn könnte sich der Sänger der umworbenen Frau in einer intimeren Konstellation mitteilen, die er sich wünscht, gäbe es sein öffentliches Singen nicht, weil er ihr nicht über das Lied vor der Gesellschaft seine Werbung hörbar machen müßte. (2.) Das Lied, das die Identität der Umworbenen nicht offenbart, ist der verschwiegene Bote, der vor der Öffentlichkeit nicht gegen das Distanz-Gebot verstößt. Die letzte Strophe engt durch diese Bestimmung den Ausdrucksbereich des Lieds ein; unter dieser Bedingung kann das Lied nur Klage sein, nicht fröhlich unterhaltendes Singen. Für die trost-lose Sehnsucht gibt es als Schluß nur den vergeblichen Wunsch, aus dieser Situation entfliehen zu können.

Die Reflexion des Mediums auf sich selbst, ein geläufiges Motiv, das seit dem ersten Ansatz etwa bei Bernger von Horheim (MF V – 115,3) immer mehr Raum einnimmt, zeigt den dialektischen Zusammenhang von Thematik, Form und Aufführungssituation (als Konkretisation von Text und Melodie im Vortrag vor der Gesellschaft). Die Liebeswerbung ist als reale Annäherung gesellschaftsöffentlich ausgeschlossen, diese negative Bedingung konstituiert aber die Kunstform der gesungenen Werbung, den ,Liebhaber' als Sänger-Künstler; die Öffentlichkeit der Werbung schließt jedoch wieder den Erfolg des Werbens aus, soll nicht das Medium sich selbst aufheben. In diesem zirkulären Feld von Ermöglichen und Verhindern kann das Thema der Liebesfaszination, die Werthypostasierung in der Frau und die Subjektivität der Partnerbeziehung artikuliert werden.

1.3. Lieder der Minnehoffnung

Neben den Liedern der Klage gibt es einige, in denen hoffnungsvolle Töne einer Liebeserwartung überwiegen. Allerdings ist diese an bestimmte Bedingungen geknüpft.

VIII – 212,13 *Rîcher got, in welher mâze*
Das Lied demonstriert, daß gerade die paradoxe Spannung der hohen Minne den Wert der Liebesbindung dauerhaft verwirklicht, weil sie die Distanz impliziert. So kann sich der Sänger anfangs in den schönsten Hoffnungen auf ihren *gruoz* sehen, weil er darauf baut, daß ihre Beständigkeit und Unterscheidungskraft seiner *stæte* entspricht, während ohne diese Eigenschaften auch in nächster Nähe die ständige Furcht vor Unste-

tigkeit *(wanc)* gegenwärtig bleibt. Bedingung dieser Zuversicht ist aber die Abwesenheit des Sängers, die Entfernung durch eine übergeordnete Notwendigkeit. Denn in der Entfernung bewiesene *stæte* ersetzt lange leidvolle Erprobungszeit in der Nähe und ermöglicht es ihm, für seine Rückkehr die harmonische Entsprechung von *gruoz* und Dienst zu erhoffen. Der durch Schmeicheln erworbene, jede Distanz aufhebende rasche Erfolg der Leichtfertigen dagegen zerrinnt auch rasch und verfehlt das dauerhafte Heil, das der rechten Minne zuteil wird.

X – 213,29   *Ez ist mir ein ringiu klage*
Auch dieses Lied lobt die Distanz *(ir vrömeden)* aus einem paradoxen Grund: der Furcht, in ihrer Nähe eine Absage zu ernten. Die eigene Minnesituation wird zum Ausgangspunkt eines verallgemeinernden Programms (2.): Der Sänger ist unaufhebbar dem Lob *guoter wîbe* als überpersönlicher Wertorientierung verpflichtet. Weil die Frau Garantin rechten Verhaltens der Männer ist, muß das Lied sich an sie richten.

XI – 214,12   *Nieman ist ein sælic man*
Gelungene Minne und Klage über eine Trennung sind hier vereint. Sie lassen ein Leben ohne jede Kenntnis von Liebessehnsucht vorteilhafter erscheinen als den nahezu tödlichen Trennungsschmerz, den auch der Sänger erleidet. Ursache ist die Treue, die ihn in der Minnebindung festhält. Kann der Sänger hier auf einen Erfolg seiner Werbung zurückblicken? Es scheint so *(diu mîn schône pflac* 2, 11); doch der positive Aspekt bleibt im Lied zu allgemein, um daraus ein konkretes Minneerlebnis erschließen zu können. Führt sonst das lange erfolglose Werben zur Klage, weil die Distanz sich nicht verringert, so kann hier der Abschied Leid verursachen, weil er die Distanz zur Umworbenen vergrößert. Für diese Erfahrung genügt ein Minneverhältnis von sehr maßvoller Erfolgshoffnung.

XIII – 215,14   *Ich muoz von rehte den tac iemer minnen*
Es ist ein gelöstes und das zuversichtlichste Preislied Hartmanns. Zu seiner Strophenform im daktylischen Rhythmus gibt es eine Reihe von romanischen Parallelen; es liegt nahe anzunehmen, daß Hartmann sich hier einer metrischen und wohl auch musikalischen Vorlage bediente.

1 (215,14)   Aus sparsam skizzierten Motiven definiert der Sänger seine Minnebindung. Der Wert ihrer Weiblichkeit hat ihn beim ersten Bekanntwerden in Bann gezogen, in den Bann einer Verehrung auf Distanz. Die Dame wird davon nicht beeinträchtigt, er aber hat die gute Wirkung der Minne. Diese Wirkung ist aber nicht etwa eine Entfaltung einer Partnerbeziehung, sondern aus der Wertorientierung an der Umworbenen eine allgemeine Ethisierung, so daß er um ihretwillen sein Bemühen

auf Gott und die Welt (Gesellschaft) ausrichtet. Idealtypisch definiert der
Sänger, wie der Minnesang jede Wertsetzung aus dem überhöhten Zentrum Frau ableitet; Liebesthematik ist deshalb Orientierungsdiskussion.
Von dieser Minne erwartet er ein Wachsen seiner Freude.

(Eine zwingende Logik in der Reihung der in sich relativ abgeschlossenen Strophen ist nicht eruierbar, deshalb ist mit Kienast, Moser/Tervooren u. a. die Reihung nach der einzigen Handschrift vorzuziehen.)

2 (215,30) Diesen so abstrakt gesehenen Bezug füllt nun die Strophe
mit überschwenglichem Preis auf, der allerdings nur allgemeine Prädikate (*leben*, *vröide*) gebraucht und das Gegenüber nicht individueller erscheinen läßt; aus dieser Verbindung schöpft der Sänger jede Lebensstimmung, jede Freude. Ein Segenswunsch für sie und ihre Ehre rundet das
Lob ab.

3 (215,22) Die Strophe gibt nun szenische Anhaltspunkte, die seine
Ansicht begründen könnten; ein erstes Zusammentreffen, bei dem er ihr
nicht seine Betroffenheit mitteilen kann, dann die Gelegenheit zum persönlichen Gespräch, mit *vuoge*, in dem sie seine Erklärung akzeptiert
(nicht etwa ihrerseits eine ebensolche Anziehung gesteht). Das gibt ihm
genügend Aussicht, die Minne in der bestehenden Form auf Dauer zu
wünschen. Ob die Begegnungen reale Erfahrung erzählen oder nicht, ist
gar nicht so wichtig; sie charakterisieren jedenfalls hier die Verehrung
aus der Distanz als gewußte und akzeptierte.

Der Reiz des Liedes liegt in einer Einfachheit, die sich durch die sparsame Motivauswahl herstellt. Es wird gegenwärtige Befindlichkeit reflektiert, und ihr positives Gesicht bekommt sie daraus, daß aus einem Minimum an persönlicher Kontaktaufnahme in der Vergangenheit eine emphatische Wirkungsperspektive herausgesponnen wird. Das kann hier als
Balanceakt gelingen; über den momentanen Bezug wird nicht hinausgedacht, die Dynamik der Anziehung, der Umworbenen näherzukommen
(die sonst Klage und Selbstvorwürfe auslöst), wird ausgeblendet.

Im meisterhaft beherrschten Sprachrhythmus und im genauen
Abwägen der Motive, die so eingesetzt sind, daß sie nicht aus dem Rahmen herausdrängen, verrät das Lied einen hohen Kunstverstand und
Erfahrung im Genre. Die Einfachheit erscheint eher als ein Produkt
artistischen Verfügens denn als Ausfluß naiver Hoffnungsfreude.

Gemeinsam ist den vier Liedern eine positive Sicht der Minnebindung
jenseits der Klage um die Vergeblichkeit der Werbung, gemeinsam aber
ist ihnen auch, daß diese Sicht mit Distanz zu tun hat. Entweder ist es die
gesellschaftliche Distanz, die hier hingenommen wird als Bedingung der
Verehrung, oder reale Entfernung, die von den Einschränkungen der
Werbung in der Nähe ohnehin absehen kann.

1.4. Frauenlieder

Das Rollenlied, in dem der Sänger Reflexionen und Worte einer Frau fingiert, wird von Hartmanns Zeitgenossen, anknüpfend an Formen des frühen Minnesangs, als Möglichkeit aufgegriffen, mit fiktiven Reaktionen der umworbenen Frau die Minnereflexion zu erweitern. Trotzdem natürlich öffentlich vorgetragen, steht diese unter dem Vorzeichen intimer Selbstvergewisserung und kann deshalb die erotische Thematik direkter ausspielen.

XIV – 216,1   *Swes vröide hin ze den bluomen stât*
Das Lied gibt die Selbstreflexion einer Frau wieder, die ihr künftiges Verhalten gegenüber einem werbenden Mann überlegt. Der Freude des zuende gegangenen Sommers wird als bessere Alternative der Winter in den Armen des Partners gegenübergestellt. Gegen den Rat der ihr Nahestehenden will sie den Mann erhören, auch wenn es ein Spiel ohne Gewinnaussicht ist. Denn nur als eigener Entschluß, nicht auf Empfehlung der Freunde hin, kann ihre Zuwendung Lohn für seinen Dienst, der ihr nun schon zu lang dünkt, und Anerkennung seines Werts sein. Doch weil sie sich in seiner ethischen Urteilskraft (*bescheiden* 4, 5) aufgehoben fühlen kann, ist sie zur Hingabe bereit, in der sie totalen Einsatz (3, 6) riskiert.

Die erotische Thematik klingt hier direkter an, bleibt aber dennoch mit den gleichen ethischen Haltungen verknüpft, die als unabdingbare Voraussetzung erscheinen, auf die allein hin Partnerschaft riskiert werden kann. Die geschlossene Selbstreflexion des Lieds darf freilich nicht vergessen lassen, daß es ebenfalls für den öffentlichen Vortrag bestimmt ist und daraus eine besondere Spannung empfängt. Die hier anerkannte Relation von Dienst und Lohn löst eine sonst unlösbare Spannung auf, ein Wunschgedanke eher des Mannes, der einen Anspruch an die Dame konstruiert, als der Frau.

XVI – 217,14   *Diz wæren wunneclîche tage*
Die Klage einer Frau nach der Trennung von einem Geliebten setzt ebenso ein vorausgegangenes Einverständnis in der Minne voraus. Es bleibt umstritten, ob hier eine Trennung durch eine Kreuzfahrt oder, in Übertragung der Minneterminologie auf die Ehe, der Tod des Ehemanns beklagt wird. Wegen der schwer abwägbaren Beziehung zu Reinmars Lied MF XVI – 167,31, das Totenklage um Herzog Leopold V. von Österreich († 1194) ist, wurde auch die Echtheit des Lieds bestritten.

(Das Frauenlied IX – 212,37, eine bittere Klage über einen untreuen Mann, und das Lied XII – 214,34, das Botenstrophe, Antwort der Frau

und Klage des Sängers verbindet, werden Hartmann von der Kritik überwiegend abgesprochen.)

1.5. Minneabsage

XV – 216,29   *Maniger grüezet mich alsô*

Das Lied wird wegen seines kritischen Tons gewöhnlich ‚Unmutslied'
genannt. Es unterscheidet sich durch einige geschickte Modifikationen
von der üblichen Minnereflexion, setzt aber für seine Argumentations-
strategie diese als Erwartung des Publikums voraus.

In dem eingangs zitierten Wortwechsel wird der Sänger ausdrücklich
mit dem Autor Hartmann ineinsgesetzt. Dieser szenischen Andeutung
entspricht eine zweite in der 3. Strophe. Beide sollen die programmatische Aussage der 2. Strophe rechtfertigen, liegen aber außerhalb der gewohnten Motivgrenzen.

Die Aufforderung, den höfischen Damen aufzuwarten (1.), beantwortet der Sänger mit einem müden Abwinken: Er verspricht sich wenig
Erfolg dabei. Die angekündigte Szenerie ist gerade die Gelegenheit, die
wir uns gemeinhin als Aufführungssituation des Minnelieds vorstellen:
die festliche Gesellschaft, in der auch die Frauen des Hofes erscheinen.
Doch diese Gelegenheit wird ohne Stilisierung prosaisch von außen gesehen. Der salopp anmutende Ton läßt nicht eindeutig klar werden, wohin
die kritische Spitze zielt – auf das Aufwartungs-(Minne-)Ritual, von dem
sich der Sänger als inhaltsleer und fragwürdig abwendet, oder auf das
Verhalten der zitierten Sprecher, deren nonchalanter Umgang dem Anspruch des Minnesangs zuwiderläuft.

In der reflektierenden 2. Strophe setzt der Sänger eine revolutionäre
Forderung dagegen: die Gegenseitigkeit der Minne. Wenn sich die umworbenen Damen nicht auf die Werbung einlassen, erklärt er das Ziel als
zu hoch angesetzt und zieht ihnen die *armen wîp* vor. Das meint nun
nicht das leichte sexuelle Abenteuer, denn die verlangte Gegenseitigkeit
der Zuneigung ist Angelpunkt der Strophe; unter diesem Vorzeichen
werden Verhalten der Damen und der *armen wîp* verglichen. Hartmann
rüttelt hier an einer zentralen Voraussetzung: dem Wert des Dienstes für
die hochgestellte Dame unabhängig vom Erfolg, indem er die erotische
Grundlage der gegenseitigen Anziehung wörtlich nimmt. Daß er *arme
wîp*, alle Frauen, die nicht zur adligen Herrschaftsschicht der *rîchen*
gehören, hier gegen die Damen der Gesellschaft stellt, deutet einen Riß
an zwischen der Frau als Mitglied einer aristokratischen Gesellschaft und
ihrer Rolle als Wertträgerin und Adressatin der Minne, was der Minnesang vor Hartmann fraglos ineinsgesetzt hatte. Walther von der Vogelweide wird diesen Riß zum Gegensatz erweitern, doch soweit geht Hartmann noch nicht. Während er in anderen Liedern jedoch die Erfolglosig-

keit der Werbung sich selbst anlastet, stellt er mit der Gegenseitigkeits-
forderung hier die vorgegebene Rolle der Partnerin in Frage. Er braucht
für diesen radikalen Versuch den Perspektivenwechsel nach außen, in das
fingierte Nachspielen dessen, was die Liedreflexion sonst nur indirekt
und verklärt kundgibt. Sein Minneantrag, von dem die 3. Strophe berichtet, war auf gestisch eindeutige Ablehnung gestoßen; daraus motiviert er
nachträglich seine Ansicht.

Die Zielrichtung von Hartmanns Angriff bleibt, nicht zuletzt weil das
Lied den gewohnten Rahmen verläßt, mehrdeutig. Versucht er mit Hilfe
eines Kunstgriffs eine Veränderung der Minnesangkoordinaten, ähnlich
der, die Walther später vornimmt? Oder zielt er nur kritisch auf die
Minne(sang)praxis, auf eine Gesellschaft, die Minne nur als unverbindli-
ches Unterhaltungsritual begreift, auf einen Sänger, der sich selbst als
unbeholfen agierend karikiert, anstatt im Lied die Frau zu preisen, auf
eine Dame, die Minnesang als Flirtpraxis mißversteht? Jedenfalls artikuliert Hartmann hier ein gespanntes Verhältnis zu den Konventionen des
Minnelieds.

1.6. Kreuzlieder

Die Kreuznahme ist im Lied Anlaß, ethische Reflexion vor einem anderen Anspruch zu entwickeln.

V – 209,25 Dem kriuze zimet wol reiner muot

Die nur in C an getrennter Stelle überlieferten Strophen gleicher Form 5 –
210,35 und 6 – 211,8 gehören wohl zu diesem Lied. Es betont die
Notwendigkeit der Übereinstimmung von Pflicht und Einstellung, äußerer Absichtsbekundung und Tat. Der Kreuzzug rückt dabei in die Position der genuin ritterlichen Aufgabe, hôhen prîs zu erwerben. Für den
Sänger motiviert sich seine Bereitschaft aber mehr aus einer Weltabkehr;
der Unzuverlässigkeit und Vergänglichkeit irdischer Verlockung will er
sich mit dem von ihm getragenen Zeichen Christi (deiktischer Verweis
auf den Auftritt) entziehen. Die vierte Strophe nennt dafür einen persönlichen Grund: den Tod seines Herrn – für das primäre Publikum sicher
eine konkrete Anspielung. Darum sorgt er sich jetzt um das Heil der
Seele, das er auch für den Herrn mit der Teilnahme am Kreuzzug erwerben will. (Dieser konkrete Bezug kann ein Argument dafür sein, die
Kreuzfahrer-Absicht Hartmanns real zu nehmen.) Der Austausch zwischen Minne- und Kreuzzugsverpflichtung erfolgt über beibehaltene
Wertprädikate, sælde und allez guot (1, 3) und die gesellschaftliche Anerkennung (der welte lop 2, 12) werden nun vom Kreuzzug erwartet. Sogar
die Jahreszeitentopik (sumerzît 5, 5) kann metaphorisch mit den Kristes
bluomen (5, 3) eingesetzt werden, und die zentrale Hoffnung auf vröide,

auf werthafte Daseinserfüllung, assoziiert nun jenseitige Erwartungen, den zehnten Engelchor, der nach Luzifers Fall durch die zum Heil gelangenden Menschen ausgefüllt werden soll. Gerade dieser Freude wird nun Sicherheit zugeschrieben (*sorgelôs* 5, 1), ein Attribut, das der Sänger in der Welt vermissen mußte. Diese Übertragung, die *vröide* vom Aufbruch im Kreuzheer erwartet, kann nun (6.) eine Opposition zur Minne anklingen lassen, wenn der Sänger die eigene Freiheit hervorhebt gegenüber der Bindung anderer, denn traditionell ist (seit Friedrich von Hausen) die Konkurrenz zwischen Minnebindung und Kreuzzugspflicht ein bevorzugtes Thema von Kreuzliedern.

Die Einzelstrophe VI – 211,20 verbindet die beiden Ziele, den Vorrang gibt sie dem Kreuzzug. Die zwischen den Partnern verteilten Rollen – Gebet zuhause, Kampf in der Ferne – und der geteilte Lohn konstituieren eine Symmetrie, eine (allerdings verfremdete) Gegenseitigkeit, die hohe Minne sonst nicht zugelassen hat.

XVII – 218,5   *Ich var mit iuwern hulden*
1 (218,5)   Machte sich das Lied V – 209,25 nur nebenbei Leitbegriffe der Minne zunutze, um den Kreuzzug als ethische Verpflichtung zu präsentieren, so nimmt dieses Lied einen völligen Austausch des Minnezielis um der Erfüllung der Minne selbst willen vor. Die Argumentation des Liedes baut darauf auf, daß dieser Austausch lange im unklaren bleibt. Der Typ des Lieds wird nämlich verbal zunächst nicht definiert. Der Sänger nimmt Abschied vor einem Aufbruch. Das Ziel wird trotz der Beteuerung, Rechenschaft zu geben, nicht genannt. Allenfalls aus dem entschlossenen Ton ließe sich eine Kreuzzugsstimmung schließen, doch das Lied biegt, solcher Erwartung ausweichend, auf eine Minneargumentation um. Man kann mit Hugo Kuhn, der die „Aufführungssituation" zu rekonstruieren versuchte, annehmen, daß hier durch außerverbale Mittel, etwa das Kreuz auf dem Gewand des auftretenden Sängers, zusätzliche Information vermittelt wurde, die einerseits Erwartungen durch Vereindeutigung verstärkte und andererseits die Spannung durch Nicht-Erfüllung erhöhte. Der Sänger stellt sich im Abgesang als Gefangener der Minne vor, der wegen seines Sicherheitsversprechens nun ihrem Gebot folgen muß – ein Handlungsschema, das Unterlegene in vielen erzählten Zweikämpfen zu erfüllen haben. Die Minne aber treibt ihn zu einer Reise.

2 (218,13)   Die Strophe setzt die Minneargumentation fast polemisch fort, der Sänger stellt der Minne der großen Worte seine Minne der Tat, des Dienstes gegenüber. Programmatisch formuliert die Eingangszeile des Abgesangs: Erfolg in der Minne heißt, sich um ihretwillen der Mühe der Fremde auszusetzen. Zur Bestätigung verweist der Sänger auf sich

selbst. Lassen *ûz mîner zungen* und *über mer* noch eine geringe Unsicherheit hinsichtlich des Ziels, so ist der Name Saladin das Signal, das den letzten Zweifel beseitigt: der Sänger spricht von einem Kreuzzug.

Weil Saladin in dieser Weise Signalwort ist, bleibt schwer zu entscheiden, ob der Name als konkreter Verweis (auf den Lebenden) oder als Exempel (als das auch der Tote fungieren könnte) zu lesen ist, was eine Anbindung an historische Fakten erschwert. Der überlieferte Text *und lebte mîn her Salatîn,* der den Tod Saladins voraussetzen würde, wäre als konzessiv-irreale Bedingung zu lesen, die die vorgetragene Motivation nicht außer Kraft setzen könnte. Neuere Konjekturversuche (Jungbluth, Kuhn) zielten auf eine präzisere Einbindung; so knüpft etwa der Vorschlag Kuhns: *und lieze sie mich, her S.,* an die Minnegefangenschaft in der vorhergehenden Strophe an. Die Sinndifferenz ist nicht allzu groß; die Entscheidung für eine Konjektur hängt schließlich davon ab, ob die Syntax der überlieferten Verse als defekt beurteilt wird.

Saladin und sein Heer als ritterliche Herausforderung könnten die Kreuzfahrt nicht motivieren, nur die Minne veranlaßt sie. Es ist möglich, daß Hartmann hier auch polemische Töne zur Diskussion um den Kreuzzug Heinrichs VI. setzt (Mertens), Hauptinteresse für ihn ist aber die Minnediskussion und damit ein höherer spiritueller Anspruch an die Kreuzzugsmotivation.

3 (218,21) Die Eindeutigkeit, was des Sängers Ausfahrt meint, beendet aber noch nicht die Ambivalenz des Minnebegriffs, denn erst die letzte Strophe gibt die angezielte Neudefinition. Zunächst setzt der Sänger seinen Minnebegriff in Opposition zu den Minnesängern und ihrer vergeblichen Hoffnung. Die Kritik, die in der Strophe vorher noch allein die Art und Weise der Minneverpflichtung meinte, wird nun verallgemeinert: Wahre Kompetenz zu singen beansprucht allein das Sänger-Ich wegen seiner völligen Einigkeit mit der Minne. Hier folgt die letzte überraschende Wendung des Gedichts: Minne und Kreuzzug werden in einer neuen Minnedefinition in eins gesetzt. Die Definition aber sieht ab von einer umworbenen Frau und damit verbundenen Wertsetzungen, verschiebt Minne auf ihren Vollzug und macht zum einzigen, entscheidenden Kriterium die Gegenseitigkeit. Das Streben des Sängers findet Erwiderung und dieses Gelingen macht es leicht, die Bedingung des *ellendens* auf sich zu nehmen.

Das Lied bietet also für den Kreuzzug eine Motivation an, die alle Wertsetzungen, die der Minnesang reflektierte, integriert (oder fordert von einem konkreten Kreuzzug, solchen Bedingungen zu entsprechen). Minne des Frauendienstes und Minnesang aber läßt es als unverbindliche Vorläufigkeit hinter sich, denn die Lösung des Problems der Gegenseitigkeit ist so radikal, daß sie Grundvoraussetzungen des Genres sprengt.

1.7. Zyklustheorien

Zwei Forscher versuchten Lieder Hartmanns in einem zyklischen Zusammenhang zu lesen. R. Kienast faßte die in C aufgrund einer separaten Quelle überlieferten Strophen 33–60 (V, 5–6 / 210,35–211,19; IX / 212,37 – XVII / 218,5) als eine vom Autor planvoll komponierte Einheit auf. Diese Liederreihe reflektiere in einer epischen Abfolge die verschiedenen Stadien eines fingierten Minneverhältnisses vor dem Hintergrund des Kreuzzugs. E. Blattmann hat Kienasts Zyklus vielfach kritisiert und zugleich eine weit anspruchsvollere Hypothese formuliert. Er will alle Lieder Hartmanns (mit Ausnahme des einzigen von ihm für unecht gehaltenen Lieds XII – 214,34) zu einer einzigen Abfolge verbinden. Er gründet seine Argumentation nicht auf die Strophenreihung der Überlieferung, sondern vielfach gegen diese auf formale Beobachtungen, vor allem Reim- und Motivresponsionen. Den so begründeten Zyklus aber liest er nun auch als einen Minneroman, eine Folge verschiedener Werbungsanstrengungen und Stimmungen in einem Jahreszeitenablauf bis zur Kreuzfahrt.

Gegen beide Interpretationen stehen eine Fülle philologischer Einwände. Beide Kritiker müssen gegen eine oft übereinstimmende Forschung Lieder problematischer Authentizität für echt erklären, weil sie ihnen eine wichtige Position im inhaltlichen Ablauf zuweisen wollen. Der Ansatz Kienasts, in einer überlieferten Strophenfolge eine gewollte Ordnung zu sehen, die letztlich auf den Autor zurückgeht, knüpft an den Gedanken an, daß den erhaltenen Sammelhandschriften Liederhefte vorausgingen, die der Aufführungspraxis nahestanden. Das muß immer wieder erprobt werden, ist aber für den Einzelfall kaum nachweisbar. Blattmann verzichtet auf solche historischen Überlegungen, um sich auf ‚objektive‘ Beobachtungen im Text zu stützen. Doch gattungstypisch für den Minnesang ist, daß er einen eng begrenzten Wort- und Motivbestand seriell variiert. So ist es nur natürlich, daß es zwischen den Liedern eines, aber auch mehrerer Autoren eine Reihe von Anklängen und Responsionen gibt. Als bewußt eingesetztes Verklammerungsmittel können solche Wiederholungen erst gelten, wenn durch eine Gegenprobe erwiesen ist, daß die Dichte von Responsionen deutlich größer ist als das Maß von Anklängen, das sich gattungstypisch von selbst einstellt. Vorarbeiten für einen solchen Beweis fehlen noch. Ein gewisser Widerspruch liegt auch darin, die Reihenfolge der Lieder aus der fortschreitenden formalen Vervollkommnung zu begründen, dem so zustandegekommenen Zyklus aber dann ein planvolles Konzept von Anfang an zu unterstellen.

Es ist nicht zu übersehen, daß die Aussage von Liedern sich verdichtet und eindeutiger wird, wenn sie als zusammenhängend aufgefaßt werden können. Doch sind Zweifel an dieser Interpretation angebracht. Wenn in einem Lied Umstände wie z.B. eine Zurückweisung der Dame nur implizit vorausgesetzt oder aus allgemeinen Prämissen reflektierend erschlossen werden, dürfen solche modalen Bedingungen nicht deshalb zu Tatsachenbehauptungen umgedeutet werden, weil ein anderes Lied eine gleiche Bedingung als tatsächlich gegeben aussagt. Eine solche Deutung unterstellt als pragmatischen Rahmen für Sänger und Publikum eine unbewiesene (und nach heutigem Minnesangverständnis fragwürdige) Erlebniskontinuität.

Die letztlich wichtigste Voraussetzung für Zyklushypothesen liegt in der Aufführungspraxis: Postuliert ein solcher Liederzyklus nicht, Programm eines Vortragsabends oder einer raschen Folge von Vorträgen zu sein? Ob die Konzertpraxis heutiger Liederabende mit Liederzyklen der Romantik (z.B. F. Schubert ‚Die schöne Müllerin‘, R. Schumann ‚Dichterliebe‘) hier der richtige Vergleichsmaßstab ist, darf füglich bezweifelt werden. Doch von den tatsächlichen Aufführungspraktiken des Minnelieds wissen wir zu wenig, um Zyklushypothesen zu bestätigen oder zu widerlegen. Vorläufig können jedenfalls zyklische Verbindungen nicht als bewiesene Voraussetzung die Interpretation der Lieder bestimmen.

1.8. Liebe und Gesellschaft: Zur Funktion des Minnelieds

Der historische Ort der Kreuzlieder ist durch den Anlaß bestimmt, auch wenn nur das eine um die erforderliche spirituelle Motivation, das andere aber um eine neue Minnedefinition mit Hilfe des Kreuzfahrtmotivs kreist. Für die Minnelieder fehlt ein solcher Anknüpfungspunkt. Nur wenn wir wie Hartmanns Publikum wüßten, wer der Dienstherr war, dessen Tod er beklagt, ließen sich seine Lieder mit einem bestimmten Hof verbinden und Vermutungen über dessen Orientierung anstellen. Unter diesen Umständen können nur die allgemeinen Erwägungen über die Funktion des hochhöfischen Minnelieds auch für Hartmann zur Diskussion gestellt und seine Lieder als Teil eines nur über die Gattung interpretierbaren Verständigungsprozesses gelesen werden.

Es war immer klar, daß die im Minnelied öffentlich gefeierte freie Liebesbindung – trotz der Zurückhaltung in der sexuellen Erfüllung – in Spannung zu den geltenden Normen der auf die Institution Ehe ausgerichteten offiziellen Moral stand. Da die Minne trotzdem zum anerkannten und wirkmächtigen gesellschaftlichen Ideal wurde, stellt sich immer wieder die Frage nach dem mit ihr gemeinten Realitätsgehalt. Sie einseitig und ausschließlich als bloßes Spiel mit einer literarischen Fiktion zu begreifen, befriedigt ebensowenig, wie sie auf eine bloße Kultivierungsfunktion für das Sexualverhalten oder eine überschießende Ideologisierung der vorwiegend diskret praktizierten sexuellen Freizügigkeit der adeligen Oberschicht neben der Ehe einzuengen; denn beide Verstehensansätze werden zweifellos nicht der zentralen Rolle der Minnekultur für das höfische Selbstverständnis gerecht. Übereinstimmend wird nur der eine, mehr oder minder ergänzungsbedürftige Aspekt abgelesen, daß im Minnelied das Individuum im Rahmen einer typischen Rolle sich in der Auseinandersetzung mit eigener emotioneller Betroffenheit, mit einem Partner und gesellschaftlichen Konventionen selbst erfährt.

Aus der Beobachtung, daß sich der werbende Sänger als unter der umworbenen Dame stehend stilisiert und diese Abhängigkeit neben den Ausdrucksmitteln religiöser Verehrung auch mit Begriffen der feudal-rechtlichen Abhängigkeit thematisiert wird – in Frankreich typischerweise mit Termini der Vasallität, in Deutschland mehr mit Ausdrücken ministerialischer Dienstbarkeit (*dienest, eigen*) –, und mit Blick auf den hohen (allerdings nicht genau benennbaren) Anteil ministerialischer Dichter, hat man früh und immer wieder in den analogen Abhängigkeitsstrukturen des Hofs und der ständisch abgestuften adeligen und ministerialischen Oberschicht das Muster sehen wollen, nach dem das Liebesverhältnis stilisiert wurde. (Stellvertretend seien die Arbeiten von E. Wechssler, P. Kluckhohn und zuletzt vor allem E. Köhler, mit freilich unterschiedlichen Folgerungen zum Realitätsgehalt, genannt.) Als Folgerung aus dieser Entsprechung wurde der eigentliche Realitätsgehalt in der Thematisierung der sozialen Strukturen, die Forderung auf Erhörung in der Minne gleichbedeutend mit dem Wunsch nach sozialer Anerkennung und Aufstieg gesehen. In letzter Zuspitzung erscheint die umworbene Frau als Maske für den eigentlichen Adressaten, den Herrn des Hofes und Gönner, um dessen Gunst der Sänger wirbt. Doch selbst wenn nur das Bewußtsein des Minnesängers nach dem Modell einer selbstbewußten, ihrer Leistungen und daraus abzuleitender Ansprüche gewissen ministerialischen Selbsteinschätzung modelliert sein soll, verblaßt die ausgesprochene Liebesbeziehung zur Folie für die einzig maßstabsetzende politisch-soziale Realität. Ob dies der einzige Horizont für eine gesellschaftliche Wertediskussion sein kann, muß gefragt werden.

Das Lied ist nicht abtrennbar von seiner pragmatischen Situation, dem Auftritt des Sängers vor der höfischen Öffentlichkeit. In den Liedern stellt sich das so dar, daß das Thema Werbung um die Gunst einer Frau nicht abtrennbar ist von dem Anspruch der kunstvollen Darbietung dieser Werbung, der Fähigkeit, als Sänger mit dieser Werbung zur Freude der Gesellschaft beizutragen, und das nicht erst, seit Berufssänger den Ton angeben, sondern schon bei den ersten uns bekannten (hoch)adeligen Sänger-Dilettanten. Daraus kann – so ein anderes Verstehensmodell – nur der Schluß gezogen werden, daß keine der institutionalisierten gesellschaftlichen Rollen als eigentlich tragende Realitätsebene beansprucht werden darf. Minne und Minnelied existieren im öffentlichen Vollzug, und diese konventionalisierte Praxis definiert sich, indem sie geltende Muster religiöser Verehrung oder sozialer Abhängigkeit zu Hilfe nimmt, ohne diese zu meinen. Selbst die Autoren- und Künstlerrolle, die für den Liedvortrag tatsächlich fundamental ist, vermischt sich mit dem Anspruch richtiger Liebeswerbung oder ‚Liebeskunst‘ und ist damit der Selbstreflexion des kultivierten (und privilegierten) adeligen Daseinsvollzugs vor der Gesellschaft dienstbar gemacht. So kann im frei gewählten Zwang der Minnerolle die Gesellschaft, die sich im kulturellen Handlungsmuster erst als höfische etabliert, ihr eigenes Wertbewußtsein artikulieren. Insofern die Frau darin zum Zentrum aller individuellen und sozialen Wertsetzungen emporgehoben ist, ist das Wertsystem ein zuinnerst laikal-weltliches, das sich weithin von der religiösen Sinndeutung absetzt, wenn auch nicht unabhängig macht.

Innerhalb dieses allgemeinen Rahmens spiegeln Hartmanns Lieder die Hochgestimmtheit, aber auch die rigorosen Ansprüche dieses Wertsystems an das Individuum; im Unmutslied (XV – 219,29) und im 3. Kreuzlied (XVII – 218,5) machen sie auch dessen kritische Grenze deutlich.

2. ‚Die Klage‘

Mehr als die meist angenommene werkchronologische Nachbarschaft rechtfertigt die enge thematische Beziehung, den didaktischen Text neben die Lieder zu stellen. An seinen literarischen Voraussetzungen ist vieles noch unklar, seine historische Situation kaum hypothetisch erfaßt.

2.1. Grundlageninformation

2.1.1. Texte

Tax, Petrus W. (Hrsg.): Hartmann von Aue, Das Büchlein, nach den Vorarbeiten von A. Schirokauer zu Ende geführt, Berlin 1977 (Philol. Stud. u. Quellen 75)
Wolff, Ludwig (Hrsg.): Das Klagebüchlein Hartmanns von Aue und das zweite Büchlein, München 1972 (Altdt. Texte in krit. Ausgaben 4)
Zutt, Herta (Hrsg.): Die Klage – Das (zweite) Büchlein. Aus dem Ambraser Heldenbuch, Berlin 1968

2.1.2. Forschungsliteratur

Bossy, Michel André: Medieval Debates of Body and Soul, Comp. Lit. 28, 1976, 144–163 [Textanalyse wichtiger lateinischer Streitgedichte wie der Visio Philiberti.]
Brandis, Tilo: Mittelhochdeutsche, mittelniederdeutsche und mittelniederländische Minnereden. Verzeichnis der Handschriften und Drucke, München 1968 (MTU 25) [Katalog der didaktischen und allegorischen Minnetexte.]

Gewehr, Wolf: Hartmanns Klage-Büchlein im Lichte der Frühscholastik, Göppingen 1975 (GAG 167) [Versuch, die Übereinstimmungen in Psychologie und Ethik zwischen der latein. Frühscholastik und Hartmann aufzuweisen; teilweise zu wenig kritisch in der historischen Verknüpfung und bezüglich des terminologischen Anspruchs mhd. Begriffe.]

Gewehr, Wolf: Hartmanns Klage-Büchlein als Gattungsproblem, ZfdPh 91, 1972, 1–16 [Zu Gattungsterminologie und Motivparallelen.]

Glier, Ingeborg: Artes amandi. Untersuchung zur Geschichte, Überlieferung und Typologie der deutschen Minnereden, München 1971 (MTU 34) [Zusammenfassende Untersuchung zu den späteren Minnereden; unter den Vorläufern Hartmann S. 20–24.]

Karnein, Alfred: Europäische Minnedidaktik, in: Krauss, H. (Hrsg.): Europäisches Hochmittelalter, Wiesbaden 1981 (Neues Handbuch der Literaturwissenschaft, Bd. 7), 121–144 [Kurzer Überblick über die Texte verwandter Thematik.]

Ruhe, Ernst Peter: *De amasio ad amasiam*. Zur Gattungsgeschichte des mittelalterlichen Liebesbriefes, München 1980 (Beitr. z. roman. Philol. d. Mittelalters 10) [Gattungsgeschichtliche Darstellung zu den lateinischen, provenzalischen und altfranzösischen Liebesbriefen.]

Sparnaay: s. Gesamtbibl., 52–62 [Noch nützliche Erörterung der Quellenfrage.]

Walther, Hans: Das Streitgedicht in der lateinischen Literatur des Mittelalters, München 1920 [Monographie über die lateinischen Streitgedichte, mit Textanhang.]

Wenzel, Horst: Frauendienst und Gottesdienst. Studien zur Minneideologie, Berlin 1974 (Philol. Stud. u. Quellen 74) [Behandlung der ‚Klage' im Rahmen der Ausbildung der Minneideologie; ihr Minnekonzept wird wohl zu einseitig als Erziehungsprogramm zu einer christlichen Sozialethik und zur Ehe gedeutet.]

Wisniewski, Roswitha: Hartmanns Klage-Büchlein, Euph. 57, 1963, 341–369, wieder in: Hartmann: s. Gesamtbibl., 217–253 [Wichtige Studie zu Terminologie, Aufbau und zum literarischen Hintergrund des Streits von Herz und Leib.]

Zutt, Herta: Die formale Struktur von Hartmanns ‚Klage', ZfdPh 87, 1968, 359–372 [Zur zahlenkompositorischen Struktur; stellenweise überspitzt.]

2.2. *Textstrukturen und Argumentationsschichten*

Die ‚Klage' ist ein Streitgespräch um das rechte Minneverhalten und den Sinn der Minne zwischen zwei beteiligten Gesprächspartnern, dem *herze* als Zentrum der fühlenden, urteilenden und wollenden Person und dem *lîp* als dem ausführenden und die sinnliche Wahrnehmung tätigenden Teil des Individuums. Die didaktisch-theoretische Abhandlung ist als dialektische Selbstvergewisserung eines um eine Frau werbenden Mannes inszeniert. Diese pragmatische Situation exponieren die Rahmenteile um das Streitgespräch.

Der Prolog (v. 1–32) stellt einleitend die Allgewalt der Minne fest, um sogleich auf einen von ihr betroffenen *jungelinc* (v. 7) zu lenken. *schœne sinne* und *lîp* (v. 12) einer Frau bringen ihn völlig in deren Bann. Den ihr deshalb angebotenen Minnedienst weist sie zurück, ohne ihn doch davon abhalten zu können. Das ist die gleiche Situation der hohen Minne, die sonst die Klage im Minnelied vor dem Publikum motiviert, hier aber als *verswigen ungemach* (v. 31) zur inneren Auseinandersetzung führt (die freilich im vorgetragenen Text aufhört, private Reflexion zu sein, doch pragmatisch diese Fiktion beibehält). Mit diesem Minnenden identifiziert sich Hartmann in der prologtypischen Autornennung selbst (v. 29 f.). Der thematische Zusammenhang legt nahe, diese Aussage als Ich-Rolle wie im Minnelied und nicht biographisch zu lesen. Der abschließende Strophenteil des Textes (v. 1645–1914) führt aus der fingierten inneren Reflexion wieder heraus. Als *fürspreche* überbringt der *lîp* (v. 1642–44) den Liebesgruß des Minnenden an die umworbene Dame. Das Ich formuliert die nun von *herze* und *lîp* gemeinsam getragene Dienstbereitschaft und den Frauenpreis als direkte Anrede an die Frau, wie das auch das Botenlied tut, nähert sich also der Liedsituation rückkehrend wieder an.

Das Streitgespräch ist mit rhetorischer Raffinesse und Dramaturgie arrangiert. [I] Auf die anklagende Rede des Leibes (v. 33–484) folgen die Gegenvorwürfe des Herzens (v. 485–972). Darauf lenkt der Leib mit einem Versöhnungsangebot ein (v. 973–1125), das vom Herz angenommen wird (v. 1126–1167). [II] Die erfolgte Versöhnung gibt der Minnelehre des Herzens Raum, erst in einem pointierten, stichomythischen Dialog (v. 1168–1268), dann in der Allegorie von der Zauberkraft der Tugend-Kräuter (v. 1269–1375), dem einzig angemessenen Mittel zum Minneerfolg, vorgetragen. [III] In weiterem, zweimaligen Redewechsel (v. 1376–1535; 1536–1592; 1593–1612; 1613–1644) besprechen die versöhnten Persönlichkeitsteile ihren festen Entschluß zu weiterem Minnedienst, ihre Wahrnehmungen über die umworbene Dame und das weitere Vorgehen, wenden also die allgemeine Minnelehre auf die Situation des eigenen Falles an. Die abschließende Minnebotschaft [IV] bedient sich besonderer formaler Künstlichkeit.

Das Streitgespräch verwendet den vierhebigen Reimpaarvers, die übliche Form des Erzählverses (mit den noch gebräuchlichen Freiheiten beim Auftakt und der Versfüllung). Die Minnebotschaft ist in Strophen abgefaßt, bei denen ein vierhebig männlicher Vers mit einer Zeile wechselt, die dreihebig mit weiblichem Ausgang oder vierhebig klingend (mit Nebenhebung auf der Schlußsilbe) zu lesen ist – eine Zeilenkombination, die einen alten Langzeilentyp (Vagantenzeile) fortsetzt und die in mittelhochdeutscher, mittellateinischer und in späterer liedhafter Dichtung weit verbreitet ist. Die Strophen verkürzen sich sukzessive um 2 von 32 bis auf 4 Verse und benützen jeweils nur 2 verschränkt eingesetzte Reimklänge.

Die Minne, um die der Streit kreist (I), ist die *hohe Minne* in all ihrer

Abstraktheit und Paradoxie. Die umworbene Frau erhält keine konkrete Kontur, ganz zu schweigen von Individualität. Ihre *güete* allein (v. 83; 91), der in ihr verkörperte Wert schlechthin, ist Anlaß der Anziehung. Dieses Attribut kehrt in Steigerung und Überbietung immer wieder (v. 177; 587; 87). Grundlage sind ihre *tugende* (v. 155), deren Ausstrahlung über den allgemeinen Ruhm (v. 168), die gesellschaftlich anerkannte Reputation erfolgt. Sogar die Schönheit der Umworbenen wird nur nebenbei erwähnt (v. 12; 1074), ist nicht der eigentliche Anreiz. Der werbende Mann ist dennoch völlig von dieser abstrakt gekennzeichneten Partnerin eingenommen. Unaufhörlich kreisen seine Gedanken um sie (v. 134 ff.; 214 f.; 701). Sie allein gebietet über ihn (*vrouwe* v. 108; 1105). Er sucht ihren Gruß zu erlangen und zu ihrem Dienst zugelassen zu werden (v. 129), in dem selbst der Einsatz des Lebens *senftiu nôt* wäre (v. 185 ff.).

Dieser Dienst erfordert Entschlossenheit (*mannes muot* v. 612), unermüdlichen Einsatz von Leib und Seele (*arbeit* v. 613), Verzicht auf *gemach* (v. 617; 636 ff.), mehr das Rechte (v. 1084) zu tun als zu sprechen (v. 625; 1095), und vor allem *triuwe* und *stæte* (v. 217 ff.). Ihm lohnt dafür nur ungewisse Hoffnung (v. 86; 1077) auf eine über die Minne zu erreichende höchste Glückserfüllung (v. 595; 754) – allerdings in unerreichbarer Ferne, denn vorläufig stürzt ihn die Minnebetroffenheit nur in Kummer (v. 68; 694), Sorge (v. 430), Freudlosigkeit (v. 144; 294; 334) und Leid (v. 150). Das Dienstbemühen wird nicht direkt akzeptiert, bleibt ohne Lohn (v. 285; 113), ja die Dame nimmt gar keine erkennbare Notiz von ihm (v. 96), ihr Verhalten ist undurchschaubar (v. 98; 194 f.). Erklärungsgrund kann die Untreue der Männer sein, die schwer beurteilen läßt, wo richtige Treue vorhanden ist (v. 195 f.; 217 ff.). Doch auch ihre Zurückhaltung rechtfertigt nicht, schlecht von ihr zu reden (v. 121 f.).

Die *Psychologie* der Minne drückt sich in einer Skala von Reaktionen des Minnebetroffenen aus. Die Minne nimmt ihm Farbe und Situationsbewußtsein (v. 293 ff.), verwirrt den Verstand (v. 348 f.) und treibt ihn aus der Gesellschaft weg (v. 378 f.). Äußerlich ruhig, toben in ihm Stürme des Gemüts (v. 354 ff.) und übermannt ihn unversehens der Liebesschmerz. Zum anderen sind in der allegorischen Opposition von Herz und Leib Grundzüge einer Persönlichkeitspsychologie entfaltet, Herz und Leib sind unlösbar aufeinander angewiesen, wenn auch nicht von gleichem Rang. Die Führungsfunktion obliegt dem Herzen, es hat die Macht über den Leib (v. 44 f.), gibt diesem den Auftrag zum Minnedienst (v. 181), die Urteilskompetenz auch im Ethischen und Emotionellen kommt ihm zu (v. 564 f.), deshalb wählt das Herz die Partnerin (v. 79 f.). Das Herz bemüht sich, den Leib richtig anzuleiten (v. 726 f.), ist selbst ohne Ablenkungsmöglichkeit in die Minnebeziehung gebunden (v.

692 ff.) und schwerer betroffen, deshalb kann es Gehorsam verlangen (v. 896).
Der Leib erkennt auch seine Verpflichtung zu dienen an (v. 425 f.), er versteht sich als *mâge* (v. 316) und benötigt Rat und Anleitung des Herzens (v. 200 ff.; 1010), verlangt nur annehmbare Umgangsformen (*mit zühten* v. 983). Aber von Natur aus ist er eben träge, tendiert immer zur Bequemlichkeit (v. 860), ist deshalb schwer belehrbar in Sachen Minne (v. 809 f.) und versagt aus Passivität die Hilfe, auf die das Herz angewiesen ist (v. 856). Daraus entsteht das unverständige Aufbegehren gegen die am Leib sich zeigende leidvolle Symptomatik, die Qual der Minnesehnsucht und der Konflikt mit dem Herzen, das der Leib in die Rolle des Schuldigen, der noch dazu weniger belastet ist, drängen will. Der natürlichen Funktionalität nach ist der Leib für die Vermittlung der Außeneindrücke zuständig (v. 537 ff.), auch für Wahrnehmungen der Augen (v. 550 ff.), die ja in der Minnebindung immer von großer Bedeutung sind, aber das ist Vermittlungsfunktion ohne Urteilskompetenz. Von außen sind die beiden Partner nicht unterscheidbar, deshalb beklagt sich das Herz, durch einen trägen Leib selbst in den Ruf der Falschheit zu kommen (v. 935). Beide zusammen sind für einen dritten Teil des Ich verantwortlich, als Lebensprinzip ist ihnen von Gott die Seele gegeben (v. 1034 f.), die sie zum jenseitigen Heil oder Unheil befördern. (Minne verlangt aber auch den Einsatz dieses höchsten Prinzips: *beide sêle unde lîp / muoz man wâgen durch diu wîp* v. 637 f.).

Die funktionale Unterscheidung von Schichten der Psyche ermöglicht es, Herz und Leib zu allegorischen Subjekten zu machen, die den Streit austragen. Die Kontrahenten klagen in erster Linie über das von beiden erlittene Minneleid, doch ebenso bedenken sie sich wechselweise mit Vorwürfen, mit Vorhaltungen an den, der seine Pflicht tatsächlich oder vermeintlich nicht erfüllt, und mit Verdächtigungen, der andere habe den besseren Part und lasse es dabei bewenden. Die äußerste Steigerung sind gegenseitige Todesdrohungen (v. 41), konkretisiert als Drohung des Leibs, das Herz mit einem Messer zu durchbohren (v. 70 ff.), und als Wunsch des Herzens nach handgreiflicher Gegenwehr, wobei es bedauert, keine Hände zu haben (v. 527 ff.). Diese verbalen Ausbrüche sind aber nur Scheitelpunkte des Voneinander-Abstand-Nehmens. Beide Kontrahenten bleiben sich ihrer gegenseitigen Abhängigkeit bewußt. Schon die erste Klage des Leibs endet mit einem Einlenken; für eventuelles Versagen will der Leib das Herz gerne entschädigen (v. 415 f.). Die Bereitschaft, aufeinander zu hören, bricht sich in dem Versöhnungsangebot Bahn, das die beiden wieder zusammenführt. ‚Klage' ist hier also durchaus doppeldeutig, einerseits Klage an den Genossen über die leidvolle Minneerfahrung und andererseits Anklage wegen dessen Schuld. Für letzteres werden Formen und Wendungen des Rechtsstreits in Anklage und Gegenklage zitiert. R. Wisniewski hat innerhalb der Redeteile einen regelmäßigen Wechsel der beiden Aspekte beobachtet, doch ist diese Doppelung im Sinn eines Schwerpunktwechsels – und nicht sauber abteilbarer Stränge – zu verstehen. Zwar gibt es umgrenzte Häufungen von Rechtswörtern, doch sind diese teilweise ambivalent, weil schon seit den Anfängen der hohen Minne im Lied Rechtsterminologie metaphorisch für das Partnerverhältnis verwendet wurde. So ergeben sich sehr komplizierte Brechungen der Sprache, wenn minnemetaphorisch aufgeladene Rechtsterminologie in eine allegorische Streitszene zurückgespielt wird.

Die neu gewonnene Eintracht trägt die folgende *Minnelehre* (II, III). Vor allem wird die Bereitschaft, Rat anzunehmen und voneinander zu lernen, immer wieder beteuert (v. 1267 f.; 1377 ff.). Der Leib ist fest entschlossen, das zur Minne Förderliche beizutragen (v. 1173), und schwört einen Treueid (v. 1421 f.). Die vormaligen Kontrahenten können sich ihrer Einigkeit freuen (v. 1537 ff.) und ihr ganzes Trachten auf das gemeinsame Anliegen lenken.

(II) Die Wechselrede betont vor allem die Paradoxie der Minne: *mir ist wê, und bin gesunt* (v. 1197), das Leiden an und die Bedrängnis durch eine von außen kommende und ins Innerste hineinwirkende Macht. Einzig richtige und erfolgversprechende Reaktion ist die ethische Läuterung (*biderbe unde guot* v. 1225), denn da die Umworbene den Wert verkörpert (v. 1228), gibt es Annäherungen nur durch wenigstens ansatzweise Angleichung daran. Dieses Motiv leitet über zur Tugendlehre des Minnezaubers, denn die Einkleidung des Minnezaubers aus *Kärlingen* (v. 1280) als Kräuterrezept wird sehr rasch als Allegorie aufgedeckt. Nur in einem Garten sind diese Pflanzen zu finden, dessen Gärtner ist Gott selbst (v. 1296). Die benötigten Ingredienzien aber sind die Tugenden *milte, zuht, diemuot* (v. 1303) – *triuwe* und *stæte* (v. 1311) – *kiuscheit* und *schame* (v. 1315) – *gewislîchiu manheit* (v. 1317). Sie umschreiben ein allgemeines aristokratisches Leitbild, keine besonderen Eigenschaften der zwischengeschlechtlichen Werbung. Auch die Treueforderung ist ja allgemeine Pflicht, die im Minnezusammenhang nur besonders häufig thematisiert wird. Lediglich die – überraschende – *diemuot*, eine eher christlich-asketische Tugend, ist wohl enger durch das minnetypische Dienstmotiv bedingt.

(III) Die weitere Diskussion variiert und intensiviert hauptsächlich verschiedene Minnecharakteristika: die Erwartung des Werbenden, ihre *gnâden* (v. 1386; 1446) und *gruoz* (v. 1390) zu erlangen, ihre *güete*, deren Ausstrahlung mit dem Schein des Karfunkel verglichen wird (v. 1495 ff.) als Motivation der Anziehung, und auch das Rätseln um ihre undurchschaubare Reaktion (v. 1394 ff.; 1585 ff.). Vor allem benötigt der Werbende unerschütterliche Ausdauer (v. 1565 ff.; 1615 ff.), denn nur so kann er zum Ziel gelangen. Die Anspannung dabei wird mit einem Vergleich aus der ritterlichen Kampfpraxis illustriert (v. 1552).

(IV) Im Bereich der exponierten Minnevorstellung bewegen sich auch die Aufforderungen, Versprechungen und das konventionelle Frauenlob der abschließenden Minnebotschaft. Bemerkenswert ist, daß nur hier einmal beiläufig die Werbung in Zusammenhang mit dem *sanc* (v. 1713) gebracht wird, was wohl auf das Minnelied weist. Der Minneschmerz ließ dem Sprecher noch keine fröhlichen Töne.

Der *Sinn der Minne* – oder besser die Bedeutung des thematisierten Werbens innerhalb anderer Orientierungsbezüge – klingt an einer Reihe von Stellen an. Der vorgestellte Weg zum Erfolg der richtigen Minne (*reine minne* v. 780), die Ausbildung von *tugende* und *sinne* (v. 779; auch 1440) bestimmt generell alle sozialen Beziehungen, denn nur wer sich auf diesen Weg einläßt, wird erfahren, wie hoch ihn die Gesellschaft (*liute*) schätzt (v. 786 f.). Dafür hat er jeden Erfolg sich selbst zu verdanken – ein gefährlicher Optimismus, der schon in der gesellschaftlichen Rangordnung fragwürdig ist, in die Partnerbeziehung aber gerade die Unterstellung einbringt, aus dem Erfolg sei auf den Wert des eigenen Verhaltens rückzuschließen, die den Sänger Hartmann immer wieder zu bedenklichen Inversionen zwingt. Diese Verallgemeinerung der ethisierenden Wirkung zeitigt eine paradoxe Zuspitzung: Der Umworbenen wegen sieht sich der Werbende veranlaßt, generell *ze tuonne rehte unde wol* (v. 1084); der Wert, durch den er sich verpflichtet fühlt, liegt aber nicht bei Frauen überhaupt in einer geschlechtsspezifischen Rolle, sondern ausschließlich bei der einen Auserwählten der erotischen Partnerbeziehung (v. 1109 ff.). Soziale Verallgemeinerung und personale Engführung (auch v. 1262) sind nicht voneinander zu trennen.

Diese Dialektik, die Begründung eines umfassenden sozialen Wertmusters aus einer subjektiv-personalen Betroffenheit, definiert durchgehend den Sinn von Minne. Der Liebeskräuterzauber der Tugenden bestimmt den Wert der Person:

> *got und din werlt minnet in:*
> *swer den selben zouber kan,*
> *der ist zer werlt ein sælec man.*　　　(v. 1346–48)

Diese ethisch-soziale Orientierung kann deshalb innerhalb der Liebesthematik formuliert werden, weil die Wertverkörperung in der Frau unmittelbar unter dem Wertzentrum Gott rangiert (v. 1448). Deshalb ist es nicht verwunderlich, daß die erhoffte Zuwendung der umworbenen Frau als *heil* apostrophiert wird (*dû muost mit sinnen koufen heil* v. 1231, vgl. auch v. 1862), sicherlich zunächst als irdische Glückserfüllung, doch in bewußter Offenheit zur Konnotation des Heils, das sonst in religiös-metaphysischen Dimensionen gesehen wird. Ist Minne erst in diesen

Rahmen eingezeichnet, dann kann folgerichtig der erhoffte Erfolg als Gewährung und Gnade Gottes selbst gesehen werden, dem der Werbende in und neben der sich zuwendenden Frau dankbares Lob sagt und singt (v. 1861ff.). Die Minne schöpft ihre Würde aus Analogien zur Religion, und sie ist zugleich irdisch-säkulares Äquivalent in einer von kirchlich-klerikaler Bildung emanzipierten Laienkultur.

2.3. Literarische Bedingungen

Aus der literarischen Umgebung läßt sich Erklärendes nur begrenzt gewinnen, der Text ist eine isolierte Erscheinung. Minnedidaxe in Form der gereimten Minnerede, oft allegorischen Inhalts, ist erst im späteren Mittelalter eine weit verbreitete Gattung. Ab dem 14. Jahrhundert sind Minnereden zahlreich überliefert, für einzelne der Texte läßt sich eine Entstehung schon im 13. Jahrhundert vermuten. (Erste umfassende Darstellung I. Glier, W. Blank, T. Brandis). Hartmanns ‚Klage' kann als direkter Vorläufer verstanden werden, doch das erklärt für sie selbst nichts. Ein einziger thematisch verwandter Text geht der ‚Klage' voraus: ‚Der heimliche Bote', ein ganz kurzer briefartiger Text, der einige allgemeine Minneanweisungen und Verhaltenslehren vereint. Auch in der ersten Hälfte des 13. Jahrhunderts bleibt Minnelehre (die dann nicht Klage ist!) in generelle Verhaltenslehre eingebunden, z.B. in Thomasins von Zerklære ‚Der Wälsche Gast' oder den ‚Winsbeckischen Gedichten', und ist an Grundsätzlichkeit und Ausführlichkeit nicht zu vergleichen. Erst gegen die Mitte des 13. Jahrhunderts in des Strickers ‚Frauenehre' und Ulrichs von Lichtenstein ‚Frauenbuch' erhält die Liebeslehre wieder entsprechenden Stellenwert. Hartmanns verselbständigte Minnereflexion hat also im Deutschen kein gängiges literarisches Muster als Hintergrund und seine Quellen liegen im Zwielicht.

Zwar scheint die Angabe, das *herze* habe den Kräuterzauber aus Frankreich (*Kärlingen* v. 1280) gebracht, ein kaum verschlüsselter Quellenhinweis zu sein, doch läßt sich weder eine konkrete Vorlage finden, noch paßt Hartmanns Text, so wie er ist, ohne Abstriche in das erschließbare oder nur vermutete französische literarische Umfeld. Es müßte immer eine Quelle angenommen werden, die durch wesentliche Charakteristika, die die ‚Klage' zeigt, von ihrer sonstigen Umgebung verschieden wäre.

Gesichert ist nur der weiteste Rahmen: Hartmann vertritt die Lehre von der *hôhen minne / fin'amor*, wie sie in Frankreich herrscht und in der deutschen Literatur mit den Minneliedern seit Friedrich von Hausen voll rezipiert ist. Die didaktische Reflexion aber ist neben der vielfältigeren Liedkunst auch im französischen Bereich noch nicht so ausgeprägt. Der weit ausgreifende, in vieler Hinsicht einzigartig bleibende Traktat

‚De amore' des Andreas Capellanus ist zwar ein Musterbuch des *fin'amor,* aber in lateinischer Sprache verfaßt. Die auch um die Minne kreisende volkssprachliche Gattung der *complaintes d'amour* (Liebesklagen – was zu Titel und Ton der ‚Klage' paßt) oder der *saluts* steht der Versepistel näher, d. h. sie ist kürzer, weniger systematisch reflektierend als situationsbezogen und meist in direkter Anrede an die Umworbene formuliert, wie bei Hartmann nur der strophische Schlußteil. Zudem sind solche Texte für Hartmanns Zeit in Nordfrankreich noch gar nicht überliefert, allenfalls die ältesten provenzalischen Beispiele (Arnaud de Mareuil, Raimbaut d'Orange) wären mit der vermuteten Quelle Hartmanns zeitgleich. Weil in Erzähltexten Liebesbriefe erwähnt werden (‚Floire et Blanchefleur'; deutsch später z.B. in Rudolfs von Ems ‚Willehalm von Orlens') und Hartmanns ‚Klage' einer Quelle bedarf, das Fehlen zeitgleicher Texte aus Nordfrankreich als Zufall der lückenhaften Überlieferung zu erklären, ist nicht völlig überzeugend. Briefe dieser Art sind eine literarische Erscheinung, die nicht ohne weiteres in eine vorschriftlich-brauchtümliche Kulturphase rückübertragbar ist, wie z.B. das Lied, und trotz aller Abhängigkeit der deutschen von der französischen Literatur bleibt immer fragwürdig, ob die französische durch Rückschlüsse aus der deutschen zu vermehren ist. Verbreitet ist der literarische Liebesbrief auch in der mittellateinischen Literatur, und dort reichen die Wurzeln weit zurück. Es muß hier also eher mit einem diffusen Einfluß aus überkommenen schriftliterarischen lateinischen Mustern als mit punktueller altfranzösischer (oder provenzalischer) Abhängigkeit gerechnet werden. Mit Texten aus diesem Umkreis teilt Hartmann vor allem Inhalt und Motive der Minne, nur mit den provenzalischen und altfranzösischen aber deren spezifische Ausprägung als *amour courtois.*

Ihrer Darbietungsform nach steht die ‚Klage' in der Tradition des Streitgesprächs. Als *altercatio, disputatio, débat* ist sie ein aus der Antike in mittelalterliches Latein und die Volkssprachen weitergegebenes Muster. Weit verbreitet und mehrfach auch in Volkssprachen übersetzt ist z.B. die ‚Visio Fulberti', die ins 12. oder 13. Jahrhundert datiert wird und die Traumvision eines Mönchs schildert, der den Streit von Leib und Seele eines Verstorbenen, wer am Scheitern des Lebens schuld sei, miterlebt. Ob man diesem Text oder dem altfranzösischen *débat* ‚Un samedi par nuit' wörtlichen Einfluß auf die Klage zuschreiben kann, wie es früher versucht wurde, ist angesichts der Allgemeinheit von Motiven und Formulierungen (und der Datierung) zweifelhaft. Es genügt, hier eine literarische Tradition vorzufinden, in der ein Thema im Streitgespräch abgehandelt wird – vorzugsweise von solch grundsätzlicher Polarität wie der zwischen dem träge diesseitsverhafteten Leib und der auf das jenseitige Heil verpflichteten Seele. Ein solcher Streit ist durchaus nicht an den Tod als Moment der Trennung von Leib und Seele gebunden, sondern kann, wie z.B. Hildeberts von Tour rein theologisch orientierter ‚Liber de Querimonia et Conflictu carnis et spiritus seu animae‘ zeigt, auch im Leben ausgetragen werden. Ob es abschließend zur Versöhnung kommt oder ein Richter angerufen wird, macht keinen wesentlichen Unterschied. Die Form des Streitgesprächs hat im romanischen Bereich auch lyrische Formen geprägt: die Tenzone und Partimen oder *jeu parti*.

Meist wird nun eine Verschmelzung der Traditionen Liebesgruß und Streitgespräch in der französischen Vorlage Hartmanns angenommen. Doch ein wichtiger Unterschied wird dabei zu leicht übersehen. Die Muster sind in ihrer Sprechperspektive verschieden. Das Streitgespräch fingiert eine geschlossene Kommunikationssituation zwischen den Streitpartnern, an der der Rezipient nur indirekt beteiligt ist, im literarischen Brief wendet sich der Sprecher an einen Bezugspartner, oder dieser ist wenigstens als Adressat impliziert. Der französischen Vorlage oder – wahrscheinlicher – Hartmanns ‚Klage‘ selbst ist vor allem diese Verschmelzung von Sprechperspektiven zu einer Einheit eigen (Glier, S. 23), und dieser Impuls ist konstitutiv und rückt den Text von beiden Traditionen ab. Der Zweck der Verschmelzung ist phänomenologisch zu erkennen: Die grundsätzliche und umfassende Didaktik des Streitgespächs ist mit der Minnebetroffenheit und Werbung wie in *salut* und *complainte* verschränkt, eine wechselseitige Erweiterung für beide Perspektiven. (Eine *mynnred* im ‚Liederbuch der Clara Hätzlerin‘ von 1471 [II, 47] stimmt darin mit Hartmanns ‚Klage‘ überein.)

Noch andere literarische Muster können anregend auf die ‚Klage‘ gewirkt haben. In Veldekes ‚Eneit‘ ist die Reflexion auf die Minne und ihre Symptomatik schon sehr entwickelt und die Figurenrede in der Erzählung ist vom allegorischen Streit nicht weit entfernt (Wisniewski). Auch das Gegeneinander von Klage und Widerklage vor Gericht wurde als Vorbild genannt (Schönbach, Wisniewski). Für die Gliederung und den erklärten Formwillen des Autors stimmt das sicher nicht, doch daß stellenweise mit Absicht in Sprache und Sprechhaltung auch rechtliche Konnotationen wachgerufen werden und als Stilisierungselement mitwirken, scheint augenfällig.

Die psychologische Begrifflichkeit, vor allem die Unterscheidung von Herz und Leib, Seele und Organen, ist einerseits in der Minnereflexion schon so geläufig, daß kaum direkte Motivherkunft aufzuweisen ist. Das gilt für die Rolle des Herzens (vgl. bei Hartmann MF III, 1 – 207,13; XIII, 2 – 215,30) wie für die Unterscheidung von Herz und Leib (vgl. Friedrich von Hausen MF VI – 47,9; Reinmar MF X, 2 – 159,19), die auch für das topische Motiv vom Herzenstausch (z.B. ‚Erec‘ v. 2365 ff.) Grundlage ist. Die Unterscheidung von Schichten der Person und ihre Zuordnung und Funktionalität ist seit Augustin im wesentlichen theologisch geläufig und wird in allen Formen lateinischer und volkssprachlichen religiösen Schrifttums verbreitet. Nach Begriffsbestimmungen und Unterscheidungen der im 12. Jahrhundert aktuellen Fachtheologie zu suchen, wie es teilweise W. Gewehr versucht, setzt voraus, daß ganz spezifisch neue Inhalte in Hartmanns Text erkennbar eingegangen sind, was bei diesen grundlegenden Aussagen wenig wahrscheinlich ist, und daß die Sprache vergleichbaren terminologischen Ansprüchen unterworfen wäre wie das Latein der Fachtheologie. Diese Trennschärfe haben aber volkssprachliche Begriffe selten. Lediglich für *sêle* gilt, daß sie theologisch als unsterbliches Prinzip und nicht psychologisch als Seelenpotenzen definiert ist, was zu Hartmanns Verwendung paßt (Gewehr, S. 101). Der Einfluß solcher lateinischen Spekulation braucht nicht gänzlich bestritten zu werden, er sagt aber dann mehr über den Bildungsstand des Autors aus als über die Wirkungsintention des Textes; er hätte die Minnereflexion mitgefärbt, nicht aber ihren Stellenwert für das Publikum bestimmt. Denn der Orientierungswert der Minne wird nicht von theologischer Spekulation neu abgeleitet, sondern er ist in der hohen Minne des Lieds mit den religiösen, metaphysischen und rechtlichen Konnotationen schon von Anfang an vorgegeben.

2.4. Die Bedeutung des Textes

Da alle Anhaltspunkte fehlen, die den Text an eine historische Situation binden – die späte Überlieferung spricht ja nur für eine begrenzte Verbreitung –, können nur Rückschlüsse aus diesem selbst gezogen werden, die zum guten Teil Vermutung bleiben müssen. Die ‚Klage‘ gehört jedenfalls in den weiten Rahmen der höfischen Minnekultur, wie sie sich vor allem im Lied, aber auch im (Antiken- und Artus-) Roman artikuliert, und ist damit Teil eines Kulturmusters, das für eine Adelsgesellschaft Orientierungswerte entwickelt, die der allgemein geltenden religiösen Weltanschauung gegenüber teilweise autonom sind.

Als Minnedidaxe, die ein konsequentes Konzept von Erscheinung und Bedeutung der Minne reflektiert, ist sie zentral auf die Intentionen der Minnekultur am Ende des 12. Jahrhunderts ausgerichtet. Aber im Gegensatz zum Lied, das vor der festlichen höfischen Gesellschaft zur Aufführung kommt, ist die Gebrauchssituation der ‚Klage‘ wenig deutlich. Lediglich daraus, daß auch erzählende Literatur noch vorwiegend für den öffentlichen Vortrag bestimmt ist, und aus dem deklamatorisch-dramatischen Stil läßt sich schließen, daß die ‚Klage‘ ihren Ort in der öffentlichen Minnediskussion vor der Gesellschaft hat und nicht in einer privat begrenzten Minneerziehung.

Einige Folgerungen lassen sich für den Autor Hartmann ziehen: Er ist ganz in diese Minnekultur integriert, mehr als die Lieder mit ihren gewissen Beschränkungen zu erkennen geben. Er ist kein Minnesänger wider

Willen, der nur zu gerne zur religiös-asketischen Minneabsage übergeht.
Die im Grunde durchgehend die ‚Klage' prägende optimistische Auffassung vom Sinn der Minne und der Minneerwartung kehrt nur im kleineren Teil seiner Lieder wieder, die Verallgemeinerung des ethischen Anspruchs entspricht aber dem dort vertretenen ethischen Rigorismus, der
ihn zum Selbstvorwurf wegen des ausbleibenden Lohns zwingt. Eine
biographische Linie vom Optimismus der ‚Klage' zur herben Absage der
Kreuzlieder zu ziehen, ist autorpsychologisch gedacht und nicht beweisbar.

Der Literat Hartmann tritt hervor durch die erste umfassende programmatische Reflexion über die Minne. Er zeigt dabei erstaunliche stilistische, rhetorische Fähigkeiten und eine intensive Bindung an literarische Traditionen. Entweder greift er (mit Hilfe des Auftraggebers?) eine
französische Vorlage auf, die sich von ihrem literarischen Umfeld durch
die Anreicherung aus verschiedenen Traditionen unterscheidet und beweist damit sein Urteilsvermögen oder – und das halte ich (mit Gewehr
und Glier) für wahrscheinlicher – er verschränkt selbst diese Traditionen
und beweist damit seine Bildung. Jedenfalls zeigt dieser vielleicht erste
Text seine Experimentierfreude, ganz neue Möglichkeiten für die deutsche Literatur zu erproben.

Was das Publikum betrifft, bleiben die Vermutungen zwangsläufig vage. Die Minnekultur war ihm nicht neu, wenigstens im Lied müßte sie
ihm geläufig gewesen sein. War daraus ein Bedürfnis nach umfassender
Minnelehre erwachsen, weil noch grundsätzlicher Anspruch und Verbreitung der Minneideologie im Widerspruch zueinander standen? War
ein Zurückbleiben der höfischen Kultur hinter Frankreich bewußt geworden und sollte ein didaktischer Text dem entgegenwirken? Solche
Impulse könnten die Entstehung des Textes gefördert haben. Mit den
biographischen Kenntnissen sind Vermutungen dieser Art aber kaum zu
verbinden. Die Präferenzen für bestimmte Literaturgattungen bei den
führenden Geschlechtern des Südwestens, die aus wenigen Anhaltspunkten vermutet werden (vgl. Mertens, Schweikle, Thum – AB I), haben nur
einen typisierenden Wert. Sie sind kaum als Basis für ausschließende
Hypothesen, wo die ‚Klage' entstanden sei, verwertbar.

Arbeitsbereich IV

‚Gregorius'

1. Grundlageninformation

1.1. Texte

Neumann, Friedrich (Hrsg.): Hartmann von Aue. Gregorius, Wiesbaden 1958, 5. Aufl. besorgt v. Ch. Cormeau 1981 (Dt. Klass. des Mittelalters NF. 2), [Mit ausführlicher Einleitung zu Hartmann und zum ‚Gregorius', Übersetzungshilfen und Kommentar.]

Neumann, Friedrich (Hrsg.): Hartmann von Aue. Gregorius der gute Sünder, Mhd. Text nach der Ausgabe v. F. N., übersetzt v. B. Kippenberg, Ebenhausen 1959; wieder Stuttgart 1963 u. ö. (RUB 1787)

Paul, Hermann (Hrsg.): Gregorius von Hartmann von Aue, Halle [2]1876 [Große, kritische Ausgabe, durch weitere Handschriftenfunde und Arbeit am Text überholt, aber nicht ersetzt.]

Paul, Hermann (Hrsg.): Hartmann von Aue. Gregorius, Halle 1882, 13. Aufl. besorgt v. B. Wachinger, Tübingen 1984 (ATB 2) [Durch A. Leitzmann und L. Wolff verbesserte Leseausgabe; die Neuauflage nun mit einem ausgewählten kritischen Apparat unter dem Text.]

Heinze, Norbert (Hrsg.): Hartmann von Aue, Gregorius. Die Überlieferung des Prologs, die Vaticana-Handschrift A und eine Auswahl der übrigen Textzeugen, Göppingen 1974 (Litterae 28) [Abbildungen des wichtigsten Textzeugen und der Parallelüberlieferung in Auswahl.]

Sol, Hendrik B. (Hrsg.): La Vie du Pape Saint Grégoire. Huit versions françaises médiévales de la légende du bon pêcheur, Amsterdam 1977 [Erste Ausgabe aller Fassungen von Hartmanns Vorlage.]

1.2. Forschungsliteratur

Christoph, Siegfried: Guilt, shame, atonement, and Hartmann's Gregorius, Euph. 76, 1982, 207–221 [Ordnet die Begriffe Schande/Ehre und Schuld/Buße einer sozialen bzw. einer religiösen Wertorientierung zu und interpretiert den ‚G.' aus dem Dilemma zweier unterschiedlicher Konzepte.]

Cormeau: s. Gesamtbibl.

Dittmann, Wolfgang: Hartmanns Gregorius. Untersuchungen zur Überlieferung, zum Aufbau und Gehalt, Berlin 1965 (Philol. Stud. u. Quellen 32) [Umfassende Überlieferungskritik und Interpretation vor dem Hintergrund der mittelalterlichen Predigt; das Hauptgewicht der Darstellung wird auf dem Wirken der Gnade gesehen.]

Dorn, Erhard: Der sündige Heilige in der Legende des Mittelalters, München 1967 (Med. Aev. 10) [Gibt den stoffgeschichtlichen Hintergrund zum Typ des Sünder-Heiligen.]

Ernst, Ulrich: Der Antagonismus von *vita carnalis* und *vita spiritualis* im Gregorius Hartmanns von Aue. Versuch einer Werkdeutung im Horizont der patristischen und monastischen Tradition, Euph. 72, 1978, 160–226 und Euph. 73, 1979, 1–105 [Liest den ‚G.' einseitig als Legende aus weltverachtendem monastischem Geist, die feudale Anschauungen kritisiert.]

Goebel, Klaus Dieter: Untersuchungen zu Aufbau und Schuldproblem in Hartmanns Gregorius, Berlin 1974 (Philol. Stud. u. Quellen 78) [Versucht, aus den Motiventsprechungen die Struktur zu beschreiben, und wertet mit unzureichenden Argumenten als verursachende Schuld, daß Gregorius sich der Oblation entzieht und die Mutter das Gelübde der Ehelosigkeit bricht.]

Gössmann, Elisabeth: Typus der Heilsgeschichte oder Opfer morbider Gesellschaftsordnung? Ein Forschungsbericht zum Schuldproblem in Hartmanns Gregorius (1950–1971), Euph. 68, 1974, 42–80 [Vergleichende Übersicht über die kontroverse Interpretation der Schuld Gregors.]

Herlem-Prey, Brigitte: Le Gregorius et la Vie de Saint Grégoire. Détermination de la source de Hartmann von Aue à partir de l'étude comparative intégrale des textes, Göppingen 1979 (GAG 215) [Vergleichende Untersuchung aller afrz. Fassungen und der Bearbeitung durch Hartmann nach dem Maßstab der *adaptation courtoise* mit Rückschlüssen auf die Textgeschichte der afrz. Legende.]

Hirschberg, Dagmar: Zur Struktur von Hartmanns Gregorius, in: Grubmüller, K. u. a. (Hrsg.): Befund und Deutung. Zum Verhältnis von Empirie und Interpretation in Sprach- und Literaturwissenschaft, Tübingen 1979, 240–267 [Sieht im ‚G.' eine Abwandlung der Struktur des Artusromans und rückt ihn in unmittelbaren Zusammenhang mit der Wertediskussion dort.]

King, Kenneth C.: Zur Frage der Schuld in Hartmanns Gregorius, Euph. 57, 1963, 44–66; wieder in: Hartmann: s. Gesamtbibl., 311–341 [Textnahe Interpretation, die die innere Notwendigkeit von Aufbruch und Inzestschuld auf dem Weg zur Erlösung betont.]

Kolb, Herbert: *Der wuocher der riuwe.* Studien zu Hartmanns Gregorius, Literaturwiss. Jahrbuch NF. 23, 1982, 9–56 [Untersucht, vom Postulat geleitet, daß ohne persönliche Schuld die Erzählung keinen Sinn hätte, erneut einige theologische Fragen; sieht im Aufbruch Gregorius' seine *superbia*, seine entscheidende, aber strukturell nötige Schuld in der Unwissenheit, die behebbar gewesen wäre.]

Lee, Anthony van der: *De mirabili divina dispensatione et ortu beati Gregorii Pape.* Einige Bemerkungen zur Gregorsage, Neophilol. 53, 1969, 30–47, 120–136, 251–256 [Stoffgeschichtliche Untersuchung mit teilweise von Sparnaay abweichendem Ergebnis; sucht den Ursprung der Legende im Orient.]

Mertens, Gregorius: s. Gesamtbibl. [Stellt die Buße als eine geläufige Lebensform des Adels in den Mittelpunkt und versucht Auftraggeber, Publikum und Wirkungsintention zu bestimmen.]

Ohly, Friedrich: Der Verfluchte und der Erwählte. Vom Leben mit der Schuld,

Opladen 1976 (Rhein.-westfäl. Ak. d. Wiss. Vorträge G 207) [Untersucht motivtypologisch-theologisch die literarischen Gestaltungen der Auseinandersetzung mit einer Schuld, von Judas und Gregorius bis Th. Mann.]
Schönbach: s. Gesamtbibl.
Schottmann, Hans: Gregorius und Grégoire, ZfdA 94, 1965, 81–108; wieder in: Hartmann: s. Gesamtbibl., 373–407 [Teilvergleich beider Fassungen, der Hartmanns Bearbeitungspraxis vor allem wirkungsästhetisch beurteilt.]
Sparnaay, Hendricus: Das ritterliche Element der Gregorsage, Neophilol. 5, 1920, 21–32; wieder in: H.S.: Zur Sprache und Literatur des Mittelalters, Groningen 1961, 239–246, und in: Hartmann: s. Gesamtbibl., 7–16 [Über die Stoffverwandtschaft des Auszugs als Ritter mit dem Aventiureroman.]
Wehrli, Max: Roman und Legende im deutschen Hochmittelalter, in: Worte und Werte. Festschrift f. B. Markwardt, Berlin 1961, 428–443; wieder in: M.W.: Formen mittelalterlicher Erzählung, Zürich 1969, 155–176 [Wichtige grundsätzliche Erwägungen zum Unterschied und zur wechselseitigen Beeinflussung der beiden Gattungen, auch am Beispiel des ,G.'.]

2. Phänomenologische Annäherung

Der Erzähler gibt in einem den Regeln schulmäßiger Rhetorik folgenden Prolog, der sich in den Formulierungen an den mündlichen Vortrag angleicht, allgemeine Reflexionen über die Notwendigkeit der Buße als Rahmen für seine Geschichte (v. 1–176). Die Hörer werden nicht gekennzeichnet, der Autor Hartmann in der dritten Person genannt (v. 171 ff.). Die Geschichte selbst vermittelt der Erzähler aus der Perspektive vollen Überblicks, ohne auffallend hervorzutreten; Wertungen und Orientierungshinweise sind in den Erzählablauf integriert, direkte Anteilnahme bleibt sparsam gebrauchtes Hervorhebungsmittel, etwa beim entscheidenden Entschluß zum ersten Inzest (v. 332–338). Der Appell des Erzählers, die Beispielhaftigkeit anzunehmen, und die gebetähnliche Schlußbitte leiten aus der Erzählung heraus (v. 3959–4006).

Die Handlung läuft geradlinig von der Situation, aus der das erste Verhängnis entsteht, bis zur anschaulichen Heilsgewißheit Gregors und seiner Mutter. Die lineare Dynamik entsteht aus der Beschränkung auf den Titelhelden und die für ihn entscheidenden Stationen von seiner Geburt bis zur Wiederbegegnung mit der Mutter auf dem Papstthron. Die Vorgeschichte seiner Eltern wird erzählt, um die Bedingungen seiner Existenz zu klären. Gregors Mutter, die an zwei Phasen entscheidend beteiligt ist, bleibt zwischen diesen und dann bis zum Schluß außerhalb des Geschehens, sie ist nicht in gleicher Weise Hauptfigur. Vor- und Rückverweise (v. 899–922; 1842–46) überbrücken ihre Abwesenheit, soweit die Konstellation für Gregors Handeln bedeutsam ist. Auch sonst weicht der Erzähler von seiner Linie nur ab, wo er die Bedingungen für eine neue Station einführen muß, z.B. die ergebnislose Papstwahl (v. 3143–3208).

Die lineare zielgerichtete Dynamik verbindet sich mit statischen Sinn-
elementen, die in Motiventsprechungen als Wiederholung und Spiegelung gesetzt sind. Dem gewußten Inzest der Eltern steht der ungewußte
Inzest Gregors mit der Mutter gegenüber. Zweimal trennen sich Mutter
und Sohn, um sich unter konträren Vorzeichen wiederzufinden, zudem
hat die Auflösung ihrer Inzestehe noch die Entsprechung im Abschied
von Bruder und Schwester. Zweimal bricht Gregorius auf und läßt seine
bisherige Existenz, die des Klosterschülers und die des Landesherrn, hinter sich. Seine beiden längeren Aufenthalte, auf der Klosterinsel und der
Felseninsel, sind gesellschaftsfern, von beiden geht der Held unter konträren Vorzeichen mitten in die Gesellschaft. Der eigenen Initiative steht
die Erwählung gegenüber, den zufallsgesteuerten Meerfahrten der gewollte Rückzug auf die Felseninsel. Die Verknüpfung geht bis in dingli-
che Details: Der Seidenstoff, den die Mutter dem Neugeborenen mitgibt,
wird zum Material für die standesgemäße Bekleidung, und in ihr tritt
Gregorius später vor seine Mutter. Die Tafel mit der Geschichte seiner
Herkunft begleitet ihn bis zuletzt. Diese Entsprechungen rücken die Stationen in eine Sinnbeziehung zueinander, ihre sich überschneidende Vielfalt nuanciert die Aussage.

Die ganz personbezogene Handlung ist überwiegend objektiv erzählt,
nur in wenigen Entscheidungssituationen werden Motivation und Stellungnahme der Figuren ausgebreitet, als Gedankenmonolog z.B. Gregors
Entschluß zum Zweikampf (v. 2028–66) und die erste Reaktion der
Mutter nach Entdeckung der Tafel (v. 2488–2515), als Streitgespräch
mit dem Abt die Entscheidung zum Aufbruch (v. 1385–1640). Der Erzähler berichtet dies aber aus der gleichen Distanz wie den Fortgang der
Handlung. So sind die Stationen als geschlossene Handlungsräume an-
einandergefügt, mit dem Raum wechseln Verhaltensmuster und Erwartungen. Die Schwierigkeiten der Interpretation liegen darin, die Räume
mit ihren Implikationen richtig zu erfassen und die Ordnung zu durch-
schauen, in die sie zueinander gerückt sind.

3. Der Einfluß von dem Publikum geläufigen Wertungen auf die Erzäh-lung

Die Erzählung wird in der Forschung noch sehr gegensätzlich interpretiert; nicht umstritten ist nur der Zielpunkt: daß Gregorius mit dem Amt
des Papstes endgültige Entsühnung und Heilsgewißheit erreicht, in die
auch seine Mutter einbezogen ist. Die Geschichte selbst wird dagegen
unter sehr unterschiedlichen Vorzeichen gelesen. Von Details abgesehen
stehen sich zwei Grundauffassungen gegenüber: Die eine sieht Gregorius
schon durch die Umstände seiner Geburt schwer gefährdet, wenn nicht
gar gnadenlos. Er gebe schuldhaft die Chance eines gottgefälligen Lebens

im Kloster durch die angestrebte Ritterlaufbahn aus der Hand, verstricke
sich mehr oder minder willentlich in immer größere Sünde, bis ihm am
Inzest seine heillose Situation bewußt wird und er sich in radikaler äußerer und innerer Umkehr zur Buße verurteilt, aus der ihn göttliche Erwählung emporhebt. Der entgegengesetzte Standpunkt wertet zurückhalten-
der: Frei von Schuld aus der Geburt, wenngleich sozial benachteiligt,
sucht Gregorius nach bestem Wissen und Gewissen ein sündenfreies Leben zu führen. Bestätigt durch die Tatsache seiner Herkunft folgt er der
inneren Neigung zur Ritterkarriere, die ihm mehr als das Klosterleben
seiner Bestimmung zu entsprechen scheint, und gewinnt durch seine Leistung die Hand einer Dynastin, an deren Seite er vorbildhaft regiert.
Doch ein unerbittliches Schicksal holt ihn ein, der Erfolg enthüllt sich als
abgrundtiefer Fall. Aus dem menschlich unauflösbaren Widerspruch
zwischen Wollen und Ergebnis rettet er sich in die absolute Buße. Gna-
denhafte Erwählung aber kann schwerste Sündenverstrickung und
menschliche Ohnmacht im Heil aufheben.

   Die eine Deutung liest die Erzählung als Stufenfolge von Abstieg und
Erhebung, die andere als Auseinandersetzung des Titelhelden mit dem
ihm widerfahrenden Schicksal. Kernfrage für jede Deutung ist, welche
Normen sie als handlungssteuernd betrachtet; weil der Erzähler diese
selten explizit nennt, ist der Interpret genötigt, die Erwartungen des historischen Publikums zu rekonstruieren.

3.1. Normen kirchlicher Doktrin und Praxis

Zwar kann davon ausgegangen werden, daß die Normen christlicher
Religion im Mittelalter im allgemeinen mehr Autorität besaßen als in
neueren Epochen, doch wäre es verfehlt anzunehmen, daß religiöse Praxis laikaler und klerikaler Kreise, aktuelle akademische und kirchenamt-
lich propagierte Theologie, Argumentationsmuster der klösterlichen Askese und der Volkspredigt bis hin zum magisch gefärbten Brauchtum
miteinander eine homogene Einheit gebildet hätten. Auch im Hochmittelalter gibt es innerhalb der religiösen Institutionen und Doktrinen Gegensätze und Spannungen. Zudem stoßen gerade im Ethischen genuin
religiöse Normen mit gesellschaftlichen Wertsetzungen anderen Anspruchs zusammen, die auch damals in der Praxis die Oberhand behalten
konnten. So behauptet z. B. in der feudalaristokratischen Gesellschaft die
êre ihren zentralen Stellenwert trotz der religiösen Abwertung als *inanis
gloria* in mönchisch-asketischen Kreisen. Für die Erzählung muß deshalb
die Bekanntheit einer religiösen Norm bei Autor und Publikum nachge-
wiesen werden, was meist nur als Wahrscheinlichkeitsschluß aufgrund
eines allgemeinen Charakters mit breit gestreuten Belegen gelingen kann,
und es muß ihre handlungsprägende Kraft aufgezeigt werden. In die

Frage nach der Geltung ist ein Urteil über den sozialen Standort von Autor und Publikum – z. B. ein laikal-höfischer oder ein mönchisch-asketischer Kreis – eingeschlossen, denn entsprechend unterschiedlich sind manche Erwartungen anzusetzen. Im einzelnen muß darüber die Textanalyse entscheiden.

3.1.1. Der Inzest – Todsünde und Nichtwissen

Die sexuelle Verbindung von Bruder und Schwester, Sohn und Mutter ist theologisch gesprochen eine schwere Sünde. Doch ist es nicht die religiöse Kategorie der Sünde, die die Norm in Geltung setzt. Sie sanktioniert vielmehr nur theologisch ein gesellschaftlich vorgegebenes Verdikt (‚widernatürlich‘). Gerade die Eindeutigkeit des Verbots lenkt die Aufmerksamkeit auf eventuelle Modifikationen moraltheologischer Wertung.

Das Inzestverbot wird zweimal gebrochen, der Vorgang allerdings ganz verschieden dargestellt. Den Inzest der Geschwister erzählt Hartmann in aller Ausführlichkeit vom Eingreifen des Teufels bis zur Ausführung der Tat (v. 303–395). Ein dramatischer Vorgang läuft vor allem im Innern des Bruders ab, bis die Einflüsterung des Versuchers zum Wunsch, der Wunsch zum Vorsatz, der Vorsatz zur überlegt ausgeführten Tat wird. Der Erzähler macht durch das Ausbreiten innerer Antriebe sehr deutlich, wie unwillkürliche Anreize (nach religiösem Denken vom Teufel initiiert) sich bis zu einem Vorsatz verdichten, der die Tat nach sich zieht. Insoweit kann man hier von ‚realistischer Psychologie‘ sprechen. Entsprechend personal-ethischem Denken wird die persönliche Schuld schon dem Willensentschluß vor der Tat zugeschrieben.

Der geschilderte Ablauf läßt sich auffallend zwanglos mit einem traditionellen, auf lateinische Kirchenväter zurückreichenden theologischen Schema vom Anwachsen der Sünde vergleichen, das von der Frühscholastik verfeinert wurde (*suggestio – propassio – passio/delectatio – consensus – actus* [Cormeau, S. 104 f.; Goebel, S. 107]), aber auch in volkssprachlicher Literatur (z. B. Hohelied-Auslegung) verbreitet war. Das Schema trifft zwar kategoriale Unterscheidungen der Verantwortlichkeit, orientiert sich dabei aber an einem psychologischen Modell, das sich unbegrifflich in einen Verlauf umsetzen läßt. Ohne aus der Ähnlichkeit gleich auf fachtheologisches Wissen von Autor und Publikum schließen zu wollen, bleibt festzuhalten, daß hier der Verstoß genau geschildert und von einem personalethischen Sündenbegriff aus gewertet ist.

Der Inzest von Mutter und Sohn ist dagegen nur Inhalt einer kurzen Notiz (v. 2244–46). Hier interessieren den Erzähler das Zustandekommen des Eheentschlusses in der Ratsversammlung und später die Aufdeckung der Verwandtschaft, nicht das sündige Geschehen. Die Umstände, das Nichtwissen der Verwandtschaft wie die Art der Darstellung lassen zwar nicht den objektiven Normbruch, wohl aber die subjektive Beteiligung fraglich erscheinen. Theologie und Kirchenrecht kennen schon lange den Entschuldigungsgrund des Nichtwissens, der Verantwortung mildert oder aufhebt. Es ist allenfalls unsicher, ob es einen unausweichlichen, unverschuldeten Irrtum in der Person bei einem Inzest geben kann. Der Erzähler berichtet faktisch den Irrtum und beansprucht ihn dennoch nicht – etwa religiöse Doktrin zitierend, wie an anderer Stelle – als Entlastungsgrund. Man hat deshalb auf magisch-religiösen Volksglauben und auf rigoristische Mönchstheologie verwiesen, die auch diese objektive Sünde als subjektive Schuld werte. Damit stellt sich vordringlich die Frage, für welches Publikum die Erzählung geschrieben ist. Darüber hinaus bleibt ein Gegensatz zur genauen Begründung des ethischen Urteils beim Geschwisterinzest.

Die Reaktion Gregorius’, so wie Hartmann sie erzählt, ist widersprüchlich: Er behauptet, daß diese Verstrickung seinem Wollen zuwiderlaufe (v. 2614–2622), aber er büßt dennoch in absoluter Weise für eben diese Tat, die er nicht aus seinem Wollen entstanden sieht. Der Erzähler nennt später den Inzest seine *houbetschulde* (v. 3141). (Wie im lateinischen *peccatum* objektive und subjektive Schuld zusammenfallen und durch zusätzliche Attribute unterschieden werden müssen, so entbehren auch die volkssprachlichen Ausdrücke durchweg eindeutiger Trennschärfe.) Zwar kennt die mittelalterliche Bußpraxis den Gedanken der Erfolgshaftung – vom Ausgang einer Handlung wird auf den Willen des Handelnden geschlossen, ein praktisches Bedürfnis der Bußzumessung wie beim Strafrecht –, doch löst dieser Hinweis nicht den Widerspruch in Gregorius’ Bewußtsein auf. Denn kirchliche Bußinstanzen haben ein Maß auch für den Inzest und erkennen Unwissenheit als gewisse Schuldermäßigung an. Gregors Selbstverurteilung aber ist ohne Maß.

Die vorliegenden Interpretationen erklären die Diskrepanz im wesentlichen auf zwei Wegen: Entweder verlagern sie den Beginn von Gregors Sündenexistenz vor den Inzest, der zwar nicht gewollt, als letztes Glied einer Kette von Sünden doch schuldhaft ist, oder sie nehmen den Widerspruch als Zeichen dafür, daß das subjektive Verständnis von Sünde, Verantwortung und Gnade beim Betroffenen auf eine neue Stufe der Einsicht gebracht werden muß, wenn ihm das Heil so sichtbar zuteil werden soll.

3.1.2. Buße der Inzestschuld

Die Regeln kirchlich-sakramentaler Schuldtilgung sind als Vergleichsmaßstab annähernd brauchbar, auch wenn nur die Mutter eine reguläre Beichte vor dem Papst ablegt, die zudem mehr dem Zweck dient, sie wieder mit dem Sohn zusammenzuführen. Die üblicherweise genannten

Voraussetzungen für die Sündenvergebung – Schuldeinsicht und Reue, Schuldbekenntnis und anschließende Bußleistung – werden erfüllt. Der Bruder büßt durch eine Pilgerfahrt, an deren Ausführung ihn nur der vorzeitige Minnetod hindert (v. 835 f.), die Schwester durch innerweltliche Askese, ohne ihre gesellschaftliche Position zu verändern, durch Fasten, Gebet, Almosen und ausschließliche Hinwendung zu Gott (v. 886–898). Das Gleiche wiederholt sie nach dem zweiten Inzest auf den Rat des Sohnes hin (v. 2700–35). Daß Bruder und Schwester auf diesem Weg berechtigte Hoffnung haben, Vergebung zu erlangen, zieht der Erzähler, auf gültige Doktrin verweisend, nicht in Zweifel (v. 897 f.; 2701 f.).

Wo Interpreten an diesen Formen der Buße Kritik üben, müssen sie die innere Motivation verdächtigen, die die Erzählung nicht offenlegt. Das Verhalten ist konform zur kirchlichen Bußpraxis; Trennung, Pilgerfahrt, Askese auf eine bestimmte Dauer sind dort übliche Sanktionen (Ohly, S. 17). Gregors eigenes Verhalten geht über diese Norm hinaus; er gibt nicht nur die sündhafte Verbindung auf, sondern wendet sich völlig von der Welt ab und lebt ein Leben außerhalb des Lebensmöglichen. Auch diese Differenz ist zu bedenken.

Aus dem ersten Bußentschluß der Schwester (v. 871–898) wird ein Gelübde zur Ehelosigkeit gelesen, das sie mit ihrer späteren Heirat breche (Goebel, Ernst). Mit der Minnemetaphorik hätte der Erzähler eine förmliche institutionelle Verpflichtung zur ‚geistlichen Brautschaft‘ (U. Ernst: „Keuschheitsgelübde“) als handlungssteuernde Norm eingebracht; das ist wenig wahrscheinlich. Der spätere Eheentschluß kann nicht ohne Rücksicht auf die verfassungsrechtliche Bindung der Landesherrin an den Willen ihrer Vasallen gewertet werden (v. 2199–2230), die in einer Güterabwägung den individuellen Willen zur Ehelosigkeit (v. 2206–09) zurückstellen.

Die Geschwister offenbaren sich dem alten Ratgeber im Verborgenen. Allein deswegen ihre Bußgesinnung in Zweifel zu ziehen, ist unbegründet. Aus der Pflicht, die Sünde zu bekennen, darf nicht geschlossen werden, sie seien gehalten, sich öffentlich bloßzustellen. Gregorius bezichtigt sich selbst später vor dem Fischer und dem Legaten schwerster Sündhaftigkeit (v. 2955–62; 3505–47), ohne aber sein konkretes Vergehen und seine Herkunft zu nennen. Hartmann stimmt darin mit der traditionellen kirchlichen Bußdisziplin überein, die nur für öffentliche Sünde öffentliches, für geheime Sünde geheimes Bekenntnis verlangte, schon weil schlechtes Beispiel und Skandal als schädlich galten. Handlungsmotivationen verschweigt der Text hier weithin, insofern ist es fragwürdig, aus der Rücksicht auf die *êre* auf falsche Maßstäbe und Unbußfertigkeit zu schließen.

3.1.3. Folgen einer Inzestgeburt für das Kind

Die Folgen der Inzestgeburt für Gregorius fallen nicht unter religiös-ethische Kategorien. Nur unter Verweis auf magischen Volksglauben wurde unterstellt, das Kind gelte als gnadenlos der Schuld der Eltern wegen. Abgesehen von unzureichender Begründung aus theologischen Quellen, stehen zwei Textargumente gegen diese Annahme. Seine Mutter zitiert selbst als geläufige Doktrin die Freiheit ihres Kindes von der Schuld (v. 470–82), gerade in einer Ratsituation, der typischen Szene, die immer zur Vermittlung geltender Normen dient. Zum anderen ist schon der ausgesetzte Säugling Objekt wunderähnlicher göttlicher Fürsorge (v. 929–38), was es doch verwehrt, ihn als gnadenlos zu betrachten.

3.1.4. Bestimmung eines Kindes zum Klosterleben (Oblation)

Die Mutter gibt dem Sohn die Tafel mit der Warnung vor Überhebung und dem Wunsch nach Fürbitte für seine Eltern mit auf den Weg. Diesem Ansinnen scheint Gregors Leben im Kloster genau zu entsprechen. Deshalb wurde vielfach Gregors Aufbruch in die Welt als seine eigentliche Schuld begriffen, hier mache er sich selbst der Überhebung schuldig und breche die Bußverpflichtung. Doch läßt sich weder eine Verpflichtungskraft der Bitte auf der Tafel begründen, noch ist diese fromme Pflicht ausschließlich einem Mönchsleben zuzuordnen und Gregors später täglich geleistete Fürbitte abzuwerten. Wo dieser Ansatz dennoch nicht aufgegeben wurde, verlagerte sich folgerichtig die Begründung auf Gregors innere Motivation, auf Selbstherrlichkeit und falschen Ehrgeiz. Damit wird die Schuld vom Bruch äußerer auf den rein innerer Normen verschoben. Diese kritisierbare Motivation müßte aber im Text deutlich werden. Sie durch einen Rückschluß zu ergänzen – etwa weil Gregors selbstgewählte Buße doch eine eindeutige Schuld voraussetze –, ist ein fragwürdiges Auslegungsverfahren. Hinweise auf theologische Überlegungen, daß eine Initialsünde (*culpa praecedens*) die ethische Urteilskraft schwäche und weitere, auch nicht direkt gewollte sündhafte Akte nach sich ziehe, sind erst zu berücksichtigen, wenn die eine Initialschuld eindeutig vor Augen liegt.

Eine neuere Deutung begründet die Wertung von Gregors Ausfahrt als Sünde durch den Hinweis auf eine kirchenrechtliche Institution (Goebel, Ernst). Das abendländische Mönchtum kennt schon seit Benedikt die Oblation: Kleine Kinder werden von den Eltern zum Mönchtum bestimmt und dem Kloster übergeben, das sie erzieht und sich eingliedert. Im Zeitpunkt des Erwachsenseins muß traditionell vom Oblaten die Bindung an das Mönchsgelübde bekräftigt werden. Selbst die Interpreten, die in Gregorius einen Oblaten sehen, der verpflichtend zum Mönch bestimmt ist, müssen zugestehen, daß seit dem 9. Jahrhundert in der Doktrin altes kollektives Sippendenken und personales Denken miteinander in Streit liegen; umstritten ist nämlich, ob der Herangewachsene verpflichtet ist, eine Gelübdebindung nur formal zu erneuern, oder die Entscheidungsfreiheit hat, im Kloster zu bleiben oder in die Welt zu gehen. An der Wende des 12. zum 13. Jahrhundert setzt sich nach den theologischen Belegen die Ansicht von der Unverbindlichkeit der Oblation endgültig durch. Selbst wenn man Hartmann nun als Anhänger der alten rigoristischen Richtung betrachten wollte, macht nachdenklich, daß der Erzähler diese (umstrittene) Norm nicht ausdrücklich nennt, nicht einmal durch den Mund des Abtes in dem langen Streitgespräch vor dem Abschied. In der Realität war die Übergabe des Kindes ein beurkundeter Rechtsakt, der die Abtretung der Vermögensrechte an das Kloster nach sich zog. Der Erzähler bleibt in seiner Darstellung auffallend vage: die Tafel der Mutter und das Handeln des Abtes statt verbindlichem elterlichen Rechtsakt, das bereitwillig ausgehändigte, treuhänderisch vermehrte Barvermögen, Mönchskleid und Schulbesuch (v. 1161–66), aber neun Jahre später ein Streit des Knaben Gregorius mit seinem Ziehbruder beim Spielen. Welches Publikum urteilte unter diesen Umständen nach dieser Norm?

3.1.5. Die religiöse Wertung von Rittertum, Ehe und Landesherrschaft

Keine der drei Lebensformen ist von religiösen Normen aus prinzipiell abgewertet. Zwar werden nach kirchlicher Doktrin Mönchtum und Weltabwendung höher geschätzt als Ehe, Krieger- und Fürstenleben, doch ist das ein relatives Maß, keine strikte Polarität. Auch der mittelalterlichen Kirche waren pragmatische Entscheidungen nicht fremd, und sie billigte den Austritt aus dem geistlichen Stand, wenn der gefährdete Fortbestand einer Dynastie es nötig machte (Mertens, Gregorius, S. 64 f.). Allerdings machen in den Augen der Theologen eine Reihe typischer Gefahren diese Daseinsformen angreifbarer: die *êre* als eitles und übermäßiges Verlangen nach Geltung und Selbstüberhebung (*superbia*), der Hang zu Besitz, Luxus und trägem Genuß. Die Kritik an jeder dieser Fehlhaltungen ist mit reichem Material zu belegen. Doch wenn auch geraten wird, sich mit den gesellschaftlichen Positionen auch der Gefahren zu begeben, so ist doch keine der Verfehlungen ausschließlich und zwangsläufig an diese Stellungen geknüpft. Als fehlerhafte innere Einstellungen sind sie ein Moment zusätzlich zur reinen Faktizität. Die Erzählung müßte darauf also eigens hinweisen.

3.2. Wertungen aus der sozialen Lebenspraxis

Neben genuin religiösen Normen sind Wertsetzungen der (realen) sozialen Umwelt von Bedeutung. Sie sind schwerer faßbar, weil es keine soziale Doktrin vergleichbar der gut reflektierten und belegten religiösen gibt. Belege sind alle Materialien einer Mentalitätsgeschichte, von Rechtssatzungen bis zum Brauchtum und zur volkssprachlichen Literatur selbst. Auch bei diesen Normen muß, wie immer bei (fiktiver) Literatur, ihre Geltung für den Text aufgezeigt werden, wenn sie zu seiner Interpretation herangezogen werden sollen.

3.2.1. Inzest – ein soziales Tabu

Das Inzestverbot, vor allem zwischen Mutter und Sohn, ist eine elementare Sozialnorm, die nahezu unabhängig von historischen Gesellschaftsformen gilt. Es gibt wenige Tabus von gleich universeller Geltung. Gerade deshalb wird das Motiv häufig verwendet, Schuldproblematik zu thematisieren, sicher nicht zuletzt der emotionalen Energien wegen, die damit angerührt werden.

3.2.2. Rechtsfolgen für ein Inzestkind

Das Kind eines Inzestes ist mehr noch als das uneheliche Kind rechtlich benachteiligt, eine gesellschaftliche Unperson, der der Stempel der Schande (rechtlich *infamia*) aufgeprägt bleibt. Das darf nicht als versteckte Schuldzuweisung mißverstanden werden, sondern ist Sanktion zum Schutz der gesellschaftlichen Normen, die der Inzest verletzt. Das Kind aus einem Inzest ist vom Erbe und jeder ständischen Position ausgeschlossen; lediglich einen Anspruch auf Alimentation gibt ihm das Recht (Geldbeigabe der Mutter). Verheimlichte Geburt und Aussetzung mildern diese Lage für Gregorius, als Findelkind ist er wenigstens von der größten Schande befreit; er hat zwar auch keine gesellschaftliche Position, es ist ihm aber nicht völlig verwehrt, eine solche zu erreichen. Gerade weil die gesellschaftliche Position in der feudalen Gesellschaft in erster Linie durch die Sippe vorgegeben ist, wiegt das Fehlen dieser Integration schwer für den Betroffenen, noch dazu, wenn er wie Gregorius um seine hochadelige Abkunft weiß.

Ein möglicher Weg zur Legitimierung ist der Eintritt in ein Kloster. Nach traditioneller Doktrin hebt das Mönchsgelübde als geistliche Geburt jede Unzulänglichkeit der Herkunft auf; von einem Klostergelübde ist jedoch nicht die Rede. Die Rechtstradition kennt darüber hinaus die Legitimierung durch einen Leistungserweis; nach dem ,Sachsenspiegel' (Schönbach, S. 303 f.) muß ein unehelich Geborener dazu in Gegenwart des Kaisers einen Zweikampf austragen. Ob solche Vorstellungen auf Hartmanns Text einen Einfluß hatten, ist schwer zu entscheiden.

3.2.3. Rechtskontinuität der Landesherrschaft

Die Landesherrschaft über Aquitanien bestimmt die Teile höfischen Lebens in der Erzählung. Wie der Bruder den Katalog fürstlichen Verhaltens erfüllt, den ihm sein Vater auf dem Totenbett mitgibt (v. 244–265), wird nicht erzählt. Später tritt Gregorius an diese Stelle an der Seite seiner Mutter und erweist sich als Muster eines starken, gerechten und sich selbst bescheidenden Fürsten (v. 2257–76).

Die rechtliche Kontinuität wird durch die Mutter hergestellt, die nach dem Tod des Bruders die im südlichen Frankreich übliche weibliche Erbfolge antritt. Die vorzeitige Huldigung für den Erbfall, die der alte Ratgeber veranlaßt, ist eine bewährte Praxis im Mittelalter, das personalisierte Verfassungsrecht vor Krisen zu sichern. Nicht sichern kann die unverheiratete Erbin ihre Herrschaft gegen gewaltsamen Angriff auf ihre Position; deshalb wird sie von den Vasallen zur Ehe bestimmt, die mit Kindern auch die Kontinuität der Herrschaft garantieren soll. Die Inzestehe, die sie schließlich unwissentlich eingeht, ist nach geltendem Recht nichtig. Die Mutter bleibt dadurch alleinige Landesherrin, während Gregorius seine Position verliert.

Gerade bei den höfischen Verhaltensnormen stellt sich ein Problem des Textverständnisses am deutlichsten. Die zusammenfassend erzählte Ratsversammlung der Vasallen (v. 2188–2220) z. B. endet in einer vom Erzähler ausdrücklich gebilligten Maxime, die Ehe sei die beste Lebensform hier auf Erden (v. 2221–24). Die sich anbahnende Inzestehe von Mutter und Sohn vor Augen, ist die Formulierung objektive Ironie. Da Erzähler und Hörer mehr wissen als die Figuren, was Hartmann dadurch unterstreicht, daß er nur an dieser Stelle zukunftsgewisse Vorausdeutungen einsetzt (v. 2246; 2256; 2262), wird die ganze Fallhöhe zwischen einer Ehe, auf die diese Wertung zutrifft, und dem Inzest vergegenwärtigt. Das ist nicht die einzige Stelle, wo Hartmann mit diesem Mittel darauf hinweist, daß Absicht der Akteure und Geschehen sich voneinander entfernen. Die harte Kontrastierung des durch die Situation bedingten Wechsels von Wertungen ist ein Darstellungsmittel der Erzählung. Im Kontext der Ratsituation der Vasallen ist die Verheiratung der Dynastin ein fragloser Wert; erst in den neuen Kontext gerückt, daß nämlich die Wahl hier auf den unerkannten Sohn fällt, verkehrt sich das Ziel in sein Gegenteil.

3.2.4. Der Ritter als Kampfhelfer

Das Handeln Gregors im Land der Mutter entspricht einem vorgegebenen Muster: Eine Feudalherrin ist ungeschützt einem Machtkonkurren-
ten mit überlegener Streitkraft – in der Rolle eines Ehebewerbers – ausgeliefert, dessen sie sich nicht erwehren kann. Ein vom Zufall herbeigeführ-
ter Ritter schlägt durch einen Sieg den Gegner aus dem Feld, der unter
den Regeln eines Kräftemessens Mann gegen Mann den Vorteil seiner
überlegenen Streitmacht verliert. Dem Befreier wird gern die Ehe mit der
Erbin und die Herrschaft in ihrem Territorium angeboten.

Das ist ein literarisches Muster (vgl. ‚Iwein‘ v. 3695–3818; ‚Parzival’),
wenngleich in einem gewissen Maß Gegebenheiten der historischen Realität, erb- und lehensrechtliche Normen und die Notwendigkeit, einen
Rechtsanspruch gegen Konkurrenten mit Gewalt durchzusetzen, mit verarbeitet sind. Die von Gregorius bewiesene Bereitschaft, sich mit Leib
und Leben für die Dynastin einzusetzen, um im Fall des Erfolgs Ehre zu
gewinnen, verwirklicht einen zentralen Wert: Die ritterliche Schutz-
pflicht für bedrängte Frauen hat Züge eines ideellen Anspruchs, der nicht
unbesehen mit realen Gewohnheiten in eins gesetzt werden darf, dennoch aber wirkmächtig ist. Die im Muster enthaltene Erfolgserwartung
hat märchenhafte Züge (Erlösungsmärchen) und ist hinsichtlich ihres
sozialen Gehalts, der Herrschaftsübernahme durch einen Ritter ohne den
Hintergrund von Sippe und Besitz aufgrund von Leistung, deutlich utopisch.

3.2.5. Die Weltabwendung des Laien

Die Buße ist zwar im religiösen Denken begründet, doch hat sie außerhalb der institutionalisierten mönchischen Askese auch soziale Implikationen. V. Mertens hat Belege für eine laikale Weltabwendung gesammelt, für die typisch ist, daß sie den Aufenthalt in der Wildnis wählt,
keine kirchliche Einbindung sucht und als Instanz für Beratung auch
sozial wirksam wird, ohne daß eine schwerwiegende Schuld eine radikale
Lebenswendung veranlaßt hätte. Er schließt daraus auf eine dem Publikum geläufige „Lebensform“, die in der freiwilligen Abwendung ein
verbreitetes Bewußtsein von der Relativität und Gefährdetheit aristokratischen Weltlebens spiegelt. Jedenfalls zeigen die Beispiele, daß mönchi-
sche Weltverneinung und laikal-höfische Weltbejahung einander nicht
als starre Alternativen gegenüberstanden und neben dem sich sonst in der
Literatur ausprägenden Optimismus durchaus auch pessimistische Untertöne in der laikal-höfischen Kultur anzutreffen sind.

4. Literarische Voraussetzungen

4.1. Die Quelle Hartmanns

Die Gregoriuslegende ist in zahlreichen Textfassungen in West- und Mitteleuropa verbreitet. Älteste bekannte Fassung und Quelle Hartmanns ist die altfranzösische Verslegende ‚La Vie du Pape (Saint) Grégoire'. Sechs Handschriften aus dem 13. bis 15. Jahrhundert überliefern sie in zwei unterschiedlichen Redaktionen $A_{(1-3)}$ und B $_{(1-3)}$. Die der ältesten noch erhaltenen Handschrift (B_1, Anfang 13. Jhd.) vorausgehende Textgeschichte und die Entstehungszeit sind umstritten. Hartmann steht der Fassung B in Gestalt von B_1 am nächsten, zeigt aber auch Züge der A-Version, doch keine der vorhandenen Handschriften kann ihrer Entstehungszeit nach seine Quelle gewesen sein. Ob er eine verlorene Handschrift der Gruppe B kannte, wie meist angenommen wurde, oder eine archetypische Textredaktion vor der Aufspaltung in zwei Fassungen (B. Herlem-Prey), ist angesichts der nur erschlossenen Geschichte des französischen Textes kaum endgültig zu entscheiden. Freilich wurden erst jüngst alle französischen Fassungen ediert; ältere vergleichende Arbeiten auf unzureichender Textbasis müssen deshalb revidiert werden.

Die französische Erzählung wird überwiegend etwa auf die Mitte des 12. Jahrhunderts datiert (einzelne Meinungen gehen bis nahe an 1190 oder bis zur Mitte des 11. Jahrhunderts). Die B-Fassung könnte mit ihrer Form achtzeiliger Achtsilberstrophen ein Indiz für eine noch weiter zurückreichende Textgeschichte geben. B. Herlem-Prey vertritt (nach M. Roques) die Hypothese, älteste Fassung sei eine *Chanson de saint* möglicherweise schon des 11. Jahrhunderts, der Archetyp für beide überlieferten Versionen, gewesen. Die Tragfähigkeit ihrer Argumentation im einzelnen abzuwägen, fällt in die Zuständigkeit der Romanistik, doch es hat zu Recht Zweifel hervorgerufen, daß sie Details einzelner Handschriften als historisch faßbare Angaben liest.

4.2. Hartmanns Bearbeitung der Vorlage

Abschließendes zu dieser Frage ist angesichts der erst jüngst verbesserten Quellenedition noch nicht geleistet. Die Ergebnisse neuerer Teilvergleiche (H. Schottmann, D. Hirschberg) zeigen, wie nützlich diese Quellenkritik ist; sie geben die Grundlage, die Arbeitsweise Hartmanns kurz zu charakterisieren.

Hartmann fügt Zusätze und Erweiterungen ein (z.B. die Fürstenlehre an den Sohn v. 244ff.; das aufs Doppelte erweiterte Streitgespräch mit dem Abt v. 1377ff.), die Teil einer planvollen Durchgestaltung sind. Trotz des engen Anschlusses an die Vorlage bleibt Hartmann erstaunlich

selbständig in der Nuancierung des Erzählten. Sein Bestreben ist es, die
Einzelmomente einer Szene jeweils zu einer Einheit zu verschmelzen.
Dazu streicht er zwar mit Emotionsausbrüchen und spontanen Gesten
manche Anschaulichkeit, gewinnt aber eine strengere Konzentration auf
einen Grundgedanken und eine konsequentere Zeichnung der Figuren,
wie zum Beispiel die vollendet höfische Haltung bei Gregorius. Er stuft
den Erzählfluß stärker ab. Auserzählte Szenen werden durch knapp resü-
mierte Voraussetzungen verkettet, szenisch ausgestaltet wird nur, was
für den Fortgang der Geschichte wichtig ist. Der kommentierende und
beobachtende Erzähler tritt bei Hartmann stärker hervor und vermittelt,
auch ironisch distanziert, zwischen Geschehen und Publikum. Die vorbe-
reitende Motivation erhält durch die Änderungen größeres Gewicht,
auch im Sinn psychologischer Glaubwürdigkeit. So macht Hartmann
gegen die Vorlage die Fischersfrau zur Pflegemutter, die Gregorius später
im Zorn seine Findlingsherkunft vorhält. Bei einer Reihe von Änderungen wird deutlich, daß Hartmann den Gesamtverlauf im Auge hat; er
verstärkt Züge oder führt sie ein, um durch Entsprechungen oder Kontraste zu anderen Szenen die Struktur der Geschichte zu verdeutlichen.
Das gilt etwa für seine Änderungen beim ersten Zusammentreffen mit
dem Fischer. Gregorius reagiert nicht nur auf diesen neuen Handlungs-
partner, sondern zeigt darin auch seine neue bußfertige Gesinnung. In
der Beschreibung seines Aussehens nach siebzehnjähriger Buße (v.
3379–3475) spielt Hartmann den Kontrast zur einst glanzvollen höfischen Erscheinung aus.

Trotz der getreuen Umsetzung seiner Vorlage nimmt Hartmann sich
auf allen Ebenen gestalterische Freiheit. Deshalb muß die Deutung der
deutschen Erzählung sich an seinen Wortlaut halten und es auch hinnehmen, wenn er zweideutig bleibt, Stellungnahme und Motivation ausspart
oder Widersprüchliches nebeneinander setzt; solche Unschärfen können
nicht durch den Rekurs auf seine Quelle und nicht durch spätere Fassungen direkt behoben werden.

4.3. Stoffumkreis

Die Gregorius-Erzählung bezieht sich nicht auf einen historischen Papst
und wird erst später in die Legendensammlungen von kirchlich anerkannten Heiligen aufgenommen. Erwägenswert für eine historische Einbindung ist allenfalls die Lokalisierung in der Herzogsfamilie Aquita-
niens. (Die nötigen Hinweise auf die zahlreichen Fassungen, die Bearbeitungen des afrz. ‚Grégoire‘ oder von Hartmanns Text sind, enthält der
AB VIII.)

Die Erzählung steht in einem weiten Feld antiker und mittelalterlicher
Inzestgeschichten, deren Vielfalt sich einer stoffgenetischen Ordnung

entzieht. Ganz außer acht bleiben können hier die mythischen Geschichten (und ihre psychoanalytische Deutung), näher stehen die Fabeln, in denen der Inzest, vor allem ein verdoppelter Inzest, als abscheuerregende Verfehlung erscheint. Dieser Stoff scheint vorzüglich geeignet, Schuld und Schicksal zu thematisieren, kaum ein anderer Stoff erlaubt es, so nachdrücklich den objektiven Normbruch vom Wissen und Wollen der Beteiligten zu trennen. Die bekannteste der antiken Inzestgeschichten ist die Ödipussage. Sie hat aber nur die Aussetzung und den Mutter-Sohn-Inzest mit der Gregoriusfabel gemeinsam, der wiederum andere wichtige Motive (legale Herkunft, Orakel, Vatermord) fehlen. Im Gegensatz zu anderen Mythen war sie aber dem Mittelalter durch die ‚Thebais' des Statius (verarbeitet im afrz. ‚Roman de Thèbes') bekannt. Ein literarischer Einfluß ist also nicht auszuschließen, bei der weiten Verbreitung des Inzestmotivs aber ist eine direkte Abhängigkeit wenig wahrscheinlich.

Das Hochmittelalter kennt mehrere christliche Inzestlegenden nebeneinander, die große Ähnlichkeit mit der Gregoriusfabel haben. Gegenseitige Beeinflussung ist wahrscheinlich, der Versuch, eine Abhängigkeit in der Entstehung aufzuhellen, scheitert aber an der unzureichenden Kenntnis der Entstehungsdaten. Älteste Parallele mit Vater-Tochter- und Mutter-Sohn-Inzest und Buße ist die Albanus-Legende, bekannt in einer lateinischen Fassung nach 1178 und in Bruchstücken einer deutschen Version vom Ende des 12. Jahrhunderts. Jünger als der ‚Grégoire' ist die italienische Vergogna-Legende (mit doppeltem Inzest). Deutlich von der Ödipussage beeinflußt ist die früher oder wenigstens gleichzeitig entstandene Judas-Legende (mit Aussetzung, Vatermord, Mutter-Sohn-Inzest) und die jüngere russische Andreas-Legende (mit Aussetzung, Vatermord, Mutter-Sohn-Inzest, schwerer Buße und Berufung zum Bischof). Merkwürdig wegen der Übereinstimmung in der Jugendgeschichte des Helden auch in nebensächlichen Zügen ist die Geschichte Dārābs (mit Vater-Tochter-Inzest) im ‚Šāh-nāme' (‚Königsbuch') des Persers Ferdousi (Anfang 11. Jhd.).

Zur Buße auf der Felseninsel gibt es verwandte Züge in der weitverbreiteten (außerbiblischen) Adams-Vita, in der (von der oben genannten Legende unabhängigen) Judas-Episode der ‚Navigatio sancti Brendani', in den Legenden des Metro von Verona und des byzantinischen Martinian.

Im Hinblick auf die Heilsfrage ist der Stoff mehrdeutig: Der Inzest kann Disposition zur völligen Verworfenheit (Judas) oder zur Erwählung (Andreas, Gregorius) bedeuten. Sonst sind die verbreiteten Motive und Motivketten offensichtlich so variabel verfügbar, daß sie der Erzählintention weiten Spielraum lassen, die Stoffgeschichte zur Interpretation einer konkreten Variante also wenig beiträgt.

4.4. Gattungsdeterminierende Züge

Die Forschung ist zu keiner einhelligen Meinung gelangt, welcher Gattung der ,Gregorius' zuzuweisen ist. Vorwiegend rechnet sie ihn zur Legende, doch meist mit einer Modifikation: höfische Legende, Legendenroman, Legendennovelle. Die Unsicherheit liegt nicht nur in der Eigenart von Hartmanns Text, sondern auch in den sich erst ausdifferenzierenden literarischen Konventionen der volkssprachlichen Literatur begründet. Vorbereitend für die Textanalyse können nur formale Anhaltspunkte, Motive, Bilder, Deutungsschemata gesammelt werden, die als Signale für Verständigungskonventionen beim Publikum gewertet werden dürfen. Dabei ist zu bedenken, daß Legende und biographischer Roman ihrer Struktur nach sich sehr nahe stehen, sie unterscheiden sich hinsichtlich des angesprochenen Publikums und der intendierten Funktion.

4.4.1. Kontext Legende

Einzelne Motive stammen offensichtlich aus dem Erzähltyp Legende, der Geschichte eines Heiligen, der durch Einwirken Gottes auf die Umwelt, auch durch Wunder, seinen Weg geführt wird. Solche Versatzstücke, die in der hagiographischen Tradition geläufig sind, sind z.B. das Läuten der Glocken bei Gregors Einzug, das Nahrungswunder, das ihn am Leben erhält, die nächtliche Traumbotschaft an zwei Römer, die gefahrlose Aussetzung des Neugeborenen auf dem Meer. Zu fragen ist, ob auch Ablaufschemata und Ordnungsmuster mit diesem Erzähltyp übereinstimmen.

Die Erzählwelt der Legende ist eine Welt der Eindeutigkeit: Heilswirken Gottes, das der Mensch annimmt, einerseits, unheilvolle Gegenkräfte und ablehnend eigenmächtige Handlungen des Menschen andererseits bilden ein bipolares Kräftefeld, in dem jedes Element eindeutig der einen oder anderen Perspektive zuzuordnen ist. Es gibt keinen Zwischenbereich freier ethischer Disposition. Wo vorübergehend Unklarheit über die Wertung herrscht, handelt es sich um Täuschung oder Selbsttäuschung des handelnden Subjekts, die zu überwinden nur Sache des rechten Willens ist. Der Standort des Helden und jede Handlung sind in dem bipolaren Feld religiöser Wertkoordinaten schon jeweils eindeutig bestimmt, Spiegelbild einer objektiven Deutung, deren Geltung dem Erzählten vorausliegt. Deshalb ist der Weg des Helden nachahmenswertes Exempel eines aus dem Glauben legitimierten Lebensvollzugs, das Publikum an der Vermittlung religiöser Leitbilder oft im Zusammenhang mit einem Kult interessiert.

Wollte man den ‚Gregorius' nach diesem Muster lesen – sofern die
Erzählwelt das zuläßt –, wäre Gregors Weg ein idealtypisch positiver
Anfang im Kloster, ein Irrweg in die Unheilswelt, der in einer *conversio*
abgebrochen und in heiligmäßiger Askese zurück zum Heil gewendet
würde. Zwei gegensätzliche Typen der Legende, nämlich der des vom
ersten Anfang an geradlinig dem Ideal zustrebenden („einmalgebore-
nen") Heiligen und der des ‚Sünderheiligen' („zweimalgeborenen Heiligen" [Max Scheler]), dessen Biographie durch eine radikale Richtungs-
änderung aus dem Unheil zum Heil zweigeteilt ist, wären miteinander
kombiniert.

4.4.2. Kontext Roman

Andere Motive verweisen auf den höfischen Roman. Seit H. Sparnaay ist
geläufig, daß die Motivfolge: Belagerung einer Landesherrin durch einen
unerwünschten Freier – Befreiung durch einen ankommenden Ritter –
Eheschließung mit dem Kampfhelfer einem Aventiure-Schema des höfischen Romans entspricht. Daß es sich um einen Baustein handelt, den
Hartmann bewußt handhabt, belegt die Abweichung von der Quelle. Wo
diese aufwendig die Situation exponiert, richtet sie Hartmann von Anfang an auf das Ziel aus, Gregorius die Chance zur Bewährung zu bieten,
nach der er sucht (Schottmann, S. 394 f.).
   Die Erzählwelt des Romans ist jedoch eine metaphysisch indifferente
Umgebung. Die Wertungsmuster einer nicht nur als Durchgangsstadium
zum ewigen Heil begriffenen Welt gegenüber entstammen hier dem ethischen Leitbild ritterlicher Einsatzbereitschaft. Der Held verwirklicht sich
selbst im subjektiv richtigen Handeln, wie es der höfische Roman vor
allem durch die Stationen eines Weges darstellt. Diese Struktur ist das
Mittel, nicht nur die Anwendung eines Ethos vorzuführen, sondern auch
die Geltung der Normen zu diskutieren. Eine analoge strukturelle Fügung wurde auch für den ‚Gregorius' in Betracht gezogen (D. Hirschberg), über ihre Wirksamkeit kann nur die Textanalyse entscheiden.
   Auch in der Motivreihe, die das Heranwachsen des Helden bis zum
Aufbruch erzählt *(enfance)*, kann ein vorgeprägtes Erzählmuster vermutet werden. Zwar gibt es auch einige Legenden mit einer Jugendgeschichte, stärker ausgeprägt ist die Funktion dieser Motivkette aber in der
altfranzösischen Epik *(Chanson de geste)* und im höfischen Roman (entsprechende deutsche Beispiele nach Hartmann: ‚Parzival', ‚Tristan'). Ein
zentraler thematischer Kern darin ist der Aufbruch des Helden aus einer
ihn seiner hervorragenden Bestimmung entfremdenden Umgebung zur
Suche nach seiner Herkunft, seinem Vater und damit nach seiner eigentlichen Aufgabe.

5. Textanalyse

5.1. Prolog (v. 1–176)

Der Prolog stellt die Erzählsituation her und führt wichtige thematische Begriffe ein. Seine Form orientiert sich an der rhetorischen Schultradition (*prologus ante rem, titulus*), die auch volkssprachliches Erzählen bestimmt hat. Hartmann beginnt mit einem Widerruf früheren Dichtens, das er nur indirekt charakterisiert, es zielte auf *der werlde lôn* (v. 4). Das gilt ihm jetzt als Sünde (v. 38 ff.), und er setzt die *wârheit* (v. 36) dagegen. Ein konkreter Bezug auf vorausgehende eigene Werke (,Erec', ,Klage', Minnelieder – nach der erschlossenen Chronologie) setzt ein Publikum voraus, dem diese bekannt sind. Wirksam aber ist die Aussage jedenfalls als Festlegung eines Bezugsrahmens: Der Autor urteilt von einem der literarischen Kultur vorausliegenden Sinnbezug *(wârheit)* aus. Das *revocatio*-Motiv ist ein Topos religiöser Texte und ordnet den ,Gregorius' einem vorgegebenen Anspruch zu. Dessen allgemeine Geltung überdeckt einen immer wieder vermuteten persönlichen Sinn als Ausdruck einer Lebenskrise, so daß darüber keine Sicherheit zu gewinnen ist.

Die *revocatio* motiviert eine Belehrung über die Notwendigkeit rechtzeitiger Buße (v. 5–34). Wer die Bemühung um das Heil vor sich herschiebt, hält fälschlich das Heil für verfügbar (*vürgedanc* v. 21). *vürgedanc* ist annähernd mit einer Form der *praesumptio* gleichzusetzen, wie der später folgende Begriff *zwîvel* (v. 70, 74) mit der *desperatio* – ein seit der Patristik geläufiges Begriffspaar für die vermessene Heilssicherheit und die Verzweiflung. Beide zählen zu den schwersten, traditionell als Sünden wider den Heiligen Geist bezeichneten Verfehlungen. Als eigene Buße und als Exempel für die Möglichkeit, jede, auch die schwerste Schuld zu tilgen, bietet Hartmann seine Erzählung an. Als Geschichte von einem Schuldbeladenen *(vil starc ze hœrenne* v. 53) soll sie alle Sünder ermutigen, nicht zu verzweifeln. Damit sind Motivation des Autors, intendierte Wirkung auf die Hörer und Thema der Erzählung aufeinander bezogen.

In die Warnung vor dem Zweifel ist schon ein weiteres Orientierungsmuster alter christlicher und sogar vorchristlich antiker Tradition eingeflochten, das Bild von den zwei Wegen *(wec der helle* v. 59; *sælden strâze* v. 63), zwischen denen der Mensch seine Wahl zu treffen hat. Das gilt für die Hörer, und eingeschränkt, weil die *schulde grôz* (v. 52) ihn augenscheinlich schon unter *alliu sündigiu diet* (v. 57) zählen läßt, für den Helden der folgenden Geschichte. Das dichotome Wegschema ist aber relativiert durch das Motiv der Buße, die den Unheilsweg zu verlassen erlaubt, solange nicht der *zwîvel* die Umkehr verhindert. Das verdeutlicht das anschließende Samaritergleichnis (v. 97–143). Im Handlungsgerüst des neutestamentlichen Gleichnisses vom barmherzigen Samariter wird allegorisch die Psychologie und Theologie von Umkehr und Errettung entwickelt. Auch diese allegorische Deutung hat eine lange Tradition, in der möglicherweise schon der Austausch von Motivdetails mit dem ebenso allegorisch auf die Bekehrung gedeuteten Gleichnis vom guten Hirten stattgefunden hat (v. 135–138), doch Hartmann behält auch hier gestalterische Freiheit. Mit rhetorischen Fragen nach Schuld und Person des Mißhandelten im Gleichnis deutet der Autor verhüllt wieder auf die Erzählung voraus, um nochmals ihren Beispielcharakter für die Hörer zu unterstreichen.

Die verwendeten Motive und Bilder bringen eine alte, breit von lateinischer Fachtheologie bis zur volkssprachlichen Predigt belegte Tradition zur Geltung. Wenig davon wird Hartmanns Publikum neu oder überraschend gewesen sein, wenigstens in den Grundzügen. Er benützt anerkannte religiöse Leitsätze, um im Diskursrahmen seine Erzählung, seine Zuhörer und sich selbst in einen Zusammenhang zu rücken. Der abschließende *titulus* nennt den Autor (in der dritten Person) und als Titelbegriff für die Erzählung den *guoten sündære* (v. 176). Die paradoxe Fügung entzieht sich einer diachron aufgliedernden Ausdeutung, sie ist weder als ‚der schließlich gerechtfertigte Sünder‘ noch als ‚der nie in seinem Heil erschütterte vermeintliche Sünder‘ zu übersetzen, sondern faßt Höhe und Tiefe dieses Schicksals in *einen* Begriff. Die Leitbegriffe und die Gleichnisallegorie wurden in der Forschung sehr extensiv auf fachtheologische Unterscheidungen hin ausgelegt. Doch die allgemeinen, in der volkssprachlichen Predigt verbreiteten exegetischen Gedanken dürften dem Publikum eher vertraut gewesen sein als systematisch-spekulative Neudefinitionen.

Viel diskutiert wurde auch das Verhältnis zwischen Prolog und Geschichte: ob *vürgedanc* und *zwîvel* Themen der Erzählung seien und der Prolog nicht in den Augen des Erzählers eine persönlich zu verantwortende Schuld Gregors voraussetze. Diese Überlegungen achten meistens zu wenig auf den Ebenenwechsel zwischen Diskursrahmen und Geschichte. Daß der gute Sünder Gregor die Hörer zur Buße anregen und vor *vürgedanc* und *zwîvel* warnen soll, schließt nicht aus, daß in der Geschichte der Held vielleicht einen Schuldmilderungsgrund hat und die beiden Fehlhaltungen gar nicht thematisiert werden. Die innere Logik der Geschichte und die Zweckbestimmung, die der Autor ihr im Prolog gibt, liegen nicht notwendig auf einer Linie. Das verdeutlicht auch die Anweisung, der Weg zur Vergebung gehe über *buoze nach bîhte,* denn der Buße des Helden geht keine Beichte voraus. Die Aufforderung an die Hörer, dem Beispiel des Gregorius nachzufolgen, entspricht der Einstellung der

Legende; es fehlt aber ein Gebet als Anrufung des Heiligen, wie es sonst legendentypisch ist.

Der schlechten Überlieferungslage wegen (der Prolog fehlt in A, B und E) wurde an seiner Echtheit gezweifelt, doch haben die Argumente für genuine Zugehörigkeit (Mertens, Gregorius, S. 79 f.) mehr Überzeugungskraft. Das Fehlen des Prologs in den Handschriften aber weist nochmals auf die Unterscheidung zwischen Diskursrahmen und Geschichte hin, auch im mittelalterlichen Bewußtsein, das einen solchen Prolog vielleicht als an eine Vortragssituation gebunden empfand.

5.2. Vorgeschichte von Gregors Eltern (v. 177–922)

Die Geschichte beginnt, geographisch im südwestfranzösichen Herzogtum Aquitanien angesiedelt, mit einem Bild menschlich-irdischer Harmonie. Vergänglichkeit, Tod und dadurch verursachtes Leid sind darin eingeschlossen. Das Verhalten von Fürst, Gefolge und Kindern wird vom Erzähler ausdrücklich gebilligt (v. 194; 229 f.; 272). Das Vermächtnis des Vaters an den Sohn ist neben dem Auftrag, für die Schwester zu sorgen, eine Tugendlehre. Sie beschreibt knapp ein feudales Herrenethos, neben persönlichen Charaktereigenschaften (*getriuwe, stæte, diemüete, got minnen*) ethische Forderungen an die Herrschaftsausübung (*milte, vrävele mit güete, den herren starc, den armen guot, rihten* u. a.) und die Selbstzügelung *(zuht)*. Dafür wird er die Vorteile der Stellung genießen können, das Land als Besitz und vor allem den Inbegriff der sozialen Position: *michel êre* (v. 235). Das Bild ist eine Idealisierung, doch nicht in utopischer Märchenhaftigkeit wie in der Artuswelt, sondern auf die feudale Wirklichkeit zielend: Die Tugendlehre läßt sich dem auch religiös legitimierten Herrenethos späterer didaktischer Texte (z. B. Thomasin von Zerklære, auch Wernher von Elmendorf, Winsbecke) an die Seite stellen, die direkt in die soziale Realität wirken wollten. Deshalb ist sie nicht einfach mit im Prolog widerrufenen literarischen Mustern schon der Ablehnung verfallen. Auch das Zusammenleben der Geschwister in Eintracht entspricht zunächst idealem Anspruch. Das Attribut *getriuwer* schon psychologisierend auf falsche Untertöne – zu große Nachgiebigkeit, Verwöhnung der Schwester (v. 282 f.) – abzuhören, entspricht nicht der Erzählweise. Denn der Bruch kommt unvermittelt von außen, vom Teufel verursacht, dessen Neid auf alles Gute, auf *vreuden* und *êren* (v. 315) den Idealzustand zerstört, die *triuwe* verkehrt.

Die Versuchung erst kennzeichnet Minne, Schönheit und unerfahrene Jugend als ambivalent. Nun, nach dem vom Erzähler fraglos verurteilten Entschluß (*missetât* v. 340), mengen sich Verstellung und Verführung in das vorher eindeutige Verhalten des Bruders (v. 343 f.). Das ahnungslose und widerstrebende Mädchen versäumt über dem Entscheidungskonflikt zwischen Hilferuf und *êre* die Gelegenheit zur Abwehr. Eine moralische Disqualifikation darin zu sehen, daß sie hier an die *êre* – den Inbegriff für den Personenwert in einer aristokratischen Gesellschaft – denkt, heißt, der Erzählung jeden Ansatz zu einer Figurenpsychologie abzusprechen. Es widerspräche auch dem bis dorthin konstatierenden Erzählstil, hier – schon vor ihrer eigentlichen Schuld, der Zustimmung zur fortgesetzten verbotenen Beziehung – einen Hinweis auf eine schuldhafte Orientierung an falschen Wertmaßstäben zu sehen. Als die entdeckte Schwangerschaft Konsequenzen erfordert, warnt der Erzähler ganz allgemein vor zu großer familiärer Vertraulichkeit. Die Verkehrung, die an den Folgen offenbar wird, zwingt ihn, die Gefahren der vorher ideal gezeichneten Zweisamkeit zu sehen.

Im folgenden Entdeckungsgespräch (v. 421 ff.) benennen die Geschwister eindeutig ihre Situation. Der Frevel hat ihr Heil verwirkt, gesellschaftliche Normen gebrochen und droht ihre soziale Existenz zu vernichten. Das ist keine Bekehrungsszene, die religiöse Wertung steht auch für die Betroffenen fest, ihre Absicht ist, für das Kind zu sorgen (v. 472–482) und dem sozialen Ruin auszuweichen. Das ist kaum als verwerflich zu sehen, denn die innere Motivation steht eigentlich nicht zur Diskussion. Befremdlich wirkt zunächst die Erzählersentenz; der topische Satz von der Dialektik von *liebe* und *leit* in der Minne (v. 451 ff.) meint ja gewöhnlich Unbedenklicheres als die Folgen einer frevelhaften Verbindung. Daß der Bruder die Schwester begehrte, wurde zwar als Minne bezeichnet (v. 318; 323), nicht aber mit den gewöhnlichen Kennzeichen und Symptomen der Minne dargestellt, so daß der Begriff hier auf den Trieb eingeschränkt erscheint. Doch deutet die Sentenz eher auf Kommendes voraus, wo sich das Minneschema dann im Sehnsuchtstod des Bruders nach der Trennung erfüllt. Ein kritischer Akzent gegen das Muster mag gleichwohl enthalten sein.

Die Beratungsszene mit dem alten Vasallen (v. 515 ff.) betrifft das Verhalten nach außen, weniger die innere Orientierung; von der sozialen Existenz soll für Eltern und Kind soviel wie möglich gerettet werden. Der Rat des Alten, der mitleidend Beistand leistet, lenkt den Bruder auf die Pilgerfahrt ins Heilige Land, eine Absicht, die alles übrige sozusagen von selbst begründet: den Treueid der Vasallen auf die Schwester für den Fall der Herrschaftsvakanz und die Vormundschaft über die Schwester, die es dem Alten erlaubt, die bevorstehende Entbindung zu verheimlichen. Das verhindert weiteren Schaden für die Geschwister und für das Land. Wie selbstverständlich wird auch über die Buße für die Sünde befunden. Die Pilgerfahrt soll Bußleistung sein, der Schwester rät er ausdrücklich zur Buße in der Welt (v. 599 ff.), die sie dann auch ausführt. Beide Ratschläge stehen im Rahmen kirchlicher Tradition, berücksichtigen die Gegebenheiten von Geschlecht und Zustand und die Sorge für die Landesherrschaft. Sie als falschen Rat in Zweifel zu ziehen, verhindert auch die Konstellation: Die Beratungsszene ist eine literarisch verbreitete Form der Normvergewisserung, der kompetente Ratgeber die Regel (v. 624 ff.). Man kann fragen, ob es der subjektiv richtige Rat ist, ob Bruder und Schwester schon genug innere Distanz zu ihrer Verfehlung haben, um eine Bußleistung wirksam werden zu lassen. Aber der Erzähler gibt dem Leser, von wenigen Hinweisen abgesehen (z. B. v. 639 [*timor Dei* als Beginn der Reue]; v. 810 *smerze* im Sinn von Reue), keine Auskunft über die innere Verfassung.

Die Trennung der Geschwister wird ganz in der Perspektive des Minneleids gesehen, mit allen Anzeichen des Schmerzes, mit Herzenstausch und schließlichem Minnesiechtum und dem Tod (v. 831 ff.) des Bruders. Damit benützt Hartmann ein literarisches Muster unabhängig von der ethischen Wertung. Es mag hier in der Zuspitzung problematisiert sein, entrückt aber das Verhältnis der Geschwister der bloß triebhaften Verführungsgeschichte, indem es die anspruchsvolle Zeichnung des idealen Miteinanders bis zum tragischen Ende fortführt.

In Heimlichkeit im Schutz der gottergebenen (v. 662 f.) Frau des Vasallen wird Gregorius geboren und vom Erzähler gleich als Hauptfigur und *guoter sündære* (v. 670 ff.) gekennzeichnet. Die folgende Aussetzung des Kindes, das ja sozial nicht integrierbar ist, wird ausdrücklich unter die Lenkung Gottes gestellt (v. 693 ff.; 730 f.). Die erhoffte Fürsorge Gottes greift auch zuverlässig ein (v. 785 ff.; 929 f.). Die von der Mutter geschriebene Tafel hält die Umstände der Herkunft fest; wie verbindlich sie Gregors Leben bestimmen kann, wurde viel diskutiert. Festzuhalten bleibt: Sie ist aus der Figurenperspektive der Mutter abgefaßt, durchgehend in indirekter Rede formuliert, der Erzähler nimmt nicht Stellung dazu. Die Erwartung an den Sohn ist als Wunsch und Hoffnung ausgedrückt, die auf seine eigene Reaktion setzt, nicht als Vorschrift. Der Wunsch nach stellvertretender Bußleistung für die Eltern wird zudem von einer besonderen religiösen Aufgeschlossenheit abhängig gemacht (*unde würde er alsô guot / daz er ze gote sînen muot / wenden begunde*, v. 753–755). Darin nun die Richtschnur des Erzählers für die weitere Geschichte zu sehen, überzeugt nicht.

Die Hinwendung der Mutter zu Gott entspricht dem Rat des Vasallen; hier auch spricht der Erzähler von ihrer inneren Gesinnung und deren sündentilgender Wirkung (v. 897 f.), mit einer Eindeutigkeit, die eigentlich dem Urteil Gottes vorbehalten ist. Hartmann verwendet auch für diese freie persönliche Bindung das Darstellungsmodell der Minne (v. 871–885), ohne die zunächst verrätselte Metapher institutionell festzulegen.

Die unvermählte Landesherrin wird zum Ziel vielfältiger, schließlich auch gewalttätiger Werbungsanstrengung; ihre Stellung als Dynastin und das Land bedürfen auf die Dauer zur Sicherung einer Korrektur des Entschlusses zur Ehelosigkeit; insofern bleibt hier ein Problem ungelöst.

5.3. Jugend im Kloster und Aufbruch (v. 923–1841)

Der kleine Gregorius ist nun Objekt der Umstände, aber von Gott beschützt. Die legendenhafte Aussetzung und Auffindung ist im Rahmen des Möglichen kausalrealistisch entwickelt – rauhes Wetter, die Habgier der Fischer, der Abt am Ufer. Daß die Vorsehung dahintersteht, macht der Erzähler deutlich (v. 1013 f.). Der Abt fügt sich sofort in die Rolle, die die Botschaft der Mutter vom Finder erhofft hat, ja er setzt mit klugem Arrangement und Schweigegeld das Bestreben fort, dem Kind eine Umwelt zu schaffen, die von seiner Herkunft nichts weiß. Die Zerbrechlichkeit des Scheins (und Hartmanns Humor) zeigt der Spott der Mönche über die eingelernte Rede des Fischers (v. 1123–1126), doch gelingt der Plan über viele Jahre ungestört.

Gregorius paßt sich völlig in die Umwelt ein; er ist der vollkommene, lernbeflissene Klosterschüler. Seine Besonderheit unterstreicht der Erzähler mit dem traditionellen Topos vom *puer senex* (v. 1180). Er ist freilich hier zunächst nur Objekt und lediglich von außen gesehene Figur ohne persönliche Reaktion. Erst nach der Mitteilung vom verhängnisvollen Mitwissen der Fischerin (v. 1201–1234) kennzeichnet der Erzähler seinen Charakter: Er ist die Summe guter Eigenschaften, wie sie nur *Sælikeit* und *Wunsch* zu vereinen vermögen; *triuwe, zuht, maze* und, wie der Erzähler als feststehendes Urteil vermerkt, eine unverbrüchliche Ausrichtung auf Gottes Gebot und Gnade (v. 1260 f.) sind ihm eigen. Diese Auszeichnung aber ist nun nicht allein Merkmal der Erwählung, sondern, entsprechend dem ontologischen Denken des Mittelalters, objektive Qualität, die den Schein in Frage stellt: Gregorius ist als Fischerskind unglaubwürdig, vom Charakter zum Herrscher bestimmt (v. 1274–1284). Sein eigenes Wollen bleibt noch immer ausgespart.

Der kindliche Streit zerstört das Geheimnis. Die maßlose Scheltrede der Fischerin macht die soziale Position des Findelkindes überdeutlich. Ohne das Dazwischentreten des Abtes hätte die Auffindung das Kind auf unterster Stufe gesellschaftlicher Verachtung fixiert, als rechtlosen Knecht und Leibeigenen des Fischers (v. 1349 f.). Die zufällige Zeugenschaft des Ausbruchs trifft Gregorius tief und löst die große Auseinandersetzung mit dem Abt aus, die erste Gelegenheit, sein eigenes Denken und Wollen zu artikulieren.

Der Erzähler gibt den Dialog szenisch ohne (deutlich hervortretendes) eigenes Urteil wieder; der Leser muß aus der Argumentation selbst die intendierte Wertung finden. Gregorius ist in seinem Selbstverständnis erschüttert *(ich enbin niht der ich wânde sîn* v. 1403). Der Abt erkennt

den Wendepunkt ausdrücklich an, jetzt hat Gregorius nach Gottes Bestimmung die freie, selbstverantwortliche Wahl zu treffen: *êre, tugent*
und *schande, laster, spot* (v. 1442; 1452 f.), *genesen* und *verderben* (v.
1448) sind die Alternativen; die Opposition ist also nicht eindeutig nur
auf das jenseitige Heil bezogen (vgl. *genesen* v. 1421). Sein Rat, die
Zukunft in der *phafheit* zu wählen, führt nur die Gewohnheit (v. 1463)
als Argument an. Gregorius setzt, mit dem Zugeständnis seiner *tumpheit,*
den Wunsch dagegen, Ritter zu werden. Er gesteht dem geistlichen Stand
den höchsten Rang zu, aber abhängig von der Wahl *ze rehte* und mit
Willen (v. 1507–1510). Damit wendet sich das Gespräch ins Grundsätzliche; jetzt setzt der Abt *phaffen bilde* über *ritterschaft,* die er als Weg zu
missetât und Unheil abwertet, ganz im Sinn traditioneller kirchlicher
Herabsetzung des Berufskriegers. Auf Gregors Gegenvorstellung vom
gotes ritter (v. 1534) in verantwortlicher Haltung (*mâze* v. 1532), einer
Ideologie, die im Zeitalter der Kreuzzugsaufrufe auch schon eine kirchliche Tradition hat, vor allem aber das Muster einer selbstbewußt säkularen Kultur ist, fällt die Argumentation ohne deutliche Stellungnahme für
eine der Positionen wieder zurück auf periphere Gesichtspunkte: Gregors
mangelnde Ausbildung, gegen die dieser seine umfassende theoretische,
phantasiebewegende Kenntnis ins Feld führt. Den – nicht oberflächlichen
– Beweis des Augenscheins, ein Mönch ‚wie aus dem Bilderbuch‘ (v.
1554–57), kann er mit der Aufforderung zur Gegenprobe beantworten
(vgl. v. 1282 f.!). Gregors Denken und Wollen ist ganz vom Rittertum
erfüllt. Gegen diese Selbstdefinition (vgl. v. 1635 f.) wiederholt der Abt
nicht etwa eine grundsätzliche Abwertung, sondern fügt sich (vorläufig)
mit einem keineswegs ironisch deutbaren Segenswunsch (v. 1638 ff.).
Daß der Erzähler an einem Punkt im Gespräch sich von Gregor distanziert hätte, wird nicht erkennbar – und damit auch kein entgegengesetz-
ter Wertungshorizont.

Der fortgesetzte Versuch des Abts, nun den Ritter Gregorius zu halten
(*durch guot gemach* v. 1657), provoziert eine gesteigerte Selbstdefinition
Gregors, in der er sich nun auf das Dienstethos des höfischen Ritters
beruft (v. 1675 ff.; *ob ich mit rehter arbeit, / mit sinne und mit manheit /
erwirbe guot und êre* v. 1715–17). Es gibt keinen Anhaltspunkt dafür,
Gregors Gesinnung als scheinhaft in Frage zu stellen (*ernest* v. 1734), mit
seinem Schicksal wird auch über das Ethos des höfischen Ritters, mit
dem er sich identifiziert, verhandelt.

Die letzte Zuspitzung erreicht die Diskussion mit der Aushändigung
der Tafel. Vor den nun ganz individuellen Voraussetzungen erneuert der
Abt seine Aufforderung zu Verzicht (v. 1774 f.) und bußfertiger Weltabkehr (v. 1793) um des ewigen Heils willen. Hier wertet er Gregors Willen
ab (*irrikeit* v. 1791). Aber ist *diu kraft / dîner tägelichen missetât* (v.
1788 f.) mehr als eine grundsätzliche Gefährdung, in die sich Gregor

begibt, eine falsche Grundeinstellung oder schon konkrete Verfehlung und Auswirkung der Herkunft? Der Erzähler gibt keine eindeutige Entscheidung. Die Autorität des Ratgebers (*der triuwen veste* v. 1756) steht gegen Gregors Willen zur *werlde*. Wenn man nicht unterstellt, der Erzähler lehne prinzipiell die *werlde* ab, dann ist nicht auszumachen, wessen Standpunkt er teilt. Die Anteilnahme des Lesers hat er wohl eher auf Gregorius gelenkt. In der Fügung von Herkunftsfrage (v. 1805) und Segenswunsch (v. 1806–08) ist die ganze Spannung der ausgesetzten Existenz konzentriert. Die Ausfahrt entspricht dem Aufbruch in die ritterliche Aventiure, anstelle des Zufalls soll hier die ausdrücklich angerufene Vorsehung Gottes walten (v. 1825–30). Es bleibt offen, ob die Vorsehung so zuverlässig eingreift wie bei der Aussetzung oder ob im Sturmwind allegorisch auf das Wirken böser Mächte verwiesen ist.

5.4. Kampfhelfer und Landesherr (v. 1842–2750)

Der folgende Ablauf entspricht ganz dem Aventiuremodell. Gregorius erkennt in der Situation, die er vorfindet, Herausforderung und Chance, zumal sein Einsatz als Dienst für eine Frau motivierbar ist (v. 1875 f.). Der Gegner ist von höchster ritterlicher Qualifikation. Nach kurzer Selbsterprobung stellt sich Gregorius im vollen Bewußtsein von Einsatz und Lohn (v. 2028–66) und in ausdrücklichem Bezug zu Gott dem Kampf, gewinnt den Sieg und befreit das Land von Bedrohung und Schaden. Das Handlungsschema impliziert üblicherweise das Anrecht des Befreiers auf die Hand der Herrin oder Tochter.

Unter dieser Oberfläche verläuft eine persönlich akzentuierte Linie. Gregorius ist auf die Herrin neugierig und sie auf ihn. Aber er bleibt in Blindheit befangen. Die Mutter erinnert sich an den Stoff (v. 1943 ff.), den sie dem Kind mitgab, aber stellt keine Frage. Das Gefallen aneinander als Hemmung zu betrachten, wäre allzu psychologisch gedacht. Der Teufel gibt den Rat, und was geschieht, ist Böses. Tieferen Einblick in etwa falsche Gedanken und Entschlüsse der Handelnden gibt der Erzähler nicht. Man muß vorausgehende Bedingungen beanspruchen (z. B. den Aufbruch aus dem Kloster, den Vorsatz zur Ehelosigkeit), um hier ein eindeutiges Verschulden feststellen zu können.

Die Befreiung veranlaßt die Vasallen, nun eine Konsolidierung der Situation anzustreben. Sie fassen in einer Ratsversammlung den Entschluß, auf eine Verheiratung hinzuwirken, unter ausdrücklicher Güterabwägung zwischen dem Vorsatz der Fürstin zur Ehelosigkeit und der Notwendigkeit der Landesherrschaft (v. 2206–14). Dieser Forderung will und kann die Landesherrin nicht widerstehen, sie vollzieht eine Verpflichtung ihrer gesellschaftlichen Stellung, nicht eine private Sinnesänderung. Die ihr überlassene Wahl fällt auf Gregorius: Das ist schemagerecht; der Retter ist in seiner Eignung als Schützer ausgewiesen. Über die möglichen inneren Motivationen gibt der Erzähler keine Auskunft. Ihre Hinneigung wird mit Gregors Retterrolle (v. 2241 f.) begründet. Hier riskiert die Geschichte sogar eine Unwahrscheinlichkeit; wenigstens die Bedingung der ständischen Ebenbürtigkeit hätten die Vasallen an die freie Wahl geknüpft, und die Fürstin hätte sich danach gerichtet. Aber eine Frage nach der Familie darf nicht gestellt werden, das ist Notwendigkeit des Themas. Deshalb ist schwerlich aus der unterlassenen Frage nach der Herkunft Gregors und seiner Mutter ein moralischer Vorwurf zu konstruieren. Für die Geschichte muß das Nichtwissen unverschuldetes Ereignis sein.

Auf den objektiven Skandal, die Verstrickung ins Böse, wird vom Erzähler sofort hingewiesen, und das Glück der Neuvermählten ist deshalb objektive Ironie. Gregorius wird aber vor allem als der ideale Landesherr vorgestellt. Gericht, *milte,* Wahrung des inneren Friedens und Selbstzügelung der Macht sind Eigenschaften, die in der historischen Realität nur allzuoft Wunsch blieben. An der Motivation dieser politischen Tugenden läßt der Erzähler so wenig zweifeln wie an ihrer Notwendigkeit. Die tägliche Fürbitte für die Eltern gerade, die Gregorius leistet, löst dann die Entdeckung des Inzests aus. An den Reaktionen der Mutter und Gregors ist eine Wertung unzweifelhaft ablesbar, sie selbst (und mit ihnen der Erzähler) betrachten das Geschehene als abgrundtiefe Sünde (v. 2484; 2497). Das Nichtwissen bedeutet für sie dabei nichts. Bemerkenswert ist aber der passive Aspekt (v. 2482; 2495 f.; 2602 f.; 2682). Beide distanzieren sich sofort mit tiefstem Abscheu, mit Schmerz und Reue (v. 2499 f.; 2609 ff.; 2645 ff.); von Freude an der Sünde, wie beim ersten Inzest, ist keine Rede, die Trennung wird schmerzlich empfunden (v. 2653 f.), ist aber dennoch nicht als schwere Überwindung vorgeführt wie die Minnetrennung der Geschwister. Der Mutter ist sofort bewußt, was geschehen ist, ihre Hoffnung, Gregor könne durch Kauf in den Besitz der Tafel gekommen sein, eine verzweifelte Ausflucht des Gefühls. Sie macht sich nun zum Vorwurf, die Frage nach der Herkunft unterlassen zu haben (v. 2572 ff.). (Gregors Antwort darauf dokumentiert seine traumatische Empfindlichkeit und sein ständisches Selbstbewußtsein.) Ihre Heilsmöglichkeit, ihre Prädestination zur Verdammnis, die Vergeblichkeit der Buße, der *zwîvel* werden ihr zum Problem. Dagegen stellt sich Gregorius, den sie als gelehrten Ratgeber befragt, mit aller Autorität; er bekräftigt den Weg der Vergebung als verbindlich gesichert (v. 2700 ff.), erneuert die alten Bußempfehlungen und gibt ihr Zuversicht.

Hinter dieser erstaunlichen Sicherheit, die Gregorius im objektiven Urteil zeigt, wird nur kurz seine innere Zerrissenheit sichtbar (v. 2609–22), sein Wille ging auf ein ganz anderes Ziel. Die Exempelfiguren für seinen Schmerz (Judas, David) lassen sich für die Schuldzumessung nicht verwerten. Für sich selbst zieht er radikale Konsequenzen: Er sagt *dem lande und dem guote / und werltlîchem muote* (v. 2745 f.) ab, ohne daß hier seine innere Verfassung weiter offengelegt wird, und geht in die Wildnis. Mit dieser Wendung ist seine erfolgreiche Aventiure gescheitert, seine politische Leistung haltlos, denn den Platz in der Gesellschaft kann er, auch wenn er auf sein subjektiv reines Gewissen pochen wollte, nicht halten. Wenn die Buße in der Wildnis eine geläufige Verhaltensform war, dann wählt er den einzigen gesellschaftlich sanktionierten Platz, der ihm bleibt.

5.5. Büßer und Papst (v. 2751–3958)

Im folgenden Bußleben erfährt der Leser mehr von Gregors eigenen Folgerungen. Sein einziger Wille ist ein Bußleben in der Wildnis. Dem Mißtrauen und der Feindseligkeit des Fischers begegnet er mit fröhlichem Gleichmut, bereit, alles als Buße hinzunehmen. Und er findet schließlich in der Felseninsel, mit der Eisenfessel belastet, den für ihn angemessenen Ort. Er betrachtet sich selbst als *sündic lîp*, der der Nahrung nicht wert ist (v. 2896 f.), und noch nach 17 Jahren Bußzeit bezeichnet er sich vor den Legaten als *vollez vaz / süntlîcher schanden* (v. 3596 f.), nicht wert, von der Sonne beschienen zu werden und so unrein, daß sich in seiner Umgebung alles zu Fluch und Unheil verkehren muß (v. 3505–47).

Die äußere Erscheinung ist nach den Jahren auf dem Felsen das vollkommene Abbild der Nichtswürdigkeit, die er sich selbst beimißt (v. 3423–65). Wieviel Hartmann an dieser Veranschaulichung liegt, zeigt das vorher geschilderte Kontrastbild (v. 3379–3402) des schönen, prächtig ausgestatteten höfischen Mannes, *als er ze tanze solde gân* (v. 3398).

Der Selbstwertung Gregors läuft eine andere, objektive, immer offensichtlicher entgegen. Die Meinung der Fischerin vom *guot man* (v. 2843) und Boten Gottes (v. 2852) mag noch unverbindliche Figurenperspektive sein, mit dem Hohn des Fischers aber, nur der Teufel könne Gregor von der Insel holen (v. 3092) und nur der wiedergefundene Schlüssel überzeuge ihn, er sei ohne Sünde und ein Heiliger (v. 3095–99), wird gezielt die spätere Wendung vorbereitet. Von Anfang an hält ein Wunder Gregor am Leben, der Erzähler beteuert die Wahrheit mit Verweis auf Gottes unbeschränkte Macht (v. 3132–36). Gottes Eingebung bestimmt ihn zum Papst, seine Inspiration lenkt die Legaten auf die richtige Fährte, er läßt den Schlüssel finden – der Erzähler wiederholt ausdrücklich die Deutung des Fischers (v. 3301–04). Diese Zeichen, zuletzt das Wiederfinden der Tafel, überzeugen die Römer, den Fischer, Gregorius selbst (v. 3615–23; 3730–35). Wunder begleiten den Rückweg nach Rom, und nicht zerstörende, sondern heilende Wirkung geht von Gregorius aus.

Subjektive und objektive Perspektive sind kaum miteinander vermittelt. Doch von den Zeichen widerlegt, muß Gregor seine Selbstverurteilung aufgeben. Wo die Zeit der Sünde (v. 3674 f.) in die des Heils übergeht, bleibt ungewiß:

> *unde got an im vergaz*
> *sîner houbetschulde*
> *unz ûf sîne hulde*   (v. 3140–42)

Das Papstamt ist Richteramt, ist *êre* (v. 3546) und *grôz gewalt* (v. 3561). Gregors Amtsausübung ist weise, von göttlichem Geist inspiriert, nachsichtig für den Bußfertigen, streng gegen den hartnäckigen Rechtsbrecher (v. 3793–3830) – die Analogie zur politischen Tugend seiner Landesherrschaft ist kein Zufall. Die Wiederbegegnung mit der Mutter demonstriert, daß Erwählung und Amtsvollmacht auch die frevelhafte Doppelbeziehung – *iuwer sun* und *iuwer man* (v. 3926) – überwinden können. Der Erzähler spricht, auch dieses Urteil Gottes vorwegnehmend, Mutter, Sohn und auch dem Vater das ewige Heil zu (v. 3953–58).

5.6. Epilog (v. 3959–4006)

Hartmann nimmt Begriffe des Prologs wieder auf: Falsche Folgerung der Hörer sei die leichtfertige Unbußfertigkeit, richtige Konsequenz die Bußbereitschaft. Der Autor (v. 3989 f.) begehrt für sich Fürbitte als Lohn. Die Erzählung endet mit der Anrufung des guten Sünders *ze boten um unser swære* (v. 4002) im Stil der Legende.

6. Deutungsmodelle

Den Ort der Erzählung in einem historischen Kontext zu bestimmen, fehlen so gut wie alle Hinweise außerhalb des Textes. Die Schlüsse aus der Textanalyse stehen als konkurrierende Interpretationen nebeneinander, die nur nach Wahrscheinlichkeiten abzuwägen sind.

6.1. Religiöses Exempel von Sünde und Buße

Stützt man das Verständnis lediglich auf die allgemeinen religiösen Aussagen, ohne in den Motiven enthaltene Bezüge auf die historische Realität als wesentlich zu veranschlagen, bleibt der Rahmen zwangsläufig vage. Als Exempel gelesen, daß ein großer Sünder durch Buße zum Heil gelangen oder ein von Gott Erwählter auch aus schrecklicher Verstrickung zur Heiligkeit emporgehoben werden kann, setzt die Erzählung nur den christlichen Erlösungsglauben in Szene, ohne auf eine eingrenzbare historische Situation zu reagieren. Ergänzend kann allenfalls herangezogen werden, daß das soziale Milieu der aquitanischen Fürstenfamilie dem Interesse eines vorwiegend adeligen Publikums entsprochen haben kann, wenngleich auch hier zu bedenken bleibt, daß die größtmögliche (soziale) Fallhöhe allein dazu dienen konnte, Aufstieg und Fall besonders sinnfällig zu machen. Versuche, aus Einzelheiten des religiösen Denkens auf ein bestimmtes historisches Interesse zu schließen – z.B. auf die Propagierung der sakramentalen Bußformen –, haben zu keinen tragfähigen Ergebnissen geführt. Abgesehen von unzutreffenden theologiegeschichtlichen Voraussetzungen, ließ sich kein Interesse an begrifflichen Unterscheidungen im Text nachweisen, und auch die Verbreitungsdaten stützen eine solche Hypothese nicht.

6.2. Mönchischer Protest gegen die laikale höfische Kultur

Eine zweite Hypothese stellt die Bekehrungs- und Bußaufforderung von Prolog und Epilog, dem ewigen Heil das einzige Interesse zu widmen, in den Mittelpunkt. Wird so die Erzählung in erster Linie als Demonstration der Notwendigkeit von Buße und Weltflucht gelesen (und das souveräne Wirken der Gnade Gottes im Schicksal des Helden in den Hintergrund gedrängt), dann ist Gregorius schuldig durch seinen Aufbruch in die Welt und dessen Folgen, gerettet durch radikale Umkehr und als Papst ein Repräsentant dieser Mönchsfrömmigkeit (U. Ernst). Als Grundlage wird auf weltverachtende, monastisch-asketische Theologie verwiesen und Hartmann eine grundsätzliche, antifeudale Kritik an den (thematisierten) höfischen Orientierungsmustern zugeschrieben. Die Erzählung ist dann eine Legende (ohne jede modifizierende Einschränkung) von dichotomer Weltsicht.

Neben Unzulänglichkeiten dieser Argumentation in der Textanalyse bleibt zu prüfen, ob die festgestellten Analogien zum höfischen Roman in Figurenzeichnung, Erzählwelt und Struktur nicht dieses Deutungsmodell und die Gattungsbezeichnung Legende in Frage stellen. Als Publikum muß diese Auffassung klösterliche oder in ihrem Bewußtsein monastisch geprägte Adelskreise postulieren, die ein Interesse an der antiritterlichen und antihöfischen Tendenz hatten. Die höfische Literatur und ihre neuen Formansprüche sind aber nicht im Umkreis traditionell klerikaler Weltsicht, sondern in selbstbewußt laikalen Kreisen entstanden. Das Deutungsmodell verlangt also anzunehmen, Interessenten monastischer Spiritualität hätten sich für einen Protest gegen die höfische Kultur der neuen Formen eben dieser Kultur bedient. Das ist literaturgeschichtlich zu diesem Zeitpunkt unwahrscheinlich, und es gibt keine Anhaltspunkte in den Verbreitungsdaten, die das Deutungsmodell stützen würden. Zudem bedingt diese Ansicht, Hartmann wieder zugleich als Programmatiker (Artusromane) und radikal ablehnenden Kritiker (religiöse Erzählungen) der höfisch-laikalen Kultur sehen zu müssen (ohne Änderung der Werkchronologie).

Als Variante dieser Auffassung ließe sich eine rigoristische religiöse Richtung denken, die laikal-antikirchlich und antiklösterlich ist und den Einsiedler-Laien als charismatischen Repräsentant einer erneuerten Kirche propagiert. Solche Bewegungen am Rand oder außerhalb der Orthodoxie sind in dieser Zeit bekannt, sie aber mit der Programmatik von Hartmanns Text und dessen Einbettung in die höfische Literatur zu verbinden, dafür gibt es keine tragfähigen Anhaltspunkte.

6.3. Laikale Lebensform als Weg zur Erlösung

Ein dritter Ansatz kann die Bußaufforderung des Prologs ernst nehmen, sieht die höfisch weltlichen Verhaltensmuster nicht grundsätzlich und generell abgewertet (wenn auch kritisch relativiert) und in der Buße in der Wildnis eine spezifische Form adelig laikaler Heilssicherung vorgeführt, die das Leben in der Welt durch selbstgewählten Verzicht aufwiegt (V. Mertens). Sie muß keinen Motivbereich auf Kosten des anderen betonen und kann die Schuldfrage kasuistisch im Unentschiedenen lassen, wie das vielleicht Absicht des Erzählers ist. Doch ob das Problem von Schuld und Verstrickung in einer Lebensphase als peripher beiseite zu schieben ist, weil der folgenden die vorzügliche Aufmerksamkeit gelten soll, bleibt zu fragen. Neben dem Identifikationsmuster eines laikalen Wegs zum Heil sieht Mertens ein spezifisches Interesse an der Entstehung der Geschichte (primär in der altfranzösischen Fassung) beteiligt. Als Biographie eines Heiligen soll sie die Geblütsheiligkeit einer Adelssippe (der Eleonore von Aquitanien?) demonstrieren und zu ihrer repräsentativen Legitimation beitragen. Das Interesse adeliger Häuser an Familienheiligen ist bekannt; ob die Geschichte von einem doppelten Inzest einem solchen Interesse dienen konnte, ist schwer abzuschätzen.

6.4. Kritisch-optimistische Relativierung laikaler Kultur

Ein viertes Interpretationsmodell sieht die höfische Welt ebensowenig grundsätzlich abgelehnt und darüber hinaus die Analogien zum höfischen Roman als bewußt eingesetzte sinntragende Elemente. (Gerade die höfischen Züge verstärkt Hartmann gegenüber seiner Quelle.) Höfische Verhaltensmuster sind als literarisch-sozialer Bezug mit Kloster und Buße zu einer Erzählwelt verwoben, in der der Held die Bedingungen seiner Existenz zunehmend deutlicher erkennt und danach seinen Weg wählt. Die Mischung von Motiven unterschiedlicher Herkunft ist Absicht, um in der Überlagerung verschiedener Ablaufmuster (Roman, Legende) den Entscheidungsraum sichtbar zu machen, in dem der Held seine Verant-

wortung zu zeigen hat. Er ist im Frevel mehr unschuldig als schuldig, so
daß er mehr Mitleiden als Abscheu erregt, ein Sünder mit integrem Willen, wenngleich das ein Urteil ist, dessen sich der Mensch und schon gar
die Beteiligten nicht sicher sein können, weshalb wohl der Erzähler sich
auch nicht als sicher im Besitz dieses Wissens ausgibt.

Die Intention ist dann im literarischen Umfeld ganz konkret. Die Erzählung schließt an die Wertediskussion um das rechte selbstverantwortliche Handeln im höfischen Roman an. Sie konfrontiert das säkulare
Aventiure-Muster und den utopischen Optimismus eines irdischen Heils
mit der religiösen Frage nach Schuld und Erlösung. Das bedeutet eine
kritische Relativierung durch die Unwägbarkeiten von Erkenntnis und
Verantwortung, keine grundsätzliche Distanzierung, bedeutet aber auch
eine Öffnung des dort gegebenen literarischen Orientierungsmusters und
den Versuch, es mit dem religiösen Glauben in Harmonie zu bringen,
eine hier in der extremen Konstellation noch gespannte Harmonie eines
Nebeneinanders von Lebensformen. In dieser Perspektive fügt sich der
‚Gregorius‘ als programmatisches Experiment in die Geschichte höfischen Erzählens ein, nach Struktur und Funktion eine Mischform zwischen Legende und Roman, die einen ersten Schritt in die Richtung späterer Versuche geht, die religiöse Orientierung in den säkularen Aventiure-
Roman zu integrieren (‚Parzival‘, ‚Wigalois‘). Weder ist damit der Ernst
des Bußappells entwertet, noch die Möglichkeit einer zusätzlichen auto-
biographischen Motivation abgeschnitten. Der ‚Gregorius‘ ist so Teil der
lebhaften literarischen Auseinandersetzung um das adelige Selbstverständnis. Die Daten von Entstehung und Verbreitung entsprechen der
Nähe zur höfischen Literatur und dem Unterschied in der Thematik.

Arbeitsbereich V

‚Der arme Heinrich‘

1. Grundlageninformation

1.1. Texte

de Boor, Helmut (Hrsg.): Hartmann von Aue. Der arme Heinrich. Mhd. Text und Übertragung, Hamburg – Frankfurt 1963, [15] 1981

Gierach, Erich (Hrsg.): Der arme Heinrich von Hartmann von Aue. Überlieferung und Herstellung, Heidelberg 1913, [2] 1925 [Krit. Text und Text der zwei Hauptzeugen in Paralleldruck.]

Maurer, Friedrich (Hrsg.): Hartmann von Aue. Der arme Heinrich nebst einer Auswahl aus der ‚Klage‘, dem ‚Gregorius‘ und den ‚Liedern‘, Berlin 1958, [2] 1968 (Slg. Göschen 18)

Mettke, Heinz (Hrsg.): Hartmann von Aue. Der arme Heinrich, Leipzig 1974 [Diplomatischer Abdruck aller Handschriften außer Bb und kritischer Text.]

Neumann, Friedrich (Hrsg.): Hartmann von Aue, Der arme Heinrich. Mit einer Nacherzählung der Brüder Grimm, Stuttgart 1961 u. ö. (RUB 456)

Paul, Hermann (Hrsg.): Hartmann von Aue. Der arme Heinrich, Halle 1882, 15. Aufl. besorgt v. G. Bonath, Tübingen 1984 (ATB 3) [Die Neuauflage des durch A. Leitzmann und L. Wolff weiter verbesserten Textes bietet nun einen Variantenapparat.]

Wackernagel, Wilhelm (Hrsg.): Der arme Heinrich Herrn Hartmanns von Aue und zwei Prosalegenden verwandten Inhalts, neu hrsg. v. E. Stadler, Basel 1911 [Mit komment. Anmerkungen, als Anhang Silvesterlegende von Hermann von Fritzlar und ‚Amicus und Amelius‘.]

Müller, Ulrich (Hrsg.): Hartmann von Aue, Der arme Heinrich. Abbildungen und Materialien zur gesamten handschriftlichen Überlieferung, Göppingen 1971 (Litterae 3)

Sommer, Cornelius (Hrsg.): Hartmann von Aue, Der arme Heinrich. Fassung der Handschrift Bb. Abbildungen aus dem Káloczaer Kodex, Göppingen 1973 (Litterae 30)

1.2. Forschungsliteratur

Anderson, Philip: Court and anti-court in Hartmann von Aue's ‚Der arme Heinrich‘, New Germ. Stud. 7, 1979, 169–187 [Sieht in der Erzählwelt eine Verbindung säkularer und religiöser Werte; das ethische Gleichgewicht muß durch das handelnde Subjekt hergestellt werden.]

Andersson, Björn: ‚Der arme Heinrich‘. Zum Elan der Spannung einer Dichtung des Mittelalters, Stud. Neophilol. 52, 1980, 337–351 [Versucht die Wirkung der Erzählung aus der Verteilung der Spannungsmomente zu beschreiben.]

Beyerle: s. Teilbibl. AB I [Zur rechtsmindernden Wirkung der Ehe mit der Bauerstochter.]

Borck, Karl Heinz: *Nû ist sie vrî als ich dâ bin.* Bemerkungen zu Hartmanns ‚Armen Heinrich‘ v. 1497, in: Huschenbett, D. u. a. (Hrsg.): Medium aevum deutsch. Festschrift f. K. Ruh, Tübingen 1979, 37–50 [Interpretiert den Schluß als Utopie von der Gleichrangigkeit aus Tugendadel.]

Cormeau: s. Gesamtbibl.

Datz, Günther: Die Gestalt Hiobs in der kirchlichen Exegese und ‚Der arme Heinrich‘ Hartmanns von Aue, Göppingen 1973 (GAG 108) [Überblick über die Hiob zum frommen Dulder harmonisierende exegetische Tradition vor Hartmann; Heinrich wird von Sünde belastet, sein schwerstes Vergehen aber in der (vorläufigen) Annahme des Opfers gesehen.]

Fechter, Werner: Über den ‚Armen Heinrich‘ Hartmanns von Aue, Euph. 49, 1955, 1–28 [Interpretiert den Verlauf als Umkehr aus der Weltverlorenheit, veranlaßt durch das Beispiel des Mädchens; Beobachtungen zu Aufbau, Leitbegriffen und Erzähltechnik.]

Moser, Hugo: Hartmanns ‚Armer Heinrich‘ – eine Mirakelerzählung, in: Gedenkschrift f. J. Trier, Köln – Wien 1975, 321–329 [Rückt den A. H. in die Nähe der im Altfranzösischen verbreiteten Gattung der Mirakelerzählung.]

Neumann, Friedrich: Der ‚Arme Heinrich‘ in Hartmanns Werk, ZfdPh 75, 1956, 225–255; wieder in: F. N.: Kleine Schriften zur deutschen Literatur des Mittelalters, Berlin 1969, 57–84 [Textnahe Interpretation, die nur zurückhaltend theologische Begriffe ins Spiel bringt und ethisch wertet.]

Ruh, Kurt: Hartmanns ‚Armer Heinrich‘, in: Mediaevalia litteraria. Festschrift f. H. de Boor, München 1971, 315–329 [Grundlegende Motivtypologie der stoffverwandten Heilungs- und Aussatzerzählungen; erklärt den A. H. aus der Verschmelzung zweier Erzählmodelle.]

Schröder, Werner: Der ‚Arme Heinrich‘ Hartmanns von Aue im Licht einer neuen Quelle, in: Festschrift f. K. Bischoff, Köln – Wien 1975, 308–324 [Zum vergleichbaren Selbstopfer einer Königstochter, die das altind. Samādhirājasūtra erzählt.]

Seiffert, Leslie: The maiden's heart. Legend and fairy-tale in Hartmann's ‚Der Arme Heinrich‘, DVjs 37, 1963, 384–405; deutsch wieder in: Hartmann: s. Gesamtbibl., 254–286 [Interpretiert den A. H. aus der von Hartmann bewußt gesetzten Ambivalenz zwischen legendenhafter Umkehr und märchenhafter erlösender Liebe.]

Verweyen, Theodor: Der ‚Arme Heinrich‘ Hartmanns von Aue. Studien und Interpretation, München 1970 [Eingehende Textanalyse im Rahmen einer nicht überzeugenden heilsgeschichtlichen Typologie, in der den weltverneinenden Argumenten des Mädchens richtungsweisende Funktion und der Szene in Salerno erlösungsanaloge Züge zugeschrieben werden.]

Willson, Harold B.: Symbol and reality in ‚Der arme Heinrich‘, MLR 53, 1958, 526–536; deutsch wieder in: Hartmann: s. Gesamtbibl., 151–171 [Liest die Erzählung einseitig als religiöses Exempel, wie der der *superbia* verfallene Heinrich durch die im Mädchen verkörperte *caritas* bekehrt und geheilt wird.]

2. Phänomenologische Annäherung

Gemessen an den Artusromanen und am ,Gregorius' ist ,Der arme Heinrich' relativ handlungsarm: zwei Reisen nach Salerno, dazwischen der Aufenthalt auf dem Meierhof, im Zentrum der zweiten Reise die Aussatztherapie, die in Gang gesetzt, dann aber abgebrochen wird, die Heilung beiläufig auf der Rückreise. Offensichtlich überwiegt hier das ,innere Geschehen', die Reflexion und das Gespräch über den Zustand, seine Deutung und die Möglichkeit, darauf zu reagieren. Die psychischen Vorgänge prägen die Dynamik der Erzählung, nicht die äußere Handlung. Subjektive Reaktion, die sonst nur bruchstückhaft als Motivation des Handelns thematisch wird, rückt hier in den Mittelpunkt. Daß eine schicksalhafte Erkrankung einen tiefgreifenden Prozeß der Umbesinnung veranlaßt, ist auch dem heutigen Leser unmittelbar nachvollziehbar.

Zwei Figuren bestimmen den Erzählablauf, Heinrich und die Meierstochter; ihre Zuordnung zueinander ist nicht auf einen einfachen Nenner zu bringen. Während in den Artusromanen und im ,Gregorius' der Titelheld dominierender Protagonist ist – die jeweilige Partnerin ist zwar selbständige Figur, doch abhängig von dem durch den Protagonisten bestimmten Handlungsverlauf –, wechselt hier die bestimmende Rolle. Im Mittelteil tritt das Mädchen mit seiner Argumentation und Initiative in den Vordergrund, Heinrich, der vorher und nachher dominiert, bleibt, soweit einbezogen, passiv. Da beide Akteure abwechselnd den Gang der Erzählung bestimmen, stehen sie einander selbständiger gegenüber. Die Geschichte muß deshalb von beider Rolle her gelesen werden, eine Einengung auf die Geschichte Heinrichs oder des Mädchens mißachtet nicht nur quantitative Proportionen, sondern auch zwangsläufig je eine Dimension der Erzählung. Darin wurzeln einige Kontroversen der Forschung. Wie der Erzähler die Rollen beider Figuren zu einem Ausgleich bringt, ist für Form und Inhalt die entscheidende Frage.

Andere Spannungen im Ablauf der Erzählung sind versteckter, etwa, wie die geschliffene Rhetorik, mit der das Mädchen seine Eltern überzeugen will, in die realistische Szenerie des bäuerlichen Nachtlagers eingebunden ist. Solche Gegensätze läßt die ausgleichende Leichtigkeit des meisterhaft gehandhabten Stils nur zu rasch übersehen.

Im ,Armen Heinrich' wie im ,Iwein' steht Hartmann eine flexible, nuancenreiche Sprache zur Verfügung, die frei von allen Härten und Unbeholfenheiten ist und sich mit dem Versmaß zu einem wie selbstverständlichen Erzählfluß verbindet. Auf die hier erreichte, stilbildend wirkende Ausdrucksfähigkeit möchte man vorzüglich Gottfrieds von Straßburg hohes Lob für Hartmann beziehen (vgl. S. 23). Es ist ein mittlerer, unpathetischer Erzählstil mit sparsamer Ornamentierung; Antithesenreihungen (z.B. v. 97–115) und Attributierung sind abgewogen eingesetzt.

Was als Natürlichkeit, Eleganz, Klassizität, Anmut empfunden wird, ist wohl zuerst die sichere, vielfältige Modulation des Tons, der nüchtern feststellen, diskret mitfühlen, unzweideutig werten, humorvoll Distanz nehmen kann; eine nur zu leicht unterschätzte, sensibel klare Formgebung, die die Mitte zwischen expressiver Steigerung und rhetorischem Formalismus hält.

3. Vorgegebenheiten

3.1. Formmuster

Umfang und Erzählführung weisen den ‚Armen Heinrich' den einfachen Formen zu. Nahe verwandt ist das Märe: wenige auserzählte Szenen, zudem mit genrehaft realistischen Zügen, werden von gerafft erzählenden Partien eingerahmt, Ausgangssituation und erzähltes Ereignis bedingen eine pointenhafte Einsicht bei den Figuren, die dem Hörer als nachvollziehbare Lehre angeboten wird. Doch das Märe, eine im 13. Jahrhundert zentrale Gattung, ist zu Hartmanns Zeit noch keine schriftliterarisch eingeführte Form, und es ist in den späteren Beispielen vor allem auf praktisch-ethische Normen bezogen. Es fehlt ihm im allgemeinen auch der novellistische Spannungsbogen, den der ‚Arme Heinrich' aufweist, wenn eine lange praktizierte Lebensweise durch ein unerwartetes Ereignis und seine Folgen in einer einschneidenden Wendung zu einer anderen, wieder perspektivisch ausgedehnten Daseinsform umgewandelt wird.

Wunderbare Heilung und religiöse Wertung lassen an das Legendenmuster denken. Doch der einfachen Bekehrungslegende widerstreitet, daß Heinrich zwar bekehrt, aber nicht zum Heiligen wird; langes Erdenglück folgt der Krise, und das Wunder der Heilung tritt verzögert und nebenbei ein. Solche abgelöste Wunderwirkung und die ihr zugehörige Gläubigkeit ist Kennzeichen eines anderen, auch altfranzösisch verbreiteten Typs, der Mirakelerzählung (H. Moser).

Sieht man von der religiösen Thematik ab, läßt sich die Geschichte auch als Erlösungsmärchen lesen. Die Heldin, die dem Geliebten trotz seiner Mißgestalt zugetan ist, übernimmt für ihn die schwere Aufgabe und wird mit ihm im glücklichen Ende vereint. Die genannten analogen Formen haben den einfachen Erzählablauf gemeinsam, keine von ihnen ist in der Deutungsperspektive ohne Einschränkung neben den ‚Armen Heinrich' zu stellen.

3.2. Motive und Stoffparallelen

Trotz des Quellenverweises im Prolog (v. 6–17) ließ sich keine Vorlage für die Erzählung finden, und es ist zu bezweifeln, ob sie im lateinischen Schrifttum, wohin Hartmanns Formulierungen in erster Linie weisen (*mislîchen buochen*), erwartet werden kann. Stoffgleiche lateinische Exempla (*Henricus/Albertus pauper*), die in Handschriften des 14. und 15. Jahrhunderts überliefert sind, erweisen sich bei näherem Vergleich doch eher als Abkömmlinge von Hartmanns Erzählung.

So bleibt nur der Weg, über Erzählungen verwandten Inhalts den Motivbereich einzugrenzen, aus dem Hartmann schöpfte. Das Interesse gilt dabei weniger der Arbeitsweise Hartmanns als den Sinndimensionen der verwendeten Motivfolgen, die in der damaligen Erzähltradition geläufig sind und der konkreten Akzentsetzung des Erzählers vorausliegen. Kurt Ruh hat aus den verschiedenen Texten eine Motivtypologie abgeleitet, auf die sich die folgenden Ausführungen weitgehend stützen.

Grundmotive sind Aussatz und Aussatzheilung. Es ist nicht schwer zu verstehen, daß eine so sichtbar zerstörende und von alters her die soziale Isolierung nach sich ziehende Krankheit anders angesehen wird als sonstige Leiden. Selbst heute noch haften dieser Krankheit im allgemeinen Empfinden Züge des Außerordentlichen an; vollends gilt das für eine Zeit, in der medizinisches Wissen je volkstümlicher um so stärker mit Magie durchsetzt ist. Der Aussatz ist im Mittelalter eine tabuisierte Krankheit; ihn als Geißel und Strafe Gottes anzusehen, lehrt schon das Alte Testament (Lv. 14; Nm. 12, 13; Aussatzheilung im Neuen Testament: Mt. 8, 2–4; Mc. 1, 40–44; Lc. 5, 12–14). Diese archaische Auffassung mischt sich mit einem bildhaft allegorischen Topos der mittelalterlichen Predigt: die Sünde als Aussatz der Seele (vgl. ‚Greg.' v. 3513). Daraus fällt in einem Umkehrschluß wieder auf den körperlichen Aussatz der Anschein der Sündhaftigkeit. Die Unbegreiflichkeit des Tabus und die ethische Erklärung gehen kaum unterscheidbar ineinander über. Wo die Krankheit deutlich als persönliche Vorsehung begriffen wird, als Strafe für die Sünde oder Haltung des Betroffenen, wird rationalisierend das Ethische vor das Magische gerückt; wo sie nur als Faktum festgestellt wird, ist dennoch nicht zu sagen, daß die moralischen Untertöne ausgeschlossen sind.

Auch das Rezept für eine Therapie ist Gemeingut seit der Antike: Bad oder Waschung in Menschenblut, vor allem dem von unschuldigen Kindern. Trotz der medizinischen Belegquellen von Plinius dem Älteren bis zu Paracelsus wurzelt diese Anweisung im Magischen, ist Teil einer weitverbreiteten Blutmagie. Die Belege schließen es aus anzunehmen, das Rezept sei nicht ernst genommen worden, selbst wenn eine andere Norm, das Tötungsverbot, seine Anwendung verhinderte. Schon die häufige

Verwendung als Erzählmotiv zeigt die Faszination aus der geglaubten Wirksamkeit. Es kann hier gleich festgehalten werden, daß bei Hartmann (wie auch in anderen Texten) das Motiv zum Zwitter wird: Wenn er den freiwilligen, selbstverantwortlichen Entschluß des Opfers als Bedingung für die Wirksamkeit einführt, mischt er eine Subjektivität hinein, die mit der Magie des Rezepts sich nicht bruchlos verbindet, magisches Mittel und Selbsthingabe gehören verschiedenen Erfahrungszusammenhängen zu. Ähnliches gilt von der Zusammenfügung beider Motive: Wird die Krankheit als Strafe für individuelle Schuld gesehen, kann das magische Mittel nicht die rechte Antwort sein; das paßt nur, wo die Krankheit apersonales Verhängnis, blinder Zorn der Gottheit ist. Die Sinndimension beider Motive ist schon variabel je nach Art der kausalen Deutung, ihre Zusammenfügung ist es ebenso.

Eine Reihe von mittelalterlichen Erzählungen verwendet beide Grundmotive. Sie gliedern sich nach Begründung, Sinnpointe und Ausrichtung auf eine Hauptfigur in zwei Gruppen:

Die eine besteht im wesentlichen aus den zahlreichen Fassungen der Silvesterlegende (‚Kaiserchronik‘, ‚Trierer Silvester‘, Konrads von Würzburg ‚Silvester‘ und in verschiedenen Legendensammlungen). Der heidnische Kaiser Konstantin erkrankt am Aussatz und läßt auf Anraten der Ärzte Vorbereitungen für ein Bad in Kinderblut treffen. Das Leid der Mütter rührt ihn, und er weist die Heilung um diesen Preis zurück. Papst Silvester kann ihn dazu bestimmen, sich taufen zu lassen, in der Taufe wird er geheilt. Heidentum und Aussatz sind in eine bildhaft geistige Verbindung gerückt, eine strikte Kausalbeziehung im Sinn der Schuld aus persönlichem Handeln knüpfen nur wenige Fassungen; die Heilung ist unverfügbares Wunder Gottes zur Offenbarung der Gnadenmitteilung in der Taufe. Der Preis, den das Therapierezept fordert, wird mit aller Deutlichkeit gezeigt und indirekt damit ein ethisches Urteil eingebracht. Im Zentrum der Handlung steht Konstantin. Er ist vor die Entscheidung gestellt, das als wirksam geltende Mittel anzuwenden oder das Leben der Kinder höher zu achten als sein eigenes. Seine schwer errungene Entscheidung gegen die Therapie zeichnet den Kaiser als mitleidend und barmherzig, demütig und schicksalsergeben aus, er ist seiner Gesinnung nach reif für die Bekehrung zum rechten Glauben. Rückblickend erscheint dadurch der Heilungsversuch als Kurzschluß und Versuchung, eine falsche Lösung anzustreben. Das sind nicht nur einige parallele Motive, es ist ein ganzes Handlungsmodell (K. Ruh: „Heilsgeschichte eines Kranken") – bis hin zum inneren Konflikt, den der Held zu bestehen hat –, das sich weithin mit dem des ‚Armen Heinrich‘ deckt, sofern man von der Rolle des Mädchens absieht.

In der zweiten Gruppe von motivverwandten Texten steht eine Mitleidshandlung im Mittelpunkt, deren Übereinstimmung mit der des ‚Armen Heinrich' allerdings nicht so offenkundig ist. Am verbreitetsten ist in dieser Gruppe die Verbindung von Aussatzsage und Freundschaftssage („Amicus und Amelius'-Legende in verschiedenen Fassungen, Konrads von Würzburg „Engelhard'). Von zwei engverbundenen Freunden erkrankt der eine an Aussatz. Schließlich erfährt der andere, der diesem wegen seiner früheren Hilfeleistung besonders dankbar ist, von der möglichen Heilung durch das Blut seiner Kinder; er entschließt sich, diese zu opfern und dem Freund zu helfen. Im Zentrum dieser Handlungssequenz steht der Freund, dem sich das Problem stellt, für Freundeshilfe ein schwerstes persönliches Opfer zu bringen. Er handelt aus lautersten Motiven und beweist seine bedingungslose Treue. Der eigentliche blutige Heilungsakt bleibt im Hintergrund; die Kinder, die geopfert werden, sind reines Objekt, es wird nicht Leben gegen Leben abgewogen. Gerade deshalb ist es aber leicht, durch ein Legendenwunder die Folgen abzubiegen, die Kinder werden durch göttlichen Eingriff wiederbelebt. Mit dem „Armen Heinrich' vergleichbar ist die Kenntnis der Heilungsmöglichkeit, eine freiwillige Mitleidstat und die ihr vorausgehende Entscheidungsqual. Die Abtrennung des materiellen Opfers von der Person, die zu entscheiden hat, erlaubt es, die Ausführung weniger zu betonen und damit die Fragwürdigkeiten dieses Vollzugs außerhalb der Erzählperspektive zu lassen; bei einem Selbstopfer liegt in der Ausführung unausweichlich die äußerste Zuspitzung. Hier zeigt sich die Logik der Verbindung mit der Freundschaftssage, soweit es um das Motiv der Aussatzheilung geht.

Beispiele, in denen ein vollzogenes Selbstopfer erzählt wird, sind selten. Das nächstliegende ist in einer Episode des altfranzösischen Prosaromans „La Queste del Saint Graal' und danach im „Queste'-Teil des deutschen „Prosa-Lancelot' zu finden: Die Schwester Percevals kommt auf eine Burg, deren aussatzkranke Herrin alle Ankommenden drängt, eine Schale Bluts für ihre Heilung zu spenden. Sie erklärt aus lauterem Mitleid ihr Einverständnis und stirbt, wie vorauszusehen, an den Folgen des Aderlasses. Hier ist die freiwillige Opferung als bewußte Tat ausgebildet, entsprechend der Rolle des Mädchens im „Armen Heinrich', sogar für einen Menschen, an den das Opfer keine persönliche Zuneigung bindet. Die Ausführung ist um einen Grad gemildert; das Spenden des Blutes zieht den Tod als Folge nach sich, nicht der direkte Schnitt zum Herz ist gefordert. Der Vorgang steht unmißverständlich unter einem doppelten Urteil: Mitleid und Hingabe der sich Erbarmenden werden als höchste und reinste Liebe gewürdigt, die Forderung der Kranken, einer Sünderin, und die Ausführung der Therapie werden – trotz des Erfolgs – mißbilligt: Es fällt Feuer auf die Burg und tötet die Bewohner, seit dem Alten Testament ein Bild für die Bestrafung eines Frevels, und eine Stimme vom Himmel verkündet, dies sei Zeichen Gottes.

Eine andere Parallele ist sehr weit entfernt: Eine Erzählung des ‚Samādhirājasūtra‘, der heiligen Schriften einer buddhistischen Sekte in Kasch-
mir, im 6./7. Jahrhundert überliefert, möglicherweise schon früher entstanden, berichtet vom Selbstopfer einer Königstochter für einen lebens-
bedrohend erkrankten buddhistischen Heiligen. Um den Träger der wahren Lehre zu retten, schneidet sie sich wie gefordert Fleisch aus dem Bein
und bereitet die lebensrettende Mahlzeit. Ein Zusammenhang ist nicht
von vornherein auszuschließen, denn die Herkunft mancher abendländi-
scher Erzählstoffe weist über den mittelmeerischen Osten auf den fernen
Orient, auch wenn der Vermittlungsweg hier ungreifbar bleibt; die Li-
nearität einer Tradierung ist auch weniger wichtig als die Einsicht in die
Möglichkeit der Motivfügung. Zwei Akzente rücken den Vorgang in ein
anderes Licht: Der erkrankte Priester ist der letzte Träger der reinen
Lehre, es geht also um eine höherrangige Wahrheit, die den Tausch
Leben gegen Leben verändert. Der andere Akzent liegt in der spezifischen
religiösen Anschauung begründet. Religiöses Lebensziel ist dort die
Transzendenz in eine rein geistige Existenz, die alle materielle Gebundenheit hinter sich läßt. Diese Vergeistigung wird von der sich Opfernden
nun direkt im Vollzug des Opfers erreicht, der physische Tod wird damit
irrelevant. In den abendländisch-christlichen Horizont verpflanzt, verliert das Opfer diesen unmittelbaren Erlösungscharakter, der zu erleiden-
de Tod und der zu erhoffende Lohn im Jenseits rücken auseinander.

In allen Erzählungen der zweiten Gruppe stehen derjenige, der das
Opfer bringt, und seine Entscheidungsnot und Motivation im Mittelpunkt. Der, dem die Hilfe gilt, bleibt weithin am Rand. Wo er aber
deutlicher hervortritt, entsteht auch die Frage, ob die Annahme eines
solchen Opfers zu rechtfertigen ist.

Auf zwei entfernte Parallelen ist für die Frage, wie die Aussatzheilung
bewertet wird, noch zu verweisen. Im provenzalischen Roman ‚Jaufre‘
verteidigt der ritterliche Held Kinder vor der Bedrohung, von einem
Aussätzigen getötet zu werden, um ihr Blut für ein Bad zu gewinnen (v.
2705–2712). Im ‚Daniel von dem blühenden Tal‘ des Stricker befreit der
Held das Land zur Grünen Aue von einem teuflischen Gast, der alle
Männer ermordet, um in ihrem Blut zu baden und dadurch von einer
nicht näher bezeichneten Krankheit geheilt zu werden (v. 4382 f.;
4412–17). In beiden Aventiuren geht das aggressive Heilungsbegehren
von einem unhöfischen Gegenspieler aus, gegen den der ritterliche Held
erfolgreich fremdes Leben und die ethische Norm verteidigt. Beide
Abwandlungen des Motivs weisen darauf hin, daß nicht die Wirksamkeit
des Therapierezepts, wohl aber die Unbedenklichkeit der Anwendung als
fragwürdig empfunden wurde.

Die beiden skizzierten Handlungsmodelle sind im ‚Armen Heinrich‘
ohne eine augenfällige Verkürzung ineinander gewoben, zwei Figuren

stehen mit ihrem Entscheidungsprozeß, der sich auf den je anderen bezieht, nebeneinander. Welche neue Einheit aus dieser Verschränkung
hervorgeht und welche von den im Stoff angelegten Fragen sie thematisiert, kann nur am Text diskutiert werden.

Die Zusammenfügung kann durchaus schon in der Quelle Hartmanns
geschehen sein, und er hätte dann diese Geschichte interpretierend bearbeitet, ähnlich wie in seinen anderen Erzähltexten. Solange wir aber nicht
mehr von dieser Quelle wissen, kann sehr gut auch Hartmann selbst die
Zusammenfügung vorgegebener Motivreihen zugeschrieben werden.
Sein Verhältnis zu möglichen Teilquellen würde sich dann in etwa analog
dem in der ‚Klage‘ darstellen.

Für die Interpretation kann als Voraussetzung gelten, daß mit den
Motivreihen bestimmte Themen und Begründungen vorgegeben sind, die
Akzentsetzung und Gewichtung variabel bleibt, zumal in der Zusam-
menfügung der Modelle, die eine neue Konsequenz verlangt. In diesem
Feld formt der Erzähler Hartmann seine Intention aus, nicht nur in expli-
ziten Leitsätzen, sondern vor allem in der Gewichtung und Tönung des
Geschehens in gegebenen und verschwiegenen Motivationen.

4. Textanalyse

4.1. Ausgangssituation (v. 1–132)

Ein kurzer Prolog (v. 1–28) nennt Autor, Quellensuche, Intention –
Trost in schweren Stunden, Gottes Ehre, des Autors Werben um die
Gunst der Hörer – und Lohnbitte, für des Autors Heil zu beten. Das
rhetorische Muster ist spürbar, das Publikum nicht erkennbar einge-
grenzt. Bemerkenswert selbstbewußt setzt sich der Autor in Szene.
Zwecksetzung und Gebetswunsch wecken die Erwartung auf eine erbau-
lich-religiös getönte Geschichte, ihr Thema und Stoffumkreis bleiben
aber ungenannt.

Mit einer Wendung löst sich der Erzähler aus der Gleichstellung mit
dem Publikum (als Leser der Quelle) und beginnt zu erzählen (v. 29–31).
Zunächst stellt er resümierend ohne Entwicklung eines Ereignisses den
Helden Heinrich vor (v. 32–74). Mit seinen objektiven (fürstengleiche
Abkunft, Vermögen) und subjektiven (*êre*, *tugent*) Voraussetzungen erscheint er vorbestimmt für ein glücklich erfülltes Leben. Das als Maß
verwendete Leitbild ist das der laikal-höfischen Kultur (*ritter*, *hövesch*),
neben den adeligen und natürlichen (*jugent*) Privilegien schließt es hohe
ethische und politische (*stæte*, *êre*, *zuht*, *milte*, *rât*) und in der Repräsentation auch kulturelle Ansprüche ein (*und sanc vil wol von minnen* v.
71). Nach dem Urteil seiner Umgebung (*werlte*) ist Heinrich mit diesen
Leitwerten ganz in eins gesetzt, und das ist auch die Meinung des Erzäh-

lers; denn er distanziert sich mit keiner Einschränkung vom Helden oder vom Leitbild.

Dieses ideale Dasein (*werltlîche wünne* v. 79) gerät in eine Krise; deren Dimensionen, nicht ihren Grund benennt der Erzähler zuerst. Heinrich stürzt herab von der Höhe des Glücks; dieser Fall wird in die Erfahrung irdischer Instabilität und Vergänglichkeit eingeordnet. Höchste Entfaltung und Untergang stoßen hart aneinander, wie das Hymnen-Zitat *mêdiâ vitâ / in morte sûmus* (v. 92 f) leitmotivisch zusammenfaßt. Eine Antithesenreihe, Licht und Asche, Lachen und Weinen, Süße und Bitternis, von teilweise langer geistlicher Tradition verstärkt die Kontur des Grundwiderspruchs. Erst Vers 119 nennt die konkrete Ursache der veränderten Situation, den Aussatz. Seine härteste Konsequenz ist Abscheu und Furcht der Mitwelt, die sich von Heinrich abwendet. Mit der äußeren Ursache der Krise werden erste Ansätze einer Sinndeutung des Geschehenen gegeben. Entsprechend der Motivverwendung sonst ist die erniedrigende Krankheit eindeutig Verfügung Gottes (*gebot* v. 116); vage bleibt der Sinnzusammenhang, *diu swære gotes zuht* (v. 120) benennt einen Rahmen zwischen unverschuldeter Prüfung und verdienter Strafe, der nicht weiter ausgefüllt ist. Die Aussage, daß irdische Stellung und Urteil Gottes sich widersprechen (v. 113–115), scheint die zweite Wertung zu unterstützen, sie steht aber noch im Zusammenhang der Antithesenreihe über die Vergänglichkeit; die Exempelfigur Job spricht gemessen am Verlauf seines Schicksals für die erste Deutung, zitiert ist aber nur die Abwendung der Mitwelt vom unglücklichen Job. Daß die Krankheit in die religiös-geistige Dimension von Heinrichs Leben reicht, teilt der Erzähler unmißverständlich mit; weitere Linien legt er noch nicht fest.

Umstritten ist in diesem Zusammenhang das Gewicht von Heinrichs *hôchmuot* (v. 82; A *sîn hoher mût*; B nur zurückweisendes *daz*); manche Interpreten wollten hier schon einen religiös-ethischen Schuldspruch sehen. Auch dieser Begriff deckt semantisch einen Bereich ab, der von der positiven Wertdefinition höfischen Daseins im Sinn der aristokratischen Kultur bis zum Negativwert Überheblichkeit auch im Sinn des theologischen Terminus *superbia* reicht. Die Formulierung ist auf keinen der Bedeutungsaspekte enger eingeschränkt. Im Kontext steht *hôchmuot* eher als Zusammenfassung der vorher aufgezählten positiven Aspekte und vertritt die eine Seite der folgenden Antithese von Glück und Unglück. Vor allem ist es wenig plausibel, hier eine vorausdeutende Wertung des später genannten Ereignisses zu sehen. Auch die traditionelle Exempelfigur für Schönheit und Übermut, Absalom (v. 85), ist für die Festlegung nicht ausreichend, weil sie in die Antithese von Höhe und Fall einbezogen ist.

4.2. Handlungsbeginn: Heinrichs Suche nach Heilung (v. 133–266)

Von der resümierenden Exposition des Zustands wechselt der Erzähler beinahe unmerklich zur Figur und ihrem Handeln über, nach gerafftem Bericht von den Reisen nach Montpellier und Salerno erreicht er schließlich mit dem Arztgespräch (v. 183 ff.) die szenische Vergegenwärtigung.

Der kurze Abschnitt über Heinrichs Reaktion (v. 133–162) greift nochmals das Exempel Job auf, als Kontrast zu Heinrichs Verhalten. Das ist zunächst verwirrend. Denn Job werden Geduld, freudige Bejahung des Leids und ungestörtes Gottvertrauen zugeschrieben, gegen die sich Heinrichs Schmerz, seine Stimmungsverfinsterung, seine Trauer um das verlorene Glück bis hin zum Todeswunsch abheben. Nun ist zwar Jobs Geduld sprichwörtlich, doch der Job des Buchs Hiob ist nicht nur der empfindungslose, leidensselige Heilige. Der alttestamentliche Dulder trägt schwer an seinem Unglück, reibt sich an einer unverständigen Gesellschaft, hadert mit Gott und verflucht den Tag seiner Geburt. Mangelhafte Kenntnis des Alten Testaments bei Hartmann zu vermuten, verwischt die Absicht, die in der genauen Abtönung erkennbar scheint. Der Erzähler ging vorher von den objektiven metaphysischen Gegebenheiten – Vergänglichkeit, *gotes zuht* – aus; ganz in diesem Rahmen stilisiert er nun Job zum legendenhaften Vorbild, der um des Seelenheils willen das Unglück in Gottergebenheit freudig annimmt. Der Kontrast besteht nicht zwischen Heinrich und dem alttestamentlichen Job, sondern zwischen einem objektivierten religiösen Verständnisschema (vorzüglich der Exegese und Legende), in dem das Subjekt hinter der objektiven Deutung verborgen bleibt, und der Geschichte des erleidenden Subjekts, die Hartmann offensichtlich erzählen will. Der Erzähler setzt hier ein Signal, daß sein Interesse nicht einem anerkannt vorgegebenen Weg zum Heil gilt, sondern der ganz persönlichen Auseinandersetzung eines einzelnen, die mit einer Woge schmerzhafter und empörter Gefühle beginnt.

Heinrichs Betroffenheit zeitigt seine Aktivität, er sucht, sich an eine letzte Hoffnung klammernd, bei den berühmtesten Ärzten Heilung. Soweit die Krankheit in eine religiöse Dimension reicht, muß das als Kurzschluß erscheinen. Doch woher soll der, dessen Glieder abzufaulen beginnen, diesen Überblick haben? Der Erzähler aus seiner Distanz ist hier schon nicht eindeutig in seiner Wertung, die Sicherheit der Erkenntnis dann zu diesem Zeitpunkt von der betroffenen Figur zu fordern, hieße gerade der Figurenebene jede ausgestaltete Subjektivität abzusprechen.

Erst das Gespräch mit dem Salerner Arzt fordert von Heinrich ein anderes Verständnis seiner Situation. Er begreift nur mühsam, daß es ein Heilmittel gibt, das dennoch nicht verfügbar ist, weil es das freiwillige Lebensopfer eines anderen voraussetzt. Daneben bleibt nur die Hoffnung auf ein Wunder Gottes (v. 204), das aber nicht zu erwarten ist; die spätere Lösung wird vom Arzt gerade außerhalb der Erfahrung gesehen. Mit dieser Bedingung ist wie in allen motivverwandten Geschichten die Wirksamkeit des Heilmittels vorausgesetzt, zugleich aber ist, da eine Jungfrau die Entscheidung selbst treffen müßte, klargestellt, daß Heinrich nichts dazutun kann, es zu gewinnen; der Raum für eine zweite Hauptfigur ist abgesteckt.

Heinrichs Reaktion verrät nur Resignation und Verzweiflung (v. 240 ff.). Weder in seine Auseinandersetzung mit der Bedingung – Tod eines anderen für das eigene Leben (v. 235 f.) – noch in eine religiöse Besinnung gibt der Erzähler Einblick. Er berichtet allein Heinrichs letzte Verfügung über seinen Besitz wie die eines zum Tod bestimmten Menschen und den Rückzug aus der Gesellschaft in die Einöde.

4.3. Der Meierhof: Entstehung neuer Voraussetzungen (v. 267–368)

Nur wenige Merkmale der neuen Szenerie werden eingebracht: Nicht die Welt der Gesellschaft (*älliu diu lant* v. 263), sondern eine Familie ist die menschliche Umgebung auf dem Rodungshof, von dessen Bezug zu anderen bäuerlichen Ansiedlungen nichts gesagt ist. (Ein Meier ist gewöhnlich Verwalter in einer größeren Gemeinschaft.) Das Rechtsverhältnis zwischen dem Herrn und den Abhängigen gleicht einer persönlichen Beziehung utopischen Charakters: der ständisch freie Bauer erbringt an Leistungen für den Herrn nur, was er *gerne tete* (v. 276), und ist dazu vor fremden Übergriffen geschützt (v. 280); im Ausgleich dafür kommt er nun solidarisch für den Kranken auf. In dieser sozialen Harmonie übernimmt ein Kind, die achtjährige Tochter, eine Sonderrolle, ihr Verhalten zu Heinrich bestimmt sie von Anfang an zur zweiten Hauptfigur. Doch diese Zuwendung zeigt der Erzähler als vielgestaltig. Sie weicht nicht vom kranken Herrn, ist unaufhörlich um ihn dienstfertig besorgt, und ihre *reine kindes güete* (v. 322) ist letztlich nur als gottgegebene Liebesfähigkeit (v. 348) zu erklären, zugleich aber ist der Umgang, der Platz zu Füßen Heinrichs (v. 324 f.), auch kindliches Spiel, in das Heinrichs zahlreiche kleine Geschenke eingehen, Spiel auch erotischer Annäherung (*gürtel, vingerlîn, spiegel* als Werbungsgeschenke). Die mehr als oberflächliche Bedeutung erotischer Akzente wird an wenigen Worten deutlich: die spielerische Bezeichnung als *gemahel*, Heinrichs *dienst* (v. 339) – der Terminus für die Werbung des Aventiureritters und Minnesängers – und daran, wie sie den Kranken sieht (*er dûhte si vil reine* v. 344). Heinrichs und des Mädchens Bindung sind so vor jeder situationsbedingten eigenen Reflexion als Zuwendung von Gewohnheit (v. 333 f.) und Gemüt, Barmherzigkeit und Liebesfähigkeit charakterisiert.

4.4. Heinrichs Selbstdeutung (v. 369–458)

Nach drei Jahren gemeinsamen Lebens löst die Frage des Meiers nach medizinischer Hilfe Heinrichs Selbstdeutung aus. Hatte ihn früher in Salerno nur die Therapiemöglichkeit interessiert, sieht Heinrich sein Schicksal nun ganz unter dem religiösen Aspekt der Schicksalsdeutung. Von einer ,Entwicklung' zu diesem Erkenntnisstand zu sprechen ist verfänglich, weil vorher keine vergleichbare Innenschau gegeben war. Die Selbstdeutung nimmt Stichworte auf, die der Erzähler in der Exposition gegeben hat, vereindeutigt sie aber zu einer Kausalkette: die Krankheit sei Strafe (râche v. 409) für sein zurückliegendes Leben, in dem er sich nicht der rechten Wertordnung bewußt war. Nicht das wunschleben (v. 393) selbst ist fragwürdig, sondern daß er es nicht als Geschenk Gottes verstand und auf Gott nicht achtete. Die Folge davon, daß er seinen Wert aus sich selbst zu beziehen glaubte, ist sein Unwert durch die abstoßende Krankheit. Heinrich hat resignierend seinem Schicksal eine Deutung unterlegt; sie läßt offen, was in seiner Vergangenheit Bewußtseinsperspektive, was schuldhaftes Handeln war. Das ohne Hoffnung preisgegebene Therapierezept gibt dem Mädchen die Möglichkeit zu handeln.

4.5. Der Entschluß zum Opfer (v. 459–1026)

Auf die güete des Mädchens wirkt Heinrichs Bericht am stärksten, sie leidet Nacht und Tag unter Tränen um ihn, ihre Gemütsverfassung aber ändert sich schlagartig mit dem Entschluß, sich selbst zu opfern (v. 529 f.). Die Motivation dazu breitet der Erzähler nicht aus, er betont wiederholend ihre güete (v. 466; 522), und sie selbst spricht von Heinrich als dem guten Herrn (v. 491–97). Die Überzeugungskraft der Szene liegt in der Einheit von Figur und Handeln innerhalb der genrehaften Szene des bäuerlichen Nachtlagers und der Reaktionen aller Beteiligten, die man eine realistische Psychologie nennen möchte. Für des Mädchens spätere Argumentation ist wichtig, daß sie den Widerstand Heinrichs und der Eltern voraussieht (v. 533–38) und sich deshalb nicht ohne Zweckorientierung äußert.

Der folgende Disput um das Einverständnis zu ihrem Entschluß ist in einem Spannungsbogen von meisterhafter Rhetorik geführt. Gegen den Einwand, den Tod zu leicht zu nehmen, setzt sie das Ziel des ewigen Lebens, die Unausweichlichkeit des Todes und die Mühsal langen Lebens, zumal alle weitgehend vom Wohlwollen des Grundherrn abhängig seien, das sie damit sichern könne. Auf die Vorhaltung der Mutter, die Eltern erhofften Freude durch sie, nicht Trauer durch ihren Tod, erwidert sie, gerade wegen ihrer Liebe müsse sie ihren raschen Weg zu Gott, durch den sie vom scheinhaften Wert dieser vergänglichen Welt unberührt bleibe, gutheißen. Und geschickt die Erwartungen über ihre Zukunft an der Seite eines Mannes aufnehmend, entwirft sie das Bild vom Freier Jesu Krist, der sie ebenso wie eine Königin minnt. Von aller Treueverpflichtung ist ihr die zu sich selbst die wichtigste (v. 830). Diese Beredsamkeit übersteigt das Vorstellungsvermögen der Eltern (v. 858), nur eine Legendenparallele haben sie zu ihrem Verständnis bereit, das geistgewirkte Reden des heiligen Nikolaus (v. 863–68); sie verstummen und geben resignierend ihre Zustimmung. Die Argumentation des Mädchens hat die Gewalt einer Predigt über die Hinfälligkeit der Welt und das leuchtende jenseitige Paradies; sie ist geschickt, aber ein wenig zu geschickt, um sich ohne Spannung zur stillen Hingabe des vorher gefaßten Opferentschlusses zu fügen, zu pathetisch innerhalb der realistischen Psychologie, die im Verhalten der Eltern weitergeführt ist, zu sehr zweckbestimmt, den eigenen Willen (v. 830!) zu begründen. Sie ist nicht unwahrhaftig; es sind keine Signale ironischer oder wohlwollend spöttischer Distanz zu finden. Das Mädchen mag sie Wort für Wort glauben, aber sie ist nicht die ganze Wahrheit des aus der persönlichen Beziehung erwachsenen Opferwillens. Sie ist aber auch nicht die Mahnpredigt des Erzählers an sein Publikum, weil sie trotz des Umfangs in die Handlungskonstellation eingeschlossen bleibt, als in jeder Weise außerordentlich und zweckbestimmt gekennzeichnet ist.

In der anschließenden Szene treffen nun beide Hauptfiguren aufeinander, sie ist deshalb bedeutsam für die Zueinanderordnung ihrer unterschiedlichen Rollen nach den vorgegebenen Modellen. Heinrich akzeptiert sofort ihre Beweggründe – *dîn wille ist reine unde guot* (v. 938) –, aber er versteht sie zunächst als kindliche Hingabe, die der Realität des Todes nicht gewachsen ist. Doch damit, daß er sie an den Willen ihrer Eltern verweist, bringt er sich selbst in Verlegenheit, die Entscheidung fällt schnell an ihn zurück. Der Ernst der Situation entlädt sich in Tränen aller Beteiligten. Heinrich nimmt ganz ihre *triuwe*, die Hingabe an ihn bis zur Selbstaufgabe wahr. In einem Satz macht der Erzähler deutlich, daß nun für Heinrich das Entscheidungsproblem dieser Heilung gestellt ist:

und zwîvelte vaste daran
weder ez bezzer getân
möhte sîn ode verlân. (v. 1004–1006)

Wie und aus welchen Gründen Heinrichs Entscheidung fällt, verschweigt der Erzähler aber dann, mit dem Dank und den Vorbereitungen zur Reise ist sein Entschluß nur faktisch gesetzt. Es liegt nahe anzunehmen, daß diese Kürze in einer Erzählung, die genau kalkuliert Einblick in die innere Motivation gibt, Indiz dafür ist, daß dieses Entscheidungsproblem bei Heinrich nicht ausgetragen ist.

4.6. Die Reise nach Salerno (v. 1027–1386)

Ausgestattet wie ein ebenbürtiges *gemahel* des hochadeligen Heinrich geht das Mädchen mit ihm auf die Reise, ihre *reine gotes güete* (v. 1037) gereicht den Eltern zum Trost und läßt sie selbst fröhlich und ungeduldig das Opfer erwarten. Den mißtrauisch prüfenden Arzt – seine Angst vor der Ausführung (v. 1098 f.) läßt auch die Therapie als gewußtes, aber nicht erprobtes Rezept erscheinen – kann sie, gewandt argumentierend, von der Freiwilligkeit ihres Entschlusses überzeugen, sie gebe das irdische für das ewige Leben und für die Gesundheit ihres Herrn. In diesen beiden untrennbar verbundenen Motiven liegt für sie der Sinn des Opfers.

Damit kann die Therapie beginnen. Die folgende Szene, der Wendepunkt der Erzählung, geht von den sinnlichen Eindrücken der Beteiligten aus. Der Anblick des Mädchens bewegt schon den Arzt (v. 1197–1203). Das Geräusch des Wetzsteins trifft Heinrich und veranlaßt ihn, sich Einblick zu verschaffen, der Anblick des Mädchens in seiner Schönheit (*minneclich* v. 1233) stellt ihn neu und zum ersten Mal ganz vor die Entscheidungsproblematik. Er gewinnt die Rolle des Hauptakteurs zurück in einem rein inneren Handeln. Der vom sinnlich Wahrgenommenen ausgehende Vergleich: *nû sach er si an unde sich* (v. 1234), veranlaßt ihn zu radikaler Umbesinnung (*niuwen muot* v. 1235), neuem Urteil (*niht guot* v. 1236) und *niuwer güete* (v. 1240); in diesem Begriff wird er nun dem Mädchen gleichgesetzt. Der innere Monolog (v. 1243–56) sieht in seiner Zustimmung zum Opfer genau jenes Nichtachten Gottes (v. 1244 – 46), dessen er sich in seiner früheren Selbstdeutung vage beschuldigte. Der Entschluß, sein Schicksal nicht um diesen Preis zu ändern und die Operation zu verhindern, zur Erleichterung des Arztes, steht für ihn nun im Einklang mit Gottes Willen (v. 1276). Heinrich erkennt eine ethische Grenze, und das ist schon gleichbedeutend mit der Weigerung, sie zu überschreiten. Die Heilungsmöglichkeit erscheint damit in einer ambivalenten Wertung, positiv für den sich Opfernden, fragwürdig für den Zustimmenden. Da dieser Umschwung ganz in der Innenschau Heinrichs vorgeführt wird, bleibt die Stellungnahme vordergründig in der Figurenperspektive, an der der Erzähler nur hintergründig durch qualifizierende Begriffe (*niuwe güete* v. 1240) beteiligt ist.

Das Mädchen verliert die Fassung; psychisch verständlich und in der Anlage der Erzählung konsequent, daß sie sich nicht zurechtfindet, da die absolute Hingabe ins Leere geht. Daß sie Heinrich beschimpft und er mit chevaleresker Nachsicht (v. 1340 f.) darüber hinweggeht und auch den Spott bei der Heimkehr nicht fürchtet, verdeutlicht geschickt, wie sicher er sich in seiner Entscheidung ist.

Das Wunder Gottes sieht der Erzähler schließlich durch des Mädchens Opferbereitschaft und nachfolgende Verzweiflung (*ir triuwe und ir nôt* v.

1356), durch beider *triuwe und bärmde* (v. 1366) ausgelöst. Beider Handlungsrolle ist sanktioniert in dem Verweis auf Jobs Versuchung, die schon anfangs genannte Deutungsperspektive der Prüfung. Sie ist freilich nur ein Rahmen der konkreten Geschichte, eine allgemeine Perspektive dafür, daß das Mädchen sich zu opfern bereit ist, Heinrich sich selbst zu relativieren lernt. *triuwe und bärmde* beider, auf den je anderen bezogen, als Voraussetzung des Wunders (v. 1366 f.) zielen schon auf den Ausgleich von Opfer- und Verzichthandlung, das Eheglück.

4.7. *Rückkehr und Heirat (v. 1387–1520)*

Die Rückkehr in die Gesellschaft ist kein Problem, alle sozialen Beziehungen erneuern sich so wunderbar wie Stellung und Besitz, untergeordnet der veränderten Einstellung (v. 1432–36); mit betont flüchtigen Strichen (v. 1429) zieht der Erzähler die Linien zu Ende. Der Rodungshof wird Eigenbesitz des Meiers. Das innere Geschehen zwischen Heinrich und dem Mädchen duldet nur eine Lösung (v. 1487–89; 1502 f.), die Eheschließung in herzlicher Zuneigung (v. 1491 f.). Die eher in der Gesinnung als im sozialen Rang gegebene gleiche Freiheit (v. 1497) ist nach einhelliger Zustimmung der Sippe Voraussetzung genug. Die Wendung ist nicht minder utopisch als die Erneuerung von Jugend und Reichtum (und deshalb kaum auf sozialen Gehalt abfragbar), Teil eines optimistischen Schlußbilds, in dem alles als Lohn der rechten persönlichen Haltung erscheinen soll.

5. *Personale Entscheidung als Grundlage für das Heil in der Welt*

Den Folgerungen vom Text auf die historische Situation sind enge Grenzen gezogen, die Überlieferungslage gibt hier keine Hinweise zum Rezeptionshorizont. Möglich ist in erster Linie, die Position von Thematik und Darstellung im literarischen Kontext, vor allem Hartmanns eigenen Erzählungen, zu werten.

Die zentralen Phasen der Geschichte sind Entscheidungsakte und ihre Motivation, das äußere Geschehen tritt dagegen stark zurück. Der Erzähler entwickelt dazu die Technik einer genau abgestuften Innenschau bis zum Höhepunkt mit Heinrichs innerem Monolog. Gegenüber den Artusromanen, wo nur über die Symbolstruktur ein innerer Status veranschaulicht wird, und gegenüber dem ‚Gregorius' mit seiner Parallelisierung von Handlungsräumen und innerem Fortschreiten ist hier sehr viel direkter der Bewußtseinsprozeß der Figuren gestaltet, in einem wörtlicheren Sinn Subjektivität vorgeführt. Die personale Entscheidung ist auch der thematische Kern, denn sie allein (zusammen mit der göttlichen Gnade) ist Grundlage glückhafter Lösung, ohne etwa die vermittelnde

Leistung des Artushelden im Kampf. In dem Erkenntnis- und Wand-
lungsprozeß des Helden haben ‚Der arme Heinrich', Artusromane und
‚Gregorius' ihre Gemeinsamkeit, in der stärker konturierten Subjekthaf-
tigkeit liegt der Unterschied in der Ausgestaltung. Ohne in eine evolutio-
nistische Perspektive verfallen zu wollen, gilt, daß ‚Der arme Heinrich'
das Problem der Einsicht und personalen Verantwortung am klarsten
darstellt. Eine wichtige Voraussetzung dafür ist sicher in den beiden
verwendeten Erzählmodellen zu suchen, die beide eine zentrale Entschei-
dungssituation beinhalten, deren Zusammenfügung ein ausnahmehaftes
Gleichgewicht zweier Akteure ergab. Das war die Chance des Gattungs-
experiments, die erkannt und genützt zu haben ich doch Hartmann selbst
zuschreiben möchte. Höfische und religiöse Wertmuster, legendenhafte
Züge, Predigtrhetorik und realistisch beobachtete Psychologie sind als
Teilperspektiven Mittel, die subjektive aus der objektiven Realität her-
auszuheben.

Im Mittelpunkt des Wertproblems steht die Frage, wie Gott in der Welt
richtig zu achten, sein Rang als Urheber allen Glücks zu wahren ist. Die
Antwort darauf ist nicht ein Hinweis auf einen rituell religiösen Vollzug,
eine spezifisch religiöse Lebensform von Verzicht oder Askese, sondern
auf den richtigen Umgang mit der ‚Welt', vor allem dem nächsten Mit-
menschen (das gilt für Heinrich und das Mädchen) und dessen Leben,
was auch eine Relativierung des eigenen Selbst einschließt. Die religiöse
Grundfrage wird mit einem laikal-weltlichen Ethos verschmolzen, das in
der Figur Heinrichs und in seiner Lebensweise, die am Ende ja, neu
geordnet, wieder aufgenommen wird, die höfischen Wertsetzungen enthält. Insofern wird das höfische Kulturmuster durch eine dezidiert religiöse Fundierung der personalen Verantwortung ergänzt. Weil dieser
Wertbereich so sehr ins Zentrum gerückt ist, kann darin auch eine immanente Kritik an einem bloß säkularen Ethos enthalten sein. Die Integration des Ethos gelingt hier ohne schroffe Gegensätze und unter dem
Vorzeichen des Optimismus; das ist der Unterschied zum ‚Gregorius'.
Der Optimismus, mit dem hier die innere Haltung und das von Gott
geschenkte Glück verknüpft sind, ist dem des Artusromans zu vergleichen. Unterstellt man den Erzähltexten Hartmanns eine thematische Folgerichtigkeit, könnte das heißen, mit der völligen Integration der religiösen Thematik sei die optimistische Weltsicht zurückgewonnen. Doch
darf der Unterschied der Erzählformen nicht vernachlässigt werden. Die
novellistische Konzentration auf ein Ereignis, das eine Lösung im Vertrauen auf eine gottgelenkte Welt finden kann, und der optimistische
Entwurf einer fiktiven Welt im Roman unterliegen doch sehr verschiedenen Bedingungen, wenn es darum geht, den Leser zu überzeugen.

Für das höfische Publikum – in eine andere Richtung weisen zunächst
keine Anhaltspunkte – kann ‚Der arme Heinrich' ein religiös fundiertes

laikal-weltliches Ethos bestätigt haben. Die religiöse Entscheidung fällt in der Welt, soziale und politische Tugend sind vom religiösen Angelpunkt nicht zu trennen. Damit ist eine Selbständigkeit des laikalen Sinnentwurfs von der kirchlich geprägten Weltsicht erreicht, wie sie das höfische Kulturmuster vorher nicht zeigte. Die immanent literarisch konstatierte Fortentwicklung des Themas kann als zunehmende Eigenständigkeit des artikulierten adligen Selbstverständnisses, das sich auch seines religiösen Heils vergewissert, und als Teil einer Bewußtseinsentwicklung verstanden werden. Für eine Überprüfung oder gar eine genauere Umschreibung der historischen Situation fehlen weitere Daten.

Nur ein möglicher Anhaltspunkt ist noch in Erwägung zu ziehen: die Verknüpfung mit Hartmanns eigener Familiengeschichte oder der des Dienstherrn, wie die Namensübereinstimmung am Anfang immer wieder verstanden wurde (vgl. AB I S. 33 f.). Als Huldigung an die Familie des Dienstherrn durch die Geschichte einer ständerechtlich fragwürdigen Heirat oder als Verklärung des in der eigenen Familie erfolgten Abstiegs in die Unfreiheit durch eine Mesalliance stände die Geschichte in einem konkreten Interesse. Ob eine solche Erklärung der Aussage der Erzählung gegenüber nicht zu peripher bleibt, ist zu fragen. Sie muß jedenfalls ein vermutlich sehr begrenztes Publikum voraussetzen, das an einer bestimmten Familiengeschichte und doch einem realen Krankheitsfall Anteil nehmen wollte. Ein engeres Publikum dieser Art ist möglich, das fehlende Material erlaubt weder, es aufzudecken, noch, es auszuschließen.

Arbeitsbereich VI

Artusroman I – ‚Erec'

1. Grundlageninformation

1.1. Texte

Leitzmann, Albert (Hrsg.): Hartmann von Aue. Erec, Halle 1939, 6. Aufl. besorgt von Ch. Cormeau und K. Gärtner, Tübingen 1985 (ATB 39) [Die Neuauflage des nach A. Leitzmann durch L. Wolff weiter verbesserten Textes berücksichtigt die neu gefundenen Handschriftenfragmente und die dadurch veränderte Einschätzung der Wolfenbütteler Bruchstücke; ein neuer kritischer Apparat dokumentiert nun direkt das Verhältnis zur Überlieferung.]

Cramer, Thomas (Hrsg.): Hartmann von Aue. Erec. Mittelhochdeutscher Text und Übertragung, Frankfurt 1972 u.ö. (Fischer Taschenbuch 6017) [Mhd. Text nach Leitzmann (1939) mit wenigen Änderungen und zeilengetreuer Übersetzung.]

Mohr, Wolfgang: Hartmann von Aue. Erec, übersetzt u. erläutert von W. M., Göppingen 1980 (GAG 291) [Metrische Übersetzung mit Nachweis der Übereinstimmungen mit Chrétien und einem genau abwägenden Vergleich von Hartmanns Version mit seiner Vorlage.]

Unterkircher, Franz (Hrsg.): Ambraser Heldenbuch. Vollständige Faksimile-Ausgabe, Graz 1973 (Codices selecti 42) [Faksimile des einzigen annähernd vollständigen Textzeugen.]

Kasten, Ingrid: Chrétien de Troyes. Erec und Enide, übersetzt u. eingeleitet v. I. K., München 1979 (Klass. Texte des roman. Mittelalters 17) [Afrz. Text von Hartmanns Vorlage mit Übersetzung und Auswahlbibliographie.]

1.2. Forschungsliteratur

Cormeau, Christoph: *Joie de la curt*. Bedeutungssetzung und ethische Erkenntnis, in: Haug, W. (Hrsg.): Formen und Funktionen der Allegorie, Stuttgart 1979, 194–205 [Untersucht, wie in dieser Episode die Sinnschichten des ganzen Romans zusammengefaßt werden und inwiefern das im Handeln vorgezeigte Ethos der zeitgenössischen Reflexion noch überlegen ist.]

Cramer, Thomas: Soziale Motivation in der Schuld-Sühne-Problematik von Hartmanns Erec, Euph. 66, 1972, 97–112 [Sieht den Grundkonflikt in dem unverdienten sozialen Aufstieg Enites wurzeln; die Mißachtung des *ordo* wird erst durch erwiesene ethische Gesinnung kompensiert.]

Ehrismann, Otfried: Enite. Handlungsbegründungen in Hartmanns von Aue ‚Erec‘, ZfdPh 98, 1979, 321–344 [Unterscheidet – zu schematisch – drei Kategorien der Handlungsbegründungen; erst das richtige affektreduzierte Handeln werde den sozialen und eschatologischen Ansprüchen gerecht.]

Fisher, Rodney: Erecs Schuld und Enitens Unschuld bei Hartmann, Euph. 69, 1975, 160–174 [Deutet Erecs Reaktion als Projektion seines eigenen Versagens in der Ehe auf Enite; erst nach einer Phase der Desorientierung überwinde Erec gegen Ende des Romans die Schuldprojektion und ihre Ursache.]

Freytag, Wibke: Zu Hartmanns Methode der Adaption im ‚Erec‘, Euph. 72, 1978, 227–239 [Zeigt an einer Episode, wie Hartmann im Bearbeiten der Vorlage rhetorischen Regeln folgt; das Beispiel modifiziert weniger als erwartet die Thesen M. Hubys.]

Haug: s. Gesamtbibl.

Heine, Thomas: Shifting perspectives. The narrative strategy in Hartmann's ‚Erec‘, Orbis litterarum 36, 1981, 95–115 [Beobachtet den bezeichnenden Wechsel der Erzählperspektive von allgemeinem Einverständnis über berichtende Distanz zum Einblick in die subjektive Motivation.]

Höhler, Gertrud: Der Kampf im Garten. Studien zur Brandigan-Episode in Hartmanns Erec, Euph. 68, 1974, 371–419 [Materialreiche Studie zu den Bedeutungsfacetten der Motivdetails in der Schlußaventiure.]

Hrubý, Antonín: Die Problemstellung in Chrétiens und Hartmanns ‚Erec‘, DVjs 38, 1964, 337–360; wieder in: Hartmann: s. Gesamtbibl. S. 342–372 [Vergleicht die beiden Romane mit dem Schwerpunkt auf Schuldfrage und Liebesauffassung.]

Huby: s. Gesamtbibl.

Kaiser: s. Gesamtbibl.

Kellermann, Wilhelm: Die Bearbeitung des Erec und Enide-Romans Chrestiens von Troyes, in: Hartmann: s. Gesamtbibl., 511–531 (zuerst französisch in: Festschrift J. Frappier, Genf 1970, 509–522) [Vergleicht die beiden Fassungen auch mit Rücksicht auf erzähltechnische Änderungen und sieht bei Hartmann Erec und seine Entwicklung etwas in den Vordergrund gerückt.]

Kuhn, Hugo: Erec, in: Festschrift für P. Kluckhohn und H. Schneider, Tübingen 1948, 122–147; wieder in: H. K.: Dichtung und Welt im Mittelalter, Stuttgart 1959, ²1969, 133–150, und in: Hartmann: s. Gesamtbibl., 17–48 [Grundlegender Aufsatz zum Verständnis der Episodenstruktur.]

Pérennec, René: Adaptation et societé: L'adaptation par Hartmann d'Aue du roman de Chrétien de Troyes ‚Erec et Enide‘, EG 28, 1973, 289–303 [Versucht die Änderungen Hartmanns auf die Differenzen in der ständischen und ideologischen Entwicklung Frankreichs und Deutschlands zurückzuführen.]

Peters, Ursula: Artusroman und Fürstenhof. Darstellung und Kritik neuerer sozialgeschichtlicher Untersuchungen zu Hartmanns Erec, Euph. 69, 1975, 175–196 [Kritische Auseinandersetzung mit sozialgeschichtlich argumentierenden Deutungsversuchen vor allem Th. Cramers und G. Kaisers.]

Reinitzer, Heimo: Über Beispielfiguren im ‚Erec‘, DVjs 50, 1976, 597–639 [Untersucht die Bedeutungssetzung im Zitieren traditioneller Exempelfiguren, überbewertet aber die Hinweise, die eine objektive Schuldzuweisung an die verführerische Frau beinhalten sollen.]

Ruh: s. Gesamtbibl.

Schulze, Ursula: *âmis und man*. Die zentrale Problematik in Hartmanns ‚Erec‘, Beitr. (Tüb.) 105, 1983, 14–47 [Rückt das in sozialgeschichtlichen Deutungen vernachlässigte Minnethema in den Mittelpunkt und liest den Roman als Vermittlungsversuch zwischen dem Kult der erotisch begründeten Minne und der adligen Ehepraxis.]

Voß: s. Gesamtbibl.

Wolf, Alois: Die *adaptation courtoise*. Kritische Anmerkungen zu einem neuen Dogma, GRM 27, 1977, 257–283 [Kritische Auseinandersetzung mit den Thesen M. Hubys, vor allem der problematischen Unterscheidung von *fond* und *manière.*]

2. Phänomenologische Annäherung

Der Handlungsverlauf und seine Antriebskräfte scheinen offen zutage zu liegen. Ein Beispiel (Cadoc-Episode, v. 5288–5709): Hilferufe einer Frau veranlassen den Titelhelden, seinen Weg ohne Ziel zu unterbrechen, die Klagende und anschließend ihren verschleppten Mann zu suchen. Als Versuche gütlicher Unterhandlung mit den zwei riesenhaften Gesellen, die den Verschleppten erbarmungslos mißhandeln, nur mit Drohungen beantwortet werden, kommt es zum Kampf, Erec bleibt siegreich und Cadoc ist gerettet. Eine ganz einfache Geschichte, mitmenschliche Hilfe in lebensbedrohender Gefährdung, deren Sinn von der zeitbedingten Einkleidung – Kampf zu Pferd als schwerbewaffneter Ritter – kaum berührt wird: Eine vorgefundene Situation wird durch tatkräftiges Eingreifen zum Guten gewendet, Böse und Gut sind dabei von handgreiflicher Einsichtigkeit. Daß der Held anschließend wegen des Aufbrechens alter Wunden in eine todähnliche Ohnmacht fällt (v. 5710–5738), weist darauf hin, daß die Episode in eine Handlungskette eingebunden ist, die noch einen eigenen Zusammenhang hat.

Ein zweites Beispiel (1. Räuberepisode, v. 3106–3290): Gegen drei Wegelagerer setzt sich Erec, durch die Warnung Enitens rechtzeitig bereit, rasch und erfolgreich zur Wehr. Die Aktion ist hier aber von einer anderen Schicht überlagert. Enite kämpft lange mit sich um den Entschluß, das auferlegte Schweigen (v. 3093–3105) der erkannten Gefahr wegen zu brechen (v. 3125–3189), und muß am Ende Erecs Warnung und Sanktion hinnehmen (v. 3235–3290). Die Vordergrundhandlung des Räuberkampfes ist Staffage für einen Hintergrund von größerer Dimension, komplizierterer Problemlage und mit anderen Regeln des Ablaufs als das einfache Auseinandersetzungsschema von Guten und Bösen. Die Aktion im Vordergrund ist mehr oder minder auf andere Dimensionen hin geöffnet, hat Zeichencharakter, der ihre Einfachheit als uneigentlich erscheinen läßt.

Schon die Eingangsszene (Zwergenbeleidigung, v. 1–149) überrascht den Leser durch einen noch höheren Grad von Komplexität. (Die fehlende Szeneneinleitung, die wie der Prolog in etwa dem französischen Vorbild entsprochen haben wird, hätte daran nichts geändert.) Daß der Erzähler abstrakt wertende Akzente setzt (Erec: *vrümekeit, sælde* v. 3), kann als typisch für eine autoritative Vermittlungsweise gelten; die erzählte Konstellation ist in ihren Voraussetzungen nicht aus sich selbst verständlich. Aber der Auftritt des bewaffneten Unbekannten – später als Iders identifiziert – mit seiner Begleitung (v. 7–13), der als unerwartetes Ereignis Handlung anstößt, setzt die Folge Wissensanspruch der Königin, Frage, Antwortverweigerung mit tätlicher Beleidigung des Fräuleins und Erecs in Gang, in der offensichtlich auch anerkannte Regeln des sozialen Umgangs im Spiel sind. Der schmerzhafte Geißelschlag ist ehrenrührig, vor allem wegen der Augenzeugen (v. 63 f.; 104–108; 115–118). Waffenlos zu sein, bringt Erec in eine Zwangslage (v. 99–103). In seinen Augen stellt sich der Vorfall als so extrem beschämende Kränkung dar, daß deren Tilgung ihm zum Sinn seines ganzen Lebens wird (v. 126), eine existentielle Betrachtung, die noch die göttliche Vorsehung einbezieht (v. 138–140). In diesen Setzungen des Romananfangs ist ein Verhaltensanspruch impliziert, der zwar zu einem guten Teil erzähltechnisch als Spannung erzeugende Verrätselung am Handlungsanfang verstanden werden kann, zum anderen aber sich auf differenzierte – natürlich aristokratische – Wertungsmuster bezieht, deren Inhalt und Geltung erst näher beschrieben werden müssen, die aber handlungsbestimmend sind. Sich im Kampf durchzusetzen, ist nur die Außenseite, genau abgestufte Leitbegriffe und ideologische Positionen sind die Innenseite der erzählten sozialen Welt.

Schließlich hat diese Erzählwelt ihre eigenen befremdlichen Rituale, für ihre Figuren verpflichtende Bräuche (afrz. *costume*): Ein jährlich ausgesetzter Preis, ein Sperber, fällt der schönsten Frau einer Festgesellschaft zu, wer aber als diese Schönste gelten kann, hängt von der Kampfkraft ihres Galans ab (v. 183–217). Wer den weißen Hirsch erlegt, hat das Recht, unter den Frauen der Gesellschaft die schönste zu küssen (v. 1099–1111; 1750–65). Das zeichnet beide, den Mann wie die Frau, aus und kann für den Hof konfliktträchtig werden. Das sind Spielformen, die nicht einfach mittelalterlicher Realität abgesehen sind oder dem spontanen Einfall eines Autors entspringen, sondern die in erster Linie in einer kulturellen, einer Erzähltradition wurzeln.

Die hermeneutischen Probleme des Romans konzentrieren sich also in drei Bereichen: Die Poetik der Großform, die aus einem konstruktiven Arrangement von einfachen Handlungsepisoden thematische Dimensionen eigener Art gewinnt (s. u. 4.), das Fabelsubstrat der Artussage, Figuren und Programmatik eines westeuropäischen Erzählstoffs, der im ‚Erec‘ seine erste auf uns gekommene deutsche Ausprägung findet (3.)

und schließlich die Korrespondenzen dieser aristokratischen Erzählwelt und ihres Werthorizonts mit der feudalaristokratischen Lebenswelt der Dichter, Auftraggeber und ursprünglichen Hörer (6. und vor allem AB VII 6.).

3. Artussage und Artusroman

3.1. Historischer Kern und Literarisierung der Artussage in Britannien und Frankreich

Die ältesten überlieferten Nachrichten von *Arthur/Artus* – der Name ist im alten Britannien bezeugt, aber letztlich römischen Ursprungs (*gens Artoria*) – reichen ins 9. Jahrhundert zurück und berichten von einem Heerführer um 500. In der ‚Historia Britonum‘, an der der namentlich bekannte Nennius mitgewirkt hat, ist in den Auseinandersetzungen zwischen Briten und vordringenden Sachsen Arthur als erfolgreicher Heerführer (*dux bellorum*) genannt, der in zwölf Schlachten, der letzten *in monte Badonis* (Badon/Wessex), sich den Sachsen entgegenstellte. Ähnliches bezeugen die wenig späteren (9./10. Jhd.) ‚Annales Cambriae‘. Neben diesen historiographischen Belegen liefern Zufallsnachrichten (unter den *Mirabilia Britanniae* in der ‚Historia Britonum‘, in drei walisischen Heiligenleben aus dem 11./12. Jhd.) episodische Motive oder Lokalsagen, die sich an Arthur knüpfen. Im Kern ist die Figur also wohl eine historische Gestalt, die in der mündlichen Tradition fortlebt und als heroische Figur kollektiven Geschichtsbewußtseins an die lateinische Historiographie vermittelt wird, die zugleich aber in Erzähltraditionen um lokale Denkwürdigkeiten und Heilige hineingezogen werden kann. Gerade dieses Umranken einer historischen Figur mit Erzählstoff in der volkstümlichen Mündlichkeit, die vermutlich auch den heroischen Charakter aufweichte, in den Augen des Historiographen eine Fabelei, ist in den ‚Gesta regum Anglorum‘ (erste Fassung 1125 von Wilhelm von Malmesbury) schon kritisch bewußt. Daß zu dieser Stoffanlagerung auch schon Erzählmotive keltischer Mythologie gehören, die auf dem Weg ist, zum Märchenhaften abzusinken, belegen die ‚Gesta‘ mit dem Bericht von der erwarteten Wiederkehr Arthurs von Avalon. Zum ältesten, noch historischen Stoffbestand gehören schon einige der Namen, die immer mit Artus verbunden bleiben: *Medraut/Mo(r)dred* – *Walwen/Gauvain*, *Gawein* – *Cei/Kei, Keye*.

Der Umfang, den das mündliche Erzählsubstrat erreicht hatte, als Geoffrey von Monmouth es in ein großangelegtes schriftliterarisches Konzept transformiert und damit bleibende Linien fixiert, ist nicht abzuschätzen. Geoffreys weit verbreitete ‚Historia regum Britanniae‘ (etwa 1130/36) erzählt in Form einer Chronik Geschichte weit über das historiographisch Belegbare hinaus, ist Geschichtskonstruktion, die nationale Vergangenheit in der antiken Mittelmeergeschichte fundiert und in überhöhten Figuren Orientierungsmuster anbieten will. Gründer des Britenreiches ist der Römer Brutus, Urenkel des Aeneas – die Würde von Reich und Herrscher wird wie mehrfach im Mittelalter nach römischem Vorbild an die Herkunft aus Troja geknüpft –, den Höhepunkt seiner Entfaltung erreicht es in der Herrschaft König Arthurs. In jungen Jahren wird Arthur König der Briten, einigt ganz Britannien und das benachbarte Gallien unter seiner Herrschaft und hält mit Königin *Guenneuera* (*Gwenhwyvar*) glanzvoll Hof. Nur der Verrat des Neffen Mordred in der Heimat hält ihn ab, seinen Sieg über die herausfordernden Römer bis zur Eroberung Roms auszudehnen. Den Verräter, der ihm Thron und Gattin streitig macht, kann er besiegen, wird aber selbst tödlich verwundet nach Avalon entrückt. Die fabulöse Geschichtskonstruktion Geoffreys entspricht sicher dem Bedürfnis, in einer labilen Situation des Herrscherhauses nach dem Tod Heinrichs I. eine ‚nationale Identität‘ des Königtums zu befestigen, die alten britischen Traditionen und neuen anglo-normannischen Herren gleichermaßen gerecht werden konnte. Sie ließ sich dann auch zur Legitimation des neuen Königs (ab 1154) Heinrich II. von Anjou-Plantagenet heranziehen. Arthur wird bei Geoffrey zur von typischer Tragik betroffenen heroischen Königsgestalt, doch glänzt sein Hof auch durch festliche Repräsentation und wirkt als Maßstab kultivierten Lebens für ritterlichen Adel. Die Sage ist so schon ein unauflösbares Produkt aus historischem Kern, übernommenen literarischen Mustern und aktueller literarischer Pragmatik. In Arthurs Herrschaftsbereich sind insulares Britannien und die Bretagne vereint, die mit den Orten *Nantes, Carduel/Karidôl, Karadigan, Carlion* später auch eine romanhaft irreale Geographie umspannt.

Mit der freien Bearbeitung von Geoffreys ‚Historia‘ durch Wace in seinem anglonormannischen (altfranzösischen) ‚Roman de Brut‘ rückt die Artussage noch mehr in den Horizont einer sich formierenden neuen höfischen Kultur. Der Anstoß zum volkssprachlichen gereimten Versroman von 1155 kann wohl direkt vom literaturinteressierten Hof Heinrichs II. und Eleonores von Aquitanien ausgegangen sein. Neben stilistisch bedingten Erweiterungen oder Kürzungen führt Wace einige neue Motivdetails ein, so die runde Tafel für die ruhmvollen Ritter, die keine Rangabstufung kennt. Ebenso wichtig ist die Umfärbung in der epischen Ausgestaltung; Artus entspricht dem aktuellen aristokratischen Ideal eines gerechten, Ehre und Freigebigkeit liebenden Feudalherrn, sein Hof demonstriert anspruchsvolle Lebenskultur und seine Helden verkörpern ritterliche Tugend. Die den historischen Kern umformende Geschichtskonstruktion bestimmt noch den Erzählverlauf, ihre Ausgestaltung tendiert im Spannungsfeld aktueller feudalaristokratischer Normen zum Bild einer idealen Gesellschaft.

Zwar haben die schriftliterarischen Entfaltungen der Artussage Motive mündlichen Erzählens an sich gezogen, doch keineswegs eine mündliche Artustradition abgelöst. Vom Prozeß der Umgestaltung darin lassen schriftliterarische einsträngige Verserzählungen, die Lais, etwas ahnen (z.B. Robert Biket: ‚Lai du cor‘, Marie de France: ‚Lanval‘). Erzählstoffe verbreiteter Art, zum guten Teil aus keltischen Quellen (Geschichten von Feen, von der Anderen Welt), werden mit dem Artushof verbunden. Wo die Handlung nicht auf den König übertragen werden kann, liegt es nahe, einen seiner Helden zum Handlungsträger zu machen. Zwangsläufig treten damit zwar König und Hof in den Hintergrund, gewinnen aber als unveränderliche Repräsentanten höfischer Gesittung und Mittelpunkt einer ideellen Welt eine neue Bedeutung. Stoffanlagerung und Veränderung des Artusbildes scheinen sich gegenseitig zu bedingen, soweit sich über diese überwiegend in vorliterarischer Mündlichkeit erfolgende Entwicklung etwas vermuten läßt.

Die Verbreitung der Artussage war sicher am stärksten im keltisch-bretonischen und anglo-normannischen Bereich, doch nach verschiedenen Zeugnissen strahlt sie weit aus bis nach Savoyen und Italien (Sage von der Katze von Lausanne und Domportal von Modena) und Apulien-Sizilien (Fußbodenmosaik in Otranto; Artus im Ätna); allerdings steht Süditalien noch unter normannischer Herrschaft. Wieweit die schriftliterarische Rezeption Chrétiens sich mit dieser Ausstrahlung deckt oder darüber hinaus geht, läßt sich nicht feststellen.

3.2. Chrétien de Troyes und der französische Artusroman

Chrétiens ‚Erec et Enide‘ (um 1170) ist der erste Artusroman im vollen, gattungsdefinitorischen Sinn. Die *matière de Bretagne* tritt schon im Bewußtsein der Zeitgenossen als ein gesondertes Stoffgebiet (und das ist fast gleichbedeutend mit Gattung) in der französischen Literatur neben Antikenroman und *Chanson de geste* (Jehan Bodel: ‚Saisnes‘ v. 6–8). Vom Autor ist wenig bekannt, sicherer als seine Sprache weist ihn sein Name in die Champagne. Seine lateinische Bildung war sicher sehr hoch, zu seinen Werken gehörten Ovid-Übersetzungen oder -Nachdichtungen, von denen nur ein Stück (‚Philomena‘) erhalten ist; er wird sich selbst als *clerc* verstanden haben, und *clergie* schätzt er wie *chevalerie* sehr hoch (vgl. ‚Cligés‘ v. 33–39). Möglicherweise wurde er zunächst von Heinrich II. und Eleonore von Aquitanien selbst, sicher aber am Hof der Gräfin Marie von Champagne, der Tochter Eleonores, gefördert; der Gralroman entstand auf Veranlassung Graf Philipps von Flandern.

Chrétiens Romane ‚Erec et Enide‘, ‚Cligés‘ (um 1176), ‚Le chevalier de la charette' („Lancelot' – um 1180), „Le chevalier au lion' („Yvain' – um 1180) und „Li contes del graal' („Perceval' – vor 1190) setzen mit ihrer Großform, ihrem Stil, ihrer Thematik einen neuen Maßstab für höfisches Erzählen. Drei von ihnen formen zugleich die Artuswelt neu, im „Perceval' ist neben Artus der Gralsbereich eingeführt, im „Cligés', der am byzantinischen Kaiserhof angesiedelt ist, ist der Artushof wenigstens Schauplatz der Vorgeschichte von den Eltern des Helden und Zielort zweier Zwischenepisoden.

Der großangelegte Artusroman ist die geniale Schöpfung Chrétiens. Dennoch hat auch er Quellen, Geoffreys und Waces Chroniken waren ihm sicher zugänglich. Ob sie seine einzige Stoffgrundlage für die Artusfabel waren, war – und ist teilweise noch – umstritten. Doch von den frühen Zufallsnachrichten bis zu den Lais gibt es Indizien und direkte Zeugnisse einer mündlichen Erzähltradition, in der immer mehr keltische und weltliterarische Motive sich an die Figur Artus' anlagerten. Chrétien selbst beruft sich im Prolog seines „Erec' (v. 19–22) auf Geschichten von Erec, die Berufserzähler (*conteurs*) verbreiteten und denen er Zusammenhanglosigkeit vorwirft. Sich davon mit seinem Anspruch abgrenzend, bezeugt er dennoch die mündliche Stoffschicht. Im Katalog der Ritter bei Erecs und Enites Empfang (v. 1691–1740) figurieren mehrere Helden, die Handlungsträger in folgenden Romanen sind; es ist nicht wahrscheinlich, daß sie ganz ohne Fabelsubstrat an die Spitze der Liste gerückt sind, sozusagen im Wartestand für mögliche neue Romane, auch wenn der Katalog in der Chrétien-Überlieferung und bei Hartmann nicht völlig gleich bleibt und spätere deutsche Autoren neue Helden mit frei erfundenen Geschichten in den Artuskreis einführen. Zwar ändert sich mit dem Schritt in schriftliterarische Gestaltung die Erzähltradition entscheidend, die Folge französischer und deutscher Artusromane bezieht sich mehr oder minder direkt auf Chrétiens Romane zurück, dennoch können spätere französische und sogar deutsche Autoren nach Hartmann und Wolfram neue Motive aus einer erst langsam als Stoffquelle versiegenden Mündlichkeit in den schriftliterarischen Roman einführen. Chrétien ist so als Schöpfer einer genuin schriftliterarischen Gattung anzusehen, die ein sehr verschiedenartiges mündliches Erzählgut verwendete und umformte. Neben ihm behauptet sich schriftliterarisch nur für kurze Zeit die Form lai-ähnlicher Verserzählungen aus der Artuswelt.

Den neuen Roman kennzeichnen zum einen ein Stil, der Handlung, Beschreibung und Sinndeutung in ein neues Gleichgewicht setzt, zum anderen ein verändertes Artusbild, das den König zum selbst nicht aktiv handelnden Mittelpunkt einer normsetzenden Gesellschaft macht und in Abhängigkeit davon alle Aktion auf einen oder mehrere Einzelhelden überträgt; diese Aktion ist *aventure* (*adventum*, das was auf einen zukommt), freie ritterliche Aktivität entsprechend einem Normkanon. Die

Großform und ihre Thematik entstehen aus einer konstruktiven Reihung von einzelnen Aventiureepisoden, die selbst sinnträchtig ist. (Da Hartmann in der Poetik des Romans völlig mit Chrétien übereinstimmt, soll die detaillierte Besprechung unter 4. folgen.) Ein spezifisches Bauprinzip der Großform ist die Doppelung, die Einführung zweier korrespondierender Teile im biographischen Weg des Helden. Dafür gab es Ansätze in den Lais, vor allem der Graelantgruppe, aus denen Chrétien sein Modell entwickeln konnte, wie die Doppelung zweier Teile überhaupt ein allgemeineres literarisches Prinzip ist (Aeneasroman, Spielmannsepos, Märchen). Der Roman eines (Artus-)Helden, der durch Widerstände und Tiefpunkt zur glücklichen Erfüllung gelangt, wie ihn Chrétien ausformt, hat Züge auch mit einer verbreitet auftretenden literarischen Konstante, dem ‚Märchenroman‘, gemein. Die entscheidende Umformung, die Chrétien dem Artusstoff gibt, ist wohl, daß er diese allgemeingültigen literarischen Gestaltungsprinzipien über den historischen Sagenstoff legt und dadurch dessen historisches Handlungssubstrat verwandelt, ohne die historische Verankerung ganz aufzuheben. Den durch die Reduktion historischer Konkretheit gewonnenen Freiraum füllen literarisch-ästhetische Gestaltungskräfte und aktuelle Programmatik neu aus.

3.3. Hartmanns Quellen

Hartmann führt den Artusroman in die deutsche Literatur ein. An seiner Abhängigkeit von Chrétien gibt es wenig begründete Zweifel; die Nennung Chrétiens im Text (*alse uns Crestiens saget* v. 4629[12]) allerdings belegen nur die Wolfenbütteler Fragmente (wegen einer Lücke im Ambraser Heldenbuch), deshalb ist sie nur mit Vorbehalt für Hartmann zu beanspruchen. (Zur Problematik der Fragmente siehe oben S. 19.) Doch zeigt seine Fassung auch tiefergehende inhaltliche Änderungen und Zusätze gegenüber seiner Vorlage, die die Frage veranlaßten, ob Hartmann daneben andere Quellen benutzt habe.

Die Frage ist nicht gänzlich befriedigend ausdiskutiert. Ältere Quellenforschung suchte für jedes Handlungsdetail nach einer Vorlage, ohne viel nach den Folgen einer Änderung für den Gesamtzusammenhang zu fragen; neuere Vergleiche versuchen Abweichungen zunächst als Teil einer veränderten Erzählintention zu sehen, die dann wahrscheinlich dem Nachdichter zuzuweisen ist, ehe sie Motiveinflüsse anderer Quellen veranschlagen. Dem Verfahren, aus Differenzen überlieferter weit auseinanderliegender Texte verlorene schriftliterarische Quellen zu rekonstruieren, wird, wo es sich nicht um massive und konsequente Parallelen handelt, heute wenig Vertrauen entgegengebracht, weil eben jetzt vorliterarische, mündliche Tradition sehr viel ernster genommen wird. Sie muß aber in den ihr gemäßen (einfachen) Formen und einer von Natur aus

größeren Variationsfreiheit, die nicht festlegbar ist und deren Traditions-
linien im Detail kaum rekonstruierbar sind, gesehen werden.

Für die Erecfabel gibt es zwei entferntere (Prosa-)Fassungen: das kymrische Mabinogi ‚Gereint‘ (Entstehung in der vorliegenden Form wohl
um 1200, überliefert im 14. Jhd.) und die nordische ‚Erexsaga‘ (vermutlich im 13. Jhd. entstanden, Textzeugen aus dem 15. und 17. Jhd.). Ihr
Verhältnis zu Chrétien braucht hier nicht zu interessieren. In einer Reihe
von Details stimmen diese nun mit Hartmann gegen Chrétien überein.
Vom Zufall abgesehen, ergeben diese Details aber kein so profiliertes
Bild, daß eine schriftliterarische Quelle wahrscheinlich ist. Das Durch-
scheinen einer mündlichen Tradition neben Chrétien ist dagegen nicht
ganz von der Hand zu weisen. Hartmanns Änderungen gegenüber Chrétien und einige sprachliche Kriterien (Eindeutschung franz. Namen und
höfischer Terminologie) haben die These veranlaßt, Vorlage sei nicht
Chrétien, sondern dessen Quelle, die am Niederrhein zuerst einge-
deutscht wurde (zuletzt P. Tilvis). Erhaltene Texte niederrheinischer
Artusdichtung gibt es nicht, und für einen Erec*roman* von Form und
Konsequenz von Chrétiens Text vor diesem spricht keine Wahrscheinlichkeit. Bleiben die sprachlichen Befunde (am markantesten: *Keiin der
quâtspreche* v. 4664 [*Chay der chot sprach* A; *keye der quat ... W V*]),
die an den Niederrhein weisen. Sie lassen sich zwanglos auch aus einer
mündlichen Erzähltradition in dem teils deutsch, teils französisch spre-
chenden Kulturraum um Rhein und Maas erklären, die Namensformen
und bezeichnende Prädikate fixierte, an die Hartmann bei der Übertragung Chrétiens anknüpfte.

Diese Erklärung wird durch die Wolfenbütteler Fragmente gestützt, die
regelmäßig die älteren Namensformen *Waliwan* und *Keye* verwenden,
während die Ambraser Handschrift neben dem älteren *Walwan* die neu-
en Namensformen *Gâwein* und *Keiîn* (*Chaym*) einführt. Mit der abweichenden Fassung zweier Episoden in den jüngst gefundenen Fragmenten,
die näher an Chrétien als der bekannte Text Hartmanns – der wohl nicht
der Bearbeiter war – bleiben, unterstreichen die Fragmente dennoch die
Autorität Chrétiens, neben dem eine konkurrierende Romanfassung un-
wahrscheinlicher wird.

Nach dem heutigen Kenntnisstand ist Hartmanns ‚Erec‘ eine freie Bearbeitung von Chrétiens ‚Erec et Enide‘, deren Änderungen allenfalls auf
eine mündliche Erzähltradition zurückzuführen sind, wenn nicht Hartmanns bewußte Umakzentuierung als Erklärung ausreicht.

3.4. Hartmanns Bearbeitungspraxis

Von Hartmanns Bearbeitungspraxis zu sprechen, schließt zwei pragmatische Voraussetzungen ein: daß Hartmann französisch konnte und daß

ihm eine Chrétien-Handschrift zur Verfügung stand. Beides ist nicht
selbstverständlich.

Biographische Kenntnisse lassen keine Aussage über Erwerb und Beherrschung des Französischen zu. Tragfähig ist nur ein indirekter Schluß:
In seiner Bearbeitung beweist Hartmann ein so genaues Verständnis
Chrétiens, auch der von ihm angewandten Bauprinzipien, und einen solchen Überblick über den Handlungsverlauf, daß seine Übertragung nicht
denkbar ist ohne einen intensiven Umgang mit der Vorlage, der auch die
Beherrschung der Sprache unabdingbar erscheinen läßt. Weitergehende
Schlüsse auf einen Aufenthalt in Frankreich (aufgrund der ‚Klage') bleiben eine Vermutung.

Den wenigstens zeitweisen Besitz einer Chrétien-Handschrift kann nur
ein hochgestellter Gönner, den wir uns auch als Auftraggeber denken
möchten, ermöglicht haben. Gesichertes Wissen darüber gibt es nicht.
Interessant ist in diesem Zusammenhang aber, daß die Zähringer enge
Verbindung zu Frankreich (Konrad verheiratet mit Clementia von Na-
mur; Berthold IV. mit Ida von Boulogne, einer Nichte Philipps von Flandern; Berthold V. mit Clementia von Auxonne), Flandern und Hennegau
haben (vgl. Mertens, Gregorius). Eine gleich dichte Beziehung, die die
Übernahme auch kultureller Ansprüche wahrscheinlich macht, läßt sich
nicht leicht andernorts finden.

Die Erforschung des Verhältnisses von Vorlage und deutscher Aneignung – eine nicht abschließbare Aufgabe, weil sie sich unter den sich
ändernden Perspektiven zweier Literaturgeschichten immer wieder neu
stellt – stand lange Zeit nicht unter günstigen Voraussetzungen. Nach
den ersten, überwiegend auf die Mikroperspektive bezogenen Bestands-
aufnahmen verfälschten bald unangemessene Originalitätsdoktrinen und
Ideologien vom National-Charakter in der Poesie das Urteil. In den letzten Jahrzehnten haben verschiedene Untersuchungen im Großen und im
Detail sachgerechtere Vergleiche vorgenommen.

Besonderer Erwähnung bedürfen hier die Arbeiten französischer Ger-
manisten (J. Fourquet, M. Huby u. a.). Sie gehen von der Voraussetzung
aus, die auch vergleichbare deutsche Studien mit ihnen teilen, daß Hartmann wie andere Nachdichter ihrem Publikum prinzipiell die gleiche
Geschichte erzählen wollen wie ihre Vorlage. Die Kunstfertigkeit der
adaptation courtoise bestünde dann in der Variation der Oberfläche
nach allen Regeln der rhetorischen Erzählkunst in dem Bestreben, dem
Vorbild gleichzukommen, ohne es sklavisch zu kopieren. In diesen Arbeiten wurden deshalb detailliert Handlungsproportionen, Motivdetails
und Darbietung verglichen und wichtiges Material gesammelt. Wo allerdings zu starr darauf beharrt wird, daß die Summe auch veränderter
Einzelteile jeweils wieder identisch sei, und eine geradezu mechanische
Regularität der Adaptation postuliert wird, verfehlt der Ansatz wieder

seinen Zweck. Denn zwischen Sinn (*fond*) und Darbietungsform so strikt zu unterscheiden, ist nur begrenzt richtig; mit den Farben, den Perspektiven verändert sich auch der Sinn einer Geschichte. Zudem wird die Sicht darauf versperrt, daß Änderungen gerade durch die kulturellen und sozialen Voraussetzungen des verschiedenen Publikums veranlaßt sein können. Wo die *adaptation courtoise* mehr mit Blick für das Gesamtgebilde des Romans untersucht wurde (z. B. Fourquet, D. Buschinger), ergänzen sich die aus diesem Ansatz erzielten Ergebnisse und die neuerer Arbeiten außerhalb Frankreichs (Hrubý, Ruh, Kellermann, Mohr), die für die Bezeichnung des Zusammenhangs die Begriffe Interpretation oder Variation bevorzugen. Jedenfalls hat sich die Praxis durchgesetzt, Vorlage und Nachformung ohne voreilige Wertungen vergleichend zu analysieren.

Auffallend ist zunächst die Differenz des Umfangs. Hartmanns ‚Erec‘ ist beinahe um die Hälfte länger als seine Vorlage. Zwar geht jede Übersetzung über den Umfang des Ausgangstexts hinaus, doch weit mehr liegt das an Zusätzen Hartmanns. Überwiegend bestehen diese aus Erweiterungen von Beschreibungen und der Ausweitung rhetorisch ergiebiger Stellen. Größter Zusatz ist die Beschreibung von Enites Pferd (v. 7286–7766), aber auch der Bericht über das Turnier nach der Hochzeit (v. 2413–2825) ist im Umfang vervierfacht, die Totenklage Enites über dem scheintoten Erec ist versechsfacht (v. 5774–6061), der letzte Zweikampf mit Mabonagrin verdreifacht (v. 9070–9315). Überhaupt ist die *Joie de la curt*-Episode erheblich ausgedehnt, auch durch ein zusätzliches Motiv: Die achtzig Witwen der glücklosen Vorgänger Erecs, ihre Trauer und das anschließende Übersiedeln an den Artushof, hat Hartmann in die Episode eingefügt. Dieses Motiv ist ein substantieller Zusatz, der die bereits angelegte Bedeutung der Szene wirkungsvoll unterstreicht. Umgekehrt gibt es neben der Kürzung unwesentlicher Details auch Streichungen, die Akzente setzen. Am auffälligsten ist die Einsparung einer direkten Rede Enites in der kritischen Karnantszene (Ch. v. 2536–75; H. v. 3047) und der heimliche Aufbruch des Paares zum zweiten Aventiureweg ohne öffentliche Verabschiedung (Ch. v. 2685–2764). Daran wird deutlich, daß Hartmanns Ziel nicht ein breiteres Auserzählen ist, sondern eine planvolle Nachgestaltung, die den Zusammenhang im Auge hat.

Unterschiedlich ist der Erzählton. Chrétien bevorzugt die objektive szenische Darbietung mit sehr viel direkter Rede, Hartmann den schildernden Bericht. Deshalb tritt der Erzähler Hartmanns sehr viel deutlicher und konturierter als Kommentator und Vermittler hervor; ein regieführendes Erzählersubjekt im Hintergrund gibt es bei Chrétien sehr wohl auch.

Daß Hartmann Sinn und Konstruktionsprinzip der Episodenreihung überschaut hat, machen kleine Änderungen deutlich, die vordergründig durchaus als Minderung der poetischen Qualität gewertet werden können; das Schema ist strikter, offensichtlicher gehandhabt. Solche Verdeutlichung der Struktur gilt als generelles Kennzeichen der *adaptation courtoise*. So etwa verschiebt Hartmann im ersten Aventiureteil, der so angelegt ist, daß alle Handlungsschritte exponiert, dann in umgekehrter Reihenfolge abgeschlossen werden, den Ausgang der Jagd auf den weißen Hirsch, mit der der Teil begann, konsequent an den Schluß der Handlungsteile (H. v. 1099–1149), während Chrétien davon schon nach der Trennung Erecs von der Königin berichtet hat (Ch. v. 275–341). Die Wahrscheinlichkeit des Zeitablaufs ist zugunsten der Handlungsreihung und des in ihr liegenden Schauplatzwechsels aufgegeben. Ebenso gibt Hartmann bei der Ankunft in Tulmein den Lesern Kenntnis vom dort stattfindenden Sperberpreis (H. v. 181–217), während Chrétien diese Erklärung aufspart, bis sie Erecs Gastgeber diesem mitteilt (Ch. v. 557–600). Inhaltlich bedeutsame Kontraste verschärft Hartmann bis an den Rand der Übertreibung. Den verarmten Vater Enitens zum Beispiel erhöht er im sozialen Rang vom Vasall zum Grafen, die Armseligkeit seiner Lebensverhältnisse aber schildert er mit deutlich krasseren Farben. Wo im zweiten Teil Mühe und Leid dominieren, vermeidet er alle mildernden höfischen Züge. Auch diese Verschärfung der Oppositionen dient der strukturellen Verdeutlichung.

Wie Hartmann geringfügig Motive ändert oder umstellt, läßt sich an verschiedenen Episoden beobachten; teilweise werden dadurch andere Akzente gesetzt. Bei Chrétien etwa berichtet allein der Knappe dem Grafen von dem ankommenden Paar, übrigens mehr Erecs als Enites Schönheit hervorhebend (Ch. v. 3222–47), bei Hartmann sieht sie der Graf selbst und lädt sie vergeblich zu sich ein (H. v. 3626–43). Folglich bedarf es in der folgenden Herbergsszene keines Bekanntmachens, der Graf stellt sofort zudringliche Fragen und hat sich schon entschlossen, sich Enites zu bemächtigen (H. v. 3668–3745), während bei Chrétien erst eine formelle Begrüßung stattfindet und der Graf von Enites Schönheit entflammt wird; statt der direkten Einladung bietet der Landesherr die Bezahlung der Herberge an (Ch. v. 3268–97). Der erste Kampf mit dem Zwerg Guivret läuft nach dem üblichen Schema eines Zweikampfs ab und Erec wird mehrfach verwundet (Ch. v. 3663–3842). Bei Hartmann versucht Erec dem nicht (als Fehde) motivierten Kampf auszuweichen, veranlaßt dadurch Guivreiz zum irrtümlichen Schluß auf seine Feigheit und kämpft rein defensiv (H. v. 4410 f.), bis er die Seitenwunde erhält, deren Folgen in der weiteren Handlung eine Rolle spielen, und anschließend mit einem Schwertstreich den Kampf zu seinen Gunsten beendet (H. v. 4318–4446). Verhalten und Motivation Erecs sind hier in ein anderes Licht gerückt, die Seitenwunde ist ein einprägsamer Ansatzpunkt für spätere Rückbezüge. Möglicherweise – eine umstrittene Textlücke läßt keine sichere Aussage zu – hatte Hartmann dafür weitgehend weggenommen (H. v. 4318 ff.), was Chrétien, wie bei den vorausgehenden Kämpfen, ausführlich erzählt: den inneren Kampf Enites, bis sie, Erec warnend, dessen Redeverbot bricht (Ch. v. 3715–65). Zu der schon freundlicheren Haltung zu Enite, die Chrétiens Erzähler hier konstatiert (Ch. v. 3766 ff.), bilden die tröstenden Worte von Hartmanns Erec (H. v. 4429 ff.) eine Entsprechung.

Für den ganzen Roman von Bedeutung sind Änderungen dieser Art in Schlüsselszenen, vor allem dem Wendepunkt in Karnant. Im Großen ist der Ablauf der Entfremdung Erecs von seiner Umgebung und der Entdeckung des Zustands durch die Klage Enites über den vermeintlich schlafenden Erec gleich gestaltet. Bei Chrétien aber formuliert Enite die Vorwürfe der Umgebung in direkter Rede (Ch. v. 2496–2575), und die Mitteilung erhält Zwischentöne, die etwas über die Wertung Enites und das Verhältnis der beiden zueinander aussagen (z. B. *con mar i fus* Ch. v. 2507; 2575; *la parole* v. 2523). Hartmann berichtet vorher das *verligen* ausführlicher und tadelnder, seine Enite aber wiederholt keinen Vorwurf selbst, sondern klagt nur, daß sie solche Reden hören müsse (H. v. 3029–32; *disiu rede* v. 2999; 3051). *recreantise / verligen* Erecs ist die Krise, die Beteiligung Enites ist aber ganz anders akzentuiert. (Die daraus folgende unterschiedliche Schuldzuweisung zu diskutieren, ist hier nicht der Ort.) Entsprechend ist die Versöhnungsszene zwischen den beiden umgestaltet: Chrétiens Erec (Ch. v. 4920–31) bestätigt Enite, jede Prüfung bestanden zu haben, und verzeiht ihr (*del forfet et de la parole* Ch. v. 4931), bei Hartmann (H. v. 6771–6813) stellt der Erzähler fest, die Prüfung (*âne sache* H. v. 6775) sei glänzend ausgegangen, und Erec bittet um Vergebung für die Aufhebung der Gemeinschaft und die rohe Behandlung. Es ist unbestreitbar, daß der Nachdichter hier in den Sinn des ganzen Romans eingegriffen hat.

Die religiöse Sinndeutung der Handlung, die von der *Joie de la curt*-Episode an immer stärker eingeführt wird (vor allem v. 10054–10135), ist selbständige Zutat Hartmanns. Chrétien beschränkte sich auf die Nennung lebensweltlich gewohnter Gottesdienstbesuche.

Hartmanns Akzentsetzung richtet (nach Kellermann) den Roman stärker auf die Figur Erecs aus. Zugunsten einer biographischen Dimension für den Titelhelden wird der aktive Anteil Enites zurückgenommen. Das Mehr an Entwicklungsmöglichkeit für Erec wird durch die gleichbleibende, duldende Vollkommenheit Enites aufgewogen. Einen wichtigen Anteil dieser Ummotivierung leistet der kommentierende Erzähler.

Unabhängig von der Bewertung einzelner Beobachtungen können aus der Bearbeitungspraxis folgende hermeneutische Folgerungen gezogen werden: Hartmann nimmt sich seiner Vorlage gegenüber die gestalterische Freiheit, die prinzipiell gleiche Geschichte gemäß seiner eigenen Intention zu erzählen. Es gibt keine sinnvolle Abgrenzung zwischen formalen, erzähltechnischen Änderungen ohne Rückwirkung auf den Sinn und sinnbetreffenden Umakzentuierungen, da allen Abwandlungen eine gleiche Perspektive auf die Vorlage in ihrer Gesamtheit unterstellt werden muß. Deshalb ist Hartmanns Roman zunächst aus seiner eigenen Gestalt zu verstehen.

Danach erst muß Rücksicht genommen werden darauf, daß eben diese Gestalt das Produkt der Auseinandersetzung Hartmanns mit Chrétiens Roman ist. Das Verhältnis zu Chrétien ist die wichtigste Vorgegebenheit für den deutschen ‚Erec'; deshalb bleibt die vergleichende Lektüre der französischen Version für die Erklärung unabdingbar.

Darüber darf ein Aspekt nicht außer acht geraten: Chrétien und – vermittelt durch ihn oder auch punktuell selbständig – Hartmann erzählen einen Roman, der aus Motivmaterial verschiedener Art und Tradition zusammengesetzt ist. Auch wenn das Material in einen neuen Sinnzusammenhang eingebunden ist, muß damit gerechnet werden, daß Motivdetails nur aus ihrer Herkunft erklärbar sind und am Rand sich immer wieder Verständnis- und Assoziationsmöglichkeiten aus der episodenbezogenen traditionellen Sinnsetzung andeuten. Solches Vorverständnis kann vor allem auch beim deutschen Bearbeiter wieder anklingen, der ja Chrétien nicht unabhängig von der ihm geläufigen Erzähltradition rezipiert. Ein einfaches Beispiel: Als Enite in der Karnantszene auf die Frage Erecs nach dem Grund ihrer Klage Antwort geben muß, motiviert das Hartmanns Erzähler (ohne Entsprechung bei Chrétien) für den heutigen Leser überraschend: *si vorhte daz si würde gezigen / von im ander dinge* (v. 3045 f.). Welch anderer Verdacht dies sein könnte, ist aus dem Vorausgehenden nicht ersichtlich. Erst im Rückblick aus der Prüfung Enites und der harten Behandlung durch Erec wird verständlich, daß im Erprobungsmotiv ein Untreueverdacht als Ausgangsmotivation enthalten sein könnte, den Hartmanns Enite hier selbst vorwegnehmend assoziiert. Der Ausritt im besten Kleid kann auch den Zweck haben, diese Deutungsmöglichkeit zu durchkreuzen (vgl. Orilus und Jeschute in Wolframs ‚Parzival'). Umgekehrt hat K. Ruh bei Chrétiens Enite auf Züge hingewiesen, die Spuren des Feencharakters der Siegerin im Schönheitspreis sein können; diese Spuren hat Hartmann getilgt. Das Erzählmaterial ist als aktives Element zu betrachten, dem beide Autoren ihre neue Sinnsetzung nicht ohne einen Rest aufzwingen können. Auch das ist eine bestimmende Vorgegebenheit.

4. Die Poetik des Artusromans

Die Bauprinzipien des Artusromans waren in den letzten Jahrzehnten Gegenstand lebhafter Forschung. Einige der geklärten Grundzüge vor eine konkrete Textanalyse zu stellen hat den Vorteil, daß sie für diese

Lektüre schon einen Rahmen bereitstellen, der es ermöglicht, die Bedeutung von Einzelheiten – Szenen, Leitbegriffen, Figuren – im Gesamtablauf besser zu verstehen. Daß diese Grundzüge selbst Ergebnis der kritischen Lektüre des ‚Erec‘ und anderer Romane sind und nicht Ableitungen von einer Theorie, versteht sich von selbst.

Die ältere Forschung hatte sichtlich Mühe, die Einheit der Episodenreihe zu würdigen, die ja nicht aus dem Charakter einer Figur oder einem Sachzusammenhang – der ist am deutlichsten im ‚Iwein‘ gegeben –, sondern aus einem Programm entwickelt ist. Erst als die formale Konstruiertheit anerkannt wurde (grundlegend H. Kuhn), wurde zunehmend deutlich, daß das Arrangement von Erzählepisoden selbst programmatische Aussagequalität hat, daß es „Symbolstruktur" (W. Haug: s. Gesamtbibl.) ist, die thematische Einheit in der Reflexion herstellt. Anstöße erhielten die Erkenntnisse über den Formcharakter auch durch die strukturalistische Erzählforschung; sie machte bewußt, daß im Artusroman Erzählprinzipien verwertet sind, die nicht nur im Mittelalter wirksam waren und die sich unter dem Stichwort ‚Märchenroman‘ zusammenfassen lassen.

4.1. Episodenkette

Die Handlungskette des Artusromans besteht aus äußerlich voneinander weithin unabhängigen Episodenmotiven, die aneinandergereiht oder ineinander verschachtelt sind (z. B. Zwergenbeleidigung – Schönheitspreis). Die Abgrenzung der Bausteine ist beinahe augenfälliger als die Verschmelzung. Zur Einheit verbunden sind sie durch die Figur des Titelhelden, der durchgängig Hauptakteur des Geschehens ist (in der einleitenden Artusszene kann das noch verdeckt sein). Verbindungsmittel zwischen den Episoden ist vordergründig weithin der Zufall, der den Helden in neue Konstellationen führt (= Aventiure), Bedingung dafür eine Ortsveränderung des Helden mit einem Ziel (z. B. Verfolgung des Beleidigers) oder ohne ein solches (z. B. 2. Aventiurereise weg von Karnant). Die Handlung ist also linear auf den Helden zugeschnitten. Alle übrigen Personen und Verhältnisse sind diesem Rahmen untergeordnet, Rück- oder Ausgriffe sind selten und erfolgen meist dort, wo Auftreten und Verhalten eines Nebenakteurs begründet werden sollen; nur für den Artushof werden die Einzelauftritte in etwa zu einer kontinuierlichen Hintergrundexistenz überbrückt. Die Zeit ist die subjektive Zeit des Helden, auch wo sie durch objektive Angaben gegliedert wird.

4.2. Figuren und Konstellationen

Versucht man die Figuren zu ordnen, so reduziert sich die Vielzahl rasch: Es bleiben der Held, seine im Handlungsverlauf mit ihm verbundene

Partnerin und König Artus mit seinem Hof, bestehend aus wenigen fest-
umrissenen Figuren wie Gawein und Keie und einer großen Zahl von
Namen als Staffage. Die vielen und verschiedenartigen anderen Figuren
lassen sich unter einer funktionalen Kategorie zusammenfassen; es sind
die Gegenspieler, mit denen sich der Held in einer Konfliktbeziehung
auseinandersetzen muß. Sie werden überwunden und treten aus dem
Gesichtskreis der Handlung oder wechseln aus der Konfliktbeziehung in
die unterstützende Funktion des Helfers (z. B. Guivreiz; nominell auch
Iders, der zum Artushof gesandt wird). Weitere Figuren sind als abhängige Diener oder Helfer der einen oder anderen Seite zugeordnet.

Nicht in gleicher Weise einfach läßt sich die Beziehung des Helden zu
Partnerin und Artushof benennen. Die Partnerin wird im Verlauf der
Handlung erworben und bleibt dann zentral beteiligt. Ihr Besitz hat
durchaus auch Züge einer Belohnung für Leistung, wie bei der Prinzessin
im Märchen, die der Held schließlich bekommt; insofern ist sie Objekt
der Aktivität des Helden. Weit mehr aber ist sie eigenständige Figur.
Versucht man aber ihre Handlungsrolle herauszulösen, wird deutlich,
daß die Bezogenheit von Held und Partnerin so eng ist, daß beider Eigenschaft als Akteur nicht ohne diese Bezüglichkeit zu beschreiben ist, auch
z. B. in der Phase der gewollten Kontaktlosigkeit zwischen Erec und Enite. Von der Verbindung an ist die Handlung deshalb Geschichte nicht
zweier Einzelfiguren, sondern des Paares.

Der Handlungsanteil von Held und Artushof ist leicht auseinanderzu-
halten, ihre gegenseitige Zuordnung aber doppelt gerichtet. Der Held
bestreitet den aktiven Part und richtet sich dabei nach den in der Artusgesellschaft geltenden Normen. Indem er immer wieder zurückkehrt, zeigt
er sich abhängig von der öffentlichen Bestätigung dort. Der Artushof
verkörpert das Zentrum eines ideellen Anspruchs, aber er ist inaktiv,
schließlich unfähig, die Geltung seiner Normen durchzusetzen, soweit
sich nicht ein einzelner handelnd aus dem Kollektiv herauslöst; er ist
Schauplatz festlich-höfischen Daseins, dennoch empfängt er Freude aus
Handeln und Erfolg des Helden. Held und Artushof befinden sich so in
der dialektischen Spannung des Aufeinander-Angewiesenseins. Während
also die Relation von Held und Gegenspieler einfach erzähllogisch zu
benennen ist, sind die Beziehungen von Held, Partnerin und Artushof
nicht ohne Rückgriff auf eigentümliche inhaltliche Momente beschreibbar.

4.3. Schauplätze und Themen

Die Schauplätze der Handlung gruppieren sich deutlich in zwei Kategorien: höfische Umgebung, vor allem der Artushof und ihm nahe stehende
Orte (z. B. Karnant), und Aventiureumgebung, in Wald und Wildnis oder

an Orten mit unbekannten Gefahren und Herausforderungen (z.B. Tulmein, Brandigan). Die Aventiurewelt zeigt im ‚Erec' aber nur Spuren außerrcaler Märchenhaftigkeit (Riesen in der Cadocepisode, unsichtbares Zugangshindernis um den Garten in Brandigan). Die Handlungsinhalte konkretisieren im Grunde nur zwei Themen, die Minne zur Partnerin und den ritterlichen Kampf als Mittel zum Gewinn von Ehre und zur Selbstbehauptung; die Themen aber sind aufeinander bezogen. Konflikte entstehen, weil die Gültigkeit eines Normkanons vorausgesetzt wird, in den beide Themen integriert sind. Der Anspruch dieses Normhorizonts (oder die Verhaltenserwartung) richtet sich auf das ganze Verhalten des Helden und stiftet so soziale Bindung zu vorher Unbekannten (z.B. Cadoc). Darin konkretisiert sich die Vorbildlichkeit der Gesellschaft um König Artus, ihr zu entsprechen gilt als Bewährung.

4.4. Finale Struktur

Die Episoden sind final, auf den Ausgang hin zur Handlung gefügt. Die Richtung auf ein Ziel motiviert den Fortgang, nicht eine kausale Motivation von Station zu Station, die aus sich erst ein Ziel ausbildet. Der Sinn der Episoden bestimmt sich auch aus ihrer Position im finalen Ablauf, den formalen und thematischen Bezügen zu anderen Teilen. Die Handlung gliedert sich (beim Artusroman Chrétiens und Hartmanns) deutlich in zwei Teile. Äußerlich markiert das der zirkuläre Ortswechsel vom Artushof wieder zurück zu ihm und nach Karnant, von Karnant erneut mit Zwischeneinkehr bei Artus zurück zum Artushof und nach Karnant; thematisch bildet der „doppelte Kursus" (Kuhn) einen zweimaligen Aufstieg ab, eine Krisensituation in der Mitte, die den erreichten Erfolg zunichte macht, zwingt zur Wiederholung und zur Überwindung der Unzulänglichkeit. (Daß diese Krise vom Helden selbst ausgeht, unterscheidet die Wiederholungsstruktur des Artusromans vom Spielmannsepos oder Märchen, wo es um einen äußeren Verlust – und sei es den der Braut – geht.)

Die Verknüpfung der Aventiureepisoden vorwiegend durch den Zufall erhält thematische Aussagekraft durch die korrespondierenden Züge von Steigerung (z.B. leichte – schwer errungene Siege), Wiederholung (z.B. wiederholter Bruch des Schweigegebots durch Enite) und Spiegelung (z.B. Erec und Enite in Karnant – Mabonagrin und seine Freundin in Brandigan).

Die zunächst selbständigen Episoden sind so in der Deutung des Autors graduell, beinahe typologisch aneinandergereiht und bilden erst die biographisch anmutende Geschichte des Helden aus. Die Geschichte erzählt sich sozusagen nicht selbst, sondern sie ist das Gebilde des das Erzählmaterial arrangierenden und interpretierenden souveränen Erzählsubjekts, des Autors, der auch als Erzählerfigur die Hörer in sein Spiel einbeziehen kann.

4.5. ,Märchenroman'

Gleichwohl verwendet der Roman auch ein ursprüngliches Muster, das weit über die Gattung und Epoche hinaus verbreitet ist – von der Antike bis ins 19. Jahrhundert als Form anspruchsvollen Erzählens, seitdem in der europäischen Kultur überwiegend nur noch im Trivialroman. Wegen gemeinsamer Züge der Weltsicht mit dem Märchen wurde vom „Märchenroman" (C. Lugowski, Wirklichkeit und Dichtung, Frankfurt 1936) gesprochen. Der Held erreicht durch alle Hindernisse, die ihn fordern, aber nicht überfordern („Begrenztheit der Hindernisse" [C. Lugowski, Die Form der Individualität im Roman, Berlin 1932, S. 90]) sein Ziel, das alle Wünsche erfüllt. Ein latenter Optimismus schließt die Erwartung aus, der Held könne scheitern. Die Umwelt fügt sich dem Helden, der das Richtige tut; die programmatisch von ihm geforderten Verhaltensweisen sind die höchste Macht in der erzählten Welt. Deshalb ist der Märchenroman die vorzüglich geeignete Form, ethische und weltanschauliche Programme vorzutragen, weil sie diese im Ablauf gegen Widerstände bestätigt. (Dieser Befund über die formimmanente Dynamik ist nicht notwendig gleichbedeutend mit einem Gebrauch dieser Form zur Affirmation sozialer Wertsysteme!) Die Erfolgsgarantie des Märchens hat ihren Halt im mythischen Boden seiner Herkunft. Die entsprechende Grundlegung einer geordneten Welt im Roman (das „mythische Analogon" Lugowskis [Form der Individualität]), die Gleiches versprechen muß, ist nur aus den konkreten Voraussetzungen einer historischen Gattung zu beschreiben: Die Ausgleichsoperation zwischen Triebkraft der Form, vorgetragenem Programm und Beziehbarkeit auf das lebensweltliche Bewußtsein der Hörer, zwischen Spiel und Ernst, zwischen distanzierter Fiktion und Betroffensein sieht für den höfischen Roman anders aus als z.B. für den Barockroman. Beteiligt ist im Fall des Artusromans daran zum wenigsten eine religiöse Instanz, sondern utopisch verklärte Geschichte (in Deutschland gar nicht die eigene), ein hohes Maß artistischer Inszenierung und offensichtlich ein für neue Ansprüche bereites Publikum.

5. Textanalyse

5.1. Handlungsauslösung (v. 1–149)

Der nicht überlieferte Anfang des Textes wird im ganzen den vergleichbaren Versen bei Chrétien (v. 1–80) entsprochen haben: ein kurzer Prolog, die Ansage der Jagd auf den weißen Hirsch und der Aufbruch der jagenden Ritter und der zuschauenden Damen, die Erec begleitet. Der mit der Jagd verbundene Brauch, die schönste Frau der Gesellschaft durch den Kuß zu ehren, dürfte schon wie bei Chrétien genannt worden sein, denn die Aufnahme des Motivs (v. 1099 ff.) scheint eher eine Fortsetzung zu sein. Über den verlorenen Prolog läßt sich wenig vermuten, so interessant die stoffprogrammatische und vielleicht literaturtheoretische Reflexion Hartmanns für uns wäre.

Durch den Textverlust fehlt die Einführung von Artus und seinem Hof. Wie damit Normhaftigkeit gesetzt wurde, läßt sich aus dem erhaltenen Text dennoch ablesen. Zwischen der Königin und ihrer Suite und gegenüber den Fremden gilt formvollendete Galanterie (v. 18–20) und Höflichkeit (v. 31–43). Der Geißelschlag gegen das Hoffräulein ist nicht zuletzt Verletzung dieser sozialen Konvention (v. 64 f.), die dem Ritter, der das von seinem Bedienten zuläßt, anzulasten ist (*dehein vrum man* v. 67). Dennoch wird er nochmals auf einen Leitwert angesprochen (*durch zuht* v. 79), vergebens, wie die gegen Erec wiederholte Beleidigung beweist.

Erec stellt der Erzähler kurz und unmißverständlich als Haupthelden vor (v. 2–4), gleich verbunden mit zwei – hier notwendig leere Appellation bleibenden – Leitkategorien, *vrümekeit* und *sælde*. Die beleidigende Tätlichkeit verletzt seine Ehre in dieser Umwelt höfischer Konvention, trennt ihn nach seinem eigenen Verständnis (v. 106–143) von der Gesellschaft. Die einzig denkbare (v. 126 f.) Konsequenz ist besonnene Rache. Im Zögern der Königin deutet der Erzähler auf kommende Schwierigkeiten voraus.

5.2. Erste Aventiuresequenz (v. 150–1497)

Die Verfolgung führt Erec in die Fremde, und hier scheinen andere Wertmaßstäbe zu gelten: Der Beleidiger wird standesgemäß empfangen, und man erwartet, daß er zum dritten Mal und für immer den Sperberpreis gewinnt – der Anlaß und das damit verbundene Fest werden hier für den Leser eingeführt. Daß die Freundin Iders' (Namensnennung erst v. 465) nicht nach einhelliger Meinung als Schönste galt, sondern nur mit ihrem Ritter sich niemand zu messen wagte (v. 214–217), ist keine Mißbilligung von dessen Gewalttätigkeit – es geht nur um augenfällige Demonstration von Kampfkraft –, wenngleich ein anderer Ausgang als möglich anklingt.

Erec dagegen ist hilflos, ohne Ausstattung für Aventiure (*habelôs* v. 238), unbekannt und nicht anerkannt (v. 245–247) und in der Situation ratlos (*wîselôs* v. 250). Wie als ob Ehre eine Abhilfe gegen jede Schwierigkeit wäre, scheint die von Erec empfundene Schande als Magnet für

Widrigkeiten und soziale Isolierung zu wirken – nicht kausal, aber in der Tönung der Szene.

Auf dem Tiefpunkt seines Abstiegs, als er sich mit einem Ruinenquartier begnügen will, findet er in dem alten Bewohner gegen allen Augenschein den Gleichgesinnten; die höfischen Formen begründen wieder Kontakt (v. 298–307), hier erhält er die Hilfe, die er braucht. Die Beschreibung der Dürftigkeit unter dem Dach der *edeln armen* (v. 432) Koralus und Karsinefite hat Hartmann deutlich gesteigert, nicht ohne durch humorvoll-ironische Zwischentöne (v. 355–395) auch wieder Distanz zu nehmen. Die Technik des Kontrastes dient ihm vor allem dazu, die höfische Gesinnung jenseits aller adligen Repräsentation zu unterstreichen (*der reine wille.../... aller güete ein phant* v. 393–395).

Selbst der Ruin adliger Selbständigkeit (v. 400–410) wird mit Fassung getragen und die Not nach außen verborgen. Noch ein zweites Gut findet sich gegen die Regel wahrhaftig in der Armut, die Schönheit Enites (v. 323–341), ‚natürliche' Schönheit unabhängig von mangelhafter Präsentationsform.

Mit der Kenntnis von der Person seines Widersachers und der Regel des Sperberpreises sieht Erec die Möglichkeit, seine Situation zu wenden, den Beleidiger im Kampf zu stellen, wenn er nur entsprechende Waffen hat und die Legitimation durch eine schöne Frau. Beides erbittet er von Koralus. Der Heiratsantrag auf Bedingung – dem möglichen tödlichen Ausgang sieht Erec ins Auge – wegen des ausgesetzten Preises und der gesuchten Kampfgelegenheit ist zunächst zweckgerecht und damit in der finalen Fügung der Geschichte legitim. Von Minne ist nicht die Rede und kann es auch gar nicht sein, denn bis dahin sind Figuren nur als Träger objektiver Wert- (und Unwert-)Vorstellungen charakterisiert. Der Wert einer einzelnen Person und die Betroffenheit durch sie muß erst erscheinen. Enite aber ist Trägerin von Schönheit, und in dieser objektiven Qualität ist sie begehrenswert. Darauf zielen Erecs Beteuerung (v. 567–570) und seine Geringschätzung von Besitz (v. 580 f.), wie umgekehrt für ihn Herkunft und Familie als Qualität genügen.

Die Schönheitskonkurrenz, bei der ein Sperber als Preis vergeben wird, ist ein beliebtes Motiv, das in späteren französischen und deutschen Artusromanen wieder aufgegriffen wird; die Variante, die Andreas Capellanus in ‚De Amore' einrückt, ein Kampf zum Erweis der Schönheit einer abwesenden (Feen-)Geliebten, steht der ursprünglichen Form wohl am nächsten. Für die Reihungs- und Deutungstechnik des Romans ist bezeichnend, daß das Motiv ursprünglich eine bestehende Bindung zu der Frau voraussetzte. Diese Eingangsmotivation wird durch das Rachemotiv ersetzt, die Schöne wird als Legitimation geworben, und die Minnebindung entsteht erst daraus.

Erec wehrt den Vorschlag des Landesherrn Imaîn ab, Enite besser zu kleiden, auch ein Akzent mehr, um Iders mit seinem Auftreten (*dürftiginne* v. 694) ins Unrecht zu setzen. Die öffentliche Szene läuft geradezu zeremoniell ab; der anschließende Kampf ist hart, die Meinung der Zuschauer auf Seiten Erecs (v. 754f.). Die Beschreibung der Kampfstadien wird rhetorisch ausgeschmückt (Pfand- und Spielvergleich). Den lange offenen Ausgang entscheidet die Erinnerung an die erlittene Beleidigung und der Anblick Enitens (v. 930–937), die angstvoll das Geschehen beobachtet (v. 800–806; 850–54); Erfolg und innere Einstellung werden kausal verklammert. Mit der Unterwerfung muß der Besiegte das Unrecht der von ihm geduldeten Beleidigung (*hôchvart* v. 980; *übermuot* v. 983; *unzuht* v. 997) eingestehen. Auch der Königin gebührt Genugtuung (v. 1022–27), dazu muß sich Iders in ihre Verfügung an den Artushof begeben.

Das Recht des bei der Jagd auf den weißen Hirsch erfolgreichen Jägers, eine Dame seiner Wahl zu küssen, war Artus selbst zugefallen, es wird damit zur Auszeichnung, die durch Ginovers Erzählung geschickt in der Schwebe gehalten ist. Durch Iders Ankunft und Bericht wird die Spannung sofort auf Erecs Rückkehr gelenkt. Die Freude (v. 1261) des Königs mit seinem Hof gilt nicht nur der wiederhergestellten Reputation, sondern neu erworbener Ehre (*aller êren gunnen* v. 1290), die Restitution verwandelt sich zur Auszeichnung.

Diese wird Erec schon in Tulmein entgegengebracht (*der tiuriste man* v. 1307; *sîne manheit* v. 1311); dennoch besteht Erec darauf, zu seinem Gastgeber zurückzukehren und nicht beim Herzog zu nächtigen – objektive Repräsentationsformen sind genau ethischen Haltungen zugeordnet und deshalb (im allgemeinen) wieder als Indiz dafür zu lesen. So ist auch Enite durch den Sperberpreis geehrt (v. 1380ff.), Erec aber widersetzt sich vorläufig jeder besseren Kleidung. Auf dem Weg der beiden zurück zum Artushof entsteht aus Blick und Wohlgefallen, nach scheuer Zurückhaltung Enites vorher (v. 1317–33; 1383–85), nun eine neue Bindung: Minne (v. 1492) in voller und uneingeschränkter Form (*triuwe und stæte* v. 1497). Der erwiesenen objektiven Qualität, Schönheit und Ehre durch Tapferkeit, folgt sozusagen von selbst und zwangsläufig die entsprechende persönlich-emotionale Bindung, die nun durchaus in psychischen Kategorien beschreibbar ist. Schon an dieser Stelle wird deutlich, daß Kampf und Minne Ausfaltung im Grund einer einzigen ethischen Qualität sind. Deshalb ist in dieser Programmatik der ‚Zufall‘, der die Partnerin finden und gewinnen ließ, innere Folgerichtigkeit.

5.3. Am Artushof: Rückkehr, Hochzeit, Festturnier (v. 1498–2851)

Der Empfang am Artushof setzt nun den Erfolg in anschauliche Repräsentation um, und der Erzähler läßt seine Beschreibungskunst spielen.

Enite zu kleiden, wie es ihr entspricht (*ir kleit was rîch, si selbe guot* v. 1578), ist Sache der Königin selbst. Ihr Auftritt vor der Tafelrunde (*nie ritterlîcher wîp* v. 1707) gerät zum Triumph ihrer Schönheit; keine Frage, daß ihr mit dem Kuß des Königs auch dieser (zweite) Schönheitspreis zufallen muß. Der König gebietet über die Auszeichnungsformen, die auszuzeichnende Person ist durch Erec an den Hof gebracht, durch sein im Sinne der Artusgesellschaft programmatisches Handeln; Bestätigung und Handeln, König und Held, stehen in einem wechselseitigen Zusammenhang: Für die Hofgesellschaft entsteht daraus *wünne* (v. 1797) und *vreude* (v. 1801). Erec hat die mit abstrakten Tugendbegriffen umschriebene Rolle ohne Zögern wie selbstverständlich erfüllt. Wo allenfalls bei Iders die ethische Haltung hinter der durch die äußere Erscheinung geweckten Erwartung zurückblieb, war Erec unbeeinflußt von allen äußeren Widrigkeiten mit dem Verhaltenskonzept eins. (Hier nun setzt Chrétien eine deutliche Zäsur mit dem Vers *ci fine li premerains vers* [v. 1844]).

Humorvoll zeichnet der Erzähler die Ungeduld der Liebenden (v. 1840–86). Artus selbst richtet die Hochzeit zu Pfingsten – dem traditionellen Termin seiner großen Hoffeste – aus, noch einmal, wie schon bei der Vorstellung der Tafelrunde (v. 1629–97), Gelegenheit, mit langem Katalog der Gäste und Festbeschreibung zu prunken. Das Ansehen Erecs und Enites wird nun auch durch den Mund der Spielleute verbreitet (v. 2200–04).

Das anschließende Turnier ist für Erec nochmals Gelegenheit besonderer Anstrengung (v. 2248–61), und seine hervorragende Leistung an allen Tagen ist in aller Munde (v. 2473 f.; 2537; 2712 f.; 2750 f.; 2806; 2811–13); nur noch an Gawein ist sie zu messen. Mit den Exempelfiguren Salomo, Absalon und Alexander verkörpert er musterhaft Klugheit, Schönheit und Milte, das vollkommene Ethos eines Ritter-Königs. Trotz aller Sorge um ihn, ist er Enite seiner Tapferkeit wegen wert (v. 2845–51).

5.4. Karnant (v. 2852–3092)

Die lange Turnierbeschreibung hat nicht nur dekorativen Wert, ihre strukturelle Funktion liegt darin, ein Verhalten zu betonen, das Erec einen geachteten Platz in der Gesellschaft erworben hat, von dem er aber wenig später, ohne besondere Ankündigung oder Begründung, sich entfernt. Zunächst sehen die Rückkehr ins eigene Land, der festliche Empfang und die Herrschaftsübernahme wie eine natürliche Fortsetzung der Feste am Artushof aus. Dann aber tritt die Veränderung zutage; was Gutes über Erec zu sagen war, gilt nur bis zu diesem Augenblick (v. 2626 f.). Jetzt ist sein Interesse *minne* (v. 2930) und *gemach* (v. 2933) –

die Nachbarschaft beider Begriffe schränkt die Bedeutung von Minne auf Liebesgenuß ein. Die Schilderung des Tagesablaufs (v. 2937–53) ist karikierend überspitzt, die Anerkennung von Erecs Beitrag für die Turnierfahrten seiner Leute vom Erzähler deutlich ironisch getönt. Der Wandel in Erecs Verhalten wird nicht eigentlich erklärt, sondern nüchtern registriert: *gemach, verligen, schande* statt *lop* (v. 2966–2992). Alle Welt schilt ihn, sein Hof verliert *vreude* und Ansehen. Einblick in die Motive des Helden gibt der Erzähler nicht, auch jetzt steht nur die objektive Außenseite im Blickpunkt.

Nur von Enites Gedanken wird weniges aufgedeckt (v. 3002–12), sie nimmt die Meinung der Umwelt wahr und schreibt sich die Schuld zu. In der Idylle des mittäglichen Lagers bricht ihr Seufzer über sie beide ungewollt das Schweigen gegenüber Erec. Eine Bezeichnung des Versagens und jede Andeutung einer Schuldzuweisung hat Hartmann herausgenommen, der indirekte Bericht (v. 3050f.) ist nur ein Rückverweis auf die Meinung der Gesellschaft. Erec reagiert abrupt, ohne Erklärung und Reflexion in einem Handlungsentschluß. Der steht zunächst nur dafür, daß Erec die Berechtigung der allgemeinen Vorwürfe nicht von sich weist; was an selbstkritischer Einsicht hier angestoßen wird, wird erst am späteren Verhalten ablesbar.

5.5. Zweite Aventiuresequenz (v. 3093–9857)

Seinen Aufbruch zur Aventiure verschleiert Erec, auch das eine Änderung Hartmanns. Enite muß ihn begleiten, warum, wird ebensowenig begründet wie das Redeverbot für sie. Letzteres erscheint bei Hartmann willkürlicher als bei Chrétien, denn er hat längere Reden Enites herausgenommen. Es ist wohl nicht ohne Absicht, daß hier ein Erklärungsdefizit bleibt, das die Aufmerksamkeit und Deutungsaktivität auf das folgende Geschehen lenkt.

5.5.1. Erste Räuberepisode (v. 3106–3290)

Rasch entsteht ein doppelter Konflikt: Drei Räuber lauern im Hinterhalt, Enite nimmt sie zuerst wahr, soll aber schweigen. Mit sich kämpfend entscheidet sie sich dafür, auch um ihren Nachteil Schaden von Erec zu wenden, und warnt ihn; Erecs *vrümekeit* (v. 3235) siegt rasch über die Räuber. Seiner Zurechtweisung gegenüber, mit Allerweltsweisheiten über die ungehorsamen Frauen unterlegt, beteuert Enite ihre Verpflichtung für ihn (*triuwe* v. 3262; auch v. 3184) und erträgt willig den als Strafe auferlegten Pferdedienst.

5.5.2. Zweite Räuberepisode (v. 3291–3471)

Die Szene wiederholt sich mit den fünf Räubern. Enites Entscheidungs-
qual steht mehr im Vordergrund als der schnell erledigte, ungleiche
Kampf. Erecs Vorwürfe sind noch härter, seine Todesdrohung wird von
Enite durchaus ernstgenommen. Der erschwerte Knechtsdienst gibt dem
Erzähler Anlaß, Enites *güete* (v. 3449) und *liebe* (v. 3451) zu unterstrei-
chen, der der Beistand der *Sælde* (v. 3460) gewiß ist.

Die Verdoppelung einer so einfachen Episode hat bei einem Autor wie
Chrétien (und Hartmann) offenkundig ihren Grund nicht in dem Bedürfnis, die Fabel zu strecken. Die Parallelität wurde mit Recht als Mittel
verstanden, mit dem die Aufmerksamkeit des Lesers nachdrücklich auf
die Struktur und die Reihungsmittel gelenkt wird; durch Gleichheit und
Ungleichheit wird der Sinn der Verkettung mitgeteilt. Erecs Kampfwille
bleibt gleich, auch wenn sich die Schwierigkeiten steigern, Enite entscheidet den wiederkehrenden Konflikt zwischen Unterstützung und Gehorsam konsequent zugunsten der Hilfe. Eine weitere Konstante ist hier
nebensächlich, bleibt es aber nicht im weiteren Verlauf: Die Begehrlich-
keit richtet sich jeweils zuerst auf Enite (v. 3213; 3331).

5.5.3. Grafenepisode (v. 3472–4267)

Daraus wird dem Grafen gegenüber, den Chrétien Galoain nennt, eine
regelrechte Treueprobe. Vor dem höfisch-hilfsbereiten Knappen, der den
beiden zu essen gibt, besteht Erec auf der Fortdauer der Mühe für Enite
(v. 3593), in der Herberge demonstriert er die Trennung von Tisch und
Bett und verweigert dem Grafen eine Erklärung (v. 3745). Enite aber
nimmt die Behandlung klaglos hin, lenkt listig den zudringlichen Grafen
ab, damit sie Zeit zur Flucht gewinnen. Der Graf zeigt sich zunächst
durchaus höfisch, doch, wie der Erzähler ausführlich begründet, die
Macht der Minne überwältigt ihn (v. 3684–3708), so daß er hier seinen
Charakter zu *untriuwe* (v. 3691) verkehrt. Er will Enite für sich und
glaubt, leichtes Spiel zu haben. Auf seine Überredungskünste, die ihr eine
bessere und angemessenere Existenz als Landesherrin verheißen, geht sie,
als sie seine Entschlossenheit erkennen muß, zum Schein ein, gibt ihm mit
der Entführungsgeschichte noch einen billigen Vorwand zum Eingreifen
und verheißt Komplicenschaft auf ihre *triuwe* hin, in diesem Fall *ein
ungewissez phant* (v. 3904). Sie hält unverbrüchlich zu Erec: *vrouwe
Ênîte was ein getriuwez wîp* (v. 3943). Dennoch hat sie wieder den
Konflikt auszutragen, ob sie das Schweigegebot brechen soll (v.
3972–92); sie bricht es zweimal (v. 3993–97; 4141–45), und nur dadurch können sie rechtzeitig fliehen und Erec sich siegreich zur Wehr
setzen. Zweimal aber muß sie Erecs Zorn erdulden.

5.5.4. Erster Guivreizkampf (v. 4268–4629)

Der nächste Gegner, der Zwergenkönig Guivreiz, wird, nach einer *nôt* und *ungemach* (v. 4273) für Erec ankündigenden Erzählerbemerkung, durch eine seine ritterliche Qualität rühmende Vorstellung eingeführt. Ob mit einer Lücke nach v. 4317 die Entscheidung und Warnung Enites verlorengegangen ist, ist umstritten; möglich auch, daß es Hartmann hier mit dem Hinweis auf den erneuten Treuebeweis (v. 4319) bewenden ließ. Guivreiz erkennt Erec zunächst als achtbaren Ritter an, erst als er Erecs Ausweichen mißdeutet, sinkt seine Meinung (*verzaget* v. 4366; 4420). In Erecs Hinweis auf seinen Gruß steckt ein Rechtsargument, Erec hält ohne (formelle) Fehdeansage einen Kampf für unbegründet, stellt sich aber dann dem Angriff. Doch kämpft er defensiv, bis er verwundet wird, dann besiegt er Guivreiz mit einem Schwertstreich. Auf Enites Aufschrei über seine Verletzung aber hat er ein anerkennendes Wort (*wan dâ verlür ich mêre an* v. 4431). Mit der Bitte um Schonung bietet sich Guivreiz als Vasall in seinen Dienst, zumal als er Name und Stand Erecs hört. Guivreiz bestätigt ausdrücklich *êre* (v. 4451), *manheit* (v. 4452; 4517) und *vrümekeit* (v. 4520) Erecs – in Karnant ins Zwielicht geratene Eigenschaften – auch öffentlich vor seinen Hofleuten. Erec hat einen Freund gewonnen, bleibt aber trotz der Wunde nur für eine Nacht, mehr soll sein Programm nicht erlauben (v. 4575–79).

5.5.5. Zwischeneinkehr bei Artus (v. 4629–5287)

Die Zwischeneinkehr bei Artus, das zufällige Zusammentreffen mit dem jagenden Hof, teilt die Aventiuresequenz in zwei Hälften. Sie setzt wie die Randszenen am Artushof den Helden in Bezug zur tonangebenden Gesellschaft und ist deshalb so etwas wie eine soziale Ortsbestimmung. Der Zusammenstoß mit Keie, nach einer Kennzeichnung von dessen schwankenden Charakterzügen, zeigt Erec als überlegenen Akteur, der Keies Absichten durchschaut, sich zur Wehr setzt und es dann großmütig dabei beläßt, Keie bloßzustellen. Doch auch erkannt und von Gawein freundschaftlich dringend eingeladen, will sich Erec nicht in der Artusrunde sehen lassen. Es bedarf der List Gaweins, Erec mit dem König zu konfrontieren, daß er sich der Aufforderung zu bleiben nicht entziehen kann. Dabei bestätigt ihm der Hof aus seinem Verhalten Keie gegenüber *grôze manheit* (v. 4936) und *volleclîche êre* (v. 5086), eine äußere Reputation, die nach Karnant in Frage stand. Die Begründung für seine Zurückhaltung muß tiefer als im sichtbaren Verhalten liegen. Sie wird in Erecs Erklärungen, der ersten ausführlichen Selbstdeutung, ansatzweise erkennbar. Sein Programm ist jetzt, konträr zu seinem Verhalten in Karnant, das Meiden von *gemach* (v. 4977 f.; schon 4576); es soll Negatives

durch Positives abgetragen werden, wie lang, in welchem Maß, bleibt
verschwiegen. Doch nicht nur objektives Verhalten steht in Frage, nun
wird auch deutlich, daß die Krise Erecs Bewußtsein betroffen hat und das
Wiederfinden seiner eigenen Identität das ist, was auf diesem Weg zum
Abschluß kommen muß: Zu einer echten Einkehr am Hof bedarf es der
vreude (v. 5057), die ihm (noch) mangelt, dann erst kann der höfisch-
gesellschaftlichen Existenz ihr Recht werden. Erec aber fühlt sich jetzt
äußerlich und im Bewußtsein *unhovebære* (v. 5064). Unter dieser Bedingung wird sein Aufenthalt nur kurz, einseitig gesucht vom Hof, der ihn
mit Ehren und Freundschaft aufnimmt, vorübergehende Hilfe für seine
Wunde und Rast für eine Nacht.

5.5.6. Cadocepisode (v. 5288–5729)

Nach kurzem Weg erreichen ihn die Hilferufe der Frau Cadocs, sein
spontaner Einsatz im Sinn ritterlicher Hilfeverpflichtung für Bedrängte
steht keinen Augenblick in Zweifel – sie gilt einem Ritter, der zu Artus
unterwegs ist, verteidigt also elementar das Recht der höfischen Gesellschaft gegen gewalttätige Übergriffe; am Artushof wird die geglückte
Befreiung auch kundgetan. Aventiure hat hier eine offenkundige soziale
Funktion. Trotz der Gewalttätigkeit der Riesen versucht Erec Verhand-
lungen anzuknüpfen, erst als dies das Gegenteil bewirkt, greift er entschieden an. Wo es keine Gemeinsamkeiten mehr gibt, zögert er nicht zu
kämpfen und hat Erfolg. Seine Selbstdeutung vor Cadoc zeigt bescheidene Selbsteinschätzung, die sich das Geleistete nicht zum Ruhm anrechnet
(v. 5635–39), und Einfühlung in fremdes Leid. Infolge seines Einsatzes
verlassen ihn alle Kräfte, er sinkt scheintot vom Pferd. Die eben gelöste
Situation, daß eine Frau um das Leben ihres Mannes verzweifeln muß,
wiederholt sich sofort, nur mit Erec selbst und Enite.

5.5.7. Oringlesepisode (v. 5730–6813)

Der vermeintliche Tod Erecs erschüttert Enite zutiefst, und sie gibt in
einer langen Klage ihrem Schmerz Ausdruck. Sie wünscht sich auf jede
Weise den Tod, weil sie ohne ihn nicht leben will. Ihre Verzweiflung
kehrt sich gegen Gott, gegen den Tod, der ihren Liebeswunsch nicht
erfüllen will, gegen sich selbst, gegen Erecs Schwert. Zur Frage steht –
darin ist sich die Forschung nicht einig –, wieviel von dieser aktuellen
Selbstdeutung die Geschichte im Sinn des Erzählers aufschließt. In den
Selbstvorwürfen bezichtigt sich Enite des Verrats (v. 5945 f.) an Erec und
meint die Szene in Karnant. Dieser kommt zwar die Kausalität des Vorher zu, ob aber eine moralische Schuldzuweisung sich mit der Meinung
des Erzählers deckt, muß aufgrund der ganzen folgenden Handlung be-

zweifelt werden. Enite schreibt sich schicksalhaftes Unglück zu (v. 5992; 6006 f.; 6038), dem aller Aufstieg zum Nachteil ausschlägt, so gut es jeder auch meint. Die Klagerede muß jedenfalls als Einheit gesehen werden – sie ist mit großer rhetorischer Verve ausgestaltet –, und so ist sie widersprüchlich, unlogisch, wie der Ausbruch der Verzweiflung eben ist. Kann man daraus das Urteil ziehen, der Erzähler wolle Enite mangelnder Unterwerfung unter Gottes Fügung, eines Vergehens in Karnant, schuldhaften Unheil-Verursachens (wegen des Annehmens einer unangemessenen sozialen Position) oder das Schwert Erecs mangelnder Zuverlässigkeit beschuldigen? Wohl kaum, wie auch der Selbstmordversuch Enites nicht moralisch beurteilt wird; er wird nur von der Vorsehung vereitelt. Die Vorsehung, sonst die autonome Verfügung des Erzählers über den Zusammenhang, wird hier auf einmal zum Walten göttlicher Vorsehung (v. 6069–71; 6117; 6123), mit der der Erzähler sich eins weiß, gegen die falsche Erwartung seiner Figur (v. 6351).

Auch im folgenden sind Reden und Dialoge breit ausgeführt, wie im ersten Teil des Romans verlangsamt sich das Erzähltempo nach raschem Beginn zum Ende hin deutlich. Enites Schönheit (v. 6164; 6180–82) betört Oringles und bringt ihn zu seiner gewaltsamen Werbung. Wieder versucht der Werber, sie durch Hinweis auf Reichtum und soziale Stellung für sich zu gewinnen – Vorteile, die in Karnant vorhanden waren, denen Erec aber aus freien Stücken den Rücken kehrte. Doch Enite will ihrem Mann über den Tod hinaus die Treue halten (v. 6293–6301). Sie muß zur Ehe gezwungen werden. Die Eile, mit der dies geschieht, noch ehe Erec begraben ist, mißbilligen die Leute des Grafen, die mit seiner Wahl durchaus einverstanden waren, und gar die rohe Gewalt, mit der er seine eheliche Gewalt durchsetzt und Enite in ihre Lage zwingen will (v. 6471–6500), in völligem Verlust jeder Haltung (*untugent* v. 6517), verurteilen sie. Die Schreie Enites, als sie unter den Schlägen des Grafen den Tod erhofft (v. 6569), retten, wie ihre Warnungen gegen das Schweigegebot vorher, das Paar, weil sie Erec zum Leben erwecken. Seine Rache als Wiedererstandener und die kopflose Flucht schildert der Erzähler mit Vergnügen, er entschuldigt den Schrecken der Fliehenden sogar noch mitfühlend. Gott selbst beteiligt sich mit dem herbeigeschafften Pferd an der Erzählregie (v. 6698–6701; 6726), Enite weist Erec den Weg zur Flucht. Nun wird sie programmatisch vom Erzähler *künegîn* (v. 6732 u. ö.) tituliert.

Die Versöhnung zwischen dem Paar ist eine Schlüsselszene (v. 6760–6813), weil sie ja den zweiten Aventiureweg teilweise nachträglich erklärt. Die Trennung und Fremdheit zwischen den beiden, die nicht Erecs wirklicher Einstellung entsprach (v. 6773), ist beendet, sie war – das urteilt nun der Erzähler – ohne Grund (*âne sache* v. 6775) verfügt worden zu dem Zweck: *ez was durch versuochen getân / ob si im wære ein rehtez wîp* (v. 6781 f.). Der Roman seit Karnant eine Vertrauenskrise zwischen dem Paar, ein Beweisgang für Enites *triuwe* und *stæte* (v. 6789)? Doch daß sie *ein wîp unwandelbære* (v. 6791) ist, mußte dem Hörer von den Räuberaventiuren an klar sein, und er hatte auch vorher wenig Anhaltspunkte zu zweifeln. Die Vertrauenskrise ist also mehr die Krise des Zweifelnden, Erecs, dem im Erkenntnisschock in Karnant mit der Sicherheit über sich selbst und sein Handeln auch die Sicherheit in der Minne zerbricht. Hier gibt er zu erkennen, daß Enites opferbereite Treue ihn in ihrer beider Verbundenheit wieder sicher gemacht hat. Damit ist die Krise zum Teil überwunden, noch nicht ganz, denn es stehen weitere Aventiuren aus, die auch Aspekte der Zweierbeziehung betreffen. Folgerichtig bittet aber hier Erec Enite, an der (besonders bei Hartmann) kein Fehl zu tadeln ist, um Vergebung für die Behandlung.

5.5.8. Zweiter Guivreizkampf (v. 6814–7787)

Die Treue treibt Guivreiz auf den Weg, Erec zu helfen. Das Ritual ritterlicher Selbstbehauptung verstrickt trotz gefühlter Schwäche Erec und Guivreiz in einen Kampf; nur Enites Dazwischentreten verhindert Schlimmeres als den Sturz in der Tjost und führt zum Erkennen der Freunde. Denn dieser Kampf ohne rechten Grund bringt niemand Ehre. In Erecs Selbstkritik wird die Mechanik des Kampfgebarens ohne eigentlichen Zweck als Torheit bezeichnet, Maßlosigkeit, allein dominieren zu wollen (v. 7007–23). Damit ist nicht nur Bescheidung des Augenblicks artikuliert, sondern festgehalten, mit welchem Bewußtsein Erec nun Kampf und Aventiure gegenübersteht, der Kanon ritterlichen Verhaltens hat Sinn und Moral aus der persönlichen Verantwortung. In der Erzählung für Guivreiz unterstreicht Erec mit einem geläufigen Bild geistlicher Lebensdeutung den Vorsehungscharakter des Geschehens. Im Wald findet das versöhnte Paar ungefährdet Ruhe für die Nacht.

Die Einkehr auf Guivreiz' Burg Penefrec bringt Erholung und Heilung der Wunden. Nun akzeptiert Erec, anders als in der Zwischeneinkehr bei Artus, vorübergehend *gemach* (v. 7117; 7120) und gibt den selbstauferlegten Zwang auf, nirgends länger als eine Nacht zu verweilen, doch nur bis zur völligen Wiederherstellung. Im Grunde bleibt er ungeduldig, und *gemach* kann ihn nicht mehr befriedigen; nach zwei Wochen drängt er zum Aufbruch. Enite wird dann mit dem Pferd geehrt, das der Erzähler mit aller Kunstfertigkeit beschreibt, eine Auszeichnung, mit der Enites Rolle bis dahin hervorgehoben, zugleich die Annäherung an höfische Festlichkeit eingeleitet wird.

5.5.9. Joie de la curt (v. 7788–9825)

Die letzte Episode der Aventiuresequenz ist durch ihre isolierte Stellung hervorgehoben, die symmetrische Doppelung der Episoden dieses Teils endet vorher. In ihr verdichtet sich der Sinn der Handlung, doch sie ist nicht allegorisch („allegorische Erzählung" H. Kuhn, Erec, in: Hartmann, S. 37f.) in dem Sinn, daß sie auf gültige Orientierungsmuster außerhalb des Romans verwiese, in ihr konzentrieren sich vielmehr die Bezüge auf den ganzen Verlauf.

In Begleitung Guivreiz' nimmt das Paar sich den Artushof zum Ziel, wird aber durch Zufall an einer Wegkreuzung in die falsche Richtung gelenkt – vom Ende her gelesen ist es natürlich Bestimmung. Die Burg Brandigan, die sie vor sich erblicken, wird durch die einzige ausführliche topographische Beschreibung ohne jeden negativen Akzent vorgestellt. Entsprechend höfisch ist der Empfang, sie finden achtzig kostbar gekleidete Frauen vor, unter denen es schwerfällt, die schönste herauszufinden. Diese Szenerie, die eigentlich eine ungetrübte höfische Festlichkeit zu versprechen scheint – kein Aventiureort war so charakterisiert worden, am nächsten kommt allenfalls Tulmein, wo aber Erec außerhalb bleiben muß –, wird mit einem Unterton eingeführt, der der Beschreibung zuwiderläuft. Der Erzähler baut durch Hinweise Spannung auf; Guivreiz versucht Erec abzuhalten, warnt immer deutlicher und gibt nur halb gezwungen sein Wissen um die dort anzutreffende Aventiure preis, die allen Rittern, die bisher das Wagnis angenommen haben, zum Verderben ausschlug. Sie heißt paradoxerweise *Joie de la curt*, es klafft ein Riß zwischen der Möglichkeit des Orts, Schauplatz höfisch erfüllten Lebens zu sein, und der Herausforderung, die der isolierte, bisher nicht bezwungene kampflüsterne Ritter im innersten Bereich dort darstellt.

Erec geht von Anfang an auf die Aventiure ein, ja versteht sie als Ziel seiner Suche und schicksalhafte Bestimmung, in der er gegen geringen Einsatz alles gewinnen kann (v. 8521–61). Von Beginn an ist durch Reden, Gedankenmonologe und Erzählerkommentare die Motivation und Einstellung der Kontrahenten Gegenstand der Erzählung wie in keiner Szene vorher. Schon als Erec von Guivreiz zu erfahren sucht, was dieser weiß, will er durch nichts den Anschein von *vorhte* (v. 7945) oder *zageheit* (v. 7983) erwecken. Kein blinder Wagemut treibt Erec, er will die Situation selbst beurteilen können (v. 7949–51), und von echter Besorgnis angesichts der Aufgabe bleibt auch er nicht frei (v. 8619–26). Gegen alle Warnungen und Befürchtungen ist er in der ihm zum Charakter gewordenen Tapferkeit (v. 8119–46; 8424–41) unerschütterlich, sein fröhlicher Gleichmut gründet auf dem Vertrauen in die gottgewollte Schicksalhaftigkeit (v. 8147–53; 8853–58). Im Gegensatz zu Erecs hier erreichter Einheit mit sich selbst und seinem Handeln gibt Mabonagrin zu erkennen, daß er die Niederlage, die ihn von dem Handlungszwang des gegebenen Worts befreit, nur halb bedauern kann (v. 9454f.; 9582; 9588f.; 9599).

Nach sorgfältiger Vorbereitung dringt Erec allein in den Garten ein, der Ort paradiesischer Fülle wird rasch zum Schauplatz harten Kampfes auf Leben und Tod, den Erec mit Mühe schließlich für sich entscheidet. Erec hatte Enite schon damit getröstet, daß ihre *guote minne* seine Stärke sei, ihn *sigesælic* mache (v. 8869 ff.). So wird im Kampf für beide Gegner der Bezug zu ihrer Partnerin zu einem entscheidenden Faktor (v. 9171–87). Erec siegt und stellt damit das positive Bedingungsverhältnis von Kampf und Minne unter Beweis. Das Gespräch der Kontrahenten nach dem Kampf enthüllt die Pointe, die den Kampf zur entscheidenden Schlußprüfung macht: Von Mabonagrins Lebensweise hat Erec (anders als bei Chrétien) schon vorher Information erhalten, ihn selbst fragt er, wie ein Leben ohne Gesellschaft nur in einer isolierten Minne befriedigen könne – *wan bî den liuten ist sô guot* (v. 9438). Zwar geht hier der Anstoß von der Frau aus, die als Entführte sich der Treue durch Abschließung versichern zu müssen glaubt, doch im Grunde spiegelt sich im Verhalten dieses Paares die Lebensweise Erecs und Enites in Karnant. Erec aber artikuliert jetzt nicht nur eine andere Einstellung zu Minne und Gesellschaft, eine erweiterte Erfahrung, sondern in seinem Sieg über Mabonagrin widerlegt er dessen und seine frühere Minneauffassung mit Hilfe gerade seines neuen Verhaltens aus richtiger und erprobter Partnerbindung.

Erec ist erfolgreich, weil er ein anderer ist als in Karnant. Die Folge ist die Wiederherstellung von *des hoves vreude* (v. 9759f.), eine allgemeine Festlichkeit, in der der Baumgarten wieder allen offensteht, Erec überschwengliches Lob erntet (v. 9669–79) und sich gestörte soziale Bezüge wieder zur Harmonie fügen. Nur für die achtzig Witwen kann erst der Artushof ein Ende der Trauer anbahnen.

5.6. Schlußeinkehr bei Artus und Krönungsfest (v. 9858–10135)

Die Rückkehr zum Artushof bestätigt Erecs neugewonnenen Ruf in der höfischen Öffentlichkeit (v. 9888–98), wie sie, anschaulich in den achtzig schönen Frauen, dem Hof neue *wünne* zuführt (v. 9947f.). Alle positiven Attribute werden nun untrennbar an die Figur des Helden geheftet. Die Krönung in Karnant setzt den vor aller Welt gerühmten Helden (*der wunderære* v. 10045) in die verdiente Herrschaft ein. Ausdrücklich begründet der Erzähler diesen Glückszustand, der bis zum Lebensende anhält, mit dem Wirken göttlicher Vorsehung und dem Zusammenwirken von Verdienst und Gnade bis hin zum jenseitigen Heil.

5.7. Thematische Linien

Im Rückblick auf den Verlauf sind nun die thematischen Linien klarer erkennbar. Der doppelte Weg hat zweimal nahezu dasselbe Ziel, ein erfülltes Leben in Karnant. Am Ende ist es endgültig erreicht; der erste Erfolg ist instabil, ein Defizit läßt ihn zur Krise umschlagen. Aber offensichtlich wird der Wertmaßstab nicht ausgetauscht, sondern der Held versteht schließlich, ihn anders anzuwenden. Der Handlung liegt ein abgestuftes und differenziertes Verhaltensmuster zugrunde, das sich um zwei zentrale Werte gruppiert: Minne und Ehre oder Minne und Kampf. Minne beinhaltet überwiegend die erotische Beziehung zur erworbenen Partnerin, im weiteren Sinn lassen sich auch die sozialen Beziehungen des Mitleids, der Anerkennung und Achtung unter den Akteuren dazurechnen. Ehre gründet auf der Behauptung persönlicher Integrität im ritterlichen Kampf, sowohl in den existentiellen Herausforderungen des Angriffs auf Ehre und Leben, auf fremdes Leben ohne berechtigten Grund, als auch ergänzend in der Spielform des Turniers. Das Ethos wird vorausgesetzt, nicht entwickelt, wenn es auch am Ende detaillierter gegenwärtig ist.

Der Roman wurde zunächst als Geschichte eines Normenkonflikts gelesen: *verligen* als Vernachlässigung ritterlicher Aktivität zugunsten übermäßiger Minne; die Lösung wäre entsprechend ein Abarbeiten des Ungleichgewichts bis zum harmonischen Ausgleich der Werte. Doch bleibt ein solches Verständnis zu vordergründig. Es wird dem Wechselverhältnis etwa Erecs und Enites nicht hinreichend gerecht. Auch sind die beiden Wertpole nicht so voneinander zu trennen. Gerade etwa an der letzten Episode wird deutlich, daß jeder Wert nur mit und durch den anderen vollgültig existiert. Insofern bleibt in Karnant auch die Minne nicht ohne Beeinträchtigung. Den Roman als kritische Auseinandersetzung mit dem zugrundeliegenden Verhaltensmuster zu sehen, entspricht mehr dem Verlauf, muß jedoch über das handelnde Subjekt beschrieben werden.

Die wichtigen Akteure sind zwar mehr als Rollenträger, doch nicht subjektiv sich verhaltende Charaktere nach Möglichkeit und Anspruch späteren Erzählens. Die Titelfigur im höfischen Roman läßt sich in ihrer Zwischenlage vielleicht als Subjekt bezeichnen, an dem ein Prozeß der Profilierung vorgeführt wird. Das die Krise auslösende Defizit ist dann ihr Versagen.

Der Vergleich der beiden Aventurewege erhellt, daß Erec auch anfangs nach dem Kodex höfischen Verhaltens handelt, bis er ihn in Karnant bedenkenlos beiseitesetzt. Das wirft die Frage auf, ob er ihn bis dahin nicht nur klischeehaft-äußerlich praktizierte. Die Rücksicht auf verschiedene Verpflichtungen, die situationsgerechte Anwendung stellt er erst im zweiten Teil unter Beweis. Der Unterschied ließe sich als der zwischen bloßer Kopie und wirklicher Aneignung einer Rolle benennen. Noch mehr als ein Problem der Einübung ist das Versagen eine Frage des Erkennens. Die zum Ende hin fortschreitend ausführlichere Handlungsmotivation stellt Erec als abwägenden und verantwortlich entscheidenden Akteur vor. Von da aus erscheint sein Versagen rückblickend als Mangel an ausreichender Erkenntnis über Situation und ethische Postulate, seine schließlich gewonnene Handlungssicherheit als Auswirkung zunehmender Verantwortung. Wie auch immer man den Akzent setzt, der Roman ist der Weg Erecs durch ein Scheitern zur Selbstverwirklichung. Der Maßstab, an dem dies gemessen wird, ist ein höfischer Verhaltensentwurf. Ausgefüllt ist er nur, wenn Minne in der Partnerbeziehung sich ganz verwirklicht und die Aktivität des Ritters gewahrt wird, ohne daß eines das andere verkürzt, und beide Werte in ihrer Einfügung in die Gesellschaft gelebt werden – als Partnerschaft inmitten höfischer Geselligkeit und als Kampf und Herrschaft im sozialen Auftrag.

Die eheliche Liebe zu Enite verändert Erec so sehr, daß er nur aus dem und für das Miteinander handelt, auch als die Beziehung selbst in die Krise gerät. Die Gesellschaft in Gestalt des Artushofs bleibt das soziale Gegenüber, mit dem Erec zwar den Normhorizont gemeinsam hat, er handelt aber als einzelner in seinem Einzelschicksal; der Hof kann unterstützen und bestätigen, Erec kann eigene Probleme lösen, darunter auch solche, die für die Gesellschaft von Bedeutung sind. Abgrenzung und Einbindung halten sich die Waage. Insoweit Erec zur eigenverantwortlichen Erfüllung des Ethos geführt wird, kann die Handlung als kritischer Vollzug des höfischen Verhaltensmusters aufgefaßt werden.

6. Hinweis zu Deutungsansätzen

Die Zusammenfassung der thematischen Linien in der vorangehenden Analyse blieb textimmanent, sie ist noch keine Interpretation des Textes in seiner historischen Situation. Nur wenn davon ausgegangen werden könnte, daß die Leser in dem höfischen Verhaltensmuster des Textes sich wiedererkennen konnten und sollten, wäre der Prozeß des Helden schon mit dem Appell an das Publikum zum Nachvollzug gleichzusetzen. Teilweise hat die Erzählwelt des Artusromans fraglos ihre Korrespondenzen zur Lebenswelt des originären Publikums, ob es das Hoffest ist, das als Hoftag und adlige Repräsentation wesentlicher Bestandteil sozialer Organisation ist, oder spezifisch aristokratische Normen des Verhaltens wie die Selbstbehauptung im Kampf. Ob aber solche Beziehbarkeiten ausreichen, muß ausführlich diskutiert werden.

Die Schwierigkeit, einen Situationsbezug wahrscheinlich zu machen, liegt – neben dem auch hier bestehenden Materialmangel – vor allem darin, daß die Artussage schon bei Geoffrey von Monmouth politische Intentionen enthält, die deutsche Aneignung also mit vielfältigen Brechungen und Neudeutungen rechnen muß, die aus den wenigen Anhaltspunkten schwer rekonstruierbar sind. Der Gemeinsamkeit zwischen den beiden Romanen wegen und weil sozialgeschichtliche Interpretationsversuche oft mit vergleichenden Beobachtungen argumentieren, soll die Besprechung dieses Problemkreises als Schwerpunkt dem folgenden ‚Iwein'-Kapitel vorbehalten bleiben (s. AB VII, 6.).

Arbeitsbereich VII

Artusroman II – ,Iwein‘

1. Grundlageninformation

1.1. Texte

Benecke, Georg F., Lachmann, Karl (Hrsg.): Iwein. Eine Erzählung von Hart-
mann von Aue, 7. Aufl. neu bearbeitet von Ludwig Wolff, 2 Bde, Berlin 1968
[Völlig überarbeitete Auflage der traditionsreichen Ausgabe mit Kennzeich-
nung der Parallelen bei Chrétien.]
Cramer, Thomas: Hartmann von Aue. Iwein. Text der 7. Ausgabe von G. F.
Benecke, K. Lachmann und L. Wolff. Übersetzung und Anmerkungen von
Th. C., Berlin 1968, ³1981

Heinrichs, H. M. (Hrsg.): Hartmann von Aue. Iwein. Handschrift B, Köln - Graz
1964 (Deutsche Texte in Handschriften 2) [Faksimile der ältesten und besten
Handschrift.]
Okken, Lambertus (Hrsg.): Hartmann von Aue. Iwein. Ausgewählte Abbildun-
gen und Materialien zur handschriftlichen Überlieferung, Göppingen 1974
(Litterae 24)
Nolting-Hauff, Ilse: Chrestien de Troyes. Yvain. Übersetzt und eingeleitet von
I. N., München 1962, ³1983 (Klass. Texte des roman. Mittelalters 2) [Afrz.
Text von Hartmanns Vorlage mit Übersetzung und Auswahlbibliographie.]

1.2. Forschungsliteratur

Brandt, Wolfgang: Die Entführungsepisode in Hartmanns ,Iwein‘, ZfdPh 99,
1980, 321–354 [Analysiert eingehend die Episode selbst und ihre Funktion für
die Romanhandlung, nicht die Vorbildlichkeit von Artus und seinem Hof in
Zweifel zu ziehen, sondern in vielfältigen Korrespondenzen Iwein zum richti-
gen Handeln anzuleiten.]
Buschinger, Danielle: Hartmann von Aue, adaptateur du ,Chevalier au lion‘ de
Chrétien de Troyes, in: Buschinger, D. (Hrsg.): Littérature et société au moyen
âge. Actes du colloque des 5 et 6 mai 1978, Paris 1978, 371–391 [Vergleicht
Hartmanns Bearbeitung mit der Vorlage mit Rücksicht auf die Folgen der
Detailvariation für das Gesamtgefüge.]
Cormeau, Christoph: Artusroman und Märchen. Zur Beschreibung und Genese
der Struktur des höfischen Romans, in: Schröder, W. (Hrsg.): Wolfram-Studien
V, Berlin 1979, 63–78 [Kritische Auseinandersetzung mit I. Nolting-Hauffs
These und Überlegung zur kompensatorischen Funktion der fiktiven Welt.]

Cramer, Thomas: *sælde* und *êre* in Hartmanns Iwein, Euph. 60, 1966, 30–47; wieder in: Hartmann: s. Gesamtbibl., 426–449 [Interpretiert den Roman von der als Schuld gewerteten Tötung Ascalons her.]

Cramer, Soziale Motivation: s. Teilbibl. AB VI 1.2.

Fischer, Hubertus: Ehre, Hof und Abenteuer in Hartmanns Iwein. Vorarbeiten zu einer Poetik des höfischen Romans, München 1983 (FGäDL 3) [Sieht den Roman ganz auf den *êre*-Konflikt gegründet – Minne bleibt beiseite; jene ist als reflektierte Selbständigkeit Grundlage der individuellen Identität in der Feudalgesellschaft und steht in paradoxer Spannung zur notwendigen Eindämmung der Gewalt.]

Huby: s. Gesamtbibl.

Jackson, William H.: Friedensgesetzgebung und höfischer Roman. Zu Hartmanns ‚Erec‘ und ‚Iwein‘, in: Honemann, V. u.a. (Hrsg.): Poesie und Gebrauchsliteratur im deutschen Mittelalter, Tübingen 1979, 251–263 [Sieht Anspielungen auf zeitgenössische Landfriedensgesetzgebung als Skepsis Hartmanns gegen das *âventiure*-Prinzip und die dadurch besonders angesprochenen bindungslosen jungen Ritter.]

Kaiser: s. Gesamtbibl.

Kern, Peter: Interpretation der Erzählung durch Erzählen. Zur Bedeutung von Wiederholung, Variation und Umkehrung in Hartmanns ‚Iwein‘, ZfdPh 92, 1973, 338–359 [Beobachtet die Motivwiederholungen als Technik des Autors, Versatzstücke zu variieren und den Leser durch die entstehenden Bezüge zu lenken.]

Köhler: s. Gesamtbibl.

Mertens, Laudine: s. Gesamtbibl. [Sieht aus dem Vergleich mit historischen Rechtsquellen Hartmanns Interesse auf die Darstellung der Herrscherin und ihrer sozialen Probleme gerichtet.]

Mertens, Volker: Iwein und Gwigalois – der Weg zur Landesherrschaft, GRM 31, 1981, 14–31 [Liest den Roman als Paradigma des Wegs zu verantwortlicher Landesherrschaft.]

Mohr, Wolfgang: Iweins Wahnsinn. Die Aventiure und ihr ‚Sinn‘, ZfdA 100, 1971, 73–94 [Charakterisiert den Erzählton Hartmanns und seinen Umgang mit der Vorlage anhand der Wahnsinnsepisode, beispielhaft für das Abwägen literarischer Verbindungen und das Spiel mit (z.B. religiösen) Sinnbezügen.]

Nolting-Hauff, Ilse: Märchen und Märchenroman. Zur Beziehung zwischen einfacher Form und narrativer Großform in der Literatur, Poetica 6, 1974, 129–178 [Versucht Chrétiens Roman mit den Funktionen von Propps Märchenmorphologie zu analysieren und die Entstehung aus der ‚einfachen Form‘ zu erklären.]

Peters: s. Teilbibl. AB VI 1.2.

Ragotzky, Hedda, Weinmayer, Barbara: Höfischer Roman und soziale Identitätsbildung. Zur soziologischen Deutung des Doppelwegs im ‚Iwein‘ Hartmanns von Aue, in: Cormeau, Ch. (Hrsg.): Deutsche Literatur im Mittelalter. Kontakte und Perspektiven (Gedenkschrift H. Kuhn), Stuttgart 1979, 211–253 [Interpretieren den Roman als Mittel zur Ausbildung eines adeligen Selbstbewußtseins durch die kritische Diskussion ritterlicher Normen.]

Ranawake, Silvia: Zu Form und Funktion der Ironie bei Hartmann von Aue, in:

Schröder, W., (Hrsg.): Wolfram-Studien VII, Berlin 1982, 75–116 [Beschreibt aus genauem Vergleich mit Chrétien Hartmanns Verwendung ironischer Distanz vor allem im ‚Iwein'.]

Ruh, Kurt: Zur Interpretation von Hartmanns Iwein, in: Philologia Deutsch. Festschrift W. Henzen, Bern 1965, 39–51; wieder in: Hartmann: s. Gesamtbibl., 406–425 [Sieht Laudine vor dem Hintergrund der provenzalischen Minnedoktrin und das Versäumen des Termins als Iweins entscheidendes Versagen; wichtiger Anstoß für die bis dahin stagnierende Forschung.]

Selbmann, Rolf: Strukturschema und Operatoren in Hartmanns ‚Iwein', DVjs 50, 1976, 60–83 [Faßt die vorausgehende Diskussion um die Struktur und die sie bestimmenden Werte zusammen; nicht in jeder Hinsicht kritisch genug gegenüber den Forschungsmeinungen.]

Thum: s. Gesamtbibl.

Voß: s. Gesamtbibl.

Warning: s. Gesamtbibl.

Wolf, Alois: Erzählkunst und verborgener Schriftsinn. Zur Diskussion um Chrétiens ‚Yvain' und Hartmanns ‚Iwein', Sprachkunst 2, 1971, 1–42 [Zeigt aus dem Vergleich der Fassungen in zwei Episoden, wie H. mit dem übernommenen Erzählstoff souverän spielt und einen Verständnisraum von Fiktion aufbaut.]

Zutt, Herta: König Artus. Iwein. Der Löwe. Die Bedeutung des gesprochenen Worts in Hartmanns ‚Iwein', Tübingen 1979 (UdL 23) [Versucht die Beschreibung der Figuren durch die Analyse ihrer Sprechhandlungen zu ergänzen, ohne allerdings auf die Erzählproblematik einzugehen.]

2. Phänomenologische Annäherung

In Kalogreants Erzählung am Artushof von seinem Brunnenabenteuer (v. 243–802) ist auch sein Bericht über die Begegnung mit dem wilden Mann eingelagert (v. 396–599): Von der Burg, wo er eingekehrt war, wendet er sich in die Wildnis und gelangt auf die Lichtung voll wilden Weideviehs, angesichts dessen ihn Verzagtheit anwandelt (v. 413 ff.), inmitten der wilde Mann, riesenhaft, häßlich und unkultiviert im Aussehen. Die ganze Szenerie ist auf eine gefährliche Aventiure abgestellt, und so verhält sich auch Kalogreant (v. 478). Der sich entspinnende Dialog aber erweist den Unmenschen als friedlichen Hirten, dem die wilden Tiere gehorchen, und der veranlaßt nun mit seiner Frage: *âventiure? waz ist daz?* (v. 527) den Artusritter zu der Selbstdefinition, die jenen wunderlich dünkt: Der gewappnete Ritter sucht den gleich ausgestatteten Konkurrenten, und sie kämpfen; Tod oder größere Ehre ist der Ausgang (v. 528–537). Der Rat, der auf diese Absichtserklärung hin folgt, führt Kalogreant in das nicht unerwartete (v. 556–559; 596 f.) Fiasko am Brunnen, ohne daß er viel von der Situation begriffen hätte; es bleibt ihm nur zu betonen, daß sein *wille harte guot* (v. 759) war.

Kalogreants Roman im Roman ist gradlinig und mit leichter Hand erzählt. Einige Dissonanzen lassen aber aufhorchen: Die bedrohliche Szenerie scheint gefährliche Aventiure anzukündigen, es ist aber nichts; die Idylle am Brunnen stört erst Kalogreant und macht sie durch seine unbedachte Aggression zur Aventiure. Kalogreants Definition rückt in ihrer abstrakten Kürze Aventiure in die Nähe der Farce, am Brunnen bangt er um sein Leben und versteht gar nicht, wie seine gute Absicht so mißraten konnte. Das Leben behält er, aber sein Rückzug ist schmählich. Die Optik des Helden und die Realität der Erzählwelt geraten in Spannung zueinander. Kalogreant – der Ich-Erzähler hier – will Held sein und scheitert beinahe komisch. Die Konstellationen und Verhaltensmuster werden hier vom Autor in wechselnde, auch ironische Distanz gerückt; er erzählt einen Roman und spielt zugleich mit dessen Mustern. Die Textanalyse ist deshalb gehalten – mehr als beim ‚Erec‘, in dem Hartmann durchaus auch das Stilmittel der Ironie anwendet, aber doch im ganzen einen eindeutigen Ton durchhält –, neben den Episoden und ihrer Sinnsetzung die Ambivalenz des Tones wahrzunehmen, die ein wichtiger Sinnfaktor ist. Der Roman ist nicht nur auf weltanschauliche Gewichtigkeit und nicht nur auf ironische Distanz und Parodie gestimmt, sein Anspruch an den Hörer liegt vielmehr im Spannungsfeld zwischen diesen Polen.

3. Stoff und Quelle

Den Rahmen von Artussage und Artusroman teilt der ‚Iwein‘ mit dem ‚Erec‘, deshalb gilt auch hier das dort (AB VI) Ausgeführte. Nur wenige individuelle Aspekte dieses Romans sind zu ergänzen.

3.1. Erzählmotive

Owain, den Sohn Uryens, bezeugen keltische Lieder als historischen Helden unabhängig von Artus; Geoffrey von Monmouth (und nach ihm Wace) berichtet in seiner ‚Historia regum Britanniae‘ *von Iwenus filius Uriani* im Umkreis von Artus. Außer dem Namen gibt es aber keine Gemeinsamkeit mit der Romanfigur.

Augenfällig ist im ‚Iwein‘ der Anteil von Erzählmotiven, die ein Leser heute als märchenhaft einstuft: die Quelle im Schatten der Linde, deren Wasser ein Unwetter auslöst, der unsichtbar machende Ring, die den Wahnsinn heilende Salbe der *Feimorgân* (v. 3424 – der Fee Morgane). Riesen sind Gegner in der Aventiure. Auch im ‚Erec‘ gibt es vergleichbare Züge, doch deutlich weniger. Neben Zwerg und Riese und dem Pflaster der *Feimurgân* (v. 5156) konzentrieren sie sich in der letzten Episode *Joie de la curt:* der Wundergarten, dessen Bäume zugleich Blüte und Frucht tragen, die unsichtbare Mauer darum, die tödliche Gefahr, die noch keinen der dort Eingedrungenen zurückkehren ließ. In der Erzählwelt des Romans gehören diese Züge zur ,Realität', wie der historische Charakter des Artusreichs und ritterliche Wertvorstellungen. Eine andere Frage ist ihre literarische Herkunft. Die nächsten Parallelen bieten keltische (kymrische) Erzählungen. Die Fee Morgane *(Morgaine)* ist zauberkundige Fee geblieben und so in viele Texte nach Geoffrey eingegangen. Der Wundergarten hat Züge eines Jenseitsreiches – zeitenthobenes Leben, Schwierigkeit des Zugangs, Wächterfigur, Unmöglichkeit der Rückkehr –, und Brunnen und Bereich der Laudine spiegeln naturmythische Vorstellungen; die Herrin ist eine verführerische Fee, die ungebetene Eingriffe in ihren Bereich durch Naturerscheinungen ahndet. Soviel die Romanmotive auch mit den mythischen Szenerien gemeinsam haben – sie sind doch rationalisiert im Sinn der neuen Erzählwelt: Zugangswächter ist ein kampfbereiter Ritter, die Gartenbewohner haben sich aus ganz bestimmten Gründen dorthin zurückgezogen, Laudine ist Herrin eines Landes, ihre Verbindung mit einem Mann unterliegt nun sozialen Regeln, und sie hat jetzt zur Verteidigung von Quelle und Land den ritterlichen Schützer nötig. Daß hier nicht alle Aspekte auf eine Linie zu bringen sind, wird daran deutlich, daß im Roman der Zusammenhang von Brunnen und Herrschaftsbereich nicht restlos klar wird. Diese Überformung tradierter Erzählmotive, ihr gemischter Charakter bedingt, daß zwar vorgegebener Motivsinn berücksichtigt werden muß, ihr aktueller Sinn aber nur aus der Einfügung in den neuen Zusammenhang – vor allem ihrer Funktionalität für den Helden – bestimmt werden kann. Deshalb tragen die Details in Motivparallelen selten Entscheidendes zur Erklärung des Romans bei und gehören in eine Geschichte von Erzählmotiven; frühere Forschung erwartete zuviel Interpretationsanleitung von der Stoffgenese, denn die Erzählfabel ist nicht das Ergebnis einer geradlinig-organischen Entfaltung, wie sie etwa Sparnaay skizziert hatte.

Daneben sind in die ,Iwein'-Fabel auch seit der Antike bekannte, oft wieder aufgenommene literarische Motive eingearbeitet, wie der dankbare Löwe (Androclus, Petrus Damiani) und die rasch getröstete Witwe (Witwe von Ephesus; Marie de France: ,De vidua'; ,Roman des Thèbes'). Unbeschadet anzunehmender verwandter Erzählsequenzen ist die auf Romanniveau durchkonzipierte Fabel Werk Chrétiens de Troyes. Das kymrische Mabinogi ,Chwedyl Jarlles y Ffynnon' [,Die Dame von der Quelle'] (überlieferte Form um 1200) ist wohl von Chrétien beeinflußt.

3.2. Vorlage und Bearbeitungspraxis

Die Nähe in Verlauf und Details bis hin zur zeilengenauen Entsprechung läßt keinen Zweifel aufkommen, daß Hartmann Chrétiens de Troyes ,Le chevalier au lion' (oder ‚Yvain') übertragen hat. Der um 20% größere Umfang ist hier vor allem auf das generelle Problem des Übersetzens, nicht auf umfangreiche Ergänzungen zurückzuführen. Die weithin genaue Entsprechung hinderte Hartmann dennoch nicht, sich frei mit seiner Vorlage auseinanderzusetzen und Akzente zu verschieben, wie es seinem künstlerischen Temperament entsprach und für ein anderes Publikum angemessen schien. Die stärksten Eingriffe betreffen die Figuren Laudine und Lunete und konzentrieren sich folglich auf die Szenen am Ende der ersten Aventiuresequenz, die zur raschen Neuvermählung Laudines führen, und auf die Versöhnung am Schluß des Romans.

Beispiele solcher akzentuierender Eingriffe sind etwa: Hartmann übergeht einige Motive oder Kommentare, die die ohnehin kritische Einstellung gegen weibliches Verhalten unterstreichen, so Lunetes Spitze gegen den weiblichen Zorn auf guten Rat (Ch. v. 1649–52), Laudines rasch erwachte Neugier auf den, der ein besserer Ritter als der tote Esclados sein sollte (Ch. v. 1658 f.), oder Yvains frivole Hoffnung auf weiblichen Wankelmut (Ch. v. 1435–41), die Hartmann durch das Vertrauen auf die alles überwindende Macht der Minne ersetzt (H. v. 1623–30).

Gleiche Tendenz zeigen einige seiner Zusätze oder das Gewicht verändernden Umstellungen: Artus' bevorstehende Ankunft, die rasch einen Quellenschützer zu finden erforderlich macht, wird am Beginn des Überredungsversuchs als für Laudine überraschende Neuigkeit eingebracht (H. v. 1831–43; vgl. bei Chrétien v. 1614–21); weibliche Neigung zur Sinnesänderung wird vom Erzähler als Zeichen ihrer *güete* interpretiert (H. v. 1869–88); Laudine denkt zuerst daran, einen Schützer zu finden, ohne ihn zu ehelichen (H. v. 1909–16). Das Motiv des Zeitdrucks für eine Entscheidung wegen Artus' Ankunft stellt Hartmann an die Spitze von Laudines Unterredung mit Iwein (H. v. 2310–15), Chrétien gibt ihm eine untergeordnete Stellung am Ende (Ch. v. 2033 f.). Hartmann fügt hinzu, daß Laudine Iweins Zuneigung zur Bedingung macht (H. v. 2115 f.), daß sie selbst Iwein einen Liebesantrag macht (H. v. 2333), daß sie schließlich stolz auf ihren neuen Gatten ist, der ihr Artus als Gast ins Haus bringt (H. v. 2665–69). Beim Aufbruch Iweins verwendet Hartmann das Motiv des Herzenstausches (H. v. 2990–94), wo Chrétiens Yvain nur sein Herz bei Laudine läßt (Ch. v. 2641), obgleich beide mit Tränen sich voneinander verabschieden. Auffallendster eigener Zusatz ist Laudines Bitte um Verzeihung (H. v. 8122–36), als Lunete die Versöhnung beider mit List voranbrachte; allerdings ist dieser Zusatz nur in drei Handschriften (B, a, d) überliefert, wird aber als authentisch eingeschätzt.

Durch den Wechsel erzähltechnischer Mittel, direkte statt indirekte Erzählerrede, innerer Monolog statt direkter Figurenrede, mildert Hartmann vielfach den Ton der Szenenfolge um Laudines Sinneswandel oder setzt andere Akzente. Es verändert die Aussage, wenn Laudine in einem inneren Monolog Iwein das Recht auf Selbstverteidigung zuspricht (H. v. 2042–50) statt in einem vorgestellten Gerichtsdialog (Ch. v. 1768–72), oder wenn sie selbst Iwein ihre Zuneigung gesteht (H. v. 2341–43) anstelle einer Feststellung des Erzählers über ihr inneres Motiv (Ch. v. 2139).

Hartmann mildert damit einige Charakterzüge Laudines und die ironische Komik, die traditionell im Motiv der leichtgetrösteten Witwe angelegt ist. Seine Laudine ist weniger hart und nicht von selbstbewußtkühler Souveränität, sondern menschlich weicher gezeichnet; sie ist der Liebe zugänglicher und damit in ihren Reaktionen unsicherer, was als psychologisch motivierte Charakteristik bezeichnet werden kann, unter einem poetologischen Aspekt mehr als „Reduktion des Komisch-Typischen“ (S. Ranawake) erscheint.

Eine Reihe anderer Eingriffe setzt Akzente für das Verständnis des zentralen Konflikts. Gaweins Rede, mit der er Iwein dazu bewegt, nicht bei Laudine zu bleiben, ist stark ausgedehnt (Ch. v. 2484–2538; H. v. 2770–2912) und außer durch Zusätze wie den expliziten Verweis auf den ‚Erec‘ (H. v. 2787–98) und die Karikatur des verwahrlosten Krautjunkers (H. v. 2812–44) durch eine Verlagerung der Argumente gekennzeichnet. Wo dort mehr von Liebe und Ritterpflicht *(chevalerie)* und deren Rangfolge untereinander die Rede ist, wird hier mehr auf das soziale Prestige des Helden abgestellt. Folgerichtig wird in dem durch Lunete am Artushof ausgesprochenen Trennungsurteil Laudines bei Chrétien persönlicher mit der enttäuschten und verratenen Liebe argumentiert (Ch. v. 2722–73), während Hartmann den Vorwurf zur Anklage der Treulosigkeit im mehr lehensrechtlichen Sinn verschiebt (H. v. 3116–96). Verstärkt ist, auch im Bewußtsein Iweins selbst, im zweiten Teil das Programm der Hilfeleistung, wo immer jemand der Hilfe bedarf (ein Zusatz: H. v. 6001–04).

Subtile Kenntnis der Details und Überblick über den Verlauf kennzeichnen Hartmanns genaues Verständnis der Vorlage; als Bearbeiter ist er so frei, sie in dem ihm angemessen scheinenden Sinn abzuwandeln. Die Grundtendenz seiner Akzentuierung ist aus den Beispielen für seine Bearbeitungspraxis schon abzulesen. Im einzelnen müssen aber die Unterschiede zwischen beiden Ausformungen bei der Textanalyse herangezogen werden.

4. Abwandlung der Poetik

Die Anlage des Romans stimmt überraschend genau mit der des ‚Erec‘ überein, auch wenn die Struktur sich nicht so leicht schematisieren läßt, vor allem, weil die Krise zwischen den beiden Sequenzen weitläufiger auserzählt wird. In der zweiten Sequenz wird statt einfach linearer Anreihung zweimal eine Klammertechnik verwendet (zwischen Kampfversprechen und Kampf jeweils eine andere Hilfeaventiure), die einen thematischen Aspekt – Terminnot und zuverlässiges Einhalten von Versprechen – zu veranschaulichen gestattet.

Laudines Herrschaftsbereich, in dem Iwein Landesherr wird und wohin er abschließend zurückkehrt, erweitert den topographischen Rahmen des ‚Erec' um eine höfische Sphäre unabhängig von Artus. Um daraus auf ein Abrücken vom Artusideal, gar auf eine Artuskritik zu schließen, wie vorgeschlagen wurde, bedarf es zusätzlicher Beobachtungen im Text. Das Romanmodell allein rechtfertigt einen solchen Schluß nicht, es hat und braucht eine gewisse Variationsmöglichkeit, und insbesondere, wenn die Herrschaftsposition durch und mit der Liebespartnerin erworben wird – ein beliebtes Motiv der ganzen Gattungsgeschichte –, ist diese Erweiterung eine zwangsläufige Folge.

Speziell an Chrétiens ‚Yvain' wurden Methoden strukturalistischer Erzählanalyse erprobt (I. Nolting-Hauff). Wegen der relativ einfachen Konstruktion der Handlungsepisoden und des Vorherrschens von Aktion erwiesen sich die diskutierten Kategorien als nützliches Beschreibungsinstrument. Dagegen ist es nicht möglich, den Roman mit den Erzählfunktionen adäquat zu umreißen, die W. Propp für das russische Zaubermärchen entwickelte, weil trotz aller Handlungsanalogien den Verlauf steuernde, zentrale ideelle Werte wie z.B. die *êre* mit dieser Methode nicht erfaßt werden. Und diese Methoden reichen auch nicht aus, die Zielrichtung der Handlung, die durch den Wertekanon determiniert ist, zu erklären. Diese Wertbesetzung kann nur aus der konkreten historischen Situierung der Gattung, der Intention des Autors und Gegebenheiten der damaligen Realität hergeleitet werden und ist durch den souveränen Erzähler in den Text hinein vermittelt (R. Warning).

5. Textanalyse

5.1. Prolog (v. 1–30)

Der Prolog schlägt in geläufiger rhetorischer Manier mit einer sehr allgemeinen Maxime – *rehte güete* (v. 1) ist kaum zu konkretisieren – ein Thema an: Glück und Ruf müssen auf dem Ethos gründen. Garant einer solchen Haltung ist König Artus, der Inbegriff der Idealität (*der êren krône* v. 10). Er wird in doppelter Perspektive gesehen: in historischer Vergangenheit fremder Geschichte (*sîne lantliute* v. 13) mit ihrer Mythisierung (v. 14) und in ideeller Aktualität des in ihm verkörperten Programms (*sîn name* v. 17), eine Balance, die ganz dem Artusroman deutscher Sprache angemessen ist. Diese Ortsbestimmung nimmt der Erzähler in der folgenden Eingangsszene noch einmal auf, wenn er den weiten Abstand gegenwärtiger Festfreude vom Artusglanz beklagt, sich aber schelmisch-ironisch doch lieber auf die Seite poetischer Vergegenwärtigung als die realer Teilnahme in verflossenen Zeiten schlägt (v. 48–58). Mit der Nennung seines Namens verknüpft Hartmann die Umschreibung seines Selbstverständnisses: Er hat Zugang zur schriftlichen Bildung, sein Schreiben ist aber anderer (ritterlicher) Tätigkeit nachgeordnet (v. 21–30).

5.2. Handlungsauslösung: Kalogreants Erzählung (v. 31–944)

Die Handlung setzt mit dem sprichwörtlichen Pfingstfest am Artushof ein, Inbegriff der Festlichkeit und Treffpunkt aller guten Ritter. Der zeremonielle Charakter des Hoftags löst sich in unterschiedliche, private-re Formen der Unterhaltung auf, die Irritation über Artus' Mittagsschlaf bei Chrétien hat Hartmann herausgeglättet. Das ist der Ort für Kalogre-ants Erzählung. Mit Keies giftiger Schelte nach dem überraschenden Da-zutreten der Königin und deren Zurechtweisung wird nicht nur Keie in seiner ambivalenten Rolle als Hofzensor und Störenfried vorgeführt, sondern unterstrichen, wie sehr alles Handeln von verbindlichen, ab-strakten Wertpositionen (êre v. 112, 141, 168; höfsch v. 116; zuht v. 124, 165, 180; u.a.) aus beurteilt wird, die als selbstverständlich gelten. Kalogreant zählt zu den anerkannten Rittern, sowenig sein berichtetes Erlebnis dazu angetan ist, seinen Ruhm zu mehren (v. 94 f.).

Er leitet seinen Bericht mit topischen Aufforderungen an die Hörer ein, wie sie in jedem Romanprolog stehen könnten. Sein Ausritt entsprach ganz dem Aventiuremuster (v. 261 f.), in der Wildnis dem Zufall anheim-gegeben (arbeit v. 271), was er fand, war aber ein untadelig höfischer Gastgeber, der über die Aventiuresuche verwundert ist (v. 372–377). Das folgende Zusammentreffen mit dem Waldmenschen ist Kalogreant alles andere als geheuer, verläuft aber friedlich. Die Definition seiner Aventiu-reabsicht (v. 528–537) reduziert das Aventiureprinzip auf eine äußerli-che Hülle. Situation und spielerischer Ton lassen kaum zu, das Prinzip wegen dieser Definition der Amoralität zu verdächtigen. Doch ist die Schwierigkeit angezeigt, den Kern des Prinzips nach außen, für jeman-den, der nicht in dessen Geltungszusammenhang steht, verständlich zu machen, und es wird auch das Problem offenbar, ob ein Ritter, dessen Blick darauf verengt ist, überhaupt wahrnimmt, ob eine Situation tat-sächlich so geartet ist, daß ihr nach diesem Muster zu begegnen ist.

Kalogreant begnügt sich mit der Auskunft des wilden Mannes und fühlt sich verpflichtet (v. 631–634), das Geheimnis der Brunnenidylle zu ergründen. Die Situation aber entgleitet völlig seiner Kontrolle. Weder hilft seine Reue über das ausgelöste Unwetter (v. 675 ff.) noch sein Ausgleichsversuch mit dem Quellenhüter (v. 731 f.), die Aventiure mißglückt trotz seines guten Willens (v. 759). Askalon beschuldigt (wie Chrétiens Esclados) Kalogreant des Landfriedensbruchs und unrechtmäßiger Fehde (v. 712–730). Die Argumentation holt den Vorgang näher an die Lebenswelt des Publikums, real wird die Gewitterquelle dennoch nicht, und so läßt sich kaum eine moralische Verurteilung Kalogreants herauslesen, der Erzähler unterstützt sie jedenfalls nicht. Askalon verteidigt mit der Quelle die Grenze eines Bereichs; solche Limitation des Zugangs (Furt, Paß, Garten von *Joie de la curt*) gilt in der Gattung als legitime Herausforderung für den Aventiureritter. Kalogreants Versäumnis liegt eher darin, davon gar nichts zu wissen, weil er sich mit der vagen Auskunft des wilden Mannes begnügt (Chrétiens Ankündigung der Gewitterwirkung [Ch. v. 395–403] übergeht Hartmann), und sich mit einer schematisierten Aventiureerwartung in eine unbekannte Situation zu begeben, was auf ihn zurückschlägt. Der erneut gastgebende Burgherr bleibt in seiner Höflichkeit wieder unabhängig von Aventiureehre oder -schmach.

Für Iwein ist die Schande des Verwandten sofort und legitim Herausforderung zur Rache; er will zum Brunnen, und er weiß nun im Unterschied zu Kalogreant, worum es geht; insofern scheint Hartmanns Ergänzung des Neugiermotivs (v. 808 f.) nicht glücklich. Keies höhnische Zweifel erhöhen nur den Erfolgsanspruch, dem sich Iwein aussetzt. Durch das Interesse von Artus selbst, der die Hofreise ansetzt (v. 898–906), droht Iwein die Gelegenheit zu entgleiten. Ausweg bietet hier nur der heimliche Aufbruch, der ihn allein zum Kampf auf Askalon treffen läßt, im Falle des Mißlingens ihn vor Artus um so mehr deklassiert. Aventiuregemäß wagt Iwein das Zufallsspiel und bricht auf.

Die Handlungsauslösung nimmt durch den Bericht schon Aktion voraus, die sich mit dem Haupthelden – erzählerisch gerafft – wiederholt. Darin steckt das analog im Märchen wirksame Prinzip, daß jeder Unberufene an der Aufgabe scheitert, der Berufene wider Erwarten sie lösen kann. Überdeckt ist diese finale Komponente durch die Solidarität der Artusritter im gemeinsamen Aventiureprinzip und das konkrete Motiv der Verwandtenrache. Artus' geplante Heerfahrt hat nur antreibende Funktion angesichts einer Aufgabe, die einem einzelnen zubestimmt scheint.

5.3.1. *Iweins Brunnenaventiure (v. 945–1134)*

Die Aventiure nimmt den erwarteten Ablauf: Vorstationen und Kampf mit Askalon. Der Erzähler bleibt in berichtender Distanz und gibt keinen Einblick in die subjektive Beteiligung seiner Figuren. Iwein erwartet schwere Erprobung (v. 968), Askalon verhält sich gemäß der Herausfor-

derung (v. 1002 f.); Vorwürfe, daß diese unrechtmäßig sei, klingen nicht
wieder an. Der Kampf ist hart und erbittert; mit dem Hinweis, es hätte
ein Zeuge gefehlt, entzieht sich Hartmann einer dramatischeren Wiedergabe und schlägt schon das Motiv der Heldentat ohne Öffentlichkeit an,
das den Fortgang beeinflußt (v. 1029–44). Denn auch Iwein verliert die
Kontrolle über die Situation. Tödlich verwundet wendet sich Askalon
zur Flucht. Der Verfolger Iwein, getrieben vom Gedanken, ohne Beweis
einen vergeblichen Sieg erfochten zu haben, erschlägt den Fliehenden und
sieht sich selbst gefangen, ohne vom Tod seines Gegners zu wissen (v.
1132–34).

Vielfach wurden der Kampf und sein Ende als Schlüsselszene des ganzen Romans gesehen, die Argumente sind jedoch problematisch. Der
Erzähler hat sich bisher auf die Wiedergabe von Aktion beschränkt,
subjektive Beweggründe beiseitegelassen; sie zu interpolieren ist fragwürdig. Kalogreant und Iwein haben sich nach dem artus- und gattungsübli-
chen Aventiureschema verhalten. Die Brunnenaventiure, die als Zu-
gangssperre eine Herausforderung enthält, kann nicht als ganze objektiv
als Normverstoß gewertet werden, für eine negative Wertung müssen
Mängel der ethischen Einstellung herangezogen werden, die der Erzähler
aber nicht deutlich macht. Ist der Verstoß in der Verfolgung zu sehen?
Doch die Wendung – *jaget in âne zuht* (v. 1056): unter Mißachtung
höfischer Selbstzügelung, vom Affekt mitgerissen, mit verhängtem Zü-
gel? – gibt nicht die wünschenswerte Eindeutigkeit. Und der Vorgang
selbst bleibt ambivalent. Zwar schont der Artusritter den besiegten (höfischen) Gegner gewöhnlich, doch nur, wenn dieser selbst die Niederlage
anerkennt (vgl. ‚Erec‘ v. 951–963; 9316–86). Askalon aber flieht, wenngleich in seinem Bewußtsein getrübt, und kann dem Verfolger noch immer feindselig schaden. Ironischerweise rettet der todbringende Schwert-
schlag nach dem Fliehenden Iwein das Leben vor dem niedersausenden
Falltor (v. 1108–12). Eindeutige Normen, die den Kampfabbruch forder-
ten oder bestimmte Handlungen (den Schlag nach dem Fliehenden) ver-
wehrten, sind schwer aufzuweisen, denn es handelt sich nicht um ein
Turnier. Die Kampfdynamik ist nicht mehr zu steuern bis zum Tod
Askalons und zur Gefangenschaft Iweins.

Festzuhalten bleibt vorläufig eine Spannung zwischen Plan und Ergebnis. Die im üblichen Aventiurestil mit leichter Hand aufgenommene Herausforderung des Unbekannten wird zum tödlichen Ernst, wie ihn Kalogreant und dann trotz des Vorwissens wohl auch Iwein nicht erwartet
haben. Iwein besiegt zwar den Gegner, aber der Sieger ist hilflos gefangen
und dazu ohne Trophäe, die ihm wenigstens vor der Artusgesellschaft die
Ehre einbrächte. Das aventiurehafte Verhaltensmuster, so wie er es an-
wendete, leitet ihn (noch) nicht durch die Widerstände.

5.3.2. Die Erwerbung Laudines (v. 1135–2445)

Die akute Todesgefahr wendet Lunete von Iwein ab – in Anerkennung seines Mutes (v. 1174–77) und aus Dankbarkeit für höfisches Entgegenkommen am Artushof. Die Szene, wie er nur mit Hilfe des Rings den um sich schlagenden Gefolgsleuten Askalons entgeht, entbehrt nicht burlesker Komik. Mit dem Auftreten Laudines ist erst die volle Dimension der Brunnenaventiure enthüllt: Der Brunnenschützer ist der Sachwalter und Gemahl der Landesherrin, sie ist der Mittelpunkt, zu dem der Kampf Zugang verschaffte. Für die weitere Entwicklung aber muß sich Iwein passiv dem Geschick Lunetes anvertrauen.

Laudines Klage um den toten Gatten wird in aller Intensität vorgeführt. Sie glaubt noch rückhaltlos an seine Einzigartigkeit. Nur durch Zauber habe ihm der Gegner beikommen können (v. 1382–95). Alle Vorwürfe aber hört der unsichtbare Sieger – und Laudine weiß es (v. 1397). Doch nicht diese machen ihn betroffen, sondern Laudines Erscheinung, die ihm in Minne den Sinn verkehrt (v. 1335 f.); die ganze Paradoxie des Begehrens, wo er Feindschaft finden muß, wird an ihm offenkundig (v. 1340–54; 1419–24). Die Minne bringt ihn beinahe dazu, seine Situation zu vergessen (v. 1479–82), und so sehr ihn die Sorge bedrängt, vor dem Artushof nur Spott zu ernten, gewinnt doch die Minne Oberhand (v. 1537). Sie stellt damit ihre Gewalt unter Beweis, wie der Erzähler in einer ausführlichen Reflexion (v. 1539–92, auch 1607 f.) klarmacht. Daß er hier betont, bei Iwein werde die Minne nicht *geswachet noch gunêret* (v. 1589), sondern bleibe *mit êren* (v. 1591), ist eine Vorausdeutung, deren objektiv ironischer Charakter ohne Kenntnis des Folgenden nicht wahrnehmbar ist, die aber unterstreicht, daß die Minne thematisch ins Zentrum gehört. Iwein gibt selbst in einem Reflexionsmonolog (v. 1609–90) zu erkennen, daß er sich seiner Situation und ihrer Paradoxie (v. 1610 ff.) bewußt ist; er kann nur auf die Gewalt der Minne auch über Laudine hoffen (v. 1623–40) und gleiches Recht für beide fordern (v. 1649–52). Das Spannungsfeld zwischen Gewalt der Anziehung und Unerreichbarkeit, das der hohen Minne (des Minnesangs) eigen ist, wird hier aus der Situation entwickelt. Die Zwangssituation (*nœten* v. 1724) für Iwein entsteht einerseits aus dem Mangel eines Beweises für seine Aventiure, andererseits aus der Interessenverschiebung, daß nun alle Ehre neben Laudine nebensächlich wird (v. 1726–37). Lunete erkennt rasch, wie es mit Iwein steht.

Zielstrebig arbeitet sie nun auf den Sinneswechsel Laudines hin (v. 1786 f.) und reiht geschickt Argument an Argument: den Wunsch, den verlorenen Gatten durch keinen minder schätzenswerten zu ersetzen, das politische Bedürfnis, Quelle und Land nur mit einem Schützer behaupten zu können, den Zeitzwang durch Artus' bevorstehendes Kommen. Daß

Laudine wider bessere Einsicht (v. 1865) sich wehrt, veranlaßt das programmatische Bekenntnis des Erzählers zur *güete*, die der Wesenskern
weiblicher Unbeständigkeit sei, und damit bereitet er die Wendung vor.
Doch Laudine gibt nur zögernd nach, noch will sie dem früheren Gatten
treu bleiben (v. 1904 ff.), einen Quellenhüter finden, ohne ihn zu heiraten
(v. 1916), und reagiert unwillig auf Lunetes zynischen Beweis, es gebe
noch gleich gute Ritter, weil der Sieger allemal besser als der Besiegte sei
(v. 1949–70). Diese aber hat, wie Hartmann zufügend unterstreicht, kein
anderes Motiv für ihren Rat als Treue (v. 1978–84) – freilich ist sie aber
auch mit Iwein im Einverständnis (v. 2004 f.).

In Laudines eigenen Gedanken verfängt das Argument mit dem Sieger,
und sie hält ihm selbst zugute, er habe Askalon in berechtigter Gegenwehr getötet (v. 2015–50). Diese Bereitschaft umzudenken schreibt der
Erzähler der Versöhnerin Minne zu – Hartmann akzentuiert hier selbständig, Chrétiens Bild vom schwelenden Holzscheit, aus dem die Flam-
me schlägt (Ch. v. 1778 ff.), steht eher für vitales Begehren –, was im Sinn
des traditionellen Motivs des Minnens aufgrund gehörter Vorzüge zu
verstehen ist, weil Laudine Iwein noch gar nicht gesehen hat. Der Stand-
punktwechsel hier ist vollkommen; Laudine will nun als Quellenschützer
und Mann den Sieger über Askalon (v. 2064 f.) und betreibt aktiv und
mit unziemlicher Eile die neue Verbindung; nach außen nur muß der
Schein gewahrt werden, der Nachfolger sei nicht mit dem Totschlag am
Vorgänger belastet (v. 2092–95).

Der Rest ist Komödie: die von Lunete fingierte Botensendung an den
schon anwesenden Iwein, das arrangierte Zusammentreffen, zu dem Lunete Iwein bringt, ohne ihn über die erfolgte Wendung zu unterrichten (v.
2223–29), die doch gespielte anfängliche Unzugänglichkeit Laudines,
das Liebesgeständnis erst Laudines, dann Iweins und der Dialog über die
Minnesymptomatik. Nur die Begründung Laudines, daß die Sorge, ihr
Land zu behaupten, sie (auch) zur Eile getrieben habe (v. 2310–20), darf
nicht als bloße Ausflucht gelesen werden. Tatsächlicher Handlungszwang und der später ausbrechende Konflikt unterstreichen in diesem
Falle den Ernst. Kniefall und Huldbitte Iweins zeigen, daß die Minne für
ihn der lehensrechtlichen Abhängigkeit gleichkommt. Die um Zustimmung zu der Wahl gefragten Vasallen überzeugt schon der Augenschein
von Iwein – der Stellenwert dieses verfassungsrechtlichen Akts ist dem
Erzähler einen ironischen Seitenhieb wert (v. 2401 f.) –, die Ehe wird
sofort geschlossen.

Statt der Ehre einer Aventiure hat Iwein unversehens Gattin und Land.
Den Vorzügen dieses Paares widmet der Erzähler ein abschließendes
Lob, nicht ohne auf seiten Iweins auf *triuwe* (v. 2427) hinzuweisen. Daß
êre und Land (v. 2437) Askalons in gute Hände geraten sind, ist ein
vielleicht zu aufdringlich wiederholtes Lob, doch als objektive Ironie ist

es nur aus dem Rückblick vom späteren Verlauf her zu bezeichnen, unmittelbar ist kein Distanzierungssignal wahrzunehmen. Für Iwein ist alles damit glückhaft gelöst. Es bleibt die Spannung zwischen dem Geplanten und dem Erreichten – wie auch im ‚Erec‘ mit der Verbindung mit Enite eine unvorhersehbare Gelegenheit ergriffen wurde –, die für den weiteren Verlauf die Aufmerksamkeit weckt, ob Iwein das ihm Zugefallene halten kann, zumal manche Reaktionen, wenn schon nicht Normverstöße, so doch eher spontane Improvisationen als verantwortete Entscheidungen waren.

In der Rolle Laudines überlagern sich viele Facetten. Welches Bild sie zusammen ergeben, ist Gegenstand kontroverser Diskussion. Sicher gibt es den Handlungszwang aus der vorgegebenen Motivfügung. Die vermutete ursprüngliche Quellenfee, die ihren Bereich selbst verteidigen konnte, war selbst souverän, den Liebhaber zu wählen und ihm Zutritt zu ihrer Welt zu gewähren. Mit der Transposition in eine realere Welt brauchte sie den Verteidiger, und der wurde ihr Gemahl. Sollte nun die Gunst der Dame auf den Helden fallen, mußte der Vorgänger wie auch immer aus dem Spiel gebracht werden, eben auch um den Preis einer ethisch problematischen Motivation. Das Umschwenken nach einer Tötung war in der zur Komik tendierenden Erzählfolge von der leichtgetrösteten Witwe vorgebildet. Das Motivationsproblem wurde erleichtert durch die Analogie in der feudalrechtlichen Realität, daß eine verwitwete Landesherrin ihren Herrschaftsanspruch tatsächlich nur durch baldige Wiederverheiratung sichern konnte (Mertens, Laudine), was mit dem Brunnenschützer nur auf die Spitze getrieben erscheinen mochte. Es bleibt aber die Härte, daß der gewählte Nachfolger den Vorgänger getötet hat, was, auch wenn die Aventiure als rechtens verstanden wurde, Anstoß erregen mußte.

Hartmann hat viele Züge Laudines und ihres Sinneswandels gegenüber Chrétien gemildert oder durch freundliche Kommentare überdeckt. Doch bleibt auch er in ironischer Distanz und läßt Spannungen zwischen dem Charakterbild der Figuren und ihrem Verhalten entstehen, vor allem dann in der überstürzten Hast der neuen Eheschließung. Die Komik dieser Szenen und die ironischen Brechungen haben sicher nicht nur die Funktion, dem Erzähler über eine schwer motivierbare Wendung hinwegzuhelfen, sondern strukturelle Bedeutung (S. Ranawake). Die Inkongruenzen zwischen Figuren, erklärten Absichten, Handlungsweisen, im Text ausgesprochenen und vermutlich dem Hörer vertrauten Normen sollen das Publikum in die Aktivität einer Stellungnahme zwingen, wo nun die Wahrheit liege, und hellhörig machen – kritisch im übrigen für die im ganzen Text, vorher und nachher, angelegten Inkongruenzen und die Lösung, die der Roman findet. Die Motivationsschwächen im Verhalten Laudines dürfen allerdings auch nicht übertrieben gewertet werden, denn der Roman erzählt Iweins Geschichte und nur vermittelt und nachgeordnet auch die Laudines.

5.4. Artus' Bestätigung und Krise (v. 2446–3238)

Das Hochzeitsfest geht in die Bestätigung durch Artus über. Zwar kommt er wie auf einem Aventiureritt, doch das dient nur dazu, auch ihn die Quellenwirkung erproben und Iwein in seiner neuen Rolle Keie die verdiente Demütigung bereiten zu lassen. Keies Schmährede auf Iwein schlägt die Verbindung zur Szene beim Pfingstfest, nun maßt sich Keie selbst die Rolle des Vorkämpfers an (v. 2469 ff.). Um so lieber (v. 2557 ff.) verteidigt Iwein seinen Brunnen und rächt sich nebenbei für alle Unbill, indem er Keie unerkannt aus dem Sattel wirft und ihm spöttisch unterstellt, den Fall gewollt zu haben. Artus gibt er sich mit einer noblen Geste sofort zu erkennen, und die ganze Gesellschaft freut sich über Erfolg und Ehre ihres Mitglieds (v. 2616 f.; 2646–52). Die Festlichkeit am Hof Iweins und Laudines steht nur wenig dem Artushof nach. Für Laudine ist dieses Fest Anlaß, Iwein noch höher zu schätzen und ihm mit Grund gewogen zu sein (v. 2663–82) – eine Zufügung Hartmanns, die er aus einer allgemeinen Feststellung Chrétiens (Ch. v. 2390–94) ableitete und die das Positive in der Entwicklung unterstreicht.

Gawein nimmt besonderen Anteil am Freund Iwein und dankt Lunete für ihre Hilfe. Iwein aber bedrängt er in anderer Weise: Unter der Maxime, Ehre müsse beständig neu erworben werden, mahnt er ihn, mit dem warnenden Hinweis auf Erecs Erfahrung und der Karikatur des verwahrlosten Krautjunkers – beide Motive von Hartmann eingefügt –, wieder mit den Artusrittern zu ziehen und zu turnieren. Zwar fließen viele Wertprädikate in seine Argumentation ein, und er rät auch zu einer sinnvoll befristeten Trennung (v. 2887 f.), doch kennzeichnen auffallende Widersprüche seinen Rat. Von Anzeichen für das zitierte *verligen* ist Iwein, wenig mehr als eine Woche nach der Hochzeit, weit entfernt, und Gawein erkennt zwar an, daß Iwein nun Frau und Land sein eigen nennt (v. 2781 f.; 2879 f.), das empfohlene Verhaltensmuster nimmt darauf aber keine Rücksicht, sondern nimmt das von Turnier und Aventiure bestimmte Treiben verpflichtungsloser Artusritter zum Maßstab. Der Widerspruch wird besonders daran deutlich, daß der Landesherrenstatus Iweins, wie Gawein und Iwein aus Erfahrung wissen könnten, ja Rittertat einschließt, denn jeden Tag könnte ein Herausforderer an der Quelle einen Kampf fordern. Iwein aber folgt blindlings dem fragwürdigen Rat.

Die Bitte um Urlaub liegt außerhalb jeder Erwartung Laudines (v. 2910 ff.), so ist sie vorschnell in ihrer Zusage gefangen (v. 2923). Dem Urlaub wird ein Ende nach einem Jahr gesetzt (v. 2924 f.) – Hartmann hat hier durch Erzählerrede verallgemeinert, was Chrétien als direkte

Festsetzung Laudines formuliert –, was Iwein zu diesem Zeitpunkt viel zu lang dünkt (v. 2930 ff.). Die wörtliche Begründung Laudines hält nichts anderes als die gemeinsame Verpflichtung für das Land vor Augen: *unser êre und unser lant* (v. 2936); diese Ehre korrespondiert bezeichnend der Ehre, die Iwein in Turnieren bewahrheiten will. Der Ring Laudines, der dem Träger Glück bringt, symbolisiert die Minneverbundenheit und die lehensartige Treuepflicht in einem. Dieser sozialen, ja politischen Konvention ordnet sich dann der schmerzliche Abschied der Liebenden bei der Trennung zu (v. 2960–68). Die Bedeutung dieser Minneharmonie unterstreicht der Dialog des Erzählers Hartmann, der sich ganz unverständig stellt, mit der Minne über den Herzenstausch der beiden – Hartmann hat hier Chrétiens Vers, daß Yvains Herz bei Laudine bleibt (Ch. v. 2641), bedeutend ausgesponnen. Das grobe Mißverständnis – mehr eines langsam begreifenden, wenig gebildeten Hörers als des Erzählers –, daß der Herzenstausch einen Rollenwechsel nach sich ziehe (v. 3000–10), klärt die Minne dahingehend auf, daß dieser Herzenstausch gerade die besten eigenen Kräfte entbinde (v. 3019). An der Normentsprechung und psychischen Wahrhaftigkeit dieser Verbindung will der Erzähler hier also keinen Zweifel lassen, doch nicht nur, um die Fallhöhe für die wenig später folgende Trennung deutlich zu machen, sondern auch in einer vorausweisenden Funktion, wie Vers 3028 formuliert: Iwein war danach ein besserer Held als früher. Vom Ende her wird erkennbar, daß diese tiefe Bindung Iweins Verhalten in den späteren Aventiuren bestimmt und nur in der Rückkehr sein Ziel liegen kann.

So ausführlich der Erzähler bis hier ist – was nun folgt, rafft er knapp und nur auf äußeren Ablauf beschränkt bis zur Ankunft Lunetes. Sofort deutet er voraus, daß Gaweins Rat Iwein zum Verhängnis wird; willenlos, aber mit Vergnügen (v. 3051) gibt der sich der Turnierhektik hin, in die ihn Gawein hineinzieht: *unz er der tage ze vil vertreip* (v. 3050). Die Liebe erwacht erst gut sechs Wochen nach dem festgesetzten Termin (v. 3082–85) und stürzt ihn in schmerzliches Sinnen, als es zu spät ist. Lunete – keine namenlose Botin, wie bei Chrétien – spricht das Urteil vor der Artus-Öffentlichkeit aus: Iwein ist Verräter, Schönredner ohne Charakter und von täuschendem Auftreten.

Grundtenor ist der Vorwurf, ohne *triuwe* zu sein, bar jeder persönlichen und sozialen Zuverlässigkeit, eine im vorausgesetzten Wertekanon ruinöse Anschuldigung, deren Berechtigung dennoch nicht zu bestreiten ist. So allgemein, wie das formuliert ist, zielt der Vorwurf auf jede *triuwe*-Fähigkeit, nicht nur auf die Minnebindung; Hartmann hat hier den Akzent gegenüber Chrétien verschoben, der die Anschuldigung um das Motiv der gestohlenen Minne gruppiert. Laudine bricht jede Verbindung mit Iwein ab. Der nimmt das Urteil gelähmt hin, läßt sich Laudines Ring nehmen, aber in seiner Reaktion macht der Erzähler schon deutlich, daß er zwar versagte, doch nicht aus frivoler Verantwortungslosigkeit, denn die ihm wesenseigene *triuwe* (v. 3210 f.) macht die schmerzliche Erkenntnis, in der *triuwe* versagt zu haben, gerade übermächtig. Mit der Huld Laudines verliert er *sîn selbes hulde* (v. 3221), seine Identität ist zerbrochen. Erkenntnis und Aufruhr der Gefühle setzen sich folgerichtig in die ganze Existenz um, vom Wahnsinn ergriffen reißt sich Iwein die Kleider vom Leib und rennt in die Wildnis.

Verschiedentlich wurde die Deutung vertreten, das Versäumnis des Termins könne nicht das eigentliche Versagen Iweins sein, weil es eine viel zu willkürliche Bedingung sei. Doch es ist gar nicht nötig, Laudine als Minneherrin provenzalischer Doktrin zu verstehen, die souverän sei, jede beliebige Bedingung dem Minnediener zu stellen (K. Ruh); viel zu deutlich hat der Erzähler gemacht, daß es mit diesem Termin um seine Beziehung zu Laudine und die Verantwortung um ihrer beider soziale Existenz geht (Mertens, Laudine). Der Termin demonstriert eine grundsätzliche Haltung, inwieweit nämlich Iwein Rechte und Pflichten der erworbenen Position erkennt und sie auszufüllen bereit ist. Statt dessen wurde auch in der Tötung Askalons die Initialschuld gesucht, die diese weitere Fehlleistung konsequent nach sich ziehe. Dazu ist neben den Argumenten oben hinzuzufügen, daß das Versagen an Laudine weit mehr umfaßt als die ritterliche Kampftat; das aber wird durch eine solche Argumentation um sein Recht gebracht.

Gegen Askalon mußte Iwein das Aventiureschema durch Improvisation auffüllen, den Termin versäumt er ohne Not und mit vorausgewußter Bedeutung und Konsequenz. Das Verhaltensmuster des in Aventiure und Turnier tätigen Artusritters hatte ihm mit viel Glück den Erfolg beschert, den dadurch erworbenen Platz damit auszufüllen, muß mißlingen. Iweins Identität gerät in die Krise durch eine Realität, der er (noch) nicht gewachsen ist.

5.5. Wahnsinn und Heilung (v. 3239–3654)

Iwein sinkt auf eine Existenzform weit unterhalb jeder höfischen Kultur herab, der Kontrast könnte nicht größer sein (v. 3350–58); noch der wilde Hirte, dem er und Kalogreant begegneten, fristete sein Leben menschlicher. Ursache solcher Selbstentfremdung kann nach Hartmann nur die Minne sein (v. 3254–56; auch 3405). Wenn das keine ungeschickte *ad-hoc*-Motivation ist, unterstreicht der Erzähler damit den Widerspruch zwischen tiefer persönlicher Bindung und gedankenlosem Terminversäumnis, sucht er wieder den intakten Kern jenseits der Fehlreaktionen, die in die Krise trieben. Nach außen kann der zum Toren gewordene Held aber nur eine wortlose Tauschbeziehung zu dem Einsiedler anknüpfen. Erst fremde Hilfe vermag seine Lage zu ändern. Von einer

Begleiterin der Dame von Narison wird der verwahrloste Wahnsinnige als Iwein erkannt (v. 3384 ff.), und im Vertrauen auf seine bewiesene Qualität (v. 3400 ff.), die ihn als Kampfhelfer gegen Aliers geeignet erscheinen ließe, wenn er nur er selbst wäre, wie aus Mitleid wird die Heilung in Gang gesetzt. Die gegen den Augenschein auf Iwein gesetzte Hoffnung geht von dem Gedanken aus, daß aus seinem wiedergefundenen Selbst richtiges Handeln folgen würde. Der Monolog Iweins, als er zu sich kommt – eine Zufügung Hartmanns, die Motive der Erzählerrede Chrétiens weit ausspinnt –, erinnert den erfahrenen Aufstieg, aber als vermeintlichen Traum. Der unverständlichen Realität, die ihn augenscheinlich zum Bauern machte (v. 3557), kann er nur seine innerste Gesinnung (*herze* v. 3575) entgegensetzen. Diese kann, und darin bewahrheitet sich die Hoffnung der Damen, zum Angelpunkt neuer Selbstvergewisserung werden. Geleitet von seinem *herze,* seiner ethischen Person, muß er jetzt erproben, was von dem ,geträumten' Leben Realität sein kann, was scheinhafter Selbstbetrug, denn in der Traumerinnerung liegt die doppelte Erkenntnis, zu dem Aufstieg bestimmt gewesen zu sein und ihn nicht zur eigenen Realität gemacht zu haben.

5.6. *Zweite Aventiuresequenz (v. 3655–7780)*

5.6.1. *Hilfe für die Dame von Narison und für den Löwen (v. 3655–3916)*

Die hilfreiche Pflege bringt Iwein zu Kräften und macht ihn wieder handlungsfähig. Sogleich vergilt er Vertrauen und Hilfe durch die Tat. Unter seiner Führung wird das Heer des Grafen Aliers abgewehrt und zerstreut, der Graf selbst auf der Flucht gefangen. Eine solche Befreiungsepisode gehört zum gängigen Aventiurerepertoire, absichtsvolle Anspielungen sind aber nicht zu übersehen. Als Verteidiger verhält sich Iwein, wie wenn es um sein eigenes Land ginge, und erwirbt das Lob der Landeskinder (v. 3750 f.). Den Grafen nimmt er nach stürmischer Verfolgung knapp vor dem Burgtor gefangen (v. 3775 f.). Was er als Aufgabe bei Laudine nicht sah und wo er gegen Askalon zur Improvisation gezwungen war, das gelingt ihm nun. Die Leute des Herrschaftsbereichs und die Dame selbst wünschen sich nichts lieber, als Iwein zum Landesherrn zu bekommen (v. 3754–58; 3791–99; 3806–23), er aber bricht überstürzt auf, ohne eine Begründung. Man könnte hier vielleicht meinen, nach wie vor sei für ihn als Artusritter nur die akute Aventiureherausforderung leitende Norm, nicht die Kontinuität einer Herrschaftssicherung. Daß sein Motiv ein anderes ist, die bewußte Ablehnung jeder neuen Bindung, weil er auch nach ihrem Trennungsverdikt nur die Treue zu Laudine halten will, wird erst im weiteren Verlauf deutlich, als sich die Situation wiederholt und Iwein zum zweiten Mal (v. 6605; 6799–6811), nun explizit, die Hand einer Erbin ausschlägt. (Daß er noch zweimal Zwang von unverheirateten Damen abwendet, gibt dem Befreiungsmotiv besondere Kontinuität.) Hinter dem wortlosen Handeln steht also schon eine Rückbezüglichkeit, die auf sein Versäumnis antwortet; Iwein will seine *triuwe* unter Beweis stellen, auch wenn es zu spät scheint.

Die Hilfe für den Löwen hat programmatischen Charakter. Spontanes Eingreifen zugunsten des edleren Tieres ist nur die eine Seite. Der dankbare Löwe, dessen Begleitung Iweins neuer Identität in der höfischen Öffentlichkeit den Namen gibt, hat auch mit dessen Selbstverständnis zu tun; die späteren Interaktionsformen zwischen Iwein und dem Begleiter (z. B. v. 6687–95) lassen diesen durchaus als Abbild von Iweins eigener Reaktion erscheinen. Dazu ist zu bedenken, daß der Löwe im mittelalterlichen Denken für ganz bestimmte Werte steht, für *triuwe*, Gerechtigkeit und beständige Wachsamkeit (vgl. v. 3912–16). Das macht ihn hier nicht zur allegorischen Figur, aber es gibt dem Helfer Sinndimensionen mit, die die Verbindung Iweins mit ihm als programmatische Zielsetzung seines Aventiurewegs erscheinen lassen: Hilfsbereitschaft nun vor allem im Rahmen des Rechts und der Treue. Diese Zielsetzung bestimmt sich aus dem Handlungszusammenhang, Bezüge zu geistlicher Naturdeutung, in der die genannten Eigenschaften des Löwen (bis hin zur Analogie mit Christus dem Erlöser) entwickelt sind, begründen die Konnotationen, die hier bewußt, aber spielerisch eingebracht werden. Daß solche Analogiebezüge zu anderen Sinnbezirken ausgespielt werden, ist nicht nur an dieser Stelle zu beobachten. (In der Heilungsszene vorher stellen sich Assoziationen zwischen den drei Damen und den drei Frauen am Grab am Ostermorgen und die frühere Salbung durch die eine, Magdalena, im ‚Neuen Testament‘ ein). Sie sind Signale, die Handlung nicht zu vordergründig zu lesen, sind aber weder frivole Umdeutung religiöser Sinngebung, noch werten sie die Romanfabel zum religiösen Heilsdrama um.

5.6.2. *Hilfe für Lunete und Harpinepisode (Einkehr bei Laudine)* (v. 3923–5540)

Das Aventiureprinzip des Zufalls führt Iwein zum Brunnen zurück. Der Ort allein ruft die Erinnerung an Gewinn und Verlust (v. 3929; 3934 f.) mit solcher Gewalt wach, daß ihn die Emotion ohnmächtig vom Pferd stürzen läßt. Er ist erneut hart am Rande des Selbstverlusts (v. 3938 f.). Soviel Geistesgegenwart bleibt ihm, daß er, zu sich kommend, den Selbstmord des seinetwegen trauernden Löwen abwendet. In seiner anschließenden Klage (v. 3961–4010) gibt er sein verändertes Verhältnis zum Geschehen zu erkennen; abgesehen vom Monolog beim Erwachen hatte nur der Erzähler bisher Iweins Reaktion auf die Krise vorgeführt. War

ihm in diesem Monolog sein höfisches Leben als Traum entrückt, weiß er
es nun wieder als reale Vergangenheit und rechnet sich allein die Ursache
für den Sturz zu. Der Verlust der *hulde* (v. 3965) Laudines ist der Inbegriff allen Unglücks, das er nun vor Augen hat (v. 3988–92); sein eigenes
Schwert hätte Recht, sich gegen ihn zu kehren – ein Bild, das Hartmann
z.B. im Lied MF I – 205,1 (vgl. S. 82 ff.) für die Folgen der *unstæte*
gebraucht. Am Vorbild des Löwen liest er ab, daß der Tod das Äquivalent für *rehtiu triuwe* (v. 4005) ist.

Der Dialog mit Lunete holt ihn aus den Ich-bezüglichen in die sozialen
Dimensionen seines Versagens zurück, ihr früheres Vertrauen auf Iweins
Charakter (v. 4062–66) setzt sie nun der Anklage des Verrats aus (v.
4048; 4124). Indem er sich offenbart, *Îwein der arme* (v. 4213), erkennt
er seine Schuld und Verpflichtung an (v. 4218–21). Noch sucht er mit
der Befreiung Lunetes den Tod als demonstrative Selbstbestrafung und
Beweis seiner Treue und seines Minneleids (v. 4231–37; 4244 f.), doch
nimmt er damit nun aktiv handelnd zu seinem Versagen Stellung, seine
ganz persönliche Dankespflicht aufnehmend (v. 4247–50; 4341–45).
triuwe als Grundwert sozialen Verpflichtetseins erscheint in der ganzen
Spannweite von der Dankbarkeit bis zur lehensrechtlichen und partner-
schaftlichen Verbindung, und wenn Iwein nun so nachdrücklich danach
handelt, korrespondiert das dem öffentlich konstatierten Defekt seines
Verhaltens; eine Wiederannäherung an Laudine ist damit nicht direkt
angezielt. Er verspricht Lunete, pünktlich zum Gerichtskampf zu erscheinen (v. 4260; 4308 f.), und setzt sich damit in eine Terminbindung.

Das stürzt ihn in Kürze in einen Konflikt. Denn auf die Not seines
Gastgebers, die dieser seinem Gast erst zu verbergen sucht, reagiert er mit
spontaner, tiefer Betroffenheit (v. 4435 f.; 4509; 4740 f.). Daß er selbst
sein Leben ohne Ehre (v. 4456–59) gering achtet, mindert nicht seine
fraglose Hilfsbereitschaft. Daß die Frau des Burgherrn Gaweins Schwester ist und jener am Artushof nicht die erwartete Hilfe fand, gibt der
ethischen Entscheidung nur einen zusätzlichen persönlichen Impuls und
bindet Iweins Handeln an den normativen Anspruch des Artushofs (*helfe
unde rât* v. 4510–19) zurück. Seine Bereitschaft muß Iwein allerdings an
eine Bedingung knüpfen: daß Harpin so rechtzeitig kommt, daß er den
Gerichtskampf für Lunete nicht versäumt, so er am Leben bleibt (v.
4742–59; 4795–4800). Ganz von selbst rückt Iwein wieder in die Aura
höfischer Ehre (v. 4810–13).

Die Terminverpflichtung aber wird zum quälenden Konflikt, denn
Harpin läßt auf sich warten. Bei der Barmherzigkeit Gottes und der
Freundschaft zu Gawein beschworen (v. 4849–58), vermag er nicht auf-
zubrechen und sieht sich in einem Dilemma jenseits seiner Entschei-
dungsfähigkeit. Er erleidet die ganze Qual (*zwîvel* v. 4869; 4914) wider-
streitender Verpflichtungen, mit denen seine *triuwe* (v. 4902) und seine

ganze Ehre (v. 4832; 4875) auf dem Spiel stehen, und weiß sich nur noch
an die Entscheidung Gottes zu wenden (v. 4889 f.). Diese oder aber der
Zufall lösen den Konflikt glücklich zu seinen Gunsten. Für das Recht (v.
4963) und gegen gewalttätige Überheblichkeit tritt er Harpin entgegen
und überwindet ihn mit Hilfe des Löwen. Nur Gawein unter dem Pseu-
donym des Löwenritters (v. 5123–26) von seiner Hilfe zu berichten,
bittet er, ehe er eilends aufbricht und im letzten Augenblick für Lunete
eingreifen kann.

Mit Gott und der Wahrheit (v. 5275 f.; 5357–61) und der Sympathie
der Frauen (v. 5351–56) auf seiner Seite widerlegt Iwein, vom Löwen
kräftig unterstützt, die Anklage der *untriuwe* (v. 5250) und rettet Lunete.
Laudines erster Anblick hatte ihn betroffen gemacht (v. 5188–98). Ihre
Einladung, bei ihr bis zur Genesung zu bleiben – ein Gebot der Ehre für
die Landesherrin (v. 5526–29) –, lehnt er ab. Verborgen hinter seiner
neuen Identität als Löwenritter kann er Laudine das Fehlen ihrer *hulde*
(v. 5469) als sein Existenzproblem bekennen. Ohne ihre Zuwendung
muß sein Name schamvoll verschwiegen bleiben (v. 5498–5501). Doch
richtet er jetzt seinen Blick nicht mehr nach rückwärts, sondern auf eine
zukünftige Wiedergewinnung, denn er hält nun (nicht früher) ihre Distanzierung für unbegründet (*ân schulde* v. 5470). Laudine kann ihm für
seine öffentlich bewiesene Haltung nur Anerkennung zollen (v. 5475 f.;
5523); sein jetziges Auftreten spricht für ihn, nur *grôz herzeleit* (v. 5478)
ließe den Groll seiner Dame verständlich erscheinen. Aber noch bleibt
ihre Wertschätzung objektiv; zwischen neuer *êre* und altem *herzeleit*,
dem Löwenritter und Iwein ist noch kein Ausgleich erreicht, weil Laudine noch nicht erkennen kann, daß sie den Schlüssel selbst in der Hand
hält (v. 5543–47).

Als Folie für diese Episoden wird die Geschichte von Ginovers Entführung benützt. Wie Chrétien (Ch. v. 3703–13; 3916–39) zitiert Hartmann
(v. 4285–4302; 4520–4726) hier zweimal die Entführung der Königin,
eine dritte Erwähnung folgt in der nächsten Episode (Ch. v. 4740–45; H.
v. 5678–81). Handlungstechnisch dienen die Zitate dazu, zu erklären,
warum der Artushof keinen Kampfhelfer für die Bedrängten aufbieten
kann, warum vor allem Gawein abwesend und dann zurückgekehrt ist.
Chrétien koordiniert damit den Zeitablauf zweier eigener Romane. Hartmann behält die Zitate bei, obwohl Chrétiens Lancelotroman (‚Le chevalier de la charette') bei seinem Publikum kaum bekannt ist, wie der
inhaltlich verkürzte dritte und vor allem der zweite, zur gerafften Nacherzählung ausgeweitete Hinweis zeigen.

Es stellt sich damit die Frage, ob Hartmanns zum Exkurs erweitertes
Zitat nicht über die erzähltechnische Funktion hinausgeht und anderes
bedeutet. Als Hinweis auf die in der Abfolge der Roman Chrétiens nie-
dergelegten Unterschiede in der Liebeskonzeption setzen sie wohl beim

deutschen Publikum (noch) zu viel literarische Kennerschaft voraus. Der Exkurs wurde wegen der zutage tretenden Lähmung des Artushofs vor allem als Kritik an diesem und dem durch ihn vertretenen Ideal gedeutet. Für eine grundsätzliche Korrektur des Normenkanons scheinen die Gründe nicht ausreichend. Gemeinsam aber ist der Entführung und Iweins Geschichte die Aussage, daß nicht die statische Repräsentation dem Artusideal seine Geltung verschafft, sondern die aktive Anwendung gemäß den verschiedenen Herausforderungen einer Situation.

5.6.3. *Erbstreit und Burg zum Schlimmen Abenteuer (v. 5541–7780)*

Mehr Schatten auf den Artushof wirft der Erbstreit. Zwar sieht Artus auf Einhaltung von Verfahrensregeln (v. 5742–45), wenig kümmert er sich aber um die materiale Seite des Rechtsfalls, und was Gawein bewegt, die Vertretung der älteren Schwester zu übernehmen und dabei unerkannt bleiben zu wollen (v. 5676 f.), bleibt im Dunkel. (Nach dem Kampf spricht er ihr allerdings jedes Recht ab [v. 7625 f.].) Für die Sache der jüngeren Schwester läßt sich kein anderer Artusritter interessieren. Allerdings ist hier der erzähltechnische vor einem ethischen Aspekt zu sehen. Die jüngere Gräfin braucht einen Kämpfer, der Erfolg verspricht selbst gegen Gawein, und das ist nach dem Protagonistenprinzip nur der Titelheld Iwein. Die finale Präferenz ist hier stärker als die kausale. Der Ruhm des Löwenritters, der die Wahl der Gräfin auf ihn fallen läßt (v. 5725–28), ist schon ganz öffentlich geworden, aber um ihn zu finden, muß deren Botin die Stationen eben dieser Anerkennung nachvollziehen. Den Helfer zu gewinnen macht, entgegen ihrer Besorgnis, keine Schwierigkeit, denn Iwein bekennt sich selbst zu einem Programm unbedingter Hilfsbereitschaft (v. 6001–04) und übernimmt auf die Erklärungen der Botin hin die Aufgabe.

Der Weg führt ihn mit seiner Begleiterin zur Burg des Schlimmen Abenteuers. Die versteckte oder direkte Warnung der Stadtbewohner bringt ihn nicht von seinem Herbergswunsch ab. Die Situation, in die er kommt, ist widersprüchlich: Dem vollendet höfischen Burgherrn mit seiner Familie stehen der ungehobelte Torwächter und das Arbeitshaus der 300 Frauen gegenüber. Die Erklärung und der Zwang für Iwein, gegen die beiden Riesen zu kämpfen, liegen in der *gewonheit* (v. 6595), dem oft unerklärlichen und irrationalen Rechtsbrauch *(costume)*. Der Burgherr scheint zugleich deren Herr – er hat den Profit von der Gefangenenarbeit und sucht mit dem Sieger einen Freier für die Tochter (v. 6605) – und doch auch ihr Gefangener – er kann die Tochter nur auf diese Weise vermählen und hat die Gesellschaft der ungeschlachten Gesellen. Iwein, trotz aller drohenden Andeutungen gelassen und schicksalsgewiß (v. 6566–68), läßt sich nicht durch die *costume* allein zum Kampf locken, sondern versucht, ironisch sich verstellend (v. 6620–38), sich zu entziehen, ehe er dem Kampfverlangen entspricht. Selbst aber hat er den gefangenen Frauen aus Erbarmen (v. 6406; 6415) seine Unterstützung zugesagt. Ihre Freilassung bewirkt er, als er nach hartem Kampf, den der Erzähler mit besonderer Anteilnahme schildert (z. B. Segenswünsche zu Gott v. 6752; 6774; 6798), mit dem Löwen die beiden Riesen überwunden hat. Das erworbene Recht auf die Hand der Tochter und das Land weist er zurück, sich nachdrücklich zur Minne zu der einzigen, der seine *stæte* gehört, Laudine, bekennend (v. 6802–11), obwohl der Liebreiz der Tochter ihm diese Entschiedenheit ganz gewiß nicht leicht macht (v. 6500–16).

Nach kurzer Erholungspause begibt er sich mit der jüngeren Gräfin zum Gerichtskampf vor Artus. Unerkannt treffen die Artusritter aufeinander, Gawein in fremden Waffen (v. 6884–94) und Iwein ohne den Löwen auch nicht in seinem neuen Selbst erkennbar. Der Erzähler teilt mit den Beobachtern die Zweifel am guten Rechte der älteren Schwester, für ihren Kämpfer Gawein hat er aber nur Lob. Daß beide den Kampf lassen wollten, wenn sie sich erkennten, ist ebenso klar. In die objektive Ironie des Kampfs der unerkannten Freunde mischt sich gelegentlich auch ein subjektiv-ironischer Unterton. Der Erzähler schildert das harte Ringen in einer geradezu zeremoniell hyperbolischen Weise mit rhetorischen Ausschmückungen wie seinen Exkursen über *minne unde haz* (v. 7015–74), über *borgen* und *vergelten* (v. 7143–70), *kouf* und *gewin* (v. 7185–7208). Das Ergebnis des taglangen Kampfes ist die absolute Gleichrangigkeit (v. 7272) – der gattungsübliche Rang Gaweins ist ein höchster Maßstab. Der Wetteifer, dem anderen den Sieg zuzusprechen (v. 7416f.; 7435f.; 7562; 7578), erklärt sich auch aus der erfahrenen Grenze ritterlicher Handlungsfähigkeit, nicht nur aus der durch das wechselseitige Erkennen wegfallenden Motivation.

Noch muß aber der angezettelte Rechtsstreit entschieden werden, auch wenn die jüngere Gräfin aus Mitgefühl mit den Kämpfern auf ihren Anspruch verzichtet (v. 7311f.) und vom Erzähler wegen dieser höfischen Großmut gepriesen wird (v. 7297–7303). Dazu genügt verfahrensrechtlich nicht die allgemeine Stimmung gegen die ältere Schwester (v. 7323–32), nicht der Zorn des Königs auf sie (v. 7336f.) und nicht die überraschende Distanzierung Gaweins von ihrem Anspruch (v. 7625f.), sondern erst der rechtsverbindliche Vergleich (*mit minnen* v. 7702), zu dem Artus mit seiner listigen Anrede (v. 7655–60) und der Drohung, Gaweins Aussage von seiner Niederlage als Beweismittel gegen sie einzusetzen, sie zwingt. Gawein und der Artushof erkennen freudig in dem ausgezeichneten Kämpfer Iwein, der hier wieder seinen eigenen Namen gebraucht, dann erst wird der Öffentlichkeit seine Identität mit dem gefeierten Löwenritter offenbar (v. 7740–44).

5.7. Rückkehr und Versöhnung mit Laudine (v. 7781–8166)

Die Kundgabe seines Namens demonstriert, daß Iwein sich nun seiner selbst, seines neu begründeten Ansehens so gewiß ist, daß er sich auch zum Vergangenen bekennen kann. Folgerichtig betreibt er nun aktiv seine Rückkehr; Minnequal, die sein Leben zu beenden droht (v. 7783–91), drängt ihn, bewußt einen direkten, durch die Gewalt (v. 7804) des Brunnens unterstützten Versuch zur Wiederannäherung zu unternehmen. Wie am Anfang zieht er heimlich vom Artushof weg, wo ihn in dieser persönlichen Angelegenheit niemand unterstützen kann. Der Gewittersturm, den er auslöst, enthüllt einerseits, daß Laudine doch auf ihn (oder einen Nachfolger) angewiesen ist, setzt aber, ohne sein Wissen und ohne Wissen Lunetes, daß Iwein am Brunnen ist (v. 7944–46), eine komödienhafte Intrige in Gang. Lunete, die jetzt mehr und mit Grund von ihm überzeugt ist, bringt den Löwenritter ins Spiel, der für seine Hilfe sicher nur die Bedingung stellen würde, ihm zu helfen, die Huld seiner Dame wiederzugewinnen – dieses Ziel hatte er inkognito Laudine selbst genannt (v. 5466–70). Laudine verpflichtet sich dazu mit feierlichem Eid (v. 7888–94; 7925–35) und geht damit förmlich in Lunetes Schlinge; daß sie aber auf den Löwenritter vertraut, ist durch dessen öffentlich bewiesenes Handeln gerechtfertigt. In aller Ironie nicht nur der eid-fordernden Lunete, sondern auch der des regieführenden Erzählers, gerade den zum Brunnen kommen zu lassen, der geholt werden soll, ist am Ernst einer Aussage nicht zu zweifeln: daß Iwein *ein harte stæter man* (v. 7916) ist, der jetzt auf eindeutige Verhältnisse treffen soll.

Iwein wird als der Löwenritter empfangen; Laudine hatte selbst das Interesse ausgesprochen (v. 8035 f.), das sie zu diesem Schritt veranlaßt. Lunete aber kann mit einer Eheschließungsformel die wahre Identität Iweins enthüllen (v. 8067–74). Laudines irritierter Rückerinnerung an Iweins Verhalten (v. 8081; 8088; 8094–96) setzt dieser sein Schuldbekenntnis und die Bitte um Vergebung (v. 8102–13) entgegen. Mit ihrer Versöhnung erneuert sich seine Freude (*mîner vreuden ôstertac* v. 8120). Unvermittelt und vielleicht nur um einer Balance zwischen seinen Figuren im Schlußtableau willen läßt Hartmann nun auch Laudine sich selbst als Ursache von Kummer Vorwürfe machen und um Nachsicht bitten, was Iwein allerdings selbst als unbegründet zurückweist (v. 8133–35). Der Rest ist mit leichter Hand gesetztes Lob des Erzählers auf das Glück harmonierender Paare, wie es nun Iwein und Laudine genießen.

5.8. Thematische Linien

In den großen Linien kann der Roman ähnlich zusammengefaßt werden wie der ‚Erec‘. Die Zweiteiligkeit entspricht dem doppelten Weg zum

äußerlich gleichen Ziel, das nach dem ersten Erfolg durch eigenes Verschulden des Helden verloren, durch erneute Anstrengung dann endgültig gewonnen wird. Der Konflikt entsteht aus dem höfischen Verhaltens-
kanon, thematisiert aber weniger eine immanente Spannung zwischen
konkurrierenden Pflichten in Minne und Kampf als den schwierigen Weg
zur Erkenntnis, daß aus einer konkreten Situation Pflichten erwachsen,
die nicht mit schematisierten Verhaltensmustern, sondern nur in eigen-
verantwortlichem Handeln gemeistert werden können. Der Held erhält
in diesem Prozeß sein individuelles Profil und tritt als Subjekt neben dem
Artushof hervor, dessen Normen er gleichwohl verpflichtet bleibt. Laudine, die als Herrin eines eigenen Bereichs besonderes Gewicht hat, ermöglicht ihm, am Schluß eine Eigenständigkeit zu demonstrieren, die nur
seiner Leistung (und ihrer Versöhnungsbereitschaft) verpflichtet ist.

Iwein ist, vom Anblick Laudines betroffen, sofort zur Minne bereit,
seine konventionellen Minneerwartungen lassen ihn aber das volle Maß
von Verantwortung und Pflichten an der Seite der Landesherrin Laudine
verkennen und damit die Minne unbedacht aufs Spiel setzen. Laudine
mag die neue Bindung zu sehr als Zweckehe anstreben, schließt sie aber
doch vorbehaltlos und macht zu Recht Iwein seine mangelnde *triuwe*
zum Vorwurf. Folgerichtig zielen Iweins Anstrengungen darauf, nach der
Krise in Absprachen aufs äußerste zuverlässig zu sein, er stellt aber auch
durch das Desinteresse an jeder neuen Bindung seine persönliche Treue
zu Laudine unter Beweis. In enger Abhängigkeit von seinem Bestreben,
sich als *triuwe*-fähig und der Minne würdig zu zeigen, verlagert sich seine
Kampfbereitschaft vom zufallsbedingten, aventiurehaften Kräftemessen,
das ihn in die seiner Kontrolle entgleitende Konfrontation mit Askalon
geführt hatte, zum Engagement in sozialen Konflikten auf der Seite des
bedrängten Rechts. Damit erwirbt er sich das gesellschaftliche Ansehen
des Löwenritters, das Laudine veranlaßt, erneut sich und ihr Land ihm
anzuvertrauen. Die beiden Wertpole steuern in engem Wechselverhältnis
die Dynamik des Ablaufs und begründen das harmonische Ende. Durch
die konkrete soziale Disposition, die in der Minnebeziehung eingeschlossen ist, ist ein gradueller Unterschied zum ‚Erec' begründet, dem gemäß
sich die Auseinandersetzung um das rechte Verhalten mehr nach außen
verlagert.

6. *Ideal und Wirklichkeit. Deutungsmodelle für den Artusroman*

Lange Zeit begnügte sich die Forschung mit der Auslegung der wörtlichen Programmatik der Artusromane in der mehr oder weniger reflektierten Annahme, was die höfischen Verhaltensmuster des Romans von
historischer Wirklichkeit unterscheide, sei nur die idealistische Überhö-
hung als abstrahierendes ästhetisches Prinzip, und der Identifikationsan-

reiz für ein adeliges, ästhetischer Wahrnehmung offenes Publikum sei deshalb unmittelbar gegeben. Diese Annahme ist nach wie vor diskutabel; sie setzt nur voraus, daß in einer Erzählwelt fiktionalen Charakters ethische Ansprüche an das Publikum erörtert werden konnten. Das Verständnis von der ‚Wahrheit‘ der Romane in mittelalterlichen Verhaltenslehren, z.B. in Thomasins von Zerklære ‚Der Welsche Gast‘ (v. 1107–48), stützt diese Voraussetzung.

In den letzten Jahrzehnten wurden von anderen Prämissen her Versuche unternommen, konkrete Probleme und Interessen des historischen Publikums aus den Romanen zu rekonstruieren. Einen ersten, entschiedenen Schritt in diese Richtung ging (für Chrétien) der Romanist Erich Köhler, von dessen Arbeit die Abschnittsbezeichnung entlehnt ist.

6.1. *Artussage und Artusroman in Britannien und Frankreich*

Mit großer Übereinstimmung gehen die einschlägigen Darstellungen heute davon aus, daß die Ausgestaltung der chronikalischen Artussage durch Geoffrey von Monmouth und Wace in unmittelbarem Zusammenhang mit dem Wunsch der normannischen Herrscher Britanniens nach historischer Legitimation und der Übernahme des englischen Throns durch Heinrich II. von Anjou-Plantagenet zu sehen ist. In der dort behaupteten Vergabe von französischen Lehen durch den historischen Artus dokumentiert sich die Frontstellung der angevinischen Familie und der ihr nahestehenden nord- und westfranzösischen Adelssippen gegen das französische Königshaus.

Der Artusroman Chrétiens setzt nicht direkt diese Linie fort, schon weil die Artusritter als Handlungsträger in den Vordergrund treten und er anderen Formgesetzen folgt. Doch ist zu bedenken, daß Chrétien möglicherweise in Verbindung zu Heinrichs Gattin Eleonore von Poitou/ Aquitanien stand, sicher am Hof ihrer Tochter Marie de Champagne in Troyes zu finden ist und mit seinem letzten Gönner Philipp von Flandern auch nicht den Umkreis der eigenwilligen nordfranzösischen Vasallengeschlechter verließ. Daß Chrétiens Romane den Interessen seiner vermuteten und nachgewiesenen Gönner wegen in anderer Form zum Aufbau eines historischen Herrschermythos zugunsten der Plantagenets beitrugen oder beitragen sollten wie Geoffreys und Waces Chroniken, ist umstritten. Als sicher festzuhalten bleibt aber, daß im Umkreis Chrétiens König Artus einen gewichtigen Platz in einem Geschichtsbild einnimmt, die Romane stofflich an ein starkes historisch-ideologisches Interesse anschließen.

Welches Sinnpotential das bedeutet, zeigen neuere Untersuchungen, die Entstehung und Förderung der altfranzösischen arthurischen Versromane *nach* Chrétien nahezu ausschließlich im anglonormannischen In-

teressenbereich (nur anfänglich noch) beiderseits des Ärmelkanals lokali-
sieren, in Ortsnamen und Herrschaftstiteln die Versuche sehen, an reale
britische Geographie anzuknüpfen und aktuelle Interessen im Roman zu
vertreten, und in den Variationen von Artusbild und thematischen Positionen Reflexe auf ein wechselndes Verhältnis der normannischen Barone auf der Insel zur königlichen Zentralgewalt beobachten (Schmolke-
Hasselmann). Der französischsprachige Artusroman bleibt eng mit der
britannischen Geschichtsperspektive verbunden, was die bekannte Re-
serviertheit des französischen Königshauses gegenüber der Artusdichtung erklärt. Die deutsche Rezeption entfernt die Romane von diesem
Horizont.

   Die Historie um König Artus ist für die Romane der Raum, in einer
utopisch-ideal gesehenen Vergangenheit Orientierungsmuster für die Gegenwart des Publikums zu diskutieren. Entscheidend für Thesen über den
historischen Ort der Gattung sind die letztlich nur durch historisch-
soziologische Argumente abzusichernden Voraussetzungen: ob entweder
ein im großen ganzen einheitliches Bewußtsein des im sozialen Rang
schon stark abgestuften Adels als Ansatzpunkt für die Vermittlung zwischen Erzählwelt und Realität anzunehmen ist, der waffenfähige Adel als
ganzer also sein Selbstbewußtsein ausgedrückt finden kann, oder ob die
Spannungen und Interessengegensätze in dieser Schicht selbst schon so
stark geworden sind, daß sie bestimmenden Einfluß auf die Thematik
nehmen, das einheitliche Ritterethos der Romane demnach kompensie-
rend auf Strukturprobleme der adeligen Gesellschaftsschicht antwortet.
(Das Verhältnis zwischen sozialen Strukturen und ethischem Programm
wird dabei als grundsätzlich problematisch angesehen.)

   E. Köhler sieht, von der zweiten Voraussetzung ausgehend, in den Romanen Chrétiens einen fortwährend weiterentwickelten Sinnentwurf für
ein in der Realität schon gefährdetes Rittertum. Die Form der Zweiteilung der Handlung ergibt sich für ihn mit innerer Logik aus dem gestell-
ten Thema. Im ersten Teil erfährt sich der auf Aventiure ausziehende
Ritter als Individuum, das in Kampf und Minne sich selbst bestätigt. Der
zweite Teil dient seiner Reintegration in die Gemeinschaftsordnung und
festigt den sozialen Anspruch der Handlungsnormen. Das mit wachsen-
der Anspannung vorgetragene Ideal aber weist dialektisch auf einen Abstand zur Wirklichkeit. Die Entfremdung von alten kollektiven Orientierungsmustern erst schafft das Sinndefizit, das aufgefüllt werden soll.
Wirkung dieser Entfremdung ist, daß im Roman das Individuum isoliert
erscheint und über das neue Ideal mit der Gesellschaft versöhnt werden
soll.

   Ursache der Entfremdung sind tiefgreifende Interessenkonflikte, die im
Lauf der Entwicklung die Widersprüche in der feudalen Gesellschaft
Frankreichs in der zweiten Hälfte des 12. Jahrhunderts verschärften. Sie

bestehen einerseits zwischen einer königlichen Zentralgewalt, die ihre Machtposition vor allem mit Hilfe nichtadeliger politischer Kräfte ausbaut, und den großen Vasallen, die ihre weitgehende Unabhängigkeit dem Königtum gegenüber behaupten wollen. Andererseits sind die Interessen dieser großen Vasallen, die durch Sicherung und Befriedung ihrer Territorien ihre Macht vermehren wollen, unterschieden von denen der großen Masse des Adels, der zunehmend verarmt und seiner kriegerischen Funktion in einer geordneten Welt verlustig gehen muß. Der Roman antwortet darauf durch ein kompensierendes gemeinsames ethisches Ideal, das die Widersprüche zu lösen vorgibt, von ihrem tatsächlichen Fortbestehen aber zu fortschreitender Sublimierung gezwungen wird. Dem Konflikt zwischen dem Königtum und den großen Vasallen wird das Bild der Tafelrunde entgegengestellt, wo der mehr idealen Anspruch als reale Macht verkörpernde König Artus seine nahezu gleichgestellten Barone in ihrer Selbständigkeit kaum einschränkt. Der soziale Druck auf den verarmten Kleinadel wird durch das Ideal des aventiuresuchenden, gemeinsamen ethischen Zielen dienenden Ritters verschleiert, das die ständische Differenzierung zwischen Hoch- und Niederadel negiert und Belohnung für den geleisteten Dienst verheißt. Verbleibendes Konfliktpotential wird nach außen, in die Aventiurewelt abgedrängt und kann dort durch die Tat des Ritters überwunden werden. Unter dem Druck der Wirklichkeit kann freilich die Autonomie des sich selbst befreienden ritterlichen Handelns nicht lange aufrechterhalten, das Ideal im ‚Perceval‘ nur mit Hilfe eines Erlösungsgedankens vor dem eingestandenen Scheitern bewahrt werden. Ideal und Wirklichkeit entfernen sich immer weiter voneinander.

Das Deutungsmodell wurde auf zwei Ebenen kritisiert. Gegen die theoretischen Prämissen, die literarische Thematik stünde in einem dialektischen Verhältnis zur gesellschaftlichen Struktur, wurden Einwände erhoben, vor allem gegen den Schluß, die thematische Polarität von Individuum und Gemeinschaft setze eine Entfremdungserfahrung voraus. Kritisiert wurde aber auch die aus den historischen Quellen abstrahierte Sozialstruktur. Für deren einen Teil ist nach dem oben Ausgeführten zumindest fragwürdig, ob das französische Königtum einen solchermaßen bestimmenden Einfluß auf den Artusroman haben konnte. Im einzelnen geht diese Diskussion über den hier gesetzten Rahmen hinaus; Einfluß auf das Verständnis der Romane Hartmanns hatte vor allem der Gedanke, die Spannung zwischen verschiedenen Adelsschichten als erklärenden Hintergrund für die Romanthematik heranzuziehen.

6.2. Übertragung in den deutschsprachigen Bereich

Die deutsche Nachdichtung der beiden Romane Chrétiens durch Hartmann gehört in den größeren Rahmen der Übernahme höfischer Kultur aus dem zu dieser Zeit vorbildlichen Westeuropa. Da die Artushistorie kaum Verknüpfungspunkte zum eigenen Geschichtsbild bot, muß sich, von einer allgemeinen Aura von Historizität abgesehen, das Interesse auf das hier formulierte adelige Leitbild gerichtet haben. Darin liegt sicher die wichtigste Begründung dafür, daß in den deutschen Romanen immer wieder ein Hervortreten der ideellen Programmatik festgestellt wurde.

Die aneignende Übersetzung paßte die Romane der Vorstellungswelt eines deutschen Publikums an. So hebt z. B. Hartmann im ‚Erec' den Vater Enites sozial vom Vasallen zum Grafen, wohl auch, weil in der deutschen Lehenspyramide die freien Vasallen keine entsprechende Rolle mehr spielen und die Ministerialität zunehmend in die Funktion des Niederadels einrückt. Eine Eheschließung mit einer Ministerialentochter aber hätte negative personenrechtliche Folgen gehabt. Weitere Beispiele der Angleichung von Rechtsvorstellungen finden sich im Zitieren fehderechtlicher Regelungen durch Erec und durch Askalon gegenüber Kalogreant, in lehens- und erbrechtlichen Voraussetzungen, auch in der Fristsetzung an Iwein (Mertens). Solche Beobachtungen stützen die Annahme, daß die Romane bewußt an die lebensweltliche Erfahrung des realen Publikums anschließen, Hartmann ihr Programm also auch an eventuell gegebene soziale Problematik seiner Umgebung anzupassen verstanden hätte.

6.2.1. Diskussionsmedium aktueller sozialer Probleme für Adel und Ministerialität

In erster Linie werden, angeregt durch E. Köhler, solche Probleme in der Schichtung der adeligen Hierarchie gesehen. Diese aber unterscheidet sich von den französischen Verhältnissen am stärksten darin, daß die freie Vasallität unter dem Druck der Landesherren zunehmend in Abhängigkeit gerät, die unfreie Ministerialität in adelige Funktionen aufgerückt ist und ihre ständische Institutionalisierung als Niederadel langsam in Gang kommt (vgl. AB II).

Th. Cramer muß in einem fragwürdigen, unzureichend aus religiöser Doktrin begründeten Schluß aus Enites (und ihres Vaters) Armut einen Vorbehalt gegen ihren sozialen Aufstieg ableiten. Der Ordnungsverstoß, den er in ihrer Ehe mit Erec sieht, wird durch nachgeholte ethische Bewährung überwunden. Einwände gegen diese These sind von der Romanstruktur her, von der Wertung des sozialen Abstands zwischen Grafentochter und Königssohn, in dem auch eine unklar bleibende Analogie zur Inferiorität der Ministerialität gesehen wird, und von der Lösung durch einen Adel aus Verdienst her möglich.

Das geschlossenste Konzept einer Rekonstruktion sozial bestimmter Thematik hat für Hartmann G. Kaiser versucht. Er entwirft in Auseinandersetzung mit der neueren Hermeneutik-Diskussion einen theoretischen Ansatz, in dessen Zentrum der Begriff der Kommunikationsgemeinschaft steht. Als Kommunikationsgemeinschaft versteht er Gruppen, die durch gleichartige soziale Position gleichen Bedingungen des Verstehens unterliegen und in denen deshalb Verständigung ein hohes Maß an Übereinstimmung erreichen kann.

Kaiser sieht eine historisch konkrete Kommunikationsgemeinschaft zur entsprechenden Zeit in den (königlichen, landesherrlichen, bischöflichen) Ministerialen. Ihre Position sei durch die Diskrepanz zwischen faktischem sozialem Aufstieg, da sie zunehmend in Verwaltung und Kriegswesen wichtige Funktionen besetzen und unersetzlich werden, und ständerechtlicher Inferiorität, da ihnen die persönliche Freiheit noch vorenthalten wird, gekennzeichnet. Der Artusroman biete der Ministerialität ein Programm an, das diese Diskrepanz überspielt.

Das zeige sich in der soziale Unterschiede nivellierenden Verwendung des *ritter*-Begriffs, der als alter Dienstterminus den Ministerialen angemessener sei als den hochadligen Artushelden. Das zentrale Identifikationsmoment liege aber in der Aventiure als Handlungsmuster, die einerseits Leistung mit sozialen Zwecksetzungen verbinde (in der zweiten Sequenz), andererseits dafür *êre* und sozialen Aufstieg in Aussicht stelle.

Im ‚Iwein‘ sieht Kaiser die Entwicklung um einen Schritt weiter getrieben. Aventiure als wertneutrales Spiel wird problematisiert – die Erfahrung von Übergriffen mächtiger Ministerialen mag Ursache für eine Wahrnehmung der Ambivalenz sein – und auf eine ethische und soziale Zweckbindung verpflichtet. Der Identifikationsanreiz, daß Dienst Erfolg erwarten lasse, ist von der kommunikativen Leistung begleitet, daß sich die Angesprochenen über ein die Gewalt bändigendes ritterliches Ethos verständigen. Zugleich werde die tiefgreifende Krise von Herrschaft und Recht im Prozeß der Ausbildung von Territorialstaaten für die davon Betroffenen in Iweins Verhalten zum Thema.

Kritik an Kaisers Argumentation richtet sich gegen die Theorie von der Kommunikationsgemeinschaft, die Wertung bestimmter historischer Quellen sowie den Schluß, den bei gleichartiger rechtlicher Stellung in extrem unterschiedlichen Lebensverhältnissen anzutreffenden Ministerialen sei ein gleichartiges Bewußtsein zu unterstellen. In der Textanalyse bleibt vor allem das Verfahren bedenklich, bestimmten Bestandteilen der Handlung lebenspraktischen Programmwert zuzuschreiben, andere als poetische Konstruktion anzusehen. So bleibt vor allem unberücksichtigt, daß neben der Aventiure die Minne gleichwertiges Thema ist.

Der dialektische Bezug zu einer anders gearteten Realität ist im Interpretationsansatz V. Mertens' zugunsten von analogen Entsprechungen aufgegeben, wenn er zwei adlige Gruppen im ‚Iwein' vorzugsweise angesprochen sieht. Aus geschichtlichen Befunden zur Ehepraxis und zur Situation der Herrscherin und den zugehörigen Rechtsvorschriften versucht er die Hypothese zu begründen, der ‚Iwein' thematisiere die Probleme der adeligen Frau in Herrschaftsposition mit der Spannung zwischen Vernunftehe und Neigungsehe und wende sich deshalb in erster Linie an adelige Damen (M., Laudine). In einer anderen Argumentation (M., Iwein) sieht er ergänzend die Interessen besitzloser (nachgeborener) Jungritter und die qualitativen Ansprüche an Landesherrschaft ausgedrückt, die aber in der Epoche der fürstlichen Territorialherrschaft mit der Aufmerksamkeit des ganzen landesherrlichen Hofes rechnen könnten.

Daß im Einzelfall der ‚Iwein' so rezipiert wurde, ist denkbar, angesichts der Unmöglichkeit empirischer Rezeptionsforschung jedoch nicht zu beweisen. Zu fragen ist aber, ob die hier rekonstruierten Interessen von teilweise eng begrenzten Gruppen, ja Einzelpersonen, ausreichen, Entstehung und Übernahme der Romane zu erklären, ob nicht vielmehr ein allgemeingültigeres Interesse für auftraggebende Kreise und die Intention des Autors angenommen werden muß. Textanalytisch bedenklich ist es, im ‚Iwein' das Schwergewicht der Aussage auf die Rolle Laudines anstatt auf die des Titelhelden zu verlagern, auch wenn die besondere Aufgeschlossenheit adeliger Damen für Bildung und Literatur nachweisbar ist.

Verschiedene Bezüge gleichzeitig – ministerialisches Dienstethos, Landesherrschaft und Königsdienst, die negative Zeichnung der Grafen – als spezifisch regional-schwäbischen Horizont hat B. Thum in Erwägung gezogen, allerdings mehr im Sinn eines assoziativen Wiedererkennens aktueller Probleme in der Stilisierung der Erzählwelt. Damit wird nicht mehr ein integrales Konzept für die Deutung der Romane gesucht, sondern auf Gemeinsamkeiten zwischen historischer Realität und Erzählwelt geachtet, die das Publikum besonders ansprechen konnten. Die Position leitet schon zu einem anderen Deutungsmodell für die Grundthematik der Romane über.

6.2.2. Selbstreflexion einer laikalen Adelsgesellschaft

Deutungen, die Verweise auf Details der historischen Realität unterordnen zugunsten einer Rekonstruktion des durch die strukturelle Architektur der Romane im ganzen vermittelten Sinns, sind zwangsläufig allgemeiner und grundsätzlicher, haben aber nicht weniger die Funktion der Texte für die Sinnbildung eines historischen Publikums vor Augen. Sie gehen von der Voraussetzung aus, daß trotz aller Unterschiede in der Situation des Adels diesen ein einheitliches Bewußtsein von seiner Rolle und seinen Normen verbindet, an dem sich auch die Ministerialität in ihrem Integrationsstreben orientiert. In der poetischen Welt der Romane kann dieses Bewußtsein sich selbst reflektieren.

Dabei ist zu bedenken, daß die laikale Adelsgesellschaft zu dieser Zeit kaum über andere Medien zur Selbstvergewisserung in ihrer Lebenspraxis verfügt als über die volkssprachliche Literatur und ihre noch nicht lange gewonnene Unabhängigkeit von lateinisch-klerikaler Bildung. Für die Annahme einer verbindenden Adelsmentalität spricht die gleichzeitige Aufwertung des *ritter*-Begriffs, der nach den neueren Untersuchungen gerade keine ständische Gruppierung bezeichnet, sondern als programmatischer Titel für Hoch- und Niederadel verwendet werden kann. (Hartmann macht im ‚Erec‘ auffallend Gebrauch davon). Ein weiteres Argument liefern lesersoziologische Erwägungen: Am Ende des 12. Jahrhunderts ist die Förderung und Verbreitung der höfisch-weltlichen Literatur sicher nur für wenige große Höfe nachweisbar. Es ist deshalb wahrscheinlicher anzunehmen, der Publikumshorizont sei durch solche Höfe selbst definiert, umfasse also die Angehörigen eines Hofes, vom Landesherrn bis zu den Ministerialen, als eine Einheit, als vorauszusetzen, eine ständische Gruppe an einem solchen Hof habe ihre Interessen literarisch artikulieren können oder es habe sich zwischen solchen Höfen die Mentalität einer solchen Gruppe ausbilden können.

Die zur harmonischen Lösung führende Form des Märchenromans eignet sich stets zur Bestätigung von Verhaltensnormen. Durch die besondere Form der zweiteiligen Symbolstruktur gelingt es aber Chrétien und Hartmann, den Leser in den Erfahrungsprozeß seines Helden zu verwickeln und damit eine kritische Auseinandersetzung mit den Handlungsnormen anzustoßen, die den inneren Sinn und Zusammenhang des äußeren Normkanons aufdecken soll.

Hartmanns Artusromane lassen sich als „Modell sozialer Identitätsbildung" verstehen, das nicht Widersprüche der Realität ideologisch überdeckt, wie E. Köhler meinte, sondern das ein neues Selbstverständnis zum Ausdruck bringt. Für den ‚Iwein‘ wurde dem Weg des Helden aus dem Scheitern zu einem die Wirklichkeit bewältigenden Handeln eine solche Deutung unterlegt und zu der Neuorientierung eines integrativen Adelsbewußtseins, wie es sich in den Mainzer Hoftagen Barbarossas manifestiert, in Beziehung gesetzt. Daß der in seinen historischen Dimensionen reduzierte Artusstoff zur Diskussion von Leitbildern geeignet war, kann angenommen werden. Er hätte so als Folie für die immanente Entfaltung und anspruchsvolle Diskussion eines für den gesamten Adel aktuellen Ideals gedient (Ragotzky/Weinmayer).

Der utopische Charakter des Leitbilds wird an der thematischen Beschränkung deutlich. Ehre im Kampf und Liebeskunst sind neben Jagd und Pflege und Förderung der Künste die zentralen Werte einer aristokratischen Lebenspraxis über das mittelalterliche Europa hinaus. Andere Lebensinteressen des Adels dagegen macht weder der Artusroman zum Thema, noch erhalten sie in der Mentalität vergleichbaren Wertcharakter. H. Fischer hat die zentrale Rolle der Ehre als Grundlage des Selbstverständnisses im ‚Iwein' herausgestellt und daraus (nicht in allem überzeugende) Folgerungen auf den sozialen Stellenwert der Gattung gezogen. Im Mittelpunkt des vorgetragenen Ideals steht die unbehinderte Selbstbestimmung des Subjekts. Diese ist aber, so wie sie die Romane inszenieren können, auch in der historischen Realität des Hochmittelalters nicht uneingeschränkt zu verwirklichen. Auch dort begrenzen soziale Zwänge den Handlungsraum des Adligen, und seien es nur die schwachen Schranken des Rechts gegen die Ausübung der Gewalt. Zwischen dem utopischen Leitbild und seiner realen Verwirklichungsmöglichkeit bleibt so eine Kluft; die poetische Welt der Romane hat die Freiheit, diese zu übersehen. Die Romane hätten dann dazu beigetragen, ein Leitbild unabhängig von den Widerständen der Realität aufzurichten (H. Fischer mit einer geschichtsphilosophischen Wertung: „historische Illusion"; Cormeau aus anderen Überlegungen folgernd).

Arbeitsbereich VIII

Formen der Rezeption Hartmanns

1. Handschriftliche Verbreitung

Nur bruchstückhaft ist die Rezeption Hartmanns im Mittelalter aus den wenigen Indizien zu erschließen. Für die direkte literarische Verbreitung und Wirkung lassen sich aus den Handschriften, die seine Texte überliefern, einige Folgerungen ziehen; dazu kommen die Verweise auf den ‚Erec‘ und vor allem den ‚Iwein‘ in nachfolgenden Artusromanen und in den epischen Literaturkatalogen und gelegentliche Nachklänge des ‚Armen Heinrich‘. Materialien und mögliche grundlegende Aussagen wurden schon im AB I (1. und 2.) behandelt, darauf ist hier zu verweisen.

Die direkte literarische Tradition reißt am Anfang des 16. Jahrhunderts ab; lediglich der ‚Gregorius‘ bildet eine gewisse Ausnahme (dazu unten 3.1). Erst mit der historischen Wiederentdeckung mittelalterlicher Literatur werden in der Neuzeit Hartmanns Texte wieder bekannt. Da diese Rezeption vom größeren Rahmen der Mittelalterentdeckung mehr bestimmt ist als vom Autor Hartmann, bleibt sie hier ausgeschlossen.

2. Literatur als Leitbild: ‚Iwein‘-Darstellungen

Masser, Achim: Die ‚Iwein‘-Fresken von Burg Rodenegg in Südtirol und der zeitgenössische Ritterhelm, ZfdA 112, 1983, 177–198 [Datiert aus Vergleich von Helm- und Schildformen die Fresken auf 1205, ohne auf kunstgeschichtliche Argumente einzugehen.]

Mertens, Laudine: s. Gesamtbibl. [Hinweise zu allen Iwein-Darstellungen; Datierung und Programm der Fresken von Rodenegg läßt M. eine Teilabschrift des noch unvollendeten Romans als Quelle vermuten.]

Ott, Norbert, Walliczek, Wolfgang: Bildprogramm und Textstruktur. Anmerkungen zu den ‚Iwein‘-Zyklen auf Rodeneck und in Schmalkalden, in: Cormeau, Ch. (Hrsg.): Deutsche Literatur im Mittelalter. Kontakte und Perspektiven (Gedenkschrift H. Kuhn), Stuttgart 1979, 473–500 u. Abb. [Wichtiger Aufsatz zu einem mehr kunstgeschichtlichen als philologischen Verständnis der Bildzyklen.]

Schupp, Volker: Die Ywain-Erzählung von Schloß Rodenegg, in: Kühebacher, E. (Hrsg.): Literatur und bildende Kunst im Tiroler Mittelalter, Innsbruck 1982 (Innsbrucker Beitr. zur Kulturwissenschaft, Germ. Reihe 15), 1–27 [Bringt gewichtige kunstgeschichtliche Argumente für eine spätere Datierung; die These von einer Kurzerzählung als Quelle ist literaturgeschichtlich fragwürdig.]

1. Der wilde Mann weist Iwein den Weg zum Brunnen

2. Lanzenkampf Iwein – Askalon (1. Kampfphase)

Von Hartmanns Figuren haben nur die aus dem ‚Iwein' auch außerliterarischen Exempelcharakter erhalten. Die bildlichen Darstellungen belegen die erstaunlich rasche Verbreitung des Romans und die Verfügbarkeit als normatives Bildungsgut.

Iwein, Laudine und Lunete erscheinen auf dem sogenannten Malterer-Teppich (14. Jhd., Augustinermuseum Freiburg), dessen Medaillons Paare aneinanderreihen, deren männlicher Teil mittelalterlicher Tradition nach durch die Liebe in Abhängigkeit geraten ist (‚Minnesklaven', neben Iwein Samson, Aristoteles, Vergil). In der Burg Runkelstein bei Bozen (Südtirol/Alto Adige) ist Iwein neben Parzival und Gawein in die Dreiheit der besten Ritter eingereiht (um 1400; Triadengalerie des Sommerhauses). (Chrétiens Roman, von dem es zwei illustrierte Handschriften gibt, ist Quelle für die Darstellung der Szene, in der Iwein durch das Fallgitter gefangen und sein Pferd durchtrennt wird, im Chorgestühl englischer Kathedralen.)

Weit über die Formelhaftigkeit dieser Erinnerung hinaus geht der Zeugniswert der beiden erhaltenen Bilderzyklen zur Raumdekoration nach der ‚Iwein'-Handlung. Auf der Burg Rodenegg bei Brixen (Südtirol/ Alto Adige) ist ein Raum beim Palas durch einen rundum laufenden Freskenzyklus ausschließlich aus dem ‚Iwein' ausgeschmückt (s. Abb. 1–4. – Fotos: W. Walliczek). Die erst jüngst freigelegten Fresken sind von hoher bildnerischer Qualität und stellen den ältesten profanen Wandzyklus im deutschsprachigen Raum dar. Nicolò Rasmo, der sie entdeckte, datierte sie aus kunstgeschichtlichen Erwägungen in eine kurze Spanne gleich nach 1200, auch unter dem Eindruck, daß im Gefolge des Bischofs Konrad I. von Rodank (reg. 1200–1216) ein Maler Hugo urkundlich bezeugt ist, dem er neben Fresken im Brixener Domkreuzgang auch hier die Urheberschaft zuschrieb. V. Schupp hat mit gewichtigen Gründen diese Identifikation in Frage gestellt und damit eine um Jahrzehnte spätere Datierung erwogen. Der Zyklus stellt in 11 Szenen nur den ersten Teil des Romans dar, beginnend mit dem Aufbruch Iweins von der Burg im Wald, vor allem Brunnenaventiure und Annäherung an Laudine bis zu Iweins Kniefall vor Laudine. Alle Indizien sprechen dafür, daß der Zyklus so vollständig erhalten ist. Daß Hartmanns Roman die Vorlage ist, dokumentieren die Namensbeischriften einzelner Figuren.

Aus der ersten Hälfte des 13. Jahrhunderts stammen auch die Wandbilder im Hessenhof in Schmalkalden (Thüringen). Die Handlung ist auf sieben Bildstreifen (mit 26 Szenen) aufgeteilt, von denen nur sechs (mit 23 Szenen) trotz großer Sicherungs- und Restaurierungsbemühungen schlecht erhalten sind. Die Folge endet mit dem Drachenkampf zur Rettung des Löwen. Was vom übrigen Roman dargestellt war, bleibt ungewiß.

Bei eindeutigem Bezug auf die literarische Vorlage wählten die Maler (und ihre Auftraggeber) bildwirksame Szenen aus, aus naheliegenden

3. Iwein sieht die trauernde Laudine

4. Die Suche nach dem unsichtbaren Iwein

Gründen fehlen Kalogreants Erzählung oder Iweins Wahnsinn. Die Handlungsfolge wird im Vergleich zum Text gerafft, gelegentlich aber auch in mehrere Einzelmomente zerlegt. Die komplexere Sinngebung des Texts (Beweis der *triuwe* und anderer Eigenschaften, strukturelle Rückbezüge), die sich einer Verbildlichung entzog, hat wohl eher die Reduktion des zweiten Teils der Handlung motiviert als unvollständige Kenntnis des Romans. Vielmehr wird die Kenntnis der Geschichte schon vorausgesetzt, Iwein führt den später namengebenden Löwen in Rodenegg von Anfang an im Schild.

Es ist sicher unangemessen, die Bilderzyklen als direkte, nacherzählende Widerspiegelung der Rezeption, parallel zum Text-Leser-Bezug, aufzufassen. Weder für das Verständnis (oder Mißverständnis) bestimmter Textdetails noch für oder gegen bestimmte Interpretationshypothesen ließen sich überzeugende Argumente ableiten. Ihr Verhältnis zur Vorlage ist vermittelter und mehr von genuin bildnerischer Zielsetzung bestimmt. Sie knüpfen einerseits an vorgegebene ikonographische Muster auch religiöser Herkunft an, fügen diese andererseits, entsprechende Szenen aus dem bekannten Roman auswählend, zu einem eigenen Programm zusammen. Die Romanfiguren werden als Musterbilder ritterlich-höfischen Handelns in Kampf und Minne vergegenwärtigt (Ott/Walliczek). Anstatt nur eine Erzählung zu illustrieren, dokumentieren sie so eine allgemeinere, aber weit anspruchsvollere Wirkung von Literatur: Sie hat Figuren geformt, auf die sich adelige Repräsentation vorbildhaft zur Verbildlichung grundlegender Handlungsmuster zurückbeziehen kann.

3. *Mittelalterliche Bearbeitungen von Erzählungen Hartmanns*

3.1. Die ,*Gregorius*'-Tradition

von Buchwald, Gustav (Hrsg.): Arnoldi Lubecensis Gregorius peccator, Kiel 1886 [Unzureichende Textausgabe; eine Neuedition ist in Vorbereitung.]

Plate, Bernward (Hrsg.): Gregorius auf dem Stein. Frühneuhochdeutsche Prosa (15. Jh.) nach dem mhd. Versepos Hartmanns v. Aue, Darmstadt 1983 (Texte zur Forschung 39) [Paralleledition mehrerer Prosafassungen.]

Ganz, Peter F.: Dienstmann und Abt. ,Gregorius Peccator' bei Hartmann von Aue und Arnold von Lübeck, in: Schmidt, E. J. (Hrsg.): Kritische Bewahrung. Festschrift f. Werner Schröder, Berlin 1974, 250–275 [Vergleich der Übersetzung mit Hartmanns Original mit Augenmerk auf das Verständnis des theologisch gebildeten Zeitgenossen.]

Mertens, Gregorius: s. Gesamtbibl. [Erste zusammenfassende Übersicht über die ganze ,Gregorius'-Tradition mit wichtigen Klärungen.]

Hartmanns Gregorius-Erzählung ist der wichtigste (nicht der einzige) Ausgangspunkt für eine weitverzweigte Bearbeitungsgeschichte der Legende bis weit in die Neuzeit, einige dieser Neufassungen bedienen sich sogar der lateinischen Sprache.

Arnold von Lübeck: ‚Gesta Gregorii peccatoris'
Vor 1213 und wohl nicht viel früher als 1210 übersetzt Arnold, seit 1177 erster Abt des Johannisklosters in Lübeck, Hartmanns Erzählung in lateinische Verse, die teils den vierhebigen Reimpaaren der Vorlage ähnlich, teils leoninische Hexameter sind. Vor- und Nachwort in Prosa geben Rechenschaft, daß er einem Auftrag Herzog Wilhelms von Braunschweig-Lüneburg, des jüngsten Sohns Heinrichs des Löwen und Bruder Kaiser Ottos IV., folgte.

Arnolds Übersetzung ist nur wenig länger als Hartmanns Text und folgt ihm weithin sehr genau, ohne die Verfasserangabe des Prologs zu übernehmen. Literarische Anspielungen und Bibelzitate verraten den lateinisch gebildeten Literaten; die theologischen Kenntnisse werden, mit Ausnahme des in regelgerechter Exegese ausgelegten Samaritergleichnisses im Prolog, nicht eingesetzt, um andere Akzente zu setzen oder begriffliche Klärungen einzuführen. Zwar werden teilweise ritterlich-höfische Motivdetails verknappt und die geistliche Auslegung der Beispielhaftigkeit unterstrichen, die Handlung ist aber nicht von einem grundsätzlich anderen Standpunkt aus bewertet. Der kritische Wendepunkt liegt auch für Arnold im Inzest (Liber III entsprechend Hartmann v. 2295–2750), Gregors Auszug zum ritterlichen Leben ist nicht kritisiert, dem Verhängnis der objektiven Schuld kein subjektives Motiv unterlegt. Die gottvertrauende Buße nach der Aufdeckung des Inzests macht den Helden zum Vorbild und läßt die Gnade Gottes wirksam werden.

Die Nähe Arnolds zu Hartmann spricht für ein gleichartiges laikaladeliges Publikum. Warum dieses die lateinische Sprache bevorzugte, bleibt unklar. Daß an einem niederdeutschen Fürstenhof hochdeutsche Literatur nur in dieser Form Anklang finden konnte, will bei einem Sohn Heinrichs des Löwen nicht ganz überzeugen. Vielleicht wollte eher umgekehrt ein selbstbewußtes höfisches Publikum für ihm besonders entsprechende Literatur auch die Würde der allgemeinen Bildungssprache beanspruchen.

Für das Interesse an der Geschichte des Heiligen aus Aquitanien gibt es an einem Welfenhof einen sehr markanten Anknüpfungspunkt (Mertens); Wilhelm ist ein Enkel der Eleonore von Aquitanien wie sein Bruder Otto IV. (von Poitou), der als Lehensträger seines Onkels Richard Löwenherz den Titel eines *dux Aquitaniae* führt; sie konnten den legendarischen Papst Gregor als Angehörigen ihrer Sippe betrachten (wenn nicht durch die erzählte Inzestgeschichte eine Peinlichkeitsschwelle berührt wurde).

Hexameter-Fassung
Eine lateinische Sammelhandschrift aus der 2. Hälfte des 14. Jahrhunderts (clm 4413) überliefert eine etwas früher entstandene, sehr geraffte lateinische Fassung in 453 Hexametern, die auf Hartmanns Erzählung basiert. Schulmäßige Rhetorik und gelehrte Zutaten aus Bibel und antiker Mythologie prägen den Stil. Zugunsten der überraschenden Geschichte ist die Auseinandersetzung um geistliches oder adeliges Leben vernachlässigt, Gregors Aufbruch ist kein Entscheidungsproblem, seine Landesherrschaft auf das Eheproblem verkürzt. Gerade den adeligen Leser ansprechende Züge sind also getilgt, nur der Bildungsanspruch grenzt vage ein neues Publikum ein.

Dominikanische Exempelsammlung
Lateinische Nacherzählung nach Hartmann oder möglicherweise auch einer anderen Tradition ist die knappe Fassung, die unter dem Titel ‚De Albano‘ in einer um 1300 in Kreisen des Dominikanerordens entstandenen Exempelsammlung überliefert ist (Handschrift von 1485). Entsprechend dem Zweck der Sammlung, dem Prediger erbauliche Geschichten zur Illustration religiöser Wahrheiten an die Hand zu geben, ist die Erzählung ohne Auslegung auf den äußeren Handlungsgang, der in großer Buße und Begnadung gipfelt, zusammengerafft.
    Eine niederdeutsche Exempelfassung vom Ende des 15. Jahrhunderts (Mohnkopf-Plenar, Lübeck 1492) fußt auf derselben Quelle wie das Dominikanische Exempel.

‚Von sant Gregorio auf dem stain‘ (‚Der Heiligen Leben‘)
Die größte Verbreitung findet die Gregorius-Erzählung in einer Prosafassung nach Hartmann in der Legenden-Sammlung ‚Der Heiligen Leben‘. Dieses Kompendium von mehr als 250 Heiligenviten lehnt sich an den kirchlichen Jahresrhythmus an (Winterteil, dort ‚G.‘ zum 28. 11., – Sommerteil) und fand eine wesentliche Zweckbestimmung als erbauliche Tischlesung im klösterlichen Leben, es ist aber als fromme und unterhaltsame Lektüre auch weit in geistliche und laikale Kreise verschiedener sozialer Position hinein verbreitet. Wohl um 1400 in Nürnberg, vermutlich im Dominikanerkloster, entstanden, wird die Sammlung (auch in Auswahl) zunächst im ostfränkischen und bairisch-österreichischen Raum, später auch im Südwesten und Norden in einer Vielzahl von Abschriften verbreitet, so daß heute annähernd 150 Handschriften (die jüngsten aus dem 17. und 18. Jahrhundert) zu berücksichtigen sind. Über 40 Druckauflagen ab 1471/72 machen sie zum gängigsten Legendenbuch vor der Reformation. Die Legendenbearbeitungen haben vielfach deutsche Quellen, darunter neben Hartmanns Text mehrere andere hochmittelalterliche Reimpaarlegenden.

Der ‚Sant Gregorio' gehört zum Kernbestand der Sammlung und liegt heute in 39 Handschriften und 39 Drucken vor (s. Plate). Der Prosabearbeiter hält sich einerseits eng an Hartmann, so daß wesentlicher Wortbestand erkennbar bleibt, reduziert aber andererseits die Erzählung auf den faktischen Handlungsgang. Beschreibungen, Erzählerkommentare, begründende Nebenmotive werden vereinfacht oder gestrichen. Ganz Entsprechendes wurde aber auch bei der Prosaauflösung hochmittelalterlicher Versromane im 15. Jahrhundert beobachtet (z.B. ‚Wigoleis', ‚Tristrant und Isolde'). Weder die Darstellung innerer Konflikte des Helden noch die der Spannung zwischen geistlichem und höfischem Leben liegen im Interesse des Bearbeiters, sondern die Wirksamkeit von Reue und Buße auch bei schwerster Schuld und die vergebende Barmherzigkeit Gottes. Gregorius ist ganz zum erbaulichen Exempel geworden und kann hier als Heiliger angerufen werden wie die Figuren kirchlicher Tradition, unter die er, ungeachtet seiner literarischen Herkunft, eingereiht ist.

In einem Fall ist die Gregorlegende dieser Tradition durch erklärende und theologische Zusätze erweitert und in den Kontext anspruchsvollerer Unterhaltung eingegliedert (Heidelberg, cpg 119; s. Mertens).

Mit der Nachwirkung von Hartmanns Fassung ist freilich noch nicht vollständig beschrieben, in welchem Ausmaß die Gregorius-Erzählung im Spätmittelalter präsent war. Wohl direkt aus dem französischen ‚Grégoire' schöpft die große Exempelsammlung ‚Gesta Romanorum' ihre Nacherzählung. Die lateinische Sammlung von kurzen Geschichten mit geistlicher Auslegung, vor der Mitte des 14. Jahrhunderts in England oder Deutschland entstanden, ist in einer Vielzahl von Handschriften und mehreren abweichenden Redaktionen in ganz Europa verbreitet und wichtiges Sammelbecken für Erzählstoffe. Deutsche Übersetzungen sind ebenfalls in zahlreichen Handschriften und 7 Druckauflagen ab dem Ende des 14. Jahrhunderts im Umlauf. Daneben hat eine Handschrift des 15. Jahrhunderts aus Essen (heute Düsseldorf) eine unabhängige mittelfränkische Prosa-Nacherzählung des ‚Grégoire' bewahrt. Läßt sich bei der Fassung in den ‚Gesta Romanorum' der Rückgriff auf den französischen Text mit der vermuteten Entstehungsregion der Sammlung erklären, so spricht die mittelfränkische Prosa dafür, daß im Rhein-Maas-Gebiet Hartmann oder ‚Der Heiligen Leben' ferner lagen als seine französische Vorlage.

Mit der Reformation bricht die mittelalterliche Legendentradition in der ersten Hälfte des 15. Jahrhunderts ab. Zwei späte Erscheinungsformen der Gregorius-Geschichte sind aber als untergründiges Fortwirken dieser Tradition einzustufen und von der neuzeitlichen romantischen oder reflektiert historischen Wiederaufnahme alter Erzählstoffe zu unterscheiden.

Der Kapuzinerpater Martin von Cochem (1634–1712), produktiver Redaktor volkstümlicher erbaulicher Geschichten, hat in die 2. (1692) oder 3. (1706) Auflage seines ‚Außerlesenen History-Buchs‘ die Gregorius-Legende aufgenommen. Quelle war, wie er selbst angibt, die Fassung der ‚Gesta Romanorum‘, möglicherweise daneben ‚Der Heiligen Leben‘. Trotz einiger rationalisierender Korrekturen – Gregorius wird z. B. nur Bischof – bleibt die Geschichte des Büßers erhalten, wenngleich seine Buße mehr dem Heil der Eltern und der Kirche als der Entsühnung von der eigenen durch Unwissenheit verringerten Schuld gilt.

Auf Martin von Cochem geht auch die anonyme Auflage als erbauliches Volksbuch (‚Ein schöne merkwürdige Historie des heiligen Bischofs Gregorius auf dem Stein‘ – Köln, 1810/1813–14) zurück. Die Legende überlebt also in einer literarischen Subkultur, in der Erbauung und Unterhaltung noch ineinander übergehen, bis weit in die Neuzeit (s. unten 4.1.).

3.2. Ulrich Füetrers ‚Iban‘

Carlson, Alice: Ulrich Füetrer und sein ‚Iban‘, Riga 1927 [Textausgabe und philologische Untersuchung.]

Mertens, Laudine: s. Gesamtbibl. [Hinweise zu Füetrers Bearbeitung.]

Nicht eine sich verselbständigende Tradition wie bei der Gregorius-Erzählung, sondern ein erneutes Interesse an der höfischen Kultur vergangener Zeit veranlaßt im 15. Jahrhundert eine Neubearbeitung des ‚Iwein‘. Ulrich Füetrer, in München seit 1453 ansässiger Maler, entfaltet zwischen 1467 und 1487 in engem Zusammenhang mit dem Münchener Herzogshof Albrechts IV. und seinem Kreis gebildeter Beamter und Hofkünstler eine fruchtbare literarische Tätigkeit. Neben einer ‚Bayerischen Chronik‘ bearbeitet er eine große Anzahl höfischer Romane neu, Vorlagen und Anregung dazu wird er von dem enthusiastischen Literatursammler Jakob Püterich von Reichertshausen erhalten haben. Die Neubearbeitungen sind zyklisch im ‚Buch der Abenteuer‘ zusammengestellt, dessen erster Teil im Zeitrahmen des ‚Jüngeren Titurel‘ versucht, die ganze Geschichte der Grals- und der damit verbundenen Artuswelt kontinuierlich zu erzählen (Stoff neben dem ‚Jüngeren Titurel‘ aus Wolframs von Eschenbach ‚Parzival‘, Heinrichs von dem Türlin ‚Crône‘, ‚Lohengrin‘; wegen der genealogischen Anknüpfung der Briten aber auch ein ‚Trojanerkrieg‘), dessen zweiter Teil dann sieben Romane einzelner Artushelden unkoordiniert aneinanderreiht, darunter den ‚Iban‘ nach Hartmann neben den Romanen anderer bekannter Autoren (Wirnt von Grafenberg, der Pleier) und heute verlorenen Texten (‚Seifrid von Ardemont‘, ‚Persibein‘ u. a.).

U. Füetrer wählt entgegen dem Trend spätmittelalterlicher Umarbei-
tungen eine anspruchsvolle Langzeilenstrophe, die Titurelstrophe, als
Form, kürzt und rafft aber analog den sonstigen Prosabearbeitungen den
Erzählfluß unter weitgehendem Verzicht auf beschreibende Teile, ausführliche Motivationen und Reden. Sein ‚Iban‘ ist dadurch nur rund ein
Drittel so lang wie Hartmanns Roman (297 Strophen). Verloren geht
dabei die differenzierte Problematik von Iweins Versagen in der neu
erworbenen Position und der stufenweisen Rückgewinnung seiner Ver-
trauenswürdigkeit. Doch das liegt in der Absicht des Bearbeiters, der die
Handlung als Sequenz ritterlicher Abenteuer auf dem Niveau allgemeiner
Vorbildlichkeit mit seinen anderen Vorlagen homogen aneinanderreihen
kann. Der Konflikt um die rasch geschlossene neue Ehe wird durch
dreimalige Beteiligung der Vasallen am Beschluß und die Beschränkung
der Minnewirkung auf Yban verändert, das Terminversäumnis um ein
halbes Jahr ist eher ein zufälliges Versehen beim Sammeln von Turnier-
preisen als Krise des Helden. Erzählereinschübe richten sich wie im ganzen ‚Buch der Abenteuer‘ neben den gelegentlichen Wendungen an den
Fürsten, dem es gewidmet ist, an *fraw abentewre* und *fraw mynn*, die
eine Garantieinstanz für das erzählte ritterliche Handeln, die andere Ver-
ursacherin störender Wirkungen, die hier kurioserweise für Iweins Wort-
bruch und Wahnsinn verantwortlich gemacht wird.

Die Funktion des ‚Iban‘ geht ganz in der des ‚Buchs der Abenteuer‘ auf.
Dessen Bedeutung wird unterschiedlich akzentuiert als ethische Orientierung an zur verpflichtenden Historie umgedeuteten Romanen oder als
spielerische Selbstinszenierung eines Adelskreises in den repräsentativen
Kulturmustern einer vergangenen Zeit. Seine Wirkung bleibt jedenfalls
nach Ausweis der Überlieferung eng auf den Münchener Förderkreis,
befreundete Höfe in Wien und Innsbruck und einzelne nahestehende
Adelige begrenzt.

4. Produktive Anverwandlung in der Neuzeit

Die neuzeitliche historisch vermittelte Rezeption Hartmanns schlägt dort
in die Unmittelbarkeit des literarischen Lebens um, wo seine Erzählungen zur Vorlage von Neuformungen wurden; nur ‚Gregorius‘ und ‚Armer Heinrich‘ fanden mehrfach dieses Interesse.

4.1. ‚Gregorius‘

Mertens, Gregorius: s. Gesamtbibl.

Karl Simrock: ‚Eine schöne merkwürdige Historie des heiligen Bischofs
Gregorius auf dem Stein genannt‘ (Berlin 1839)

Das erste Beispiel ist ein kurioser Zwitter: Mit dem Anspruch, das anonyme Volksbuch nur zu erneuern und seine Echtheit wiederherzustellen, vermischte K. Simrock, der um die Verbreitung mittelhochdeutscher Literatur in einem größeren Leserkreis bemühte Professor, eine Nacherzählung Hartmanns mit dem Text der anonymen Legende in der Fortwirkung Martins von Cochem (s.o. 3.1.). (Seine Ausgabe ‚Die deutschen Volksbücher‘ von 1865 hält sich dagegen nahezu korrekt an die anonyme Legende.)

Franz Kugler: ‚Gregor auf dem Stein‘. Ballade, vertont von C. Loewe (1832/1834)
Die fünfteilige Ballade im damals geläufigen Stil der Sagenballade drängt gattungsgemäß das Geschehen auf die dramatische Entwicklung im Land der Mutter und deren Folgen zusammen: Befreiung des Landes, für die hier die Mutter selbst ihre Hand als Preis gesetzt hat, und Hochzeit führen zum Höhepunkt, der Entdeckung von Gregors Abkunft, Buße und Erhebung zum Papst zur Erlösung von der Schuld. Die Gliederung kommt der Vertonung in fünf dramatisch illustrierenden Sätzen entgegen. Loewes Balladen für Singstimme und Klavier hatten sich bald einen festen Platz im Liedrepertoire von Hausmusik und Konzert bis in dieses Jahrhundert erworben.

Thomas Mann: ‚Der Erwählte‘ (Frankfurt und New York 1951)
Die eindrucksvollste und bedeutendste Neufassung löst sich vom Horizont der Vorlage in vieler Hinsicht ab. Der Blick von Th. Mann zu Hartmann und umgekehrt erfaßt nur einen Teil des jeweils anderen Textes, fordert aber gerade deshalb dazu heraus, sich Unterschiede der Intention und der Voraussetzungen zu verdeutlichen.
Th. Mann erweitert die Legendennovelle zum Roman. Der Stoff hatte bei der Arbeit am ‚Doktor Faustus‘ in der Fassung der ‚Gesta Romanorum‘ sein Interesse erweckt. Die bald darauf begonnene Arbeit nimmt Hartmanns ‚Gregorius‘ zur Hauptquelle, daneben greift sie Erzählmaterial aus weiteren mittelalterlichen Texten – dem ‚Nibelungenlied‘, Wolframs von Eschenbach ‚Parzival‘, den ‚Gesta Romanorum‘, Marienliedern –, aber auch Kennntnisse aus kulturgeschichtlichen Darstellungen, z.B. F. Gregorovius, und wissenschaftlicher Literatur, z.B. E. Auerbach (Mimesis, Bern 1946) und K. Kerényi (Urmensch und Mysterium, Eranos Jb. 15, 1947) auf.
Die Geschichte von Schuld, Umkehr und Entsühnung ist durch eine Erzählerfigur, den Mönch Clemens, perspektivisch gebrochen und im parodistischen Zitieren der Quellen und artistischer Ironie verfremdet, in ihrem Ablauf aber im wesentlichen erhalten. Freilich verändert das psychologische Wissen den Erzählgang entscheidend. Der Inzest ist Folge

einer tief angelegten Disposition, seine Wiederholung wird von Mutter und Sohn in ihrem innersten Wissen erkannt und doch vollzogen, Adel ist keine feudale Herrenschicht, sondern elitär-geistiges Herausgehobensein aus der Menge.

Das Thema Umkehr und Erneuerung und damit das Interesse an der Fabel ist für den Autor keine Flucht in historische Ferne und die Perspektive einer geordneten Welt, sondern betroffene Auseinandersetzung mit den europäischen Nachkriegsproblemen und Suche nach Neuorientierung für eine moralisch zerrüttete Welt. Diese liegt aber für Th. Mann nicht in der Übernahme der religiösen Orientierung der mittelalterlichen Legende. Wunder als Beglaubigung der Erlösung sind für ihn nicht wiederholbar – hier hat die überwiegend negative Kritik gutgläubig die ironische Distanzierung übersehen oder den tiefen Ernst hinter dem frivol scheinenden Spiel verkannt; er sucht vielmehr der unübersehbaren Erlösungsbedürftigkeit im Zeichen eines Mythos vom Rückzug auf lebenerhaltende Urkräfte eine Richtung möglicher Erneuerung zu weisen.

4.2. ‚Der arme Heinrich‘

Die zahlreichen Neufassungen dieser Fabel erreichen nicht vergleichbar eigenständiges Gewicht.

Adalbert von Chamisso: ‚Der arme Heinrich‘ (Deutscher Musenalmanach 1839)
Die balladeske Nacherzählung, eingeleitet von einer Zueignung an die Brüder Grimm, rafft den Ablauf von der Frage des Meiers nach der Heilungsmöglichkeit an auf etwa ein Viertel des Umfangs (385 Verse), stellenweise klingt der Wortlaut des Originals an. Heinrichs Entscheidungsnot ist durch den verführerisch aufsteigenden Lebenswillen akzentuiert, gegen den sich halb unbewußt moralische Einsicht durchsetzt; das Mädchen sieht er erst, als er den ohnehin widerwilligen Arzt aufhält.

Henry W. Longfellow: ‚The Golden Legend‘ (London 1851)
Hartmanns Erzählung gibt die Hauptfabel für eine mit anderen mittelalterlichen und biblischen Motiven angereicherte Dramatisierung. Die Suche des in Melancholie verfallenden Prinzen Heinrich nach Heilung wird zur erst im letzten Augenblick zurückgewiesenen Versuchung Lucifers, der Heinrich zum Mörder machen und dadurch zu Fall bringen will.

James Grun: ‚Der arme Heinrich‘. Musikdrama, vertont von Hans Pfitzner (1895)
Die Handlung greift stark raffend nur die wichtigsten Szenen auf. Die als Botenbericht eingeführte Heilungsmöglichkeit löst umgehend den Ent-

schluß des Mädchens aus, das Selbstopfer der Unschuldigen ist theologisch simplifizierend als stellvertretende Buße für den bestraften Sünder gerechtfertigt, deshalb bedarf es zunächst keiner Entscheidung Heinrichs. Sein Verzicht auf diese Form der Rettung und seine Heilung werden dann dramatisch in Szene gesetzt. Glaubwürdiges menschliches Schicksal und religiöses Ergriffensein kann dieser Bilderbogen, wenn überhaupt, nur durch eine inspirierte Musik darstellen.

Gerhard Hauptmann: ‚Der arme Heinrich‘. Eine deutsche Sage in fünf Akten (Berlin 1902)
Die fünfaktige Dramatisierung entwickelt ihr Szenarium – rund um den Meierhof und auf Heinrichs Burg – aus Hartmanns Erzählung und fügt wenige Nebenpersonen hinzu. Der dramatische Konflikt verlagert sich auf die Entscheidungsnot Heinrichs, der die als obskures Gerücht bekanntwerdende Heilungsmöglichkeit zunächst als unwürdigen Selbstverlust zurückweist, ehe sein Widerstand zusammenbricht und er dem beharrlich das Selbstopfer für ihn suchenden Mädchen folgt. Die Heilung, die von dem weiterwirkenden Zwiespalt in Heinrich und der neue Lebenskraft weckenden Zuneigung ihren Ausgang nimmt, wird nur als rückschauender Bericht in der abschließenden Heimkehrszene vermittelt. Weder die aus der Situation entstehende neue Einsicht noch das Heilungswunder erscheinen auf der Bühne; der klassisch-dramatische Spannungsbogen verlangte einen anderen Höhepunkt als die novellistische Zuspitzung.

Ricarda Huch: ‚Der arme Heinrich‘ (Fra Celeste und andere Erzählungen, Leipzig 1899; Vorabdruck: Deutsche Rundschau 95, 1898)
Die Prosanovelle will die Fabel realistisch erzählen. Viele der den ersten Teil bestimmenden Motive von Hartmanns Erzählung verkehren sich dabei zum bewußten Gegenbild gegen die ethisch-religiöse Utopie der Vorlage. Der ungebrochen vitale Ritter Heinrich gibt dem schwärmerisch-hingebungsvollen Bauernkind den Gedanken ein, sich für seine Heilung zu opfern, der Arzt, ein von dämonischem Wissensdurst getriebener Außenseiter, vollzieht die Tötung und Heinrich triumphiert als Genesener. Der Lebenshunger treibt ihn vorübergehend, veranlaßt vom Gedanken, eine Liebeslust verschenkt zu haben, eine Totenbeschwörung zu suchen, doch gegenwärtige Liebesabenteuer, die ihn in Palästina schließlich ins Verderben führen, holen ihn rasch von der flüchtigen Erinnerung weg. Das beabsichtigte Gegenbild löst sich nicht aus dem literarischen Klischee und erreicht die poetische Wahrheit Hartmanns nicht im entferntesten.

Zeittafel

Nur wenige der interessierenden Ereignisse sind im Mittelalter aufs Jahr genau datierbar. Wo die Forschung nur Zeitspannen angeben kann, in die das Faktum fällt, wird der Anfangs- und Endpunkt genannt (z. B. 1200/10), die Einreihung nach dem frühesten Datum vorgenommen. Für die Werke Hartmanns werden die kontroversen Datierungen als Spanne rechts sichtbar angebracht, über die Entstehungsdauer ist damit natürlich nichts ausgesagt.

1130/36	Geoffrey von Monmouth: ‚Historia regum Britanniae'
1135	Gründung der Abtei Königslutter
	Kg. Heinrich I. v. England gest.
1137	Kg. Ludwig VII. v. Frankreich heiratet Eleonore v. Aquitanien
1142	Petrus Abaelard gest.
1143–46	Otto v. Freising: ‚Chronica sive historia de duabus civitatibus'
1147–49	2. Kreuzzug
1150–1200	Neubau der Schottenkirche St. Jakob in Regensburg
um 1150	(um 1050 – vor 1190) ‚La Vie du pape Grégoire'
1151–70	Bau der Kirche in Schwarzrheindorf bei Bonn
1152	Wahl und Krönung Friedrichs I. Barbarossa zum deutschen König
	Die von Kg. Ludwig geschiedene Eleonore v. Aquitanien heiratet Gf. Heinrich v. Anjou-Plantagenet
1154	Gf. Heinrich v. Anjou als Heinrich II. engl. Kg.
1155	Wace: ‚Roman de Brut'
1156	Friedrich I. heiratet Beatrix v. Burgund
	Abtrennung Österreichs vom Herzogtum Bayern
1158	Italienzug Friedrichs I., Reichstag v. Roncaglia
um 1160	Servatiusschrein aus Maastricht
	Geburt Hartmanns von Aue
1163–65	Fußbodenmosaik der Kathedrale von Otranto (Artus)
1164	Marie, Tochter Eleonores und Ludwigs VII., heiratet Gf. Heinrich von Champagne (Gönnerin Chrétiens)
1165/70	Chrétien de Troyes: ‚Erec et Enide'
1165	Karl d. Gr. auf Betreiben Friedrichs I. heiliggesprochen
	Friedrichs Sohn Heinrich (VI.) geboren
um 1165/70	Armreliquiar Karls d. Gr.

1166–68	(4.) Italienzug Friedrichs I.
1166	Löwenstandbild vor der Burg in Braunschweig
1167	Malariakatastrophe im kaiserlichen Heer vor Rom, unter den Opfern der Kanzler Rainald v. Dassel und viele Adlige
1167/68	Mathilde, Tochter Eleonores und Heinrichs II., heiratet Heinrich d. Löwen
um 1170	Bau der Kaiserpfalz Gelnhausen
1170/80	Eilhart v. Oberg: ‚Tristrant‘
	Wernher v. Elmendorf: ‚Moralium dogma deutsch‘
1172	Pilgerfahrt Heinrichs d. L. ins Hl. Land
um 1172/73	Pfaffe Konrad: ‚Rolandslied‘
1172–86	Der Minnesänger Ulrich v. Gutenburg in ital. Kaiserurkunden bezeugt
1173	Baubeginn am Dom in Braunschweig
1174	Burg Münzenberg vollendet
um 1175	Evangeliar Heinrichs d. L. aus Helmershausen
um 1176	Chrétien: ‚Cligés‘
1176	Heinrich d. L. verweigert dem Kaiser die Heerfolge
1177–94	Leopold V., Hz. v. Österreich (Gönner Reinmars u. Walthers v. d. Vogelweide)
1177	Friede von Venedig, Aussöhnung zwischen Kaiser und Papst
1179	Gesandtschaft des Sultanats Iconium beim Kaiser
1179/80	Prozeß gegen Heinrich d. L.
1180	Otto v. Wittelsbach mit Bayern belehnt
um 1180	Chrétien: ‚Le chevalier de la charette‘, ‚Le chevalier au lion‘
1181	Nikolaus v. Verdun: Klosterneuburger Altar
	Hermann (v. Thüringen) sächs. Pfalzgf.
1181/82	Franziskus (Johannes Bernardone) in Assisi geboren
1183	Saladin tritt die Herrschaft an
	H. v. Veldeke vollendet in Thüringen die ‚Eneit‘
1184	Mainzer Hoffest, Schwertleite der Kaisersöhne unter internationaler Beteiligung
	(K.) Heinrich (VI.) Autor von Minneliedern (?)
um 1185	Bonanus v. Pisa: Bronzetor am Pisaner Dom
1185/95	‚Lucidarius‘ auf Veranlassung Heinrichs d. L.
1185/1200	Reinmar und Heinrich v. Morungen tätig
1185–1209	Albrecht v. Johansdorf urkundl. bezeugt
1186	Berthold IV. v. Zähringen gest.
	(Dienstherr Hartmanns?)
	Heinrich VI. heiratet Konstanze, die Erbin Siziliens
1186/87	Friedrich v. Hausen, kaiserlicher Diplomat u. Minnesänger, bei Heinrich VI. in Italien bezeugt
1187	Saladin erobert Jerusalem
	Kreuzzugsaufruf Papst Gregors VII.

Minnelieder, ‚Klage‘ / ‚Erec‘

Kreuzlieder / ‚Gregorius‘

1188	Friedrich Barbarossas Hoftag Jesu Christi in Mainz, Beschluß zum Kreuzzug
	Gesandtschaftsaustausch mit Iconium
1189–92	3. Kreuzzug
	(Teilnahme Hartmanns?)
1189	Aufbruch zum Kreuzzug von Regensburg
	Richard Löwenherz wird engl. Kg.
1190	6. 5. Friedrich v. Hausen gefallen
	18. 5. Eroberung Iconiums
	10. 6. Unfalltod K. Friedrich Barbarossas
	Die engl. u. franz. Kreuzfahrer in Sizilien
	Heinrich VI. als gewählter König Nachfolger Friedrichs
1190–1217	Hermann Landgf. v. Thüringen (Gönner Veldekes, Herborts v. Fritzlar u. zeitweise Wolframs v. Eschenbach u. Walthers v. d. V.)
um 1190	(oder um 1210) Herborts v. Fritzlar ‚Liet v. Troye'
	Erste Lieder Walthers v. d. Vogelweide
1191	Heinrich VI. zum Kaiser gekrönt
	Welf VI. v. Altdorf-Ravensburg gest.
	(Dienstherr Hartmanns?)
	Philipp v. Flandern, letzter Gönner Chrétiens, auf dem Kreuzzug gest.
	Eroberung Akkons durch die Kreuzfahrer
1192	Aufstand in Deutschland, Heinrich d. L. beteiligt
	Waffenstillstand zw. Saladin u. Richard Löwenherz
	R. Löwenherz in Gefangenschaft d. Kaisers
1193	Sultan Saladin gest.
	Philipp v. Schwaben muß geistl. Laufbahn aufgeben
1194	Leopold V. v. Österreich gest.
	Reinmars ‚Witwenklage' (MF 167, 31)
	Heinrich VI. erobert Sizilien, sein Sohn Friedrich (II.) Roger geb.
	Der Minnesänger Bligger v. Steinach mit dem Kaiser in Apulien
	Freilassung R. Löwenherz' gegen Lösegeld
1194/1205	Ulrich v. Zatzikhoven: ‚Lanzelet'
1195	Philipp v. Schwaben Hz. v. Tuszien
1196	Philipp Hz. in Schwaben
	Der Minnesänger Bernger v. Horheim auf ital. Urkunden bezeugt
	Reichstag v. Würzburg, Erbreichsplan Heinrichs
	Friedrich (II.) in Frankfurt zum Kg. gewählt
1197/98	4. Kreuzzug
	(Teilnahme Hartmanns?)
1197	Aufbruch der Kreuzfahrer zu Schiff
	28. 9. K. Heinrich VI. gest.

Kreuzlieder / ‚Gregorius'
Minnelieder
‚Klage' / ‚Erec'

‚Iwein'
‚Armer Heinrich'

	Konstanze holt Friedrich Roger nach Sizilien
	Aufstände in Italien
1198	Gründung des Deutschen Ritterordens in Akkon
	Innozenz III. wird Papst
	8. 3. Philipp v. Schwaben zum Kg. gewählt
	12. 7. Otto IV. v. Braunschweig u. Poitou in Aachen gekrönt
	8. 9. Philipp in Mainz gekrönt
	Hz. Friedrich I. v. Österreich gest.
1198/99	Erste polit. Sprüche Walthers v. d. Vogelweide
1199	Richard Löwenherz gest.
	Protest der Fürsten gegen päpstl. Einmischung in den deutschen Thronstreit
um 1200	Schriftliche Fassung des ‚Nibelungenlieds‘
	Mabinogi ‚Gereint‘
	Fresken in der Domkrypta von Aquileja und in Hoch-Eppan (Südtirol)
1200/10	(oder später) ‚Iwein‘-Fresken in Rodenegg
1200/10	Wolfram v. Eschenbach: ‚Parzival‘
1200/20	‚Iwein‘-Handschrift B
1200/30	‚Gregorius‘-Handschrift A
1201	Bannung Kg. Philipps durch Innozenz III.
1203/04	Belagerung Erfurts, ‚Weingärtendatum‘ (→ ‚Parzival‘)
1203–37	Bau des Doms in Bamberg
1203	Hochzeit Hz. Leopolds VI. v. Österreich
	Walther v. d. V. sicher in Wien
1204	Eroberung Konstantinopels durch die Kreuzfahrer
1205	Erneute Wahl u. Krönung Philipps v. Schwaben
	Franziskus bekehrt sich zum Leben in Armut
1205/15	Gottfried v. Straßburg: ‚Tristan‘
	Hartmann noch am Leben?
1207–31	Elisabeth v. Thüringen
1207	Papst Innozenz III. erkennt Philipp als Kg. an
1208	Ermordung Kg. Philipps in Bamberg
	Allgemeine Anerkennung Ottos IV.
1209	Italienzug u. Kaiserkrönung Ottos IV.
1210	Otto IV. zieht ins sizilische Unteritalien
	Bannung durch den Papst
1210/13	Arnold v. Lübeck: ‚Gesta Gregorii peccatoris‘
1210/30	Wirnt v. Grafenberg: ‚Wigalois‘
1211	Deutsche Opposition wählt Friedrich II. zum Kg.
1212	Clara Favarone in Assisi entsagt dem weltlichen Leben
	Kinderkreuzzüge
	Friedrich II. in Deutschland
1214	Otto IV. unterliegt in der Schlacht v. Bouvines den Franzosen
1215	4. Laterankonzil

Auf der rechten Seite Markierungen: ‚Iwein‘ — ‚Armer Heinrich‘

1215/16	Thomasin von Zerklære: ‚Der Welsche Gast‘
1218	Otto IV. gest.
1220	Kaiserkrönung Friedrichs II.
1220/30	Handschrift der ‚Carmina Burana‘
1223	Päpstl. Anerkennung des Franziskanerordens (‚Regula bullata‘)
1225	Schon 18 städt. Niederlassungen der Franziskaner in Deutschland
1227	Elisabeth v. Thüringen entsagt nach dem Tod ihres Gemahls Landgf. Ludwig dem weltlichen Leben
1228/29	Kreuzzug des gebannten Friedrich II.

Gesamtbibliographie

Die Gesamtbibliographie verzeichnet die in den Arbeitsbereichen abgekürzt zitierte Literatur (die Abkürzung wird in runder Klammer genannt). Daneben ergänzt sie die Angaben zur Forschungsliteratur in den Arbeitsbereichen um zusammenfassende Arbeiten oder Untersuchungen zu besonderen Aspekten von Hartmanns Werken und um Darstellungen zum literarischen Kontext. Aufsätze sind hier nur in Ausnahmefällen aufgenommen. Die historische und sozialgeschichtliche Literatur zur Epoche ist in der Bibliographie zu Arbeitsbereich II genannt.

1. Bibliographien, Aufsatzsammlung

Klemt, Irmgard: Hartmann von Aue. Eine Zusammenstellung der über ihn und sein Werk von 1927 bis 1965 erschienenen Literatur, Köln 1968 (Bibliograph. Hefte 5)
Kuhn, Hugo, Cormeau, Christoph (Hrsg.): Hartmann von Aue, Darmstadt 1973 (Wege der Forschung 359) [Ausgewählte Aufsätze von H. Kuhn, Stolte, Zuntz, Jungbluth, Eis, Willson, Grosse, Bennholdt-Thomsen, Wisniewski, Seiffert, Tax, King, Hrubý, Schottmann, Ruh, Cramer, Siefken, Wehrli, Kellermann, Ruberg, mit Auswahlbibliographie; in der ‚Iwein'-Forschung überholt.]
(Hartmann)
Neubuhr, Elfriede: Bibliographie zu Hartmann von Aue, Berlin 1977 (Bibl. zur deutschen Lit. des Mittelalters 5)
Sparnaay, H.: s. unten 2. [Bibliographie bis 1936]

2. Gesamtdarstellungen

Kuhn, Hugo: Hartmann von Aue als Dichter, DU 5 Heft 2, 1953, 11–27; wieder in: Hartmann (s. oben 1.), 68–86 [Skizzenhafte Charakteristik von Hartmanns Werken, die in vielem noch gültige Ansichten zusammenfaßt.]
Sparnaay, Hendricus: Hartmann von Aue. Studien zu einer Biographie, 2 Bde, Halle 1933–38; Nachdruck in einem Band (mit einem Vorwort zur Neuausgabe von Ch. Cormeau) Darmstadt 1975 [Als Gesamtdarstellung methodisch und sachlich überholt; nicht ersetzt als Materialsammlung für die Stoffgeschichte.]
(Sparnaay)
Wapnewski, Peter: Hartmann von Aue, Stuttgart 1962, [7]1979 (Slg. Metzler 17) [Knappe, einführende Gesamtdarstellung, inzwischen durch die Forschung zum guten Teil überholt; spätere Auflagen nur in den Literaturangaben auf neuen Stand ergänzt.]
(Wapnewski)
Wolff, Ludwig: Vom ‚Büchlein' und ‚Erec' bis zum ‚Iwein', DU 20 Heft 2, 1968, 43–59 [Skizziert die dichterische Entwicklung mit Akzent auf Stilistischem.]

3. Zu einzelnen Werken Hartmanns oder zu speziellen Aspekten

Arndt, Paul Herbert: Der Erzähler bei Hartmann von Aue. Formen und Funktionen seines Hervortretens und seiner Äußerungen, Göppingen 1980 (GAG 299) [Methodisch umsichtige Auswertung der verschieden ausgestalteten Erzählerrolle in Hartmanns epischen Texten, mit Schlüssen auf die Reihenfolge ihrer Entstehung.]
(Arndt)

Bayer, Hans: Hartmann von Aue. Die theologischen und historischen Grundlagen seiner Dichtung sowie sein Verhältnis zu Gunther von Pairis, Kastellaun 1979 (Mittellat. Jb. Beih. 15) [Problematischer Versuch, aus einzelnen Formulierungen das Verhältnis Hartmanns zu damals aktuellen religiösen Bewegungen zu erschließen und daraus Gönner und Wirkungsumkreis zu bestimmen.]
(Bayer)

Carne, Eva Maria: Die Frauengestalten bei Hartmann von Aue. Ihre Bedeutung im Aufbau und Gehalt der Epen, Marburg 1970 (Marburger Beitr. z. Germ. 31) [Versucht eine Figurencharakteristik; dabei aber unentschieden schwankend, wie strukturelle Gesichtspunkte eine solche Beschreibung modifizieren müssen.]

Cormeau, Christoph: Hartmanns von Aue ,Armer Heinrich‘ und ,Gregorius‘. Studien zur Interpretation mit dem Blick auf die Theologie zur Zeit Hartmanns, München 1966 (MTU 15) [Detaillierte Klärung wichtiger Begriffe wie Sünde, *ignorantia* usw. aus der frühscholastischen Fachtheologie. Die Interpretation sucht inhaltsanaloge Momente im Handlungsablauf auf, nicht Begriffsentsprechungen.]
(Cormeau)

Eroms, Hans Werner: *vreude* bei Hartmann von Aue, München 1970 (Med. Aev. 20) [Umfassende begriffsgeschichtliche Studie zu einem Leitwort bei Hartmann.]

Grosse, Siegfried: Beginn und Ende der erzählenden Dichtungen Hartmanns von Aue, Beitr. (Tübingen) 83, 1961/62, 137–156; wieder in: Hartmann (s. oben 1.), 172–194 [Untersucht die Prologe und Epiloge und ihre Gestaltung nach rhetorischen Mustern.]

Hrubý, Antonín: Hartmann als artifex, philosophus und praeceptor der Gesellschaft, in: Cormeau, Ch. (Hrsg.): Deutsche Literatur im Mittelalter. Kontakte und Perspektiven (Gedenkschrift H. Kuhn) Stuttgart 1979, 254–275 [Versucht eine ideengeschichtliche Würdigung vor allem der Ethik Hartmanns.]

Huby, Michel: L'adaptation des romans courtois en Allemagne au XIIe et au XIIIe siècle, Paris 1968 [Ausführliche Begründung der These von der *adaptation courtoise*, der rhetorischen Bearbeitungspraxis Hartmanns; zu starr auf der Behauptung beharrend, die Änderungen des Bearbeiters setzten inhaltlich keine neuen Akzente.]
(Huby)

Kaiser, Gert: Textauslegung und gesellschaftliche Selbstdeutung. Aspekte einer sozialgeschichtlichen Interpretation von Hartmanns Artusepen, Frankfurt 1973, 2. neubearb. Auflage Wiesbaden 1978 [Von einem theoretisch entwickelten Modell der Kommunikationsgemeinschaft ausgehende Interpretation,

die vom Programm der Artusromane vor allem die Ministerialen angesprochen sieht; in der 2. Aufl. zum Teil verbesserte Argumentation.]
(Kaiser)

Knapp, Fritz Peter: Hartmann von Aue und die Tradition der platonischen Anthropologie im Mittelalter, DVjs 46, 1972, 213–247 [Zur Ausprägung des Gegensatzes von *herze* und *lîp* bei Hartmann und zu dessen weiter geistesgeschichtlichen Tradition.]

Kramer, Hans-Peter: Erzählerbemerkungen und Erzählerkommentare in Chrétiens und Hartmanns ‚Erec' und ‚Iwein', Göppingen 1971 (GAG 35) [Gute Stoffsammlung zur Erzählerrolle; die Auswertung des Materials kann noch über das Erreichte weitergeführt werden.]

Linke, Hans-Jürgen: Epische Strukturen in der Dichtung Hartmanns von Aue. Untersuchungen zur Formkritik, Werkstruktur und Vortragsgliederung, München 1968 [Versucht aus textimmanenten Kriterien und Beobachtungen an den Handschriften den Aufbau der Epen in Vortragseinheiten zu rekonstruieren.]
(Linke)

Mertens, Volker: Gregorius Eremita. Eine Lebensform des Adels bei Hartmann von Aue in ihrer Problematik und ihrer Wandlung in der Rezeption, München 1978 (MTU 67) [Interpretiert den ‚G.' aus einer laikalen Lebensform der Weltentsagung; Thesen zu Gönnern und Publikum, zusammenfassender Überblick über die Gregorius-Tradition bis Th. Mann und wichtige Exkurse zur Person des Autors.]
(Mertens, Gregorius)

Mertens, Volker: Laudine. Soziale Problematik im ‚Iwein' Hartmanns von Aue, Berlin 1978, (ZfdPh Beih. 3) [Studie zur Stellung der Herrscherin und zur Ehepraxis und Interpretation des Romans aus den rechtlichen Voraussetzungen; Exkurse zu U. Fuetrers Bearbeitung, den Bilddarstellungen und zur Chronologie.]
(Mertens, Laudine)

Ruberg, Uwe: Bildkoordinationen im ‚Erec' Hartmanns von Aue, in: Gedenkschrift für W. Foerste, Köln–Wien 1970, 477–501; wieder in: Hartmann (s. oben 1.), 532–560 [Detaillierte Studie zu Hartmanns Gebrauch sprachlicher Bilder und ihrer funktionalen Zuordnung zu den Szeneninhalten.]

Scheunemann, Ernst: Artushof und Abenteuer. Zeichnung höfischen Daseins in Hartmanns ‚Erec', Breslau 1937 [Die Studie bahnte den Weg zu einem neuen Verständnis von Inhalt und Struktur des Artusromans.]

Schönbach, Anton Erich: Über Hartmann von Aue. Drei Bücher Untersuchungen, Graz 1894 [Kommentar zu Weltsicht und literarischen Motiven Hartmanns vor allem aus der lateinischen Literatur; noch immer ergiebige Materialsammlung.]
(Schönbach)

Schröder, Joachim: Zu Darstellung und Funktion der Schauplätze in den Artusromanen Hartmanns von Aue, Göppingen 1972 (GAG 61) [Analysiert die Schauplätze und ihren zeichenhaften Charakter für Figuren und Geschehen.]

Thum, Bernd: Politische Probleme der Stauferzeit im Werk Hartmanns von Aue. Landesherrschaft im ‚Erec' und ‚Iwein'. Mit einem Anhang: Hartmann von Aue, *Augia minor* und die Altdorfer Welfen, in: Krohn, R. u. a. (Hrsg.): Stau-

ferzeit, Stuttgart 1978, 47–70 [Schließt aus inhaltlichen Motiven, der schlechten Rolle von Grafen, auf politischen Horizont und Heimat von Publikum und
Gönner.]
(Thum)
Voß, Rudolf: Die Artusepik Hartmanns von Aue. Untersuchungen zum Wirklich-
keitsbegriff und zur Ästhetik eines literarischen Genres im Kräftefeld von sozio-
kulturellen Normen und christlicher Anthropologie, Köln–Wien 1983 (Literatur und Leben NF 25) [Sieht die Romane in den stets objektiven Kategorien
mittelalterlicher Ethik und Anthropologie wurzeln und transsubjektiv die Bedingungen menschlichen Heils aus dem Scheitern auch bei idealer Normerfül-
lung veranschaulicht; die Arbeit unterschätzt die narrative Dynamik der Zen-
tralfiguren und die Erkenntnisse der Erzählforschung.]
(Voß)
Wiegand, Herbert Ernst: Studien zu Minne und Ehe in Wolframs Parzival und
Hartmanns Artusepik, Berlin–New York 1972 [Vergleicht die Darstellung von
Minne und Ehe in den Romanen mit der feudalen Ehepraxis.]
Wiehl, Peter: Die Redeszene als episches Strukturelement in den Erec- und Iwein-
Dichtungen Hartmanns von Aue und Chrétiens de Troyes, München 1974
(Boch. Arb. zur Sprach- u. Literaturwiss. 10) [Untersucht vergleichend Technik
und epische Funktion der verschiedenen Formen erzählter Rede.]

4. Literaturgeschichtliche Darstellungen

Bertau, Karl: Deutsche Literatur im europäischen Mittelalter, 2 Bde, München
1972–73 [Aus einem Gesamtbild der europ. Geschichte entwickelte Literatur-
geschichtsdarstellung.]
de Boor, Helmut, Newald, Richard: Geschichte der deutschen Literatur, Bd. II.
Die höfische Literatur. Vorbereitung, Blüte, Ausklang 1170–1250, München
1953, [10]1979 [Darstellung im traditionellen literaturgeschichtlichen Rahmen.]
Krauss, Hennig (Hrsg.): Europäisches Hochmittelalter, Wiesbaden 1981 (Neues
Handbuch der Literaturwissenschaft, Bd. 7) [Kurze gattungsgeschichtliche Ka-
pitel verschiedener Autoren zu den europ. Literaturen der Epoche.]
Ruh, Kurt: Höfische Epik des deutschen Mittelalters. I. Von den Anfängen bis zu
Hartmann von Aue, Berlin 1967, [2]1977 (Grundlagen der Germanistik 7) [De-
taillierte, textnahe Gattungsgeschichte der Romane mit kurzen Hinweisen zum
Autor und seinen kleinen Erzählungen.]
(Ruh)
Wehrli, Max: Geschichte der deutschen Literatur, Bd. 1. Vom frühen Mittelalter
bis zum Ende des 16. Jahrhunderts, Stuttgart 1980 [Kurzer, informativer Über-
blick in einer neuen Gesamtdarstellung des Mittelalters.]

5. Artussage und Artusroman

Bezzola, Reto R.: Le sens de l'aventure et de l'amour, Paris 1947; gekürzt
deutsch: Liebe und Abenteuer im höfischen Roman, Hamburg 1961 (rde 117/
118) [Interpretiert in leicht faßlicher Darstellung die Episodenstruktur in Chrétiens ‚Erec et Enide'.]

Brogsitter, Karl Otto: Artusepik, Stuttgart 1965, ²1971 (Slg. Metzler 38) [Knappe, informative Einführung in die Sagentradition und die Literaturgeschichte französischer und deutscher Artustexte, mit weiterführenden Literaturangaben.]

Haug, Walter: Die Symbolstruktur des höfischen Epos und ihre Auflösung bei Wolfram von Eschenbach, DVjs 45, 1971, 668–705 [Grundlegender Aufsatz zur Herkunft und zum Sinn der bedeutungstragenden doppelten Episodenreihe.]
(Haug)

Köhler, Erich: Ideal und Wirklichkeit in der höfischen Epik. Studien zur Form der frühen Artus- und Graldichtung, Tübingen 1956, ²1970 (ZfrPh, Beih. 97) [Bahnbrechender, wenngleich nicht unproblematischer Versuch, Chrétiens Romane sozialgeschichtlich zu deuten.]
(Köhler)

Lange, Wolf-Dieter: Keltisch-romanische Literaturbeziehungen im Mittelalter, in: Delbouille, M. (Hrsg.): Grundriß der romanischen Literaturen des Mittelalters, Bd. I. Géneralités, Heidelberg 1972, 163–205 [Überblick über die Entstehung der Artussage, die Stoffgeschichte der franz. Romane und den Einfluß keltischer Motive.]

Loomis, Roger Sherman: Arthurian literature in the middle ages. A collaborative history, Oxford 1959 [Knapp informierende Kapitel zur Sagen- und Romantradition in den europ. Literaturen.]

Morris, Rosemary: The character of King Arthur in medieval literature, Cambridge 1982 (Arthurian Studies IV) [Grundlegende ‚literarische Biographie‘ der Artusfigur auf Grund aller westeuropäischen Texte.]

Schirmer, Walter F.: Die frühen Darstellungen des Arthurstoffs, Köln–Opladen 1958 (Arbeitsgem. f. Forsch. d. Landes NW, Geisteswiss. 73) [Knappe Charakteristik von Geoffrey, Wace und Layamon.]

Schmolke-Hasselmann, Beate: Der arthurische Versroman von Chrestien bis Froissart. Zur Geschichte einer Gattung, Tübingen 1980 (ZfrPh, Beih. 177) [Grundlegende Erschließung der Gattungsgeschichte des franz. Artusromans nach Chrétien.]
(Schmolke-Hasselmann)

Wais, Kurt: Der arthurische Roman, Darmstadt 1970 (Wege der Forschung 157) [Sammelband von Aufsätzen zum franz. und deutschen Roman.]

Warning, Rainer: Formen narrativer Identitätskonstitution im höfischen Roman, in: Frappier, J., Grimm, R. (Hrsg.): Grundriß der romanischen Literaturen des Mittelalters, Bd. IV. Le roman jusqu'à la fin du XIIIᵉ siècle, Heidelberg 1978; auch in: Marquard, O., Stierle, K. (Hrsg.): Identität, München 1979 (Poetik und Hermeneutik VIII), 553–589 (verkürzte Fassung: Wolfram-Studien V, Berlin 1979, 79–95) [Grundlegender Aufsatz zum Erzählsubjekt der Romane und zu den Unzulänglichkeiten strukturalistischer Erzählgrammatiken.]
(Warning)

6. Minne, Minnesang und höfische Gesellschaft

Fromm, Hans (Hrsg.): Der deutsche Minnesang, Darmstadt 1961, ⁵1972 (Wege der Forschung 15) [Sammlung grundlegender Aufsätze; ein Fortsetzungsband ist angekündigt.]

Kaiser, Gert: Minnesang – Ritterideal – Ministerialität, in: Wenzel, H. (Hrsg.): Adelsherrschaft und Literatur, Bern–Frankfurt–Las Vegas 1980, 181–208 [Sieht den Erfolg des Dienstethos im Interesse der Ministerialität an Selbstinterpretation begründet.]

Kleinschmidt, Erich: Minnesang als höfisches Zeremonialhandeln, AfK 58, 1976, 35–76 [Zum Stellenwert von Minnesang im Rahmen der Selbstrepräsentation feudaler Herrschaft.]

Kolb, Herbert: Der Begriff der Minne und das Entstehen der höfischen Lyrik, Tübingen 1958 (Hermaea NF 4) [Diskutiert die Entstehungstheorien.]

Kuhn, Hugo: Soziale Realität und dichterische Fiktion am Beispiel der höfischen Ritterdichtung Deutschlands, in: Brinkmann, C. (Hrsg.): Soziologie und Leben, Tübingen 1952, 195–219; wieder in: H. K.: Dichtung und Welt im Mittelalter, Stuttgart 1959, ²1969, 22–40, und in: Borst, A. (Hrsg.): Das Rittertum im Mittelalter, Darmstadt 1976 (Wege der Forschung 349), 172–197 [Methodisch grundlegender Aufsatz zur Literatursoziologie vor allem anhand des Minnesangs.]

Kuhn, Hugo: Determinanten der Minne, LiLi 7 Heft 26, 1977, 83–94; wieder in: H. K.: Liebe und Gesellschaft, Stuttgart 1980, 52–59 [Stellt die Minne in den Rahmen adeliger Privilegien und Lebenskunst.]

Liebertz-Grün, Ursula: Zur Soziologie des amour courtois. Umrisse der Forschung, Heidelberg 1977 (Euph. Beih. 10) [Zusammenfassende Diskussion der Thesen zum sozialgeschichtlichen Ort von Minnesang.]

Warning, Rainer: Lyrisches Ich und Öffentlichkeit bei den Trobadors, in: Cormeau, Ch. (Hrsg.): Deutsche Literatur im Mittelalter. Kontakte und Perspektiven. (Gedenkschrift H. Kuhn), Stuttgart 1979, 120–159 [Zeigt an frühen provenz. Liedern die Entstehung des neuen Autorbewußtseins der adeligen Dilettanten.]

Wisniewski, Roswitha: werdekeit und Hierarchie. Zur soziologischen Interpretation des Minnesangs, in: Ebenbauer, A. u. a. (Hrsg.): Strukturen und Interpretationen (Festschrift B. Horacek) Wien–Stuttgart 1974, 340–379 [Bezieht den Leitbegriff werdekeit auf die Intention, erziehend zu wirken.]

Bibliographische Ergänzungen

Zu AB I: Die Quellen zu Person und Werk

Bumke, Joachim: Untersuchungen zur Überlieferungsgeschichte der höfischen
  Epik im 13. Jahrhundert, ZfdA 120, 1991 258–304 [Grundlegende Kritik an
  der vorherrschenden Annahme die höfischen Romane seien in relativ fester
  Textgestalt tradiert worden; zu Hartmann 291–294.]
Gärtner, Kurt: Zur Rezeption des Artusromans im Spätmittelalter und den ‚Erec‘-
  Entlehnungen im ‚Friedrich von Schwaben‘, in: Wolfzettel, F. (Hrsg.), Artusrit-
  tertum im späten Mittelalter, Gießen 1984, 60–72 [Stellt die (fast) wörtlichen
  Entlehnungen neben den ‚Erec‘-Text.]
Gerhardt, Christoph: ‚Iwein‘-Schlüsse, Literaturwiss. Jb. 13, 1974, 13–39 [Stellt
  abweichende ‚Iwein‘-Schlüsse vor und zeigt die Anregung der Zusätze durch
  andere Romane.]
Green, Denis H.: The reception of Hartmann's works. Listening, reading or
  both?, MLR 81, 1985, 357–368 [Analysiert genau die Indizien in den Texten;
  sie zeugen für ein neues Bildungsideal: das Vorlesen eines Textes, die Situation
  der Einzellektüre ist vorweggenommen.]
Mertens, Volker: Das literarische Mäzenatentum der Zähringer, in: Schmidt, K.
  (Hrsg.): Die Zähringer. Eine Tradition und ihre Erforschung, Bd. I, Sigmarin-
  gen 1986, 117–134 [Überblick über die begründbaren Hypothesen zur Litera-
  turförderung.]
Nellmann: s. zu AB III.1
Pérennec: s. Erg. Gesamtbibl. [vor allem S. 168–171.]
Urbanek: s. zu AB III.1
Zäck: s. Erg. Gesamtbibl. [Anhang II.3]

Zu AB II: Adel und Ministerialität

Vorbemerkung

Bumke, Höfische Kultur: s. Erg. Gesamtbibl.

1. Adel, Freie, Ministerialen. Zur zeitgenössischen Begriffssprache

1.1. Soziale Schichtung des Adels

Fleckenstein, Josef: Ordnende und formende Kräfte des Mittelalters, Göttingen
  1989 [bes. 307ff., 333–356, 421–436]
Oexle, Otto Gerhard: *Tria genera hominum*. Zur Geschichte des Deutungssche-
  mas der sozialen Wirklichkeit in Antike und Mittelalter, in: Fenske, L. u.a.

(Hrsg): Institutionen, Kultur und Gesellschaft im Mittelalter. Festschrift f. J. Fleckenstein, Sigmaringen 1984, 483–500
Reichert, Folker: Landesherrschaft, Adel und Vogtei, Köln-Wien 1985 (Beihefte z. Arch. f. Kulturgesch. 23)
Störmer, Wilhelm: Zur Adelsgesellschaft in Bayern und Österreich um 1200, in: Boshof, E. (Hrsg.): Wolfger von Erla, Bischof von Passau (1191–1204) und Patriarch von Aquileja (1204–1218) als Kirchenfürst und Literaturmäzen, Passau 1993

1.3. Ministerialische Unfreiheit und Dienstfunktion

Arnold, Benjamin: German Knighthood 1050–1300, Oxford 1985
Freed, John: The Origins of the European nobility: The problem of the Ministerials, Viator 7, 1976, 211–241
Rödel, Volker: Krieger – Ritter – Freiherr. Entstehung und Wirkung des Niederadels im Mittelalter, Koblenz 1988
Rösener, Werner: Ministerialität, Vasallität und niederadelige Ritterschaft im Herrschaftsbereich der Markgrafen von Baden vom 11. bis zum 14. Jahrhundert, in: Fleckenstein, J. (Hrsg): Herrschaft und Stand. Untersuchungen zur Sozialgeschichte des 13. Jahrhunderts, Göttingen [2]1979 (Veröff. d. Max-Planck-Inst. f. Gesch. 51), 40–91.
Zotz, Thomas: Die Formierung der Ministerialität, in: Weinfurter, St. (Hrsg): Die Salier und das Reich III, Sigmaringen 1991, 3–50

2. Die politischen Veränderungen

Glaser, Hubert (Hrsg): Die Zeit der frühen Herzöge. Von Otto I. zu Ludwig dem Bayern (Wittelsbach und Bayern I), München 1980
Haverkamp, Alfred (Hrsg): Friedrich Barbarossa. Handlungsspielräume und Wirkungsweisen des staufischen Kaisers, Sigmaringen 1992 (Vorträge und Forschungen 40)
Heinemann, Hartmut: Untersuchungen zur Geschichte der Zähringer in Burgund, Arch. f. Diplomatik, Schriftgeschichte, Siegel- u. Wappenkunde 29, 1983, 42–192; AFD 30, 1984, 97–257
Heinemeyer, Karl: König und Reichsfürsten in der späten Salier- und frühen Stauferzeit, Bll. f. Dt. Landesgesch. 122, 1986, 1–39
Hucker, Bernd Ulrich: Kaiser Otto IV., Hannover 1990 (Schriften der MGH 34)
Krieger, Karl F.: Die königliche Lehngerichtsbarkeit im Zeitalter der Staufer, in: Deutsches Archiv 26, 1970, 400–433
Moeglin, Jean-Marie: Les Ancêtres du Prince. Propagande politique et naissance d'une histoire nationale en Bavière au Moyen Age, Paris 1985 (Hautes Etudes médiévales et modernes 54)
Patze, Hans (Hrsg): Der Reichstag von Gelnhausen. Ein Markstein in der deutschen Geschichte 1180–1980, Marburg 1981
Weinfurter, Stefan (Hrsg): Reformidee und Reformpolitik im spätsalisch-frühstaufischen Reich, Mainz 1992 (Quellen und Abhandlungen zur mittelrhein. Kirchengeschichte 68)

3. Verfassungsgeschichtlicher Wandel

3.1. Wandel der adeligen Familienstruktur und Lehensbesitz

Fenske, Lutz, Schwarz, Ulrich: Das Lehnsverzeichnis Graf Heinrichs I. von Regenstein 1212/1227: Gräfliche Herrschaft, Lehen und niederer Adel am Nordostharz, Göttingen 1990 (Veröff. d. Max-Planck-Inst. f. Geschichte 94)

Flohrschütz, Günther: Der Adel des Ebersberger Raumes im Hochmittelalter, München 1989 (Schriftenreihe z. bayer. Landesgesch. 88)

Knapp, Fritz Peter: Nibelungentreue wider Babenberg? Das Heldenepos und die verfassungsgeschichtliche Entwicklung Österreichs im Lichte der neuesten Forschung, Beitr. 107, 1985, 174–189 [Spricht sich gegen Verfassungswandel aus.]

Krieger, Karl F.: Die Lehenshoheit der deutschen Könige im Spätmittelalter, Aalen 1979

Parisse, Michel: Noblesse et chevalerie en Lorraine médiévale, Nancy 1982

Spieß, Karl-Heinz: Reichsministerialität und Lehenswesen im späten Mittelalter, in: Bärmann, J. u. a. (Hrsg), Ministerialitäten am Mittelrhein, Wiesbaden 1978, 56–78 (Geschichtl. Landeskunde 17)

3.2. Regionalisierung des Adelsbesitzes und Burgenbau

Bitschnau, Martin: Burg und Adel in Tirol zwischen 1050 und 1300, Wien 1983 (Öster. Ak. d. Wiss., phil.-hist. Kl., SB 403)

Böhme, Wolfgang (Hrsg) Burgen der Salierzeit, 2 Bde, Sigmaringen 1991

Ebner, Herwig (Hrsg): Beiträge zur Burgen- und Herrschaftsgeschichte sowie zur Genealogie obersteirischer Adelsfamilien, Graz 1974 (Forsch. Geschichtl. Landeskunde Steiermark 28)

Fried, Pankraz: Vorstufen der Territorienbildung in den hochmittelalterlichen Adelsherrschaften Bayerns, in: P. F. u. a. (Hrsg): Festschrift f. A. Kraus, Kallmünz 1982, 33–44

Henn, Volker: Das ligische Lehenswesen im Westen und Nordwesten des mittelalterlichen deutschen Reiches, Diss. Bonn, München 1970

Ott, Hugo: Die Burg Zähringen und ihre Geschichte, in: Schmid, K. (Hrsg): Die Zähringer, Bd. I, Sigmaringen 1986, 5–16

Streich, Gerhard: Burg und Kirche während des deutschen Mittelalters. Untersuchungen zur Sakraltopographie von Pfalzen, Burgen und Herrensitzen, Sigmaringen 1984

3.3. Grafschaft und Vogtei als Mittel zur Territorialisierung

Dollinger, Philippe: Aspectes de la noblesse allemande XIᵉ–XIIIᵉ siècles, in: La noblesse au moyen âge, Paris 1976, 134–149

Patze, Hans: Christenvolk und Territorium, in: La Christianità dei secoli XI e XII in occidente, Mailand 1980 (Miscellanea del Centro di Studi Mediaevali 10) [146–212, bes. 168 ff]

Reichert, Folker: Landesherrschaft, Adel und Vogtei, Köln-Wien 1985 (Beihefte z. Arch. f. Kulturgesch. 23)

Schaab, Meinrad: Landgrafschaft und Grafschaft im Südwesten des deutschen Sprachgebiets, Zs. f. Gesch. d. Oberrheins 132, 1984, 31–55

Schmid, Alois: Untersuchungen zu Gau, Grafschaft und Vogtei im Vorderen Bayerischen Wald, in: Greipl, E. J. u. a. (Hrsg): Aus Bayerns Geschichte. Festgabe f. A. Kraus, St. Ottilien 1992, 117–177

3.4. Landfrieden und Änderung der Rechtspflege

Wadle, Elmar: Frühe deutsche Landfrieden, 1986 (Quellen u. Forsch. z. Recht im Mittelalter 4) [bes. 71 ff.]

Weltin, Max: Das österreichische Landrecht des 13. Jahrhunderts im Spiegel der Verfassungsentwicklung, in: Classen, P. (Hrsg): Recht und Schrift im Mittelalter, Sigmaringen 1977 (Vorträge und Forschungen 23), 381–384

4. Zu Verhaltensnormen, Selbstbewußtsein und Selbstverständnis des edelfreien Adels

Bumke: Höfische Kultur: s. Erg. Gesamtbibl. [bes. Kap. III–VII]

Fleckenstein, Josef (Hrsg): Das ritterliche Turnier im Mittelalter, Göttingen 1985 (Veröff. d. Max-Planck-Inst. f. Geschichte 80)

Fleckenstein, Josef (Hrsg): Curialitas. Studien zu Grundfragen der höfisch-ritterlichen Kultur, Göttingen 1990

Mitterauer, Michael: *senioris sui nomine*. Zur Vorbereitung von Fürstennamen durch das Lehenswesen, MIÖG 96, 1988, 275–331

Rösener, Werner: Zur Problematik des spätmittelalterlichen Raubrittertums, in: Maurer, H., Patze, H. (Hrsg): Festschrift für B. Schwineköper, Sigmaringen 1982, 469–488

Schmid, Karl: Gebetsgedenken und adeliges Selbstverständnis im Mittelalter, Sigmaringen 1983

Schreiner, Klaus: Mönchsein in der Adelsgesellschaft des hohen und späten Mittelalters, München 1989

5. Die Entwicklung der Ministerialität

5.1. Formierung von Dienstmannschaften

Andermann, Kurt: Der pfalzgräfliche Marschall Berlewin Zurno. Versuch einer Würdigung, Alzeyer Geschichtsblätter 18, 1984, 71–98

Arnold, Benjamin: s. o. 1.3

Rödel, Volker: Vom unfreien Krieger zum freien Herrn. Zur Sozialgeschichte des niederen Adels an Main und Tauber, Wertheimer Jb. 1988/89, 1990, 51–69

Zotz, Thomas: s. o. 1.3

5.2. Der Aufstieg einzelner Reichsministerialen

Andermann, Kurt: Die Bolanden – Ministerialen der Staufer. in: Vorzeiten –
Geschichte in Rheinland-Pfalz IV, Mainz 1988, 69–86
Hucker, Kaiser Otto IV.: s.o.2. [bes. 472–482, 503f.]
Rödel, Volker: Der Besitz Werners II. von Bolanden (1194/1198), in: Pfalzatlas,
Textband 2, 1980, 1197–1203

6. Lateinische Bildung und volkssprachliche Literatur

Bumke, Höfische Kultur: s. Erg. Gesamtbibl. [bes. Kap. VII u. Literaturangaben.]
Green: s. zu AB I

Zu AB III: Minnesang und Minnedidaktik

1. Die Lieder

von Reusner, Ernst (Hrsg.): Hartmann von Aue. Lieder, hrsg., übersetzt u. kom-
mentiert v. E.v.R., Stuttgart 1985 (RUB 8082) [Text nach Des Minnesangs
Frühling, zeilengetreue Übersetzung und Kommentar.]

Brackert, Helmut: *Kristes bluomen*. Zu Hartmanns Kreuzlied 209, 25, in: Krohn,
R. (Hrsg.): Liebe als Literatur, München 1983, 11–23 [Liest das Lied als
komplexes Gebilde, das mit Mitteln des Minnesangs eine radikale Absage an
diesen formuliert.]
Heinen, Hubert: Irony and confession in Hartmann's *Sît ich den sumer* (MF 205,
1), Monatshefte 80, 1988, 416–429 [Liest die Strophenreihe als zwei Lieder,
das erste als konventionelle, doch ironische Minneklage, das zweite (spätere)
als bekenntnishaft und das erste parodierend.]
Kühnel, Jürgen: Anmerkungen zur Überlieferung und Textgeschichte der Lieder
Hartmanns von Aue, in: Krüger, R. u.a. (Hrsg.): *Ist zwîvel herzen nâchgebûr*,
Festschrift f. G. Schweikle, Stuttgart 1989, 11–42 [Untersucht die Textgeschichte der Lieder, mit etwas zu großem Vertrauen in die Nähe der Handschriften zur Aufführungspraxis.]
Nellmann, Eberhard: Saladin und die Minne. Zu Hartmanns drittem Kreuzlied,
in: Grenzmann, L. u.a. (Hrsg.): Philologie als Kulturwissenschaft. Festschrift f.
K. Stackmann, Göttingen 1987, 136–148 [Liest das Lied als von Anfang an
eindeutig auf die Liebe Gottes ausgerichtet, mit einem neuen Konjekturvorschlag und Bezug auf den Kreuzzug 1189.]
von Reusner, Ernst: Hartmanns Lyrik, GRM 34, 1984, 8–28 [Zusammenfassen-
de Charakteristik und Gruppierungsversuch.]
Sayce, Olive: Romance elements in the lyrics of Hartmann von Aue, in: Changing
Perspectives: s. Ergänz. Gesamtbibl., 53–63 [Analysiert die Wirkung roman.
Vorbilder auf die Lieder.]
Urbanek, Ferdinand: Code- und Redestruktur in Hartmanns Lied *Ich war mit
iuwern hulden* (MF XVII), ZfdPh 111, 1992, 24–50 [Untersucht die rhetorischen Stilmittel und das Spiel mit verschiedenen Konnotationsfeldern; Saladin-
Verweis ironisch, nach dessen Tod.]

2. „Die Klage‘

Mertens, Volker: *Factus est per clericum miles cythereus.* Überlegungen zu Ent-
stehungs- und Wirkungsbedingungen von Hartmanns ‚Klage-Büchlein‘, in:
Changing Perspectives: s. Erg. Gesamtbibl., 1–19. [Diskutiert die lateinische
Formtradition und den lyrischen Inhalt.]

Seiffert, Leslie: On the language of sovereignty, deference and solidarity. The
surrender of accusing lover in Hartmann's ‚Klage‘, in: Changing Perspectives,
s. Erg. Gesamtbibl., 21–51 [Genaue Textanalyse unter textlinguistisch-seman-
tischen Aspekten zur Ausbildung der höfischen Sprache des Dienstes.]

Zu AB IV: ‚Gregorius‘

Paul, Hermann (Hrsg.): Hartmann von Aue. Gregorius, 14. Aufl. v. B. Wachinger, Tübingen 1992 (ATB 2)

Kasten, Ingrid: La vie du pape Saint Grégoire ou La légende du bon pécheur,
übersetzt u. eingeleitet von I. K., München 1991 (Klass. Texte des roman.
Mittelalters 29) [Afrz. Text von Hartmanns Vorlage nach der Ausgabe von
H. B. Sol.]

Dahlgrün: s. Erg. Gesamtbibl.

Duckworth, David: Gregorius. A medieval man's discovery of his true self, Göppingen 1985 (GAG 422) [Von der Prämisse ausgehend, nicht G.s Handlungen,
sondern seine Absichten seien entscheidend, wird mit Hinweisen auf die an-
thropologische Theorie des Mittelalters die Ansicht vertreten, daß G.s Schuld
in seinem unentschiedenen Wankelmut liege.]

Haug, Literaturtheorie: s. Erg. Gesamtbibl.

Herlem-Prey, Brigitte: Schuld oder Nichtschuld, das ist oft die Frage. Kritisches
zur Diskussion der Schuld in Hartmanns ‚Gregorius‘ und in der ‚Vie du Pape
Saint Gregoire‘, GRM 39, 1989, 3–25 [Vergleicht an mehreren Schlüsselstellen
Hartmann mit seiner Quelle, um die Unterschiede zwischen deren älterem,
mehr dualistischem theologischen Horizont und Hartmanns personaleren Anschauungen zu unterstreichen.]

Kühnel, Jürgen: Ödipus und Gregorius, in: Psychologie in der Mediävistik: s. Erg.
Gesamtbibl., 141–170. [Liest den ‚G.‘ psychoanalytisch mit klarer Zusammenfassung der Freudschen Theorien und sorgfältiger Unterscheidung der Argu-
mentationsebenen.]

Ohly, Friedrich: Metaphern für die Sündenstufen und die Gegenwirkungen der
Gnade, Opladen 1990 (Sitz.berichte Rhein.-westfäl. Ak. d. Wiss. G 302) [De-
taillierte Darstellung der gebräuchlichen Bildlichkeit für Sünde und Gnaden-
wirkungen in der theol. Tradition; ‚G.‘ ist narrative Umsetzung dieser semanti-
schen Ambiguität.]

Rocher, Daniel: Das Motiv der *felix culpa* und der betrogene Teufel in der ‚Vie du
pape Grégoire‘ und in Hartmanns ‚Gregorius‘, GRM 38, 1988, 57–88 [Disku-
tiert Differenzen im theol. Kommentar; für Hartmann bleibt das Böse unver-
ständliches Geheimnis.]

Spitz, Hans-Jürgen: Zwischen Furcht und Hoffnung. Zum Samaritergleichnis in Hartmanns von Aue ‚Gregorius'-Prolog, in: Grubmüller, K. u. a. (Hrsg.): Geistliche Denkformen in der Literatur des Mittelalters, München 1984, 171–197 [Neues Vergleichsmaterial zum Prologgleichnis; in der Erzählung bleibt der entsprechende innere Vorgang der Umkehr in der Bußzeit verborgen.] Zäck: s. Erg. Gesamtbibl.

Zu AB V: ‚Der arme Heinrich'

Blamires, David:; Fairytale analogues to ‚Der arme Heinrich', in: Changing Perspectives: s. Erg. Gesamtbibl., 187–198 [Diskutiert erneut Analogien zum Märchen; unvergleichbar bleibt die doppelte Blickrichtung auf Heinrich und das Mädchen.]
Dahlgrün: s. Erg. Gesamtbibl.
Freytag, Hartmut: Ständisches, Theologisches, Poetologisches. Zu Hartmanns Konzeption des ‚Armen Heinrich', Euph. 81, 1987, 240–261 [Zieht zur Erklärung wichtiger Motive Parallelen aus der geistlichen Literatur und die Naturrechtsvorstellung heran; die Schönheit des Mädchens steht für den paradiesischen Zustand ihrer Vollkommenheit.]
Smits, Kathryn: Bemerkungen zu den Motiven der Diesseitsflucht und Ehe-Flucht im ‚Armen Heinrich' Hartmanns von Aue, in: Besch, W. u. a. (Hrsg.): Festschrift für S. Grosse, Göppingen 1984 (GAG 423), 443–449 [Wertet die Argumentation des Mädchens vor dem Hintergrund der zeitgenössischen Eherealität und dem positiven Beispiel ihrer Eltern.]
Tobler, Eva: *daz er si sîn gemahel hiez.* Zum ‚Armen Heinrich' Hartmanns von Aue, Euph. 81, 1987, 315–329 [Interpretiert den ‚AH' mit Betonung der Liebesbindung des Mädchens.]

Zu AB VI: Artusroman I – ‚Erec'

Gier, Albert: Chrétien de Troyes, Erec et Enide, übersetzt u. hrsg. v. A. G., Stuttgart 1987 (RUB 8360) [Text und Übersetzung von Hartmanns Vorlage, mit einem Nachwort zur literaturgeschichtlichen Stellung Chrétiens.]

Ehrismann, Otfried: Höfisches Leben und Individualität – Hartmanns ‚Erec', in: Tauber, W. (Hrsg.): Aspekte der Germanistik, Festschrift f. H. F. Rosenfeld, Göppingen 1989 (GAG 521) 99–122 [Betont, daß Normen des höfischen Lebens im Mittelpunkt stehen, Individualität dagegen eine moderne Perspektive sei.]
Fisher, Rodney W.: Räuber, Riesen und die Stimme der Vernunft in Hartmanns und Chrétiens ‚Erec', DVjs 60, 1986, 353–374 [Analysiert die Riesenepisode als eigentlichen Wendepunkt im Verhalten Erecs, der nunmehr auf die Stimme der Vernunft zu hören bereit ist.]
Haase, Gudrun: Die germanistische Forschung zum ‚Erec' Hartmanns von Aue, Frankfurt u. a. 1988 (Europ. Hochschulschriften 1103) [Forschungsbericht, doch unglücklich gegliedert und im Referat nicht zuverlässig.]

Hahn, Ingrid: Die Frauenrolle in Hartmanns ‚Erec‘, in: Hauck, K. u. a. (Hrsg.): Sprache und Recht. Festschrift f. R. Schmidt-Wiegand, Bd. I, Berlin 1986, 172–190 [Sieht Enites Rolle außerhalb der Dynamik des Wegschemas; ihre Prüfung könne nur als „Identitätsprobe" verstanden werden.]

Haupt, Barbara: Literaturgeschichtsschreibung im höfischen Roman. Die Beschreibung von Enites Pferd und Sattelzeug im ‚Erec‘ Hartmanns von Aue, in: Matzel, K., Roloff, H. G. (Hrsg.): Festschrift f. H. Kolb, Bern u. a. 1989, 202–219 [Liest die Pferdebeschreibung als intertextuelle literaturgeschichtliche Positionsbestimmung.]

Jackson, William Henry: The tournament in the works of Hartmann von Aue. Motifs, style, functions, in: Changing Perspectives, s. Erg. Gesamtbibl., 233–251 [Über die erste literarische Turnierbeschreibung im ‚Erec‘ und Hartmanns ritterliches Interesse.]

Kern, Peter: Reflexe des literarischen Gesprächs über Hartmanns ‚Erec‘ in der deutschen Dichtung des Mittelalters in: Wolfzettel, F. (Hrsg.); Artusrittertum im späten Mittelalter, Gießen 1984, 126–137 [Überblick über die literarischen Reflexe auf Erecs *verligen.*]

McConeghy, Patrick: Womens speech and silence in Hartmann von Aue's ‚Erec‘, PMLA 102, 1987, 772–783 [Wertet Enites Sprechverhalten; wo sie in Karnant versagt, bewährt sie sich im folgenden glänzend in ihrer öffentlichen Rolle.]

Palmer, Nigel F.: Poverty and mockery in Hartmann's ‚Erec‘, v 525 ff.: A study of the psychology and aesthetics of Middle High German romance, in: Changing Perspectives: s. Erg. Gesamtbibl., 65–92 [über den Ausbau der *Koralus*-Szene im rhetorischen Rahmen, die *amplificatio* zielt auf die emotionale Betroffenheit des adligen Publikums.]

Ranawake, Silvia: Erec's *verligen* and the sin of sloth, in: Changing Perspectives: s. Erg. Gesamtbibl., 93–115 [Sieht Erec vom Laster der Trägheit *(acedia)* bedroht, wovon er sich im zweiten Teil befreit.]

Simon: s. Erg. Gesamtbibl.

Singer, Samuel: *nû swîc, lieber Hartmann: ob ich ez errâte?* Beobachtungen zum fingierten Dialog und zum Gebrauch der Fiktion in Hartmanns ‚Erec‘-Roman (7493–7766), in: Rickheit, G., Wichter, S. (Hrsg.): Dialog. Festschrift f. S. Grosse, Tübingen 1990, 59–74 [Beschreibt aus der Dialogpartie die Neukonstruktion des Fiktiven.]

Worstbrock, Franz-Josef: *Dilatatio materiae.* Zur Poetik des ‚Erec‘ Hartmanns von Aue, Frühmittelalterliche Studien 19, 1985, 1–30 [Zeigt die schöpferische Wirkung der *dilatatio materiae* gemäß der gelehrten Poetik und erweitert damit grundlegend die Prämissen für die adaptation courtoise.]

Zu AB VII: Artusroman II – ‚Iwein‘

Wehrli, Max: Hartmann von Aue. Iwein, aus dem Mittelhochdeutschen übertragen, mit Anmerkungen und einem Nachwort versehen v. M. W., Zürich 1988 [Mhd. Text der Ausgabe von L. Wolff mit Prosaübertragung.]

Mohr, Wolfgang: Hartmann von Aue. Iwein, übersetzt von W. M., Göppingen 1985 (GAG 441) [Versübersetzung mit Nachweis der Übereinstimmungen mit Chrétien und einem ausführlichen Nachwort zum Vergleich ‚Yvain‘ – ‚Iwein‘.]

Grubmüller, Klaus: Der Artusroman und sein König. Beobachtungen zur Artusfigur am Beispiel von Ginovers Entführung, in: Haug, W., Wachinger, B. (Hrsg.): Positionen des Romans im späten Mittelalter, Tübingen 1991 (Fortuna vitrea 1), 1–20 [Beobachtet an den verschiedenen Fassungen der Entführungsszene den Wandel des Artusbildes; im ‚Iwein‘ stellt Artus seine Prinzipienfestigkeit als souveräner Herrscher unter Beweis.]

Hahn, Ingrid: *güete* und *wizzen*. Zur Problematik von Identität und Bewußtsein im ‚Iwein‘ Hartmanns von Aue, Beitr. 107, 1985, 190–217 [Sieht im zweiten Teil den psychischen Weg Iweins zu *güete* und Selbsterkenntnis, eine Haltung, die der Artusnorm überlegen ist, in den Mittelpunkt gerückt.]

Hasty, Will: Adventure as sozial performance. A study of the German court epic., Tübingen 1990 (UDL 52) [Stellt Implikationen der neueren Kritik infrage und sieht die Krise als Ausdruck der Doppelnatur der Aventiure, gesellschaftsintegrierend und -sprengend zu wirken; auch in der Überwindung selbstzerstörerischer Impulse handelt das Individuum zuerst als Repräsentant der Gesellschaft.]

Haug, Literaturtheorie: s. Erg. Gesamtbibl.

Kellermann, Karina: *Exemplum* und *historia*. Zu poetologischen Traditionen in Hartmanns ‚Iwein‘, GRM 42, 1992, 1–27 [Betont gegen Haug das Anknüpfen der Romantheorie an den Kategorien der rhetorischen Tradition und die Beibehaltung einer als historisch abgesicherten Perspektive.]

Krause, Burghart: Zur Psychologie von Kommunikation und Interaktion. Zu Iweins ‚Wahnsinn‘, in: Psychologie in der Mediävistik: s. Erg. Gesamtbibl., 215–242 [Wertet von sozialpsychologischen Prämissen aus Iweins Wahnsinn als Ausdruck gestörter Vermittlungsprozesse; die Inkongruenz der Verständigung signalisiert Veränderungen der sozialen Realität, die Lernprozesse erfordern.]

McFarland, Timothy: Narrative structure and the renewal of the hero's identity in ‚Iwein‘, in: Changing Perspectives: s. Erg. Gesamtbibl., 129–157 [Analysiert Selbstaussagen Iweins und konstatiert eine stufenweise Veränderung des Selbstverständnisses von der Ausrichtung auf Ehre zum Bemühen um Laudine.]

Robertshaw, Alan: Ambiguity and morality in ‚Iwein‘, in: Changing Perspectives: s. Erg. Gesamtbibl., 117–128 [Beschreibt die Annäherung des Erzählers an seinen Helden von unentschiedener Distanz im ersten zu eindeutiger identifikatorischer Bewertung im zweiten Teil.]

Schirok, Bernd: *Artûs der meienbaere man*. Zum Stellenwert der ‚Artuskritik‘ im klassischen deutschen Artusroman, in: Schnell, R. (Hrsg.): *Gotes und der werlde hulde*. Festschrift f. H. Rupp, Bern-Stuttgart 1990, 58–81 [Will gegen eine überzogene Tendenz, Artuskritik zurück bis zum ‚Erec‘ zu entdecken, den Rahmen für die Variation des Artusbildes beschreiben.]

Simon: s. Erg. Gesamtbibl.

Trimborn, Karin: Syntaktisch-stilistische Untersuchungen zu Chrétiens ‚Yvain‘ und Hartmanns ‚Iwein‘, Berlin 1985 (Philol. Stud. u. Quellen 103) [Detaillierter textlinguistischer Vergleich von Vorlage und Bearbeitung.]

Zu AB VIII: Formen der Rezeption Hartmanns

2. ‚Iwein‘ – Darstellungen

Bonnet, Anne-Marie: Rodenegg und Schmalkalden. Untersuchungen zur Illustration einer ritterlich-höfischen Erzählung und zur Entstehung profaner Epenillustration in den ersten Jahrzehnten des 13. Jahrhunderts, München 1986 [Kunsthistorische Auseinandersetzung mit den Freskenzyklen, die allerdings nicht durchgängig befriedigt.]

Zießler, Rudolf: Die Iweinmalereien im Hessenhof zu Schmalkalden, Wiss. Zeitschr. d. Univ. Jena 35, 1986, 149–260; als Broschüre nachgedruckt: Fremdenverkehrsamt Schmalkalden o. J. [Bau- und kunstgeschichtliche Beschreibung nach der Restaurierung.]

3. Mittelalterliche Bearbeitungen

3.1. Die ‚Gregorius‘-Tradition

Schilling, Johannes: Arnold von Lübeck. Gesta Gregorii Peccatoris. Untersuchungen und Edition, Göttingen 1986 (Palaestra 280) [Neuausgabe der Fassung Arnolds.]

Kalinke, Marianne: ‚Gregorius saga biskups‘ and ‚Gregorius auf dem Stein‘, Beitr. 113, 1991, 67–88 [Erklärt Übereinstimmungen zwischen einer frühen isländischen Version und Martin von Cochem mit Einfluß einer niederdeutschen Tradition.]

Zäck: s. Erg. Gesamtbibl.

3.2. U. Füetrers ‚Iban‘

Voß, Rudolf: *sunder zuchte*. Ulrich Füetrers Rezeption des ‚Iwein‘-Verses 1056, ZfdA 118, 1989, 122–131 [Diskutiert U. Füetrers Verständnis des kritischen Verses.]

4. Produktive Anverwandlung

Grosse, Siegfried, Rautenberg, Ursula: Die Rezeption mittelalterlicher deutscher Dichtung. Eine Bibliographie ihrer Übersetzungen und Bearbeitungen seit der Mitte des 18. Jahrhunderts, Tübingen 1989 [Vollständiges Verzeichnis aller Übersetzungen und Neufassungen.]

Schnyder, André: Forsche Ritter und fromme Ehefrauen. Die Rezeption von Hartmanns ‚Erec‘ bei Christian Stecher, Euph. 81, 1987, 298–314 [Charakterisiert eine moderne ‚Erec‘-Fassung.]

4.1 ‚Gregorius‘

Kurzke, Hermann: Thomas Mann. Epoche-Werk-Wirkung, München ²1991

4.2 ‚Der arme Heinrich‘

Rautenberg, Ursula: Das ‚Volksbuch vom armen Heinrich‘. Studien zur Rezeption Hartmanns von Aue im 19. Jahrhundert und zur Wirkungsgeschichte der Übersetzung Wilhelm Grimms, Berlin 1985 (Philol. Stud. u. Quellen 113) [Zeigt den Rezeptionsweg der Übersetzung im Rahmen literaturkritischer Prämissen des 19. Jahrhunderts weg vom höfischen Autor Hartmann zur ‚Volkspoesie‘.]
Rautenberg, Ursula: Naturpoesie der oberen Stände. Zur popularisierenden Rezeption des ‚Armen Heinrich‘ in der ersten Hälfte des 19. Jahrhunderts, in: Wapnewski, P. (Hrsg.): Mittelalterrezeption, Stuttgart 1986, 392–406 [Zusammenfassung und Ergänzung des Buches.]
Sprengel, Peter: Gerhard Hauptmann. Epoche-Werk-Wirkung, München 1984

Ergänzungen zur Gesamtbibliographie

1. Bibliographie, Aufsatzsammlung

Kühnel, Jürgen, Mück, Hans-Dieter (Hrsg.): Psychologie in der Mediävistik, Göppingen 1985 (GAG 431) [Aufsätze zu verschiedenen Werken Hartmanns, vor allem Krause und Kühnel.]
(Psychologie in der Mediävistik)
McFarland, Timothy, Ranawake, Silvia (Hrsg.): Hartmann von Aue. Changing Perspectives. London Hartmann Symposion 1985, Göppingen 1988 (GAG 486) [Dokumentation einer Tagung mit Beiträgen zu allen Werken von Mertens, Seiffert, Sayce, Palmer, Ranawake, Robertshaw, McFarland, D. A. Wells, Blamires, Margetts, M. Jones, W. H. Jackson, Gillespie, Combridge, T. Jackson]
(Changing Perspectives)

3. Zu einzelnen Werken Hartmanns oder zu speziellen Aspekten

Dahlgrün, Corinna: *Hoc fac, et vives* (Lk 10, 28) – *vor allen dingen minne got*. Theologische Reflexionen eines Laien im ‚Gregorius‘ und in ‚Der arme Heinrich‘ Hartmanns von Aue, Frankfurt u. a. 1991 (Hamburger Beitr. z. Germanistik 14) [Gute Beobachtungen zur biblischen Sprache und zu biblischen Bildern; Forschungsresümee zur theologischen Problematik der Handlung; theologiegeschichtlicher Aufriß umsichtig, doch zu allgemein bleibend.]
(Dahlgrün)
Haferland, Harald: Höfische Interaktion. Interpretationen zur höfischen Epik und Didaktik, München 1988 [Versucht aus den Texten die Interaktionsformen der höfischen Gesellschaft systematisch nachzuzeichnen.]
Haug, Walter: Literaturtheorie im deutschen Mittelalter. Von den Anfängen bis zum Ende des 13. Jahrhunderts. Eine Einführung, Darmstadt 1985, 2. überarb. u. erweiterte Aufl. 1992 [Stellt die Entwicklung der literaturtheoretischen Vorstellungen anhand der Pro- und Epiloge der deutschen Erzähltexte dar und

sieht im ‚Iwein' einen entscheidenden Schritt zum Bewußtwerden der Fiktionalität.]
(Haug, Literaturtheorie)

Haupt, Barbara: Das Fest in der Dichtung. Untersuchungen zur historischen Semantik eines literarischen Motivs in der mittelhochdeutschen Epik, Düsseldorf 1989 (Studia humaniora 14) [Sucht aus Interpretationen für das wichtige Motiv eine narrative Semantik zu erarbeiten.]

Jackson, Timothy R.: Paradoxes of person. Hartmann von Aue's use of the *contradictio in adiecto* in: Changing Perspectives: s. o., 285–311 [Zeigt den dynamischen Charakter der Verbindung kontradiktorischer Bezeichnungselemente.]

Pérennec, René: Recherches sur le roman Arthurien en vers en Allemagne aux XIIᵉ et XIIIᵉ siècles, 2 Bde, Göppingen 1984 (GAG 393) [Zeigt, inwiefern Hartmanns Abweichungen von der Vorlage im Antworten auf eine andere kulturelle Situation wurzeln; dessen Adaption sucht mit der Entkonkretisierung eine Vereinheitlichung in einem idealen Gesellschaftskonzept zu erreichen.]

Sieverding, Norbert: Der ritterliche Kampf bei Hartmann und Wolfram. Seine Bewertung im ‚Erec', ‚Iwein' und in den Gahmuret- und Gawein-Büchern des ‚Parzival', Heidelberg 1985 [Untersucht den Stellenwert des Kampfes, der im ‚Erec' noch handlungsfüllend ist, neben dem im ‚Iwein' andere Elemente treten; einige Beobachtungen zur Struktur.]

Simon, Ralf: Einführung in die strukturalistische Poetik des mittelalterlichen Romans. Analysen zu deutschen Romanen der matière de Bretagne, Würzburg 1990 (Epistemata. Literaturwissenschaft 66) [Erklärt die Entstehung des schriftliterarischen Romans aus der Überschneidung eines mit Propps Märchenfunktionen beschreibbaren Grundschemas mit anderen Erzählschemata, was der Interpretationsleistung des Erzählers neuen Raum schaffe.]
(Simon)

Zäck, Rainer: *Der guote sündaere* und der *peccator precipuus*. Eine Untersuchung zu den Deutungsmodellen des ‚Gregorius' Hartmanns von Aue und der ‚Gesta Gregorii Peccatoris' Arnolds von Lübeck ausgehend von den Prologen, Göppingen 1989 (GAG 502) [Ausführliche Interpretation der beiden Prologe; Hartmanns Deutungsmuster vom menschlichen Kampf gegen das Böse setzt Arnold ein traditioneller theozentrisches entgegen. Knappe Überprüfung an wichtigen Stationen der Handlung, Exkurse zu den historischen und biographischen Voraussetzungen.]
(Zäck)

4. Literaturgeschichtliche Darstellungen

Bumke, Joachim: Geschichte der deutschen Literatur im hohen Mittelalter, München 1990 [Kurzer, literaturgeschichtlicher Überblick.]

5. Artussage und Artusroman

Birkhan, Helmut: Keltische Erzählungen vom Kaiser Arthur I, Wien u. a. 1985 (Fabulae mediaevales 5), wieder: Kettwig 1989 (Erzählungen des Mittelalters) [Deutsche Übersetzung der kymrischen Mabinogion.]

Gottzmann, Carola: Artusdichtung, Stuttgart 1989 (Slg. Metzler 249) [Oberflächliche und unzuverlässige Darstellung; unzureichender Ersatz für Brogsitter: s. o. Gesamtbibl.]

Johanek, Peter: König Arthur und die Plantagenets. Über den Zusammenhang von Historiographie und höfischer Epik in mittelalterlicher Propaganda, Frühmittelalterliche Studien 21, 1987, 346–389 [Überblick über die historisch-politischen Interessen an Artus in England seit Heinrich II.]

Lacy, Norris J. u. a. (Hrsg.): The legacy of Chrétien des Troyes, 2 Bde, Amsterdam 1987–88 [Gesammelte Beiträge zur Gattungsbegründung durch Chrétien und zur davon initiierten Romantradition.]

Schirok, Bernd: *Als dem hern Erecke geschach.* Literarische Anspielungen im klassischen und nachklassischen Artusroman, LiLi 18, 1988, H. 70, 11–25 [Zusammenfassender Überblick über die Anspielungspraxis bei und nach Hartmann.]

6. Minne, Minnesang und höfische Gesellschaft

Bumke, Joachim: Höfische Kultur. Literatur und Gesellschaft im hohen Mittelalter, 2 Bde., München 1986 [Umfassende kulturgeschichtliche Darstellung, mit weiterführenden Literaturangaben.]

Bumke, Joachim: Höfische Kultur. Versuch einer kritischen Bestandaufnahme, Beitr. 114, 1992, 414–492 [Weiterführender Forschungsbericht zur neuesten Literatur.]

Fromm, Hans (Hrsg.): Der deutsche Minnesang, Bd. 2, Darmstadt 1985 (Wege der Forschung 608) [Fortsetzung der Sammlung grundlegender Aufsätze.]

Kaiser, Gert, Müller, Jan-Dirk (Hrsg.): Höfische Literatur. Hofgesellschaft. Höfische Lebensformen um 1200, Düsseldorf 1986 (Studia humaniora 6) [Gesammelte Beiträge zum Problem, die höfische Kultur zu bestimmen.]

Kasten, Ingrid: Frauendienst bei Trobadors und Minnesängern im 12. Jahrhundert. Zur Entwicklung und Adaption eines literarischen Konzepts, Heidelberg 1986 [Neue Darstellung der Entwicklung des Minnekonzepts in der Provence und seiner Übernahme in den deutschen Minnesang.]

Schweikle, Günther: Minnesang, Stuttgart 1989 (Slg. Metzler 244) [Umfassende Einführung in die Gattung; mit weiterführenden Literaturangaben.]

Willms, Eva: Liebesleid und Sangeslust. Untersuchungen zur deutschen Liebeslyrik des späten 12. und frühen 13. Jahrhunderts, München 1990 (MTU 94) [Versuch einer Beschreibung des Minnesangs, in der Forschungskritik teilweise polemisch überzeichnet.]

Namenregister

Da die mittelalterliche Literatur durch Autorennamen nur teilweise aufgeschlossen wird, sind hier auch die Texte unbekannter Verfasser unter ihrem eingeführten Titel aufgenommen. Kursiv gesetzte Seitenzahlen weisen auf Stellen, an denen Forschungsbeiträge mit vollständigen bibliographischen Angaben verzeichnet sind.

‚Jaufre' 149
Johanek, Peter 77, *263*
Jordan, Karl *73*
Judas-Legende 125
Jungbluth, Günther 36, 38, *80*, 94
Jüngerer Titurel' 25

Kaiser, Gert 161, 195, 222, 246, 250, *263*
‚Kaiserchronik' 147
Kalinke, Marianne *260*
Kallfelz, Hatto 57, 77
Karnein, Alfred 99
Kasten, Ingrid *160, 256, 263*
Keller, Hagen *71*
Kellermann, Karina *259*
Kellermann, Wilhelm *161*, 171, 173
Kerényi, Karl *237*
Kerkhoff, Joseph *74*
Kern, Peter *195, 258*
Kiburg, Gfn. von 34, 35
Kienast, Richard *81*, 89, 95
King, Kenneth C. *111*
Kleinschmidt, Erich *250*
Klemt, Irmgard *245*
Kluckhohn, Paul 97
Knapp, Fritz Peter *247, 253*
Knappe, Karl-Bernhard 77
Köhler, Erich 97, 195, 220, 222, 225, *249*
‚König Rother' 60
Kolb, Herbert *111, 250*
Konrad, Hzg. (s. auch Zähringer, Geschlecht der) 170
Konrad III., Kg. (s. auch Hohenstaufen, Geschlecht der) 47
Konrad, Pfaffe 70
Konrad I. von Rodank, Bf. 229
Konrad von Stoffeln 24
Konrad von Würzburg 147f.
Konrad von Würzburg, Bf. und Kanzler Heinrichs VI. 66
Koppitz, Hans Joachim *38*
Kramer, Hans-Peter *247*
Kraus, Carl von *81*
Krause, Burghart *259*
Krauss, Hennig *248*

Krieger, Karl F. *252, 253*
Krüger, Hans-Jürgen 72
Kühnel, Jürgen *255, 256, 261*
Kugler, Franz 237
Kuhn, Hugo 19, 28, *81*, 93f., *161*, 175, 177, 189, *245, 250*
Kunze, Konrad 20
Kurzke, Hermann *260*

Lachmann, Karl *194*
Lacy, Norris J. *263*
Lambrecht, Pfaffe 70
Lampert von Hersfeld 64
Lange, Wolf-Dieter *249*
Lee, Anthony van der *111*
Leitzmann, Albert *160*
Leopold V., Hzg. v. Österreich 90
Leyser, K. *75*
Liebertz-Grün, Ursula *250*
Linke, Hans-Jürgen 38, *247*
Loewe, Carl 237
Longfellow, Henry W. 238
Loomis, Roger Sherman *249*
Lugowski, Clemens *178*

Mann, Thomas 237
Marie de France 166, 198
Marie von Champagne, Tochter Eleonores v. Aquitanien 166, 219
Markwart von Annweiler, Reichstruchseß 66
Martin von Cochem 235, 237
Martinian-Legende 125
Masser, Achim *227*
Maurer, Friedrich *142*
Maurer, Hans-Martin 76
Maurer, Helmut *74*
Maximilian I., Kaiser 18
Mayer, Theodor *74, 76*
McConeghy, Patrick *258*
McFarland, Timothy *259, 261*
Meißen, Mkgfn. von 71
Mertens, Volker 26, 34, 37f., *81*, 94, 109, 111, 119, 122, 130, 140, 170, *195*, 207, 210, 222, 224, 227, 231, *234–236, 247, 251, 256*
Metro von Verona – Legende 125

Wace 165, 167, 197, 219
Wackernagel, Wilhelm *142*
Wadle, Elmar *254*
Wais, Kurt *249*
Walliczek, Wolfgang 227, 229, 231
Walther, Hans 99
Walther von der Vogelweide 18, 35, 81, 91 f.
Wapnewski, Peter 28, 32, 38, *245*
Warning, Rainer 196, 201, *249, 250*
Wechssler, Eduard 97
Wehrli, Max *112, 248, 258*
Weikmann, Meinrad *74*
Weinfurter, Stefan *252*
Weinmayer, Barbara *195, 225*
Welf III., Hzg. v. Kärnten (s. auch Welfen, Geschlecht der) 51
Welf IV., Hzg. v. Bayern (s. auch Welfen, Geschlecht der) 51
Welf VI. v. Altdorf-Ravensburg, Hzg. (s. auch Welfen, Geschlecht der) 36, 48, 50 f.
Welfen, Geschlecht der (s. auch Heinrich d. Löwe, Irmentrud, Otto IV., Welf III, Welf IV., Welf VI., Wilhelm v. Braunschweig) 34 f., 47, 50 f., 232
Weltin, Max *254*
Wenskus, Reinhard *73*
Wenzel, Horst 99
Werle, Hans *74*
Werner von Bolanden 66

Wernher von Elmendorf 130
Wespersbühl (Westerspüll), Familie von 34 f.
Wiegand, Herbert Ernst *248*
Wiehl, Peter *248*
Wilhelm von Malmesbury 164
Wilhelm v. Braunschweig (s. auch Welfen, Geschlecht der) 232
Willms, Eva *263*
Willson, Harald B. *143*
Winsbecke, der 20, 105, 130
Winter, Johanna Maria van *65, 78*
Wirnt v. Grafenberg 19 f., *25*, 141, 235
Wisniewski, Roswitha 99, 103, 107, *250*
Wittelsbacher, Geschlecht der 56, 61
Wolf, Alois *162, 196*
Wolff, Ludwig *98, 245*
Wolfram von Eschenbach 19, 23–25, 30 f., 35, 141, 174, 235, 237
Worstbrock, Franz-Josef *258*

Zäck, Rainer 251, 257, 260, 262
Zähringer, Geschlecht der (s. auch Berthold IV., Berthold V., Konrad) 34–36, 48, 170
Zießler, Rudolf *260*
Zorn, Wolfgang *75*
Zotz, Thomas *252, 254*
Zutt, Herta 98, 99, 196